U0925522

线装中华国粹

（宋）吴自牧◎著
周　游◎译注

二十一世纪出版社集团
21st Century Publishing Group

图书在版编目（CIP）数据

梦粱录 /（宋）吴自牧著；周游译注．— 南昌：
二十一世纪出版社集团，2018.3
（线装中华国粹系列）
ISBN 978-7-5568-3165-4

Ⅰ．①梦… Ⅱ．①吴…②周… Ⅲ．①浙江—地方史
—史料—南宋②《梦粱录》—译文③《梦粱录》—注释
Ⅳ．① K295.5

中国版本图书馆 CIP 数据核字 (2017) 第 261262 号

梦粱录　（宋）吴自牧　著　周　游　译注

策　　划	张秋林
责任编辑	周向潮　张波虹
出版发行	二十一世纪出版社集团（江西省南昌市子安路 75 号　330009） www.21cccc.com　cc21@163.net
出 版 人	张秋林
经　　销	全国各地书店
印　　刷	南昌市印刷十二厂有限公司
版　　次	2018 年 3 月第 1 版　2018 年 3 月第 1 次印刷
印　　数	0001 ~ 15000 册
开　　本	787mm × 1092mm　1/16
印　　张	23.5
字　　数	360 千字
书　　号	ISBN 978-7-5568-3165-4
定　　价	28.00 元

赣版权登字—04—2017—912
（如发现印装质量问题，请寄本社图书发行公司调换，服务热线：0791-86512056。）

前　言

宋代是中国历史上经济、文化、科技都高度发达的一个朝代，城市的规模不断扩大，城市居民的生活也异常丰富。北宋都城汴京更是当时世界上人口最多、经济最发达、最繁荣的城市之一。靖康之变后，宋室南渡。1128年，宋高宗正式定都杭州。

杭州，秦朝称“钱唐”，属会稽郡。新莽时一度改为泉亭县。东汉复置钱唐县，属吴郡。三国、两晋时，杭州属吴郡，归古扬州。南朝陈祯明元年（587），置钱唐郡，属吴州。隋朝废郡为州，“杭州”之名第一次出现，州治初在余杭，后迁钱唐。大业六年（610），杨素凿通江南运河，从江苏镇江起，经苏州、嘉兴等地而达杭州，全长400多公里，自此，拱宸桥成为大运河的终点。杭州一跃而“咽喉吴越，势雄江海”，确立了它在整个钱塘江下游地区的交通枢纽地位，杭州的经济文化由此得到迅速发展。到了唐代后期，杭州已是一派“骈樯二十里，开肆三万室”的兴旺景象。五代十国时期，吴越国偏安东南，建都于杭州。吴越国为保护一方生民，奉行“重民轻土”的国策，因而使越国的生产力免遭破坏，人民也免遭生灵涂炭。杭州在这段时期也得到了长足发展。到了宋代，杭州成为全国经济繁荣和文化荟萃之地。欧阳修在《有美堂记》里描述杭州说：“钱塘自五代时，不烦干戈，其人民幸福富庶安乐。十余万家，环以湖山，左右映带，而闽海商贾，风帆浪泊，出入于烟涛杳霭之间，可谓盛矣！”宋仁宗也赞美杭州为东南第一州。南宋定都杭州后，大量北方人涌入南方，使得杭州人口暴增，为杭州的繁荣奠定了基础。随着宋、金和议的签订，南北战事趋于缓和，南宋王朝获得喘息之机，杭州也由此得到空前的发展。

在两宋城市繁荣发展的同时，涌现出不少记叙城市风貌的笔记体散文，其中记叙北宋都城汴京的有《东京梦华录》，记叙南宋都城杭州的有《西湖老人繁胜录》《都城纪胜》《梦粱录》《武林旧事》。后四书中，又以《梦粱录》最能全面细致地反映南宋时杭州的繁华。《梦粱录》全书20卷，记载了杭州的风俗山川，上至朝廷典祀、城市规划、地理环境，下至里巷风俗、杂戏技艺、铺席茶肆，无所不包，涉及社会的各个方面，真实地反映了当时市民生活的面貌。

《梦粱录》作者吴自牧，钱塘人，生平不详。书前有其序曰：

“昔人卧一炊顷，而平生事业扬历皆遍，及觉则依然故吾，始知其为梦也，因谓之‘黄粱梦’。矧时异事殊，城池苑囿之富，风俗人物之盛，焉保其常如畴昔哉！缅怀往事，殆犹梦也，名曰《梦粱录》云。脱有遗阙，识者幸改正之，毋哂。甲戌岁中秋日，钱塘吴自牧书。”

《东京梦华录》之“梦华”，用《列子·黄帝》载黄帝梦游华胥氏之国的典故，而《梦粱录》之“梦粱”，用《枕中记》“黄粱一梦”的典故，两者相较，似乎都寄托了深沉的故国沦丧、家园难返的惆怅哀思。《东京梦华录》作于北宋灭亡以后，而《梦粱录》是否作于南宋灭亡以后呢？对此说法不一。原序中自题“甲戌中秋”，即指宋度宗咸淳十年（1274），当时南宋尚未灭亡。《梦粱录》文中又多次提到“度庙”，又说“向于咸淳年间”，则本书应作于宋度宗咸淳以后。也有说法称本书作于元朝时。综合分析，本书约作于元军攻破杭州、南宋灭亡前后，书中所寄托的故国之思也是真切确实的。

《梦粱录》的体例和内容明显受到《东京梦华录》的影响，书中多次拿杭州与旧京师汴梁对比，追忆之意分明。同时我们也可以看到，由于两宋政治、文明的一脉相承，以及南下北人的开发建设，南宋的典章制度基本沿袭北宋，而杭州市井生活方式也与汴京大致相似。对于南宋诸部《临安志》，尤其是《咸淳临安志》，《梦粱录》借鉴颇多，个别地方纯系引用，对此作者也曾直言“按《咸淳志》所载而述之”。但书中对杭州的山川、节序、风俗、杂戏等方面记叙得非常详细，作者应该亲身经历过当时许多的社会活动和重大事件。作者亲承“愚屡见大商贾人，言此甚详悉”，可见书中记叙的大海中航行的技术和预测天气的方法，乃至寄遇商人的善行，都是作者亲耳所闻，真实性颇高。此外，作者在书中还透露他曾亲眼观睹皇帝仪仗，亲口尝过部分食品，这些都是不容忽视的。总的来说，《梦粱录》算不上是开创之作，文学水平也不算太高，但确是一部优秀作品，具有较高的价值。

本书以巴蜀书社《梦粱录新校注》为底本。该本综合《学津讨原》本、《知不足斋丛书》本、《武林掌故丛编》本、《学海类编》本、《四库全书》本、《笔记小说大观》本诸优本而校，成果斐然。但个别之处，笔者不敢妄从，斟酌再三，断以己意。特此说明，向前人致敬，望读者明察，方家赐教。

目录

contents

卷四

卷五

卷六

卷　七

卷　八

卷九

卷十

卷十一

卷十二

卷十三

卷十四

卷十五

卷十六

卷十七

卷十八

卷十九

卷二十

卷 一

正　月

原　文

正月朔日，谓之“元旦”，俗呼为“新年”。一岁节序[①]，此为之首。官放公私僦屋[②]钱三日，士夫皆交相贺，细民[③]男女亦皆鲜衣，往来拜节。街坊以食物、动使、冠梳、领抹、缎匹、花朵、玩具等物沿门歌叫“关扑”[④]。不论贫富，游玩琳宫梵宇[⑤]，竟日不绝。家家饮宴，笑语喧哗。此杭城风俗，畴昔侈靡之习，至今不改也。

注　释

①节序：节令的顺序。

②僦屋：租赁房屋。

③细民：平民。

④动使：指日常使用的器具。领抹：领系之类服饰。关扑：以商品为诱饵，用赌掷的方式来买卖物品的游戏。

⑤琳宫梵宇：道观和佛寺。

译　文

正月初一，称为“元旦”，俗称“新年”。一年的节序，以此为开端。官府免除公私租屋钱三天，士大夫皆交相祝贺，平民男女也身着鲜艳的衣服，往来拜节。街坊里，小贩挑着食物、动使、冠梳、领抹、缎匹、花朵、玩具等物，沿门歌叫“关扑”。不论贫富，都去游玩道观佛寺，终日不绝。家家饮宴，笑语喧哗。这是杭州的风俗，继承往日侈靡之习，至今不改。

元旦大朝会

原　文

元旦侵晨[①]，禁中景阳钟[②]罢，主上精虔炷天香[③]，为苍生祈百谷于上穹。宰执[④]百僚，待班于宫门之次。犹见疏星绕建章[⑤]，但禁门未启，而虾蟆梆鼓并作，攒点即放鱼钥[⑥]，闻阖门下[⑦]，方启龙闉[8]。执梃人[9]传呼，头帽号纷然，卫士杂廷绅报到。闉开，百僚联辔入宫城，簇拥皆从殿庑行。

遇大朝会，驾坐大庆殿，有介胄长大武士四人，立于殿陛之角，谓之“镇殿将军”。殿西庑皆列法驾、卤簿、仪仗[10]，龙墀立青凉伞十把[11]，效太宗朝立诸国王班次，如钱武肃、孟蜀王等也[12]。百官皆冠冕朝服，诸州进奏吏各执方物之贡[13]。诸外国正副贺正使随班入贺。百僚执政，俱于殿廊侍班，而阁门催班吏高唤云：“那行[14]！”吏进序班立毕，内侍当殿厉声问：“班齐未？”禁卫人员随班奏：“班齐！”千官耸列朝仪整，已见龙章[15]转御屏。日表才瞻临玉座，连声清跸[16]震班庭。

注释

①侵晨：拂晓，天快亮的时候。

②景阳钟：始于南朝，齐武帝以宫深不闻端门鼓漏声，置钟于景阳楼上。宫人闻钟声，早起装饰，后人称之为“景阳钟”。每日景阳钟响，宣告早朝开始，群臣在钟声中上殿排列班次。

③精虔：诚敬貌。炷：燃香。

④宰执：宰相与执政简称。宋先后以同中书门下平章事、尚书左右仆射、左右丞相为宰相，以参知政事、门下侍郎、中书侍郎、尚书左右丞、枢密使、知枢密院事、同知枢密院事、枢密副使为执政，合称“宰执”。

⑤建章：西汉宫殿名。此指宫阙。

⑥攒点：俗称“虾蟆更”“六更”。宋制，宫中更漏比民间短，宫中五更过后，民间才是四更尽；宫中五更完毕，梆鼓交作，始开宫门，称为“攒点”。

⑦阊阖门：原是神话传说中的天门，后指宫城正门。

⑧龙闉：装有龙头形状铺首的瓮城的门。

⑨执梃人：此指手执梃杖的内侍。

⑩法驾：天子车驾的一种。天子的卤簿分“大驾”“法驾”“小驾”三种，其仪卫之繁简各有不同。卤簿：即帝王仪仗。

⑪龙墀：犹丹墀，宫殿前的石阶，因其以红色涂饰，故名。青凉伞：皇帝赏赐给重臣的礼器，颜色为青色，以区别于皇家。

⑫钱武肃：即钱镠，五代十国时吴越国王，谥“武肃”。北宋太平兴国三年（978），吴越王钱弘俶献所据两浙十三州之地归宋。孟蜀王：指五代十国时后蜀高祖孟知祥。北宋乾德三年（965），后蜀王孟昶投降宋朝。

⑬进奏吏：进奏官，宋承唐制，各州置邸于京师，以本州人为进奏官，掌呈送本州公文，并接受诏令与朝廷各部门公文送回本州。

⑭那行：指移步向前。

⑮ 龙章：画或绣龙之服，即天子之服。一说龙旗。一说皇帝的仪仗。

⑯ 清跸：帝王出行时开路清道，禁止通行。

译 文

元旦清晨，皇宫中景阳钟响罢，皇上诚敬地燃烧天香，为苍生向上天祈求百谷丰登。宰执和百僚，在宫门之外待班。此时犹见稀疏的星星绕着宫阙，但宫门尚未开启。而虾蟆梆鼓一齐敲响，攒点即打开鱼形的锁，阊阖门下，龙阖才开启。手执梃杖的内侍传呼，文武百官整肃衣冠，顿时头帽纷然，卫士也杂入朝官中报到。龙阖打开，文武百官骑马并进，进入宫城，都簇拥着从殿庑下行进。

遇上大朝会，圣驾坐在大庆殿上，有四个身披甲胄的高大武士，站立于殿阶四角，叫作"镇殿将军"。殿西庑皆列法驾、卤簿、仪仗，龙墀立十把青凉伞，仿效太宗朝立诸归降国王班次，如钱武肃、孟蜀王等。百官都头戴冠冕，身穿朝服，诸州进奏吏各执特产进贡。诸外国正副贺正使也随班入殿祝贺。百官及执政，都于殿廊侍班，而阁门催班吏高唤道："那行！"就有官吏前往排列班次，完毕后，内侍当殿厉声问道："班齐了吗？"禁卫人员随班奏道："班齐！"正所谓：千官耸列朝仪整，已见龙章转御屏。日表才瞻临玉座，连声清跸震班庭。

原 文

上御正衙[①]，有绿衣吏执仪剑突趋殿前，声谇厉[②]不可晓，乃大珰[③]走办耳。宰执百僚听宣召[④]，领班蹈舞，皆称寿再拜，声传折槛边。禁卫人高声嵩呼[⑤]，声甚震，名为"绕殿雷"。枢密臣候称寿毕，登殿，立折槛侧，百僚俱鞠躬听制。宣制曰："履兹新庆，与卿等同。"朝贺毕，就殿赐燕宰执百僚。

外国正副使人，次日就馆赐宴，使副及三节人[⑥]俱与焉。翼日，至明庆、灵隐等寺烧香。次至玉津御园射弓，朝家选能射武臣伴射，就园赐宴。先列招箭班[⑦]士十余人于垛子前。使人多用弩子射。其班士裹无脚小帽子、锦袄子，踏开弩子，舞旋[⑧]搭箭，过与使人。彼窥得端正，止令使人发牙。例朝廷差来伴射武臣，用弓箭中的则得捷，上赐闹装[⑨]、银鞍、马匹、衣帛、金银器物有差。迎迓[⑩]还舍，观者纷然。如朝使入朝辞，赐宴饯行，仍赐马匹银帛，礼物甚盛。三节人依例给赐而去。

注释

①正衙：唐宋时正式朝会听政的处所。

②谇厉：指声音大且严厉。

③大珰：当权的宦官。

④宣召：原作"召宣"或"名宣"。据文意改。

⑤嵩呼：臣下祝颂帝王，三次高呼万岁。

⑥三节人：即三节人从，宋代（包括夏、辽、金）出国使节的随员。

⑦招箭班：属禁军殿前司诸班，由善于射箭的兵士组成。

⑧舞旋：耍弄。此指拨弄，瞄准目标。

⑨闹装：亦作"闹妆"，用金银珠宝等杂缀而成的腰带或鞍、辔之类饰物。

⑩迎迓：迎接。

译文

御驾亲临正衙，有穿绿衣的官吏手执仪剑突然来到殿前，声音谇厉而不可知晓，乃是奔走传话的当权宦官。宰执和百官听候宣召，领班舞蹈，皆祝寿再拜，声音一直传到折槛边。禁卫人高声嵩呼，其声甚震，叫作"绕殿雷"。待祝寿毕，枢密大臣登殿，站立在折槛边，百僚皆鞠躬听制。宣制曰："履兹新庆，与卿等同。"朝贺毕，就在殿上赐宴宰执和百官。

外国的正副使者，次日往其所住驿馆赐宴，正副使者及三节人从一同赴宴。又次日，到明庆、灵隐等寺烧香。然后到玉津御园射弓，朝廷选派善射的武臣伴射，就在园中赐宴。先列招箭班军士十余人于垛子前。外国使臣多用弩弓射箭。先由一个头裹无脚小帽子，身穿锦袄子的班士踏开弩子，拨弄一番后搭上箭，再递给使臣。班士已将弩弓瞄准端正，使臣只要拨动弩弓的牙机即可。按惯例，朝廷选派的伴射武臣，用弓箭射中箭靶则算获胜，皇上赏赐闹装、银鞍、马匹、衣帛、金银器物等不一。伴射者前往和归去时，市井观者纷然。如果使者入朝辞行，则赐宴饯行，仍赐马匹银帛，礼物非常丰盛。三节人从也依例给予赏赐而去。

立春

原文

临安府进春牛于禁庭。立春前一日，以旗鼓锣吹妓乐，迎春牛往府衙前迎春馆内。至日侵晨，郡守率僚佐以彩仗鞭春[①]，如方州

仪。太史局例于禁中殿陛下，奏律管吹灰[②]，应阳春之象。街市以花装栏，坐乘小春牛。及春幡、春胜[③]，各相献遗于贵家宅舍，示丰稔之兆。宰臣以下，皆赐金银幡胜[④]，悬于幞头上，入朝称贺。

注　释

①鞭春：也称“打春”。古代岁时风俗，立春日州府鞭打春牛，象征春耕开始，以示丰兆，策励农耕。

②吹灰：古代将葭灰置于律管内测定节气。新节气至，灰则自行由相应律管内飞出。

③春幡：岁时风俗。于立春日或挂春幡于树梢，或剪缯绢成小幡，连缀簪之于首，以示迎春之意。春胜：旧俗于立春日剪彩成方胜为戏，或为妇女的首饰，称为“春胜”。

④幡胜：一种用金银箔纸绢剪裁制作的装饰品，有的形似幡旗，故名“幡胜”。又叫“彩胜”“华胜”。立春日戴在头上或系在花下。

译　文

临安府进献一头春牛到皇宫。立春前一天，以旗鼓锣吹妓乐，迎春牛到府衙前面的迎春馆内。当日一大早，郡守率僚佐以彩仗鞭春，就像州郡长官所行的仪规。按照惯例，太史局在皇宫中殿阶下，奏律管吹灰，以应阳春之象。春幡、春胜等物，各相献遗于富贵人家宅舍，以示丰收之兆。宰臣以下，都赐金银幡胜，悬在幞头上，入朝贺春谢恩。

元　宵

原　文

正月十五日元夕节，乃上元天官赐福之辰。昨汴京大内前缚山棚[①]，对宣德楼，悉以彩结。山沓上皆画群仙故事，左右以五色彩结文殊、普贤[②]，跨狮子、白象，各手指内五道出水。其水用辘轳[③]绞上灯棚高尖处，以木柜盛贮，逐时放下，如瀑布状。又以草缚成龙，用青幕遮草上，密置灯烛万盏，望之蜿蜒，如双龙飞走之状。上御宣德楼观灯，有牌曰“宣和与民同乐[④]”。万姓观瞻，皆称万岁。

注释

①山棚：为庆祝节日而搭建的彩色牌楼，其状如山高耸，故名。

②文殊：佛教四大菩萨之一，为智慧之象征，坐骑为一狮子。普贤：佛教四大菩萨之一，是礼德和大行愿的象征。他的坐骑为六牙白象。

③辘轳：古代提取井水的装置。

④宣和与民同乐：即天子与民同乐之意。宣和：宋徽宗年号，1119年—1125年。

译文

正月十五元夕节，是上元天官赐福之辰。往昔汴京皇宫前搭建山棚，正对着宣德楼，全部以彩带结扎。山沓上都画着各种群仙故事，左右以五色彩带装饰文殊菩萨和普贤菩萨，分别骑跨狮子、白象，各从手指内流出五道水柱。那水是用辘轳提上灯棚最高处，以木柜盛贮，按时放下，就像瀑布的形状。又用草把扎成龙的形状，用青色帷幕遮盖，并在草把内密密麻麻地放置灯烛万盏，远远望去，蜿蜒起伏，犹如双龙飞走之状。皇上亲临宣德楼观灯，有牌匾上写着“宣和与民同乐”几个大字。万民瞻仰，同呼万岁。

原文

今杭城元宵之际，州府设上元醮[①]，诸狱修净狱道场[②]，官放公私僦屋钱三日，以宽民力。舞队自去岁冬至日，便呈行放。遇夜，官府支散钱酒犒之。元夕之时，自十四为始，对支所犒钱酒。十五夜，帅臣出街弹压[③]，遇舞队照例特犒。街坊买卖之人，并行支钱散给。此岁岁州府科额支行，庶几体朝廷与民同乐之意。姑以舞队言之，如清音、遏云、掉刀、鲍老、胡女、刘衮、乔三教、乔迎酒、乔亲事、焦锤架儿、仕女、杵歌、诸国朝、竹马儿、村田乐、神鬼、十斋郎各社[④]，不下数十。更有乔宅眷、旱龙船、踢灯鲍老、驼象社。官巷口、苏家巷二十四家傀儡，衣装鲜丽，细旦[⑤]戴花朵□肩、珠翠冠儿，腰肢纤袅，宛若妇人。

府第中有家乐儿童，亦各动笙簧琴瑟，清音嘹亮，最可人听。拦街嬉要，竟夕不眠。更兼家家灯火，处处管弦，如清河坊蒋检阅家，奇茶异汤，随索随应。点月色大泡灯，光辉满屋，过者莫不驻足而观。及新开门里牛羊司前，有内侍蒋苑使家，虽曰小小宅院，然装点亭台，悬挂玉栅异巧华灯，珠帘低下，笙歌并作，游人玩赏，不忍舍去。

诸酒库亦点灯球，喧天鼓吹，设法大卖[⑥]。妓女群坐喧哗，勾引风流子弟买笑追欢。诸营班院于法不得与夜游，各以竹竿出灯球于半空，远睹若飞星。又有深坊小巷，绣额珠帘，巧制新装，竞夸华丽。公子王孙，五陵年少[⑦]，更以纱笼喝道[⑧]，将带佳人美女，遍地游赏。人都道玉漏频催，金鸡屡唱，兴犹未已。甚至饮酒醺醺，倩人扶着，堕翠遗簪，难以枚举。至十六夜收灯，舞队方散。

注释

①醮：道士设坛祭祀或祈祷。

②诸狱修净狱道场：《武林旧事·卷二·元夕》："三狱亦张灯建净狱道场，多装狱户故事，及陈列狱具。"三狱：指大理寺、刑部、御史台。

③帅臣：宋代诸路安抚司的长官。此指负责地方治安的武官。弹压：军事管制，严格监控。

④遏云：使云停止不前，形容歌声优美动听。遏云社是宋代以唱赚为生的艺人组织。掉刀：古代一种刀。此指舞掉刀。鲍老：古代戏剧角色名。

⑤细旦：宋代元宵节舞队中男性装扮舞女者称"细旦"。

⑥设法大卖：此指诸酒库设法促销。《燕翼诒谋录·卷三》："新法既行，悉归于公，上散青苗钱于设厅，而置酒肆于谯门，民持钱而出者，诱之使饮，十费其二三矣。又恐其不顾也，则命娼女坐肆作乐以蛊惑之。小民无知，争竞斗殴，官不能禁，则又差兵官列枷杖以弹压之，名曰'设法卖酒'。此'设法'之名所由始也。"

⑦五陵年少：指京都富豪子弟。五陵：西汉五个皇帝的陵墓，即长陵、安陵、阳陵、茂陵、平陵，在长安附近。当时富家豪族和外戚都居住在五陵附近，因此后世诗文常以"五陵"为富豪人家聚居长安之地。

⑧纱笼：纱制的灯笼。喝道：封建时代官员出门时，前面引路的差役喝令行人让路。

译文

如今杭州城元宵节之际，州府设上元醮，诸狱也修净狱道场，官府免去公私租屋钱三天，以休养民力。从去年冬至日开始，就有舞队四处表演。到夜间，官府发放钱酒犒劳他们。元夕之时，从正月十四开始，所犒钱酒加倍支给。正月十五夜里，帅臣上街进行军事管控，遇到舞队照例特别给予犒赏。街坊买卖之人，也支钱散发给他们。州府年年在这个时候科额支行，大概是为了体现朝廷与民同乐之意。姑且以舞队来说，就有清音、遏云、掉刀、鲍老、胡女、刘衮、乔三教、乔迎酒、乔亲事、焦锤架儿、仕女、杵歌、诸国朝、竹马儿、村田乐、神鬼、十斋郎等社，总计不下数十个。更有乔宅眷、旱龙船、踢灯鲍老、驼象社。官巷口、苏家巷的二十四家傀儡，衣装鲜丽，细旦戴着花朵□肩、珠翠冠儿，腰肢纤细，婀娜多姿，宛若妇人。

富贵府第中有家乐儿童，也是各自演奏笙簧琴瑟，清音嘹亮，最为动听。游人拦街嬉戏玩耍，彻夜不眠。更加上家家设灯火，处处闻管弦，如清河坊蒋检阅家，供应奇茶异汤，只要上去索要就会给。府中点着月色大泡灯，光辉满屋，经过的人无不驻足观看。以及新开门里牛羊司前，有内侍蒋苑使家，虽只是个小小的宅院，但亭台装饰精美，雕栏上悬挂奇异精巧的华灯，珠帘低垂，笙歌并作，游人玩赏，不忍离去。

诸酒库也点上球形彩灯，鼓吹声喧天，设法促销库中的酒。妓女聚集坐在那里喧哗，勾引风流子弟买笑追欢。诸营班院军士按规矩不得参与夜游，各以竹竿放灯球到半空，远远望去就像飞星。又有深坊小巷之中，刺绣的门额，珍珠的帘幕，每个人都身穿巧制的新衣，互相夸赞衣着华丽。公子王孙，五陵少年，更命仆人提着纱笼喝道，带着佳人美女，到处游赏。玉漏频繁相催，金鸡屡次唱晓，游人的兴致仍未衰减。更有甚者，喝酒喝得醉醺醺，请人扶持，珠翠、发簪遗落在地，难以枚举。至正月十六夜里收灯，舞队才散去。

车驾诣景灵宫孟飨①

原　文

十六夜收灯毕，十七早五更二点，禁中催班。从驾官僚入殿起居[②]讫，出殿门外，俱立马于学士院，恭俟驾兴。而殿东折槛下，快行家皆执金莲烛炬[③]，以俟登辇。驾出和宁门，诣景灵宫行春孟朝飨礼，前后两行绛烛灯笼，导引驾行。向有宝谟学士[④]赵师罼诗："风传御道跸声[⑤]清，两道纱笼列火城。云护帝尊天未晓，众星环拱极星明。"

驾近景灵宫前，撤去黄盖，方入宫门，此见君王虔孝之忱。至宫幄少歇，奉常[⑥]更奉行礼，内侍卷帘班导上御黄道，步至殿前，崇禋馆道士二十四员在殿墀下叙立，举玉音[⑦]法事。上登殿行礼，自西至东，步而入，内侍下帘，先自前殿、中殿，次后殿，虔恭行礼，以遵奉先思孝之家法。礼毕，外廊赐从驾官食，而后对宣，引宰臣以下入行殿赐茶。

注释

①孟飨：亦作“孟享”，帝王宗庙祭礼。因于每年孟春（农历正月）、孟夏（农历四月）、孟秋（农历七月）、孟冬（农历十月）举行，故称。

②起居：此指拜见皇帝。

③快行家：也简称“快行”，宋宫廷中供奔传达命令的吏役，皇帝出行时随从执衣服、器物。

④宝谟学士：即宝谟阁学士，宋官名。宋宁宗嘉泰二年（1202）置宝谟阁，藏光宗作品。置学士、直学士、待制等官。

⑤跸声：古代帝王出行时左右侍卫止人清道的吆喝声。

⑥奉常：秦置九卿之一，掌宗庙礼仪。或称“太常”。

⑦玉音：指磬音。或指清越优雅的乐声。

译文

正月十六夜里收灯结束，正月十七早上五更二点，宫中催班。从驾的官员入殿拜见后，出殿门外，都骑着马静立于学士院，恭候圣驾启程。大殿东面折槛下，快行家都手执金莲烛炬，等候皇上登辇。圣驾出和宁门，前往景灵宫行春孟朝飨礼，前后两行红烛灯笼，导引圣驾前行。从前有宝谟阁学士赵师睾诗云：“风传御道跸声清，两道纱笼列火城。云护帝尊天未晓，众星环拱极星明。”

圣驾接近景灵宫前时，撤去黄盖，才入宫门，以此体现君王恭敬虔诚的孝心。皇上到宫幄稍作歇息，奉常更奉行礼，再由内侍卷帘班军士导引上御黄道，步行至殿前。崇禋馆二十四名道士在殿阶下按次序站立，演奏磬音，举行法事。皇上登殿行礼，自西至东，步行而入。内侍负责下帘，先自前殿、中殿，其次后殿，虔诚恭敬地行礼，以遵守奉先思孝的家法。礼毕，在外廊赐从驾官酒食，而后对宣，引领宰臣以下官员入行殿赐茶。

原文

驾还内，其亲从官皆顶球头大帽，红缬[①]锦团搭戏狮子衫，镀金大玉腰带，各执骨朵[②]。文武官皆顶双卷脚幞头[③]，红上大搭天鹅结带宽衫。辇官顶双曲脚幞头，红缬团花衫，镀金束带。殿前班直顶两脚屈曲幞头，着绯结带，望仙花衫，跨弓剑乘马，一扎鞍辔，执缨绋[④]前导。数内有东三班，谓之“长入祇候”，幞头后各以青红头须系之，以表忠节之意。御龙直[⑤]幞头，一脚指天，一脚曲，着方胜[⑥]缬衫，花看带[⑦]，镀金束带，执从物如校椅[⑧]、金花、唾盂、水罐、次锣、乘垒、龙凤掌扇、缨绋之类，及执黄罗珠子、蹙百花背座御椅子并脚踏。快行家顶短小帽子，露半青头巾，带金巾，环绣体腰红缬衫，金束带，悬花看带，手执御校椅、金花瓶、兽炉香座、御靴、缨绋、玉拄杖、小黄罗伞、御扇等物，俱搭步行，俱口鸣打打头起之。

注释

①缬：有花纹的纺织品。

②骨朵：一种用铁或硬木制成的古代兵器，像长棍子，顶端呈瓜形。

③幞头：又名“折上巾”“软裹”，一种包裹头部的纱罗软巾。

④缨绋：指拂尘。

⑤御龙直：有左右二班，属殿前司步军诸直。

⑥方胜：形状像由两个菱形部分重叠相连而成的一种首饰。

⑦看带：当为腰带之类的带子，具体怎么做的不详。一说指宽带。

⑧校椅：一种可以折叠的、有靠背的轻便椅子。

译文

圣驾返回皇宫，皇上的亲从官都头顶球头大帽，穿红缬锦团搭戏狮子衫，围镀金大玉腰带，各手执骨朵。文武官员都头顶双卷脚幞头，穿红上大搭天鹅结带宽衫。辇官头顶双曲脚幞头，穿红缬团花衫，围镀金束带。殿前班直军士头顶两脚屈曲幞头，系红色结带，穿有望仙花图案的衣衫，佩着弓剑，骑着装有一式鞍辔的马，手执缨绋在前面引导。其中有东三班，称之为“长入祇候”，头顶的幞头后面各系着青红头须，以表忠节之意。御龙直军士顶的幞头，一脚指天，一脚弯曲，穿有方胜图案的缬衫，系花看带，围镀金束带，圣驾随从执带的用具如校椅、金花、唾盂、水罐、次锣、乘垒、龙凤掌扇、缨绋之类，以及执黄罗珠子、蹙百花背座御椅子并脚踏。快行家头顶短小帽子，露半青头巾，系金巾，穿环绣体腰红缬衫，围金束带，系花看带，手执御校椅、金花瓶、兽炉香座、御靴、缨绋、玉拄杖、小黄罗伞、御扇等器物，全都前后并列步行，都口鸣打打头起之。

原 文

昔诸司库藏，各用金刻字红牌前执，后以黄罗罩笼扛抬前导，有本库官乘驭掌其职分。如诸司库藏等司属，并衫帽随号。幕士顶帽，红罗缬衫，金带，悬黄帛。御马骐骥等院亦金字红牌，呵喝牵辔马匹导引。亲事官各顶帽，缬衫，镀银带，执红纱贴金烛笼二百对，左右导行。驾将至，左右首各一员阁门①官属，乘马执丝鞭，天武官②前导引至官寮起居亭，高声喝曰："躬身不要拜，唱喏③直身立，奏圣躬万福。"嵩呼而行。次有一员紫裳官，系阁门寄班，乘马捧月样绣兀子④，覆于马上。天武官十余，簇拥扶策而行，众喝曰："驾头⑤。"次以近侍诸司官，俱乘驭前后导从。三衙、太尉、御带、环卫、知阁、内侍、都知皆乘驭驾前导引⑥。更有内等子⑦，即御前忠佐军头引见司人员等，各顶帽，鬓发蓬松，着红缬衫，两手握拳，顾望导行。或有拦驾人，捶之流血。驾近则列横门，数十人击鞭亲从，围子三五重，皆执骨朵。诸亲从等都管人员，并执骨朵，列行导引。驾前有执金香座、玉斧、玉拂，及水精珠杖迎驾，高低弄把引行，如龙弄珠也。上升平头辇⑧，御龙直擎黄罗双盖，后握双黄罗扇。驾近太庙，则盖撤开，前行数步，上略抬身而过，此见尊祖敬宗之意。驾后围子亦数重，卫从诸班直马队从于驾后。左有宰执、侍从、官僚⑨，右有亲王、南班⑩，俱从行。驾后有曲柄红绣伞，红绣日扇，命寄班官执驭而从。

注 释

①阁门：全称阁门司。宋有官署阁门司，掌皇帝朝会、宴享时赞相礼仪。东上阁门掌庆礼奉表，西上阁门掌慰礼进名。有东、西上阁门使与副使、宣赞舍人、阁门祗候。

②天武官：禁军上四军的军官名称。天武：禁军步兵的一种，职能为守京师，供仪卫。

③唱喏：古代礼节，叉手行礼，同时出声唱喏。

④兀（wù）子：即杌子。小矮凳。

⑤驾头：宋代帝王出行时仪仗之一。

⑥三衙：宋代掌管禁军的机构。有殿前司、侍卫亲军马军司、侍卫亲军步军司，合称"三衙"。此指三衙首领。太尉：宋三公之一，为武臣阶官之首。御

带：武官名。宋初，选三班以上武官亲信着佩橐，御剑，称御带，或以宦官充任。咸平元年（998）改成带御器械。环卫：宋代所置武散官。“环卫”即禁卫之意。据《宋史·职官六》，环卫官皆空官无实，措置闲散武臣，兼有储备将才的作用。知阁：即知阁门事。宋代在右武大夫以上任阁门事者称“知阁门事”，兼客省、四方馆事。都知：宋武官名，属殿前司。

⑦内等子：皇宫中的禁卫。

⑧平头辇：又名平辇、太平辇。皇帝乘舆的一种。《宋史·舆服志一》：“平辇，又名平头辇，亦曰太平辇，饰如逍遥辇而无屋。辇官十二人，服同逍遥辇。常行幸所御。”

⑨宰执：宰相与执政简称。宋先后以同中书门下平章事、尚书左右仆射、左右丞相为宰相，以参知政事、门下侍郎、中书侍郎、尚书左右丞、枢密使、知枢密院事、同知枢密院事、枢密副使、为执政，合称宰执。侍从：宋代称大学士至待制为侍从官。因常在君主左右备顾问，故名“侍从”。

⑩南班：宋代所置武散官，一般以宗室充任。

译文

昔日诸司的库藏物品，也各用金字红牌在前面提着，后面以黄罗笼罩，扛抬着作为前导，有本库官员骑着马掌管从驾。如诸司库藏等司属，全都衫帽随号。幕士头戴帽子，身穿红罗缬衫，腰围金带，悬黄帛。御马骐骥等院也用金字红牌，大声喝道，牵着马辔作为导引。亲事官也各戴帽子，身穿缬衫，腰围镀银带，手执红纱贴金烛笼二百对，左右导引圣驾前行。圣驾将至，左右首各有一员阁门官属，骑着马，手执丝鞭。天武官向前导引至官员起居亭，高声喝道：“只是躬身，不要跪拜，直立着身子唱喏，奏皇上万福。”百官山呼万岁，然后圣驾行过。其次有一名身穿紫裳的官员，乃阁门寄班，骑着马，捧着月牙形状的绣兀子，覆在马上。天武官十余人，簇拥扛抬御辇而行，一起喝道：“看驾头！”次以近侍诸司官，都骑着马，在前后导引。三衙、太尉、御带、环卫、知阁、内侍、都知等官员都骑着马在圣驾前导引。更有内等子，就是御前忠佐军头引见司人员等，各戴帽子，鬓发蓬松，身穿红缬衫，两手握拳，四面顾望，导引圣驾前行。遇到有阻拦圣驾的人，立即捶打，以致流血。圣驾近前则列横门，数十人击鞭亲从，围子三五重，都手执骨朵。诸亲从等都管人员，也都手执骨朵，列成行伍，导引前行。圣驾前有手执金香座、玉斧、玉拂及缀有水晶珠的球杖来迎驾的人，高低弄把，引导圣驾前行，犹如龙戏珠。皇上登上平头辇，御龙直举起黄罗双盖，后面握着双黄罗扇。圣驾接近太庙时，则撤去黄盖，前行数步，皇上略微抬身而过，以此表达尊祖敬宗之意。圣驾后面的围子也有数重，随从护卫的诸班直马队在圣驾后跟着。左边有宰执、侍从、官僚，右边有亲王、南班，全都从行。圣驾后有曲柄红绣伞、红绣日扇，命寄班官骑着马手执随从。

原 文

次日，驾再诣行后殿礼，幸太乙宫、景阳宫，行款谒礼。其日，用教乐所乐部驾前作乐导引，驾后以钧容直[①]乘马作乐而从。驾出景灵宫，至回龙桥。教乐所人员拦驾奏致语[②]，杂剧色打和和来，及奏《礼成回銮曲》。快行先奏报禁中，使内侍排班迎驾起居。前人有诗曰："帘卷天街看驾回，锦身捷足走能齐。联声快报还宫后，扈从归来日未西。"若次日出，则后宫后妃嫔侍，皆诣景灵宫，以半帐銮仪从而行。皇太后、皇后乘舆，比檐子稍增广花样[③]，皆织龙。簟舆上皆立金龙，护之剪棕。妃则用金凤，嫔妤止用棕檐耳。次日或遇泥泞，委宰执分诣行事矣。

注 释

①钧容直：属殿前司马军诸班，为军乐队。

②致语：艺人在演出开始时说唱的颂辞。

③檐子：古代达官贵人出行乘坐的轿子，有上盖和四边屏障的称为"舆"，无上盖和四边屏障的称为"檐子"。《宋史·舆服志二》："龙肩兴，一名'棕檐子'，一曰'龙檐子'，舁以二竿，故名'檐子'，南渡后所制也。"

译 文

次日，圣驾再前往行后殿礼，临幸太乙宫、景阳宫，行款谒礼。当日，命教乐所下属乐部在圣驾前演奏音乐作为导引，圣驾后命钧容直骑马奏乐随从。圣驾出了景灵宫，到达回龙桥。教乐所人员拦住圣驾进献颂辞，拦驾奏致语，杂剧色表演技艺以相和，最后奏《礼成回銮曲》。快行家先到宫中奏报，让内侍排列班次迎驾起居。前人有诗道："帘卷天街看驾回，锦身捷足走能齐。联声快报还宫后，扈从归来日未西。"如果次日再出行，则由后宫的皇后与妃嫔陪同，都前往景灵宫，以半帐銮仪随从而行。皇太后、皇后的乘舆，比檐子稍增广花样，都织龙纹。簟舆上都立金龙，以剪花的棕榈叶围护。妃子则用金凤，婕妤只能用棕檐。次日如果遇到雨天泥泞，就派宰执分别前往代为行事。

二 月

原 文

二月朔，谓之“中和节”，民间尚以青囊盛百谷、瓜、果子种，互相遗送，为献生子。禁中宫女，以百草斗戏。百官进农书，以示务本。上丁日，国学行释奠[①]礼，祭文宣王[②]，以祭酒、司业[③]为献官。州县学宫，以帅宰奉行。立春后五戊日为社，州县祭社稷，朝廷亦差官祭于太社、太稷坛。州府自收灯后，例于点检酒所开支关会二十万贯[④]，委官属差吏雇唤工作，修葺西湖南北二山，堤上亭馆园圃桥道，油饰装画一新。栽种百花，映掩湖光景色，以便都人游玩。

注 释

①释奠：古代在学校设置酒食以奠祭先圣先师的一种典礼。

②文宣王：即孔子，唐玄宗追封为文宣王。

③祭酒、司业：皆国子监学官。

④点检酒所：全称“点检行在赡军激赏酒库所”。隶浙西安抚司，负责酒库、钱库的出纳公事。关会：宋代纸币关子、会子的并称。

译 文

二月初一，称之为“中和节”，民间流行以青囊盛装百谷、瓜、果种子，互相赠送，祝愿生子。皇宫中的宫女，以百草斗戏。百官进献农书，以示务本。上旬丁日，国学举行释奠礼，祭祀孔子，以祭酒、司业作为献官。州县的学宫，以帅宰奉行祭礼。立春后的第五个戊日为春社，州县祭祀土地神，朝廷也派官员到太社、太稷坛祭祀。州府自从元宵收灯后，按例于点检酒所开支关会二十万贯，委派官属差吏雇唤劳役工作，修葺西湖南北二山，堤上的亭馆、园圃、桥道，都要粉刷、装饰一新。再栽种百花，掩映湖光山色，以便城里人游玩。

八日祠山圣诞

原　文

初八日，钱塘门外霍山路有神曰“祠山正佑圣烈昭德昌福崇仁真君[①]”，庆十一日诞圣之辰。祖庙在广德军[②]，敕赐庙额“广惠”，自梁至宋，血食[③]已一千三百余年矣。凡邦国有祷，士民有告，感通即应。其日都城内外，诣庙献送繁盛，最是府第及内官迎献马社，仪仗整肃，装束华丽。又有七宝行，排列数卓珍异宝器、珠玉殿亭，悉皆精巧。后苑诸作，呈献盘龙走凤，精细靴鞋，诸色巾帽，献贡不俗。各以彩旗、鼓吹、妓乐、舞队等社，奇花异果，珍禽水族，精巧面作，诸色鍮石[④]，车驾迎引，歌叫卖声，效京师故体。风流锦体，他处所无。台阁[⑤]巍峨，神鬼威勇，并呈于露台之上。自早至暮，观者纷纷。

注　释

①祠山正佑圣烈昭德昌福崇仁真君：即祠山大帝，江南一带信奉的道教神仙。其生辰在农历二月初八，一说在二月十一。宋程棨《三柳轩杂识》云：“广德祠山神曰张，避食豨。按《祠山神事要》云：‘王始自长兴县疏圣渎，欲通津广德，化身为豨（猪），从使阴兵，后为夫人李氏所觇，其工遂辍，食之避豨。’盖以此，《淮南子》载：‘禹治水时自化为熊，以通轘辕之道，涂山氏见之，惭而化为石。’右二事实相类。”

②广德军：宋太平兴国四年(979)，升广德县为广德军，治安徽广德桃州镇，仅领广德一县。绍兴初属江南东路。

③血食：指受享祭品。古代杀牲取血以祭，故称。

④鍮（tōu）石：黄铜矿或自然铜。

⑤台阁：此指民间文艺演出的舞台。

译　文

初八，钱塘门外初霍山路有神叫作“祠山正佑圣烈昭德昌福崇仁真君”，庆祝他的诞辰直到十一。其祖庙在广德军，皇帝赏赐庙额“广惠”，自后梁至宋，享受祭祀已达1300余年。凡是邦国、士民有祷告，精诚所至即有灵验。当日都城内外，前往庙里献送的人群极为繁盛，其中豪门府第及内官迎献马社的仪仗最是整齐庄严，装束华丽。又有七宝行，排列数桌的珍异宝器、珠玉殿亭，全都精巧可观。后苑诸作，呈献盘龙走凤，精细靴鞋，以及各种巾帽，所献贡的器物都高贵不俗。各以彩旗、鼓吹、妓乐、舞队伴随的诸社，进献奇花异果，珍禽水族，以及精巧的面制品和各种鍮石。迎来送往的车驾，歌唱叫卖的声音，都仿效汴京的旧制。风流锦体，是别的地方所没有的。台阁巍峨，神鬼威勇，一起在露台之上表现。从早到晚，观者络绎不绝。

原　文

十一日，庙中有衙前乐[①]，教乐所人员部领诸色[②]乐部，诣殿作乐呈献。命大官排食果二十四盏，各盏呈艺。守臣委佐官代拜。

初八日，西湖画舫尽开，苏堤游人来往如蚁。其日，龙舟六只，戏于湖中。其舟俱装十太尉、七圣、二郎神、神鬼、快行、锦体浪子、黄胖[③]，杂以鲜色旗伞、花篮、闹竿[④]、鼓吹之类。其余皆簪大花、卷脚帽子、红绿戏衫，执棹行舟，戏游波中。帅守出城，往一清堂弹压。其龙舟俱呈参州府，令立标竿于湖中，挂其锦彩、银碗、官楮，犒龙舟，快捷者赏之。有一小节级[⑤]，披黄衫，顶青巾，带大花，插孔雀尾，乘小舟抵湖堂，横节杖声喏取指挥[⑥]。次以舟回，朝诸龙以小彩旗招之。诸舟俱鸣锣击鼓，分两势划棹旋转，而远远排列成行。再以小彩旗引之，龙舟并进者二。又以旗招之，其龙舟远列成行，而先进者得捷取标赏。声喏而退，余者以钱酒支犒也。

湖山游人，至暮不绝。大抵杭州胜景，全在西湖，他郡无此，更兼仲春景色明媚，花事方殷，正是公子王孙，五陵年少，赏心乐事之时，讵宜虚度？至如贫者，亦解质借兑，带妻挟子，竟日嬉游，不醉不归。此邦风俗，从古而然，至今亦不改也。

注　释

①衙前乐：宋代州府衙门所置的乐队。

②色：古代教坊所属部门的名称。

③七圣：《庄子·徐无鬼》："黄帝将见大隗乎具茨之山，方明为御，昌寓骖乘，张若、谐朋前马，昆阍、滑稽后车。至于襄城之野，七圣皆迷，无所问涂。"此即文中七人。锦体：纹身。黄胖：一种土偶。

④闹竿：一种悬挂各种玩具或诸色杂货的竹竿。

⑤节级：唐宋时低级武官。

⑥节杖：使臣所持的具有象征意义的符节，多用竹或木制成。声喏：亦作"声诺"，此指出声，高声。

译　文

二月十一，庙中有衙前乐演奏，教乐所人员率领诸色乐部，到殿前呈献奏乐。又命大官排列食果二十四盏，每列一盏，都有艺人表演技艺。地方长官委托佐官代为叩拜祠山大帝。

二月初八，西湖画舫全都开出游赏，苏堤上游人来往如蚁。当日有六只龙舟戏于湖中。那龙舟全部装着十太尉、七圣、二郎神、神鬼、快行、锦体浪子、黄胖等塑像和人物，夹杂颜色鲜艳的旗伞、花篮、闹竿、鼓吹之类。其余人物都头簪大花，头戴卷脚帽子，身穿红绿戏衫，手执船桨，行舟游戏于碧波之中。负责治安的武官出城，往一清堂一带监控现场形势。那龙舟都前往参见州府长官，长官命令在湖中设立标杆，挂上锦彩、银碗、官楮，作为对龙舟竞速比赛最快捷者的赏赐。有一名小节级，身披黄衫，头戴青巾，戴大花，插孔雀尾，乘着小舟抵达湖堂，横下节杖，高声指挥诸龙舟准备比赛。再乘舟回去，朝诸龙舟挥舞小彩旗，招引他们开始比赛。诸龙舟全都鸣锣击鼓，分两势划桨旋转，而远远排列成行。再以小彩旗招引，两只龙舟齐头并进。又以彩旗招引，龙舟又远列成行，而先抵达终点者为胜，获得标杆上的赏赐。得胜者高声谢恩而退，其余参赛者也得到钱酒犒赏。

游览湖山的游人，到晚都不断。大抵杭州的胜景，全在西湖，是其他郡所没有的，再加上仲春时节，景色明媚，鲜花盛开，正是公子王孙、五陵年少，赏心乐事之时，岂能虚度？至于贫穷人家，也当物借钱，携带妻子儿女，整日嬉游，不醉不归。此地风俗，从古代开始就是这样，至今仍不改。

二月望

原　文

仲春十五日为花朝节，浙间风俗，以为春序正中，百花争放之时，最堪游赏。都人皆往钱塘门外玉壶、古柳林、杨府、云洞，钱湖门外庆乐、小湖等园，嘉会门外包家山王保生、张太尉等园，玩赏奇花异木。最是包家山桃开浑如锦障，极为可爱。此日帅守、县宰，率僚佐出郊，召父老赐酒食，劝以农桑，告谕勤劬[1]，奉行虔恪[2]。

天庆观递年设老君诞会，燃万盏华灯，供圣修斋，为民祈福。士庶拈香[3]瞻仰，往来无数。崇新门外长明寺及诸教院僧尼，建佛涅槃胜会，罗列幡幢，种种香花异果供养，挂名贤书画，设珍异玩具。庄严道场，观者纷集，竟日不绝。

注　释

①勤劬（qú）：辛勤劳累。
②虔恪：恭敬而谨慎。
③拈香：焚香以敬神佛。

译　文

仲春十五为花朝节，浙地民间风俗，认为春季正中是百花争放之时，最适合游赏。京城士民都前往钱塘门外的玉壶、古柳林、杨府、云洞，钱湖门外的庆乐、小湖等园，嘉会门外包家山内的王保生、张太尉等园，游玩欣赏奇花异木。其中包家山的桃花开得最为灿烂，浑如锦绣步障，极为可爱。这一天，帅守、县宰，率领僚佐前往城郊，召集父老赐以酒食，劝课农桑，并告谕他们要勤勉辛劳，虔诚恭谨地奉行朝廷政令。

天庆观每年都会设太上老君诞会，点燃万盏华灯，供圣修斋，为民祈福。士庶拈香瞻仰，往来无数。崇新门外长明寺及诸教院的僧尼，建佛涅槃胜会，罗列幡幢，供养种种香花异果，悬挂名贤书画，摆设珍异玩具。如此庄严道场，观者纷纷聚集，整日不绝。

卷二

三月　佑圣真君[①]诞辰附

原　文

三月三日上巳[②]之辰，曲水流觞[③]故事，起于晋时。唐朝赐宴曲江，倾都禊饮踏青[④]，亦是此意。右军王羲之《兰亭序》云："暮春之初，修禊[⑤]事。"杜甫《丽人行》云："三月三日天气新，长安水边多丽人。"形容此景，至今令人爱慕。兼之此日正遇北极佑圣真君圣诞之日，佑圣观侍奉香火。其观系属御前去处，内侍提举观中事务，当日降赐御香，修崇醮录。午时朝贺，排列威仪，奏天乐于墀下。羽流[⑥]整肃，谨朝谒于陛前，吟咏洞章[⑦]陈礼。士庶烧香，纷集殿庭。诸宫道宇，俱设醮事[⑧]，上祈国泰，下保民安。诸军寨及殿司衙奉侍香火者，皆安排社会，结缚台阁，迎列于道，观睹者纷纷。贵家士庶，亦设醮祈恩。贫者酌水献花。杭城事圣之虔，他郡所无也。

注　释

①佑圣真君：即真武大帝，又称玄武大帝，道教北极四圣之一。

②三月三日上巳：中国传统节日，相传为黄帝的诞辰。这日有水边饮宴、郊外游春的风俗。

③曲水流觞：上巳节风俗，指众人坐在河渠两旁，在上流放置酒杯，酒杯顺流而下，停在谁的面前，谁就取杯饮酒，意为除去灾祸不吉。

④禊饮：指上巳节宴聚。踏青：即春日郊游。

⑤修禊：指在水边举行的祓除不祥的祭礼。

⑥羽流：即道士，道人。

⑦洞章：指道教经书。道教经书分"洞真""洞玄""洞神"三部，故称。

⑧醮事：道士所做斋醮祈祷之事。

译　文

三月初三是上巳节，曲水流觞的故事，起源于晋朝时。唐朝时赐宴曲江，整个长安城的人外出禊饮踏青，也是这个意思。右军王羲之的《兰亭序》写道："暮春之初，修禊事。"杜甫《丽人行》也写道："三月三日天气新，长安水边多丽人。"形容上巳节的胜景，至今令人爱慕。恰好此日又是北极佑圣真君圣诞之日，佑圣观侍奉香火。此观系属御前去处，由内侍管理观

中事务，当日皇帝降赐御香，修崇醮录。午时群臣朝贺，排列威仪，在阶下演奏天子之乐。道士们整齐庄严，在阶前恭谨朝谒，吟咏洞章，奉行礼节。士庶烧香，纷集于殿庭。其他道观宫宇，也都设醮事，上祈国泰，下保民安。诸军军寨及殿司衙奉侍香火处，都安排社团进行演出，结缚台阁，迎列于道旁，围观者络绎不绝。贵家士庶，也设醮祈恩。贫家也酌水献花。杭城侍奉圣君之虔诚，是其他郡所没有的。

诸州府得解士人赴省闱[①]

原　文

三月上旬，朝廷差知贡举[②]、监试、主文考试等官，并差监大中门官诸司、弥封、誊录等官[③]，就观桥贡院，放诸州府郡得解士人，并三学[④]舍生得解生员，诸路运司得解士人，有官人及武举得解者，尽赴院排日引试。及诸州郡诸路寓试试得待补士人[⑤]，并排日引试。国子监牒试[⑥]中解者，并行引试。如有避亲者，就别院引试。朝廷待士之重，差官之际，并令快行宣押所差官员入内，到殿听敕。其知贡举、监试、主文，并带羞帽，穿执乘驭，同诸考试等官，迎引下贡院，然后锁院[⑦]，择日放试。

注　释

①得解：指获得乡荐。《云麓漫钞·卷四》："官府多用'申解'二字……士人获乡荐亦曰'得解'。"省闱：由尚书省礼部主持的试进士的考试，因在春季举行，故又称"春试"或"春闱"。

②知贡举：全称知礼部贡举事。唐宋时朝廷特派主持进士考试的大臣，即"特命主掌贡举考试"之意，一般以朝廷名望大臣担任。

③弥封：指把试卷上填写姓名的地方折角或盖纸糊住，以防止舞弊。誊录：即抄写试卷，是宋朝用于杜绝舞弊的方法之一。

④三学：即太学、武学、宗学。

⑤寓试：不在原籍，而在所居之地参加考试。《宋史·选举志二》："嘉熙元年，罢诸牒试，应郎官以上监司、守倅之门客及姑姨同宗之子弟，与游士之不便于归乡就试者，并混同试于转运司，各从所寓县给据，径赴司纳卷，一如乡举之法。家状各书本贯，不问其所从来，而定其名'寓试'。"

⑥牒试：由转运司主持的对地方官员亲属等进行的选拔考试，称"牒试"。而在朝任职官员的子弟则参加由国子监选拔举贡的考试，称"国子监牒试"。

⑦锁院：指考官一旦受任命，必须立即锁宿。在大约50天左右的锁院期间，不得回家，不准见亲友或与院外臣僚交往。

译文

三月上旬，朝廷派知贡举、监试、主文考试等官，并派监大中门官诸司、弥封、誊录等官，前往观桥贡院，安排各州府郡得解的士人，以及三学舍生里得解的生员，各路转运司得解的士人，有官职在身及考中武举的得解者，全部赶赴贡院择日参加考试。及各州郡、各路参加寓试考中的待补士人，一起择日参加考试。国子监牒试中解的，也一起参加考试。如有需要避亲者，就安排到别院进行考试。朝廷对士人十分看重，派遣主试诸官之时，令快行宣诏，召受派遣的官员进皇宫，到殿前听取圣命。知贡举、监试、主文，全都戴着羞帽，穿靴执笏，骑着大马，与诸考试等官，一起前往贡院，然后锁院，择日安排考试。

原文

诸州士人，自二月间前后到都，各寻安泊待试。遂经部呈验解牒[①]，陈乞纳卷用印，并收买试篮、桌椅之类。试日已定，隔宿于贡院前赁房待试，就看坐图。

其士人各引试三场：正日本经，次日论，第三日策。预试人照合试日，分集于贡院竹门之外，伺候开门放试。士人各入院内，依坐位分廊占坐讫，知贡举等官于厅前备香案，穿秉而拜。诸士人皆答拜，方下帘幕，出示题目于厅额。题中有疑难处，听士人就帘外上请，主文于帘中详答之讫，则各就位作文，随手上卷。至晡[②]后开门，放士人出院，纳卷于中门外，书知姓氏，试卷入柜而出。其士人在贡院中，自有巡廊军卒赍砚水、点心、泡饭、茶酒、菜肉之属货卖。亦有八厢太保[③]巡廊事。

所纳卷子，径发下弥封所封卷头，不要试官知士人姓名，恐其私取故也。却于每卷上打号头，三场共一号，方发往誊录所誊录卷子，依字号书写，对读无差，方纳入考试官各房考校。如卷子考中，发过别房覆考，如称众意，方呈主文，却于誊录所吊取真卷，点对批取，定夺魁选。伺候申省奏号，揭榜取旨，差官下院拆号放榜[④]。中省魁者殿试，陛甲恩例，前十名亦如之。补试中榜者，参太宗武三学为生员。举人中省闱者，俟候都堂点请复试，不过一论冒而已。复试毕，然后到殿也。此科举试，三年一次，到省士人，不下万余人，骈集都城。铺席买卖如市，俗语云“赶试官生活”，应一时之需耳。

注　释

①解牒：说明解试情况的公文。

②晡：即晡时，下午三点至五点。

③八厢太保：宋时京城外划分的八个居民管理区，每区各置厢官，受理争斗讼诉之事，凡情节轻微者，可直接论断。

④拆号：指拆开先前弥封的试卷。放榜：考试后公布被录取者名单。

译　文

诸州士人，从二月间前后赶到京城，各自寻找临时居住处，等待考试。往礼部呈送说明解试情况的公文，陈乞纳卷用印，以及购买试篮、桌椅之类。考试日期已定，前一天就在贡院附近租房住宿，等待考试，并前往观看座位安排图。

士人各参加三场考试：第一日考对经典的掌握情况，第二日考政论，第三日考论时务的对策。考试当天，参加考试的士人分集于贡院竹门之外，等候开门参加考试。开门后，士人各入院内，按照座位安排分别在廊下占座。之后，知贡举等官在厅前备香案，穿着礼服，手执朝笏而拜。诸士人也都答拜，这才放下帘幕，在厅额出示题目。若觉题中有疑难处，士人可到帘外请求考官解释，主文官就在帘内详细解答。之后各回自己座位作文，随手上卷。到晡时后开门，放士人出贡院，在中门外交卷，书写姓氏，试卷入柜后士人再离开。士人在贡院中，自有巡廊的军卒提着砚水、点心、泡饭、茶酒、菜肉之类售卖。还有八厢太保负责巡廊。

考生上交的卷子，全都发往弥封所封住卷头，不让试官知道士人的姓名，恐其因私心而录取亲信。却在每张卷子上打上号头，三场共一号，然后发往誊录所誊录卷子，依字号书写，对读确保无误，才纳入各考试官所在房间审阅考校。如卷子考中，再发往别的房间让别的考官审察，如果众考官都认为好，才呈给主文官，然后到誊录所调取真卷，再点对批取，定夺第一名的人选。考试结束后，士人们静候申省奏号，揭榜取旨。卷子审阅完毕后，朝廷派遣官员到贡院拆号放榜。省闱夺魁者参加殿试，皇上特赐恩例，前十名也一同接受恩赐。补试中榜者，到太、宗、武三学为生员。凡是省闱考中的举人，都要等候都堂点请复试，不过是检查是否为旁人顶考。复试后，然后到殿参加殿试。这样的科举考试，每三年一次，到礼部参加考试的士人，不下万余人，都聚集在都城。买卖铺席如集市一般，俗称“赶试官生活”，也是应一时之需。

荫补未仕官人赴铨

原　文

每岁三月上旬，应文武官荫授子弟、宗子荫补者，并赴铨闱[①]就试出官。朝廷差监试、主文、考试等官，就礼部贡院放试。试中者，三名取一名。文臣试两场，本经及刑统[②]义，第三日愿试法科者听。武臣试《七书》[③]义。三学生员入试，中榜者升内舍[④]。其时亦有试宏词、法科、馆职、贤良方正[⑤]。三省堂后官及六部吏，并试法科，升补额名。

并是排日放试，合差外诸司等官吏，并循诸试例。如省闱年分，移于八月放试。中榜者赴吏部伺候帘试[⑥]，过参注差遣。武选中者，就兵部右选厅铨量读法，注授[⑦]出官。其文武铨魁特转一资。恩例，铨魁仍置局，造题名集，设同年宴于西湖。帅运诸司，俱有送助，以为局费。盖临安辇毂之下，中榜多是府第子弟，报榜之徒皆是百司衙兵，谓之“喜虫儿”。其报榜人献以黄绢旗数面，上题中榜新恩铨魁姓名，插于门左右，以光祖宗而耀闾里，乞觅搔搅酒食、豁汤钱会外，又以一二千缗犒之。此其常例也。

注　释

①铨闱：政府设置选拔官吏的考试场所。

②刑统：刑法和刑律统类的简称。

③《七书》：即《武经七书》，指《孙子兵法》《吴子兵法》《六韬》《司马法》《三略》《尉缭子》《李卫公问对》七部著名兵书。

④内舍：宋代太学分“外舍”“内舍”“上舍”三舍，依一定年限和条件，逐级进升。

⑤宏词：全称博学宏词科。以诏、诰、章、表、露布、檄书等为考试内容的科举科目。法科：以刑法律令为考试内容的科举科目。贤良方正：科举科目之一，由文学之士充选。也称“贤良”“贤良文学”。

⑥帘试：宋代吏部补选缺官，凡中选者除同进士出身及恩科人员外，皆须赴吏部长贰厅前考试，以防代笔之弊，谓之“帘试”。

⑦注授：指职官铨选时的登记、授官。

译 文

每年三月上旬，文武官员荫授子弟及宗子受荫补者，全部前往考场参加考试，然后出仕做官。朝廷派监试、主文、考试等官，到礼部贡院举行考试。录取率是每三人选拔一人。文臣考试两场，考察对经典和刑法、刑律的了解。愿意参加法科考试的于第三日参考。武臣考察对《武经七书》的了解。三学生员参加考试，中榜者升入内舍。当时也有宏词科、法科、馆职科、贤良方正科考试。三省堂后官及六部吏员，全都参加法科考试，升补名额。

全都择日安排考试，派遣外诸司等官吏，按照其他考试的惯例负责相关事宜。如遇当年省闱，考试就推迟到八月份进行。中榜者前往吏部参加帘试，通过后登记差遣。武选中榜者，前往兵部右选厅铨量读法，然后登记授予官职。文武考试夺魁者，朝廷特予赏赐一笔钱财。皇上恩例，考试夺魁者置局，修题名集，在西湖设同年宴。帅运诸司，都有钱财相送，以作局费。临安乃是京城，中榜者多是富贵之家子弟，报榜之徒也都是百司衙兵，叫作“喜虫儿”。报榜人用数面黄绢旗，上面写着新科中榜第一名的姓名，插在其家门左右，助其光宗耀祖，并夸耀于邻里之间，以此乞觅搔搅酒食、豁汤钱会。此外中榜人家还会犒赏报榜人一二千缗钱。这都是惯例。

清明节

原 文

清明交三月，节前两日谓之“寒食”，京师人从冬至后数起，至一百五日便是。此日家家以柳条插于门上，名曰“明眼”。凡官民不论小大家，子女未冠笄[①]者，以此日上头。寒食第三日，即清明节，每岁禁中命小内侍于阁门用榆木钻火，先进者赐金碗、绢三匹。宣赐臣僚巨烛，正所谓“钻燧改火”者，即此时也。

禁中前五日，发宫人车马往绍兴攒宫朝陵[②]。宗室、南班亦分遣诸陵，行朝享[③]礼。向者从人官给紫衫、白绢、三角儿青行缠[④]，今亦遵例支给。至日，亦有车马诣赤山诸攒，并诸宫妃王子坟堂，行享祀礼。官员士庶，俱出郊省坟，以尽思时之敬。车马往来繁盛，填塞都门。宴于郊者，则就名园芳圃，奇花异木之处；宴于湖者，则彩舟画舫，款款撑驾，随处行乐。此日又有龙舟可观，都人不论贫富，倾城而出，笙歌鼎沸，鼓吹喧天，虽东京金明池[⑤]未必如此之佳。殢酒[⑥]贪欢，不觉日晚。红霞映水，月挂柳梢，歌韵清圆，乐声嘹亮，此时尚犹未绝。男跨雕鞍，女乘花轿，次第入城。又使童仆挑着木鱼、龙船、花篮、闹竿等物，归家以馈亲朋邻里。杭城风俗，侈靡相尚，大抵如此。

注 释

①冠笄：古代男女成年时分别举行的冠礼、笄礼。冠：指冠礼，亦称结发、加冠，是古代男子达20岁时举行的成年礼。笄：指笄礼，又称结发、加笄，是古代女子到15岁时举行的成年礼。男女行成年礼后，即可婚配。

②攒宫：指皇帝、皇后灵柩暂时殡葬之所。宋室南渡后，帝、后茔冢均称"攒宫"，表示暂时措置，准备收复中原后迁葬旧都汴京。攒：待葬的棺柩。朝陵：帝王拜扫祖先陵墓。

③朝享：古代天子祭祀宗庙。

④行缠：裹足布、绑腿布。古时男女都用，后唯兵士或远行者用。

⑤金明池：汴京城新郑门外大街路北的一处人工湖，五代后周时周世宗欲伐南唐，开凿此湖训练水军，演习水战。北宋时成为京城外一处风光秀丽的游赏之地。

⑥殢（tì）酒：沉湎于酒，醉酒。

译 文

清明节正逢三月，节前两日称之为"寒食节"，京师人从冬至后开始数起，至105日便是清明节。这一天，家家以柳条插在门上，叫作"明眼"。凡官民不论小户人家还是富家大户，子女未行冠笄礼的，就在此日上头。寒食节后第三日，就是清明节，每年宫中命小内侍在阁门外用榆木钻火，先钻出火来的赐金碗、绢三匹。宣赐臣僚巨烛，正所谓"钻燧改火"，就在此时。

清明节前五天，宫中派人乘车马前往绍兴攒宫祭扫。宗室、南班也分别派遣至诸陵，行朝享礼。往日会赐予随从的官员紫衫、白绢、三角儿青行缠，如今也遵守旧例发放给他们。清明节当天，也有车马前往赤山诸攒宫，以及去世的诸宫妃王子的坟堂，行享祀礼。官员士庶，全都出郊扫墓，以抒发对先人的思念和崇敬。车马往来繁盛，堵塞都门。在郊外宴饮的，则前往名园芳圃种有奇花异木之处；在湖中宴饮的，则乘坐彩舟画舫，命人款款撑驾，随处行乐。这一天又有龙舟可以观看，都城人不论贫富，全都倾城而出，笙歌鼎沸，鼓吹喧天，即使是当年东京的金明池也未必有如此胜景。游人醉酒贪欢，不知不觉天色已晚。火红的晚霞映照水中，弯弯的月牙儿挂上树梢，清圆的歌韵，嘹亮的乐声，此时仍未断绝。男子骑马跨雕鞍，女子乘坐花轿，一个个相继入城。又命童仆挑着木鱼、龙船、花篮、闹竿等物，带回家里赠送亲朋邻里。杭州的风俗，铺张奢侈而又相互攀比，大抵就像这样。

诸库迎煮

原 文

临安府点检所，管城内外诸酒库。每岁清明前开煮，中前卖新迎年，诸库呈复本所，择日开沽呈样。各库预颁告示，官私妓女，新丽妆着，差雇社队鼓乐，以荣迎引。至期侵晨，各库排列整肃，前往州府教场，伺候点呈。首以三丈余高白布写“某库选到有名高手酒匠，酝造一色上等醲辣无比高酒，呈中第一”，谓之“布牌”。以大长竹挂起，三五人扶之而行。次以大鼓及乐官数辈，后以所呈样酒数担，次八仙道人、诸行社队，如鱼儿活担、糖糕、面食、诸般市食、车架、异桧奇松、赌钱行、渔父、出猎、台阁等社。又有小女童子，执琴瑟。妓家伏役婆嫂，乔妆绣体浪儿，手擎花篮、精巧笼仗[①]。其官私妓女，择为三等，上马先以顶冠花衫子裆裤，次择秀丽有名者，带珠翠朵玉冠儿，销金衫儿、裙儿，各执花斗鼓儿，或捧龙阮[②]、琴瑟。后十余辈，着红大衣，带皂时髻，名之“行首”。各雇赁银鞍闹妆[③]马匹，借倩宅院及诸司人家虞候、押番[④]，及唤集闲仆浪子，引马随逐。各青绢、白扇、马兀[⑤]供值。

注 释

①笼仗：箱笼，行李。

②龙阮：柄上刻饰龙形的拨弦乐器阮咸。

③闹妆：用金银珠宝等杂缀而成的腰带或鞍、辔之类饰物。

④借倩：暂借。此指雇佣。虞候：宋时官僚雇用的侍从，南宋时在临安可向“行老”雇用。押番：比士兵高一级的军士。

⑤马兀：坐具，大方凳。

译文

临安府点检所，掌管城内外各酒库。每年清明节前，各酒库开始煮酒，中秋节前开卖新酒，以迎新年。卖新酒前，各酒库都要向点检所呈报，再择日开售并迎引至所隶官府呈上样酒。各酒库先颁布告示，请来官私妓女，装扮得光鲜靓丽，并雇请社队鼓乐，以进行大规模的迎引样酒仪式。当日一大早，各酒库排列整齐，前往州府的教场，等候点呈。前面用三丈余高的白布，上面写着“某酒库选到有名高手酒匠，酿造一色上等醲辣无比高酒，呈中第一”，这叫作“布牌”。用大长竹竿挂起，三五人扶着行进。其次是大鼓和数名乐官，后面是数担所呈样酒，再次是八仙道人、诸行社队，如鱼儿活担、糖糕、面食、诸般市食、车架、异桧奇松、赌钱行、渔父、出猎、台阁等社。又有小女童子，手执琴瑟。妓女打扮成婆嫂，乔装成纹身浪子，手提花篮和精巧笼箱。官私妓女分为三等，上马前面的妓女头戴冠子，上穿花衫子下穿裆裤，其次挑选秀丽有名的妓女，头戴珠翠朵玉冠儿，上穿销金衫儿下穿裙儿，各执花斗鼓儿，或捧龙阮、琴瑟。后面十余人，身穿红大衣，头戴皂时髻，称之为“行首”。租赁披着银鞍、装饰闹妆的马匹，雇佣宅院及诸司人家的虞候、押番，及唤集闲仆浪子，让他们骑马跟在队伍后面。各有青绢、白扇、马兀提供。

原文

预十日前，本库官小呈；五日前，点检所佥厅官大呈。虽贫贱泼妓，亦须借备衣装首饰，或托人雇赁，以供一时之用，否则责罚而再办。妓女之后，专知大公①，皆新巾紫衫，乘马随之。州府赏以彩帛、钱会、银碗，令人肩驮于马前，以为荣耀。其日，在州治呈中祗应讫，各库迎引出大街，直至鹅鸭桥北酒库，或俞家园都钱库，纳牌放散②。最是风流少年，沿途劝酒③，或送点心。间有年尊人，不识羞耻，亦复为之，旁观哂笑。诸酒肆结彩欢门，游人随处品尝。追欢买笑，倍于常时。

注释

①专知大公：或以为专门负责评酒的专家。

②纳牌放散：疑各酒库在新酒酿成前就已预售，以牌作为凭证，此时纳牌放酒。

③劝酒：或以为讨酒喝。

译 文

预先十日前，各酒库官向点检所小呈样酒；五日前，点检所佥厅官向所隶官府大呈样酒。迎引样酒时，即使是贫贱泼妓，也必须借备衣装首饰，或者托人雇赁，以供一时之用，否则就会给予责罚，命重新再办迎送仪式。妓女的后面，是专门负责评酒的专家，都头戴新巾，身穿紫衫，乘马跟随。州府以彩帛、钱会、银碗赏赐，令人肩驮于马前，以此作为荣耀。当日，在州治呈样酒并供奉后，各酒库迎送样酒至都城大街，直到鹅鸭桥北酒库，或俞家园都钱库，纳牌放散。风流少年，沿途劝酒，或送点心。其中也有年长者，不知羞耻，也像少年们一样劝酒，旁观者为之哂笑。各家酒店以彩饰装点欢乐，游人随处品尝新酒。追欢买笑的场景，比平常时要热闹好几倍。

州府节制诸军春教

原 文

帅守衔带节制[①]军马之职，每岁春秋二教。三月正当春阅时候，择日告报本州所统军马、诸县巡尉[②]兵卒，及节制殿步两司[③]军马，并赴蒲桥下后军教场教阅军伍，以备起发防秋。

至期，浙西路钤辖并节制诸军统制等官属[④]，带领各部军马诣教场，伺候教阅。鸣锣击鼓，试炮[⑤]放烟，诸军排阵，作迎敌之势。将佐呈比体挑战之风。试弩射弓，打球走马，武艺呈中，赏犒有差，军卒劳绩，给以钱帛。午后放散，迎回府治，伺候帅座回衙，方行逐便回军寨。其帅首马前，排列军仗、八卦、辰宿、诸色旗队甚伙[⑥]。辕门帐门，界限严肃，人不敢视。亲从对对，衫帽新鲜，士卒威风，凛凛可畏。使马牵控，宝装鲜新。黄轿前引，帜旗后随，乐骑拥后，威声震慑。佐官弹压，以警无良。观者如堵，至暮方归。

向有端明厉尚书讳文翁开阃于杭[⑦]，仪仗异于帅守，甚伙旗帜，多用斧钺之器。御马苑诸营教阅，传旨宣押。禁中教场，呈试武艺，飞枪斫柳，走马舞刀，百艺俱呈，使臣奏乐，声彻九霄。提点以下，锡予甚隆。使臣[⑧]兵车，颁降从例。殿步司所隶将佐军伍，俱出郊合教于椤木教场之上。赐帅将金器彩匹，加之食品御酒，主兵官卒，俱沾雨露之恩也。

注释

①节制：指挥，管辖。

②巡尉：负责巡捕盗贼的巡检、县尉的合称。

③殿步两司：宋代禁军有二司，即殿前都指挥使司与侍卫亲军司，简称殿前司与侍卫司。侍卫司又分侍卫亲军步军司和侍卫亲军马军司。此处当指殿前司与侍卫亲军步军司。

④钤辖、统制：皆宋代武官名。

⑤炮：此指飞石。

⑥伙：谓多。

⑦厉尚书讳文翁：厉文翁，字圣锡，号小山，南宋名臣。为官四十载，官迹遍及全国，皆恪尽职守。开阃：任临安府知府。

⑧使臣：此指宋代专管缉捕的武官。

译文

帅守衔带节制军马的职责，每年春秋两季参阅兵马。三月正当春季阅兵的时候，择日通知本州所统军马、诸县巡尉下属兵卒，以及所节制的殿步两司的军马，一起赶赴蒲桥下的后军教场教阅军伍，以备出发防范秋天可能出现的战事。

当天，浙西路钤辖并节制诸军统制等官属，带领所部军马前往教场，等候教阅。现场鸣锣击鼓，试炮放烟，诸军排列战阵，做出迎击敌军之势。将佐们呈现出比试体力、相互挑战的架势。试射弩弓，打球走马，呈现武艺，赏赐犒赏不等。军卒劳苦，赐以钱帛。午后诸军解散，先回府治，等候帅座回衙，才乘便各回军寨。主帅的马前，排列军用器械、八卦、辰宿、诸色旗队甚多。辕门和帐门，界限严肃，闲人不敢偷看。亲从军士相对而立，衫帽崭新鲜丽，士卒威风凛凛，使人生畏。随从的马都有军士牵引控制，身披新鲜光亮的配饰。黄轿在前面引路，旗帜在后面相随，奏乐的起兵拥聚在后，威声震慑。佐官监控现场情势，以警戒无良之徒。围观的人多到堵塞道路，到了傍晚才回去。

从前端明殿学士、尚书厉文翁掌管杭州军务时，他的仪仗与一般帅守不同，所用旗帜甚多，且多用斧钺之器。御马苑诸营军士教阅，皇帝传旨宣押。皇宫内的教场上，众军士呈试武艺，飞枪斫柳，走马舞刀，各种技艺表演一起呈上。使臣奏乐，声音响彻九霄。提点官以下，得到的赏赐非常丰厚。使臣的兵车，依例进行颁降。殿步司所隶属的将佐军伍，全部到郊外的椤木教场集合，教阅军伍。赐予将帅金器、彩匹，还有食品、御酒，主兵官卒，俱沾雨露之恩。

二十八日东岳圣帝诞辰

原 文

三月二十八日，乃东岳①天齐仁圣帝圣诞之日，其神掌天下人民之生死，诸郡邑皆有行宫②奉香火。杭州有行宫者五，如吴山、临平、汤镇、西溪、昙山，奉其香火。惟汤镇、临平，殿庑广阔，司案俱全。吴山庙居辇毂之下，人烟稠密，难以开拓，亦胜昙山梵宫内一小殿耳。

都城士庶，自仲春下浣，答赛心愫③。或专献信香④者，或答重囚带枷者⑤，或诸行铺户以异果名花、精巧面食呈献者，或僧道诵经者，或就殿庑举法音而上寿者。舟车道路，络绎往来，无日无之。又有丐者于吴山行宫献彩画钱幡⑥，张挂殿前，其社尤盛。闻之此幡钱属后殿，充脂粉局收管。

其殿下有佐神，敕封美号曰"协英灵显安镇忠惠王"，其神姓刘，父子俱为神，灵显感应，人皆皈依。五月二十九日诞日，诸社献送，亦复如是。姑书以记之耳。

注 释

①东岳：即东岳大帝，又称泰山神。作为泰山的化身，是上天与人间沟通的神圣使者，是历代帝王受命于天，治理天下的保护神。

②行宫：此指外地供奉东岳大帝的庙宇。

③答赛：报祭神灵。心愫：心愿。

④信香：佛教等宗教认为虔诚烧香，神佛即能知烧香者的心愿，因称"信香"。

⑤答重囚带枷者：指为带枷的重囚犯积德消业。或指控诉重囚带枷者。

⑥丐者：此指施主。丐：给予，施与。

译 文

三月二十八,，是东岳天齐仁圣帝的圣诞之日，这位神主管天下人民的生死，诸郡邑都有行宫奉香火。杭州城有五座行宫，如吴山、临平、汤镇、西溪、昙山，供奉东岳大帝香火。唯汤镇、临平两处的行宫，殿庑广阔，司案俱全。吴山行宫在京城繁华之地，人烟稠密，难以开拓，但也胜过昙山梵宫的一座小殿。

都城里的士人百姓，自仲春下旬开始，报祭神灵，许愿祈福。有专门进献信香的人，有为带枷的重囚犯积德消业的人，有用异果名花、精巧面食呈献的各商行铺户，有诵经的僧人道士，也有到殿庑诵经奏乐而向东岳大帝祝寿的。舟车道路，行人往来，络绎不绝，没有哪天不是如此。又有钱幡社施主在吴山行宫献彩画钱幡，张挂在殿前，其社供奉尤为丰盛。听说此幡钱属后殿，充脂粉局收管。

供奉东岳大帝的殿下有佐神，敕封美号叫作“协英灵显安镇忠惠王”，这神姓刘，父子都是神，灵显感应，人皆皈依。五月二十九是他的诞辰，诸社献送，也像东岳大帝诞辰时一样。姑且记载下来。

暮　春

原　文

是月春光将暮，百花尽开，如牡丹、芍药、棣棠、木香、荼蘼、蔷薇、金纱、玉绣球、小牡丹、海棠、锦李、徘徊、月季、粉团、杜鹃、宝相、千叶桃、绯桃、香梅、紫笑、长春、紫荆、金雀儿、笑靥、香兰、水仙、映山红等花①，种种奇绝。卖花者以马头竹篮盛之，歌叫于市，买者纷然。当此之时，雕梁燕语，绮槛莺啼，静院明轩，溶溶泄泄②。对景行乐，未易以一言尽也。

注　释

①荼蘼：花名，又称“佛见笑”，枝梢茂密，花繁香浓。徘徊：即玫瑰。粉团：有紫白两色花，白色的称为“绣球”。宝相：蔷薇花的一种，有大红、粉色二种。绯桃：桃花的一种，花期较晚。紫笑：花名。含笑花有紫白两种，其花常开不足，仿佛含笑貌。金雀儿：黄色花，似飞雀，故名。笑靥：又名御马鞭花，花朵较小呈条状，白色。

②溶溶泄泄：舒缓恬静貌。或形容和乐舒畅。

译　文

此月春光将尽，百花全部盛开，如牡丹、芍药、棣棠、木香、荼蘼、蔷薇、金纱、玉绣球、小牡丹、海棠、锦李、徘徊、月季、粉团、杜鹃、宝相、千叶桃、绯桃、香梅、紫笑、长春、紫荆、金雀儿、笑靥、香兰、水仙、映山红等花，争奇斗艳，姿色奇绝。卖花者用马头竹篮盛花，在市井歌唱叫卖，买花者纷纷而至。这个时候，燕子在装饰华美的屋梁上轻声细语，莺儿在绮丽的栏杆旁宛转啼鸣，寂静的庭院，明亮的轩廊，其情其景，令人和乐舒畅，对景行乐的况味，实在是一言难尽。

卷三

四　月

原　文

四月谓之初夏，气序清和，昼长人倦，荷钱新铸，榴火将燃[1]，飞燕引雏，黄莺求友。正宜凉亭水阁，围棋投壶[2]，吟诗度曲，佳宾劝酬，以赏一时之景。上旬之内，车驾诣景灵宫行孟夏礼，驾过处，公私僦舍，官放三日。第二日为新暑初回，令宰执分诣。

注　释

①榴火：形容石榴花红艳似火。燃：此指绽放。

②投壶：古代士大夫宴饮时做的一种投掷游戏。也是一种礼仪。

译　文

四月称之为初夏，天气清爽和暖，白昼变长，人容易倦乏。形状如铜钱的初生小荷叶刚刚在水面荡漾，红艳似火的石榴花即将绽放，飞燕带着雏燕飞翔，黄莺鸣叫以求佳友。此等时节，正适宜在凉亭内或临水的楼阁里，下围棋，玩投壶，吟诗作曲，与佳宾饮酒酬酢，欣赏一时之美景。上旬之内，车驾前往景灵宫行孟夏礼，圣驾所过之处，公私租房钱，官府免除三日。第二日为新暑初回，令宰执代为前往迎夏。

皇太后圣节

原　文

初八日，寿和圣福皇太后[1]圣节。前一月，尚书省、枢密院文武百僚，诣明庆寺启建祝圣道场。州府教集衙前乐乐部及妓女等，州府满散进寿仪范[2]。向自绍兴以后，教坊人员已罢，凡禁庭宣唤，径令衙前乐充修内司[3]教乐所人员承应。

初四日，枢密院率修武郎[4]以上，初六日，尚书省宰执率宣教郎[5]以上，并诣明庆寺满散祝圣道场，次赴贡院斋筵。帅臣与浙西仓宪及两浙漕[⑥]，率州县属官，并寄居文武官，就千顷广化寺满散祝圣道场，出西湖德生堂放生。然后回府治，锡宴簪花，其礼仪盏数，与御宴同也。

注 释

①寿和圣福皇太后：宋理宗皇后谢道清。宋度宗即位后，被尊为皇太后。

②州府满散进寿仪范：此句言州府在祝寿仪式结束后举行满散仪式。或指在祝圣道场期满后举行满散仪式。满散：做佛事或道场期满谢神的一种仪式。

③修内司：官署名，属将作监。掌宫城、太庙修缮事务。南宋初教坊被废除后，修内司兼掌其职责。

④修武郎：宋代武臣官阶共五十三阶，此为第四十四阶。

⑤宣教郎：又称迪功郎，从九品。

⑥帅臣与浙西仓宪及两浙漕：宋代各路置安抚司掌军事与民政，简称“帅司”；转运司掌财赋与转运，简称“漕司”；提点刑狱司掌司法刑狱，简称“宪司”；提举常平司掌常平仓与贷放钱谷等事，简称“仓司”。

译 文

四月初八，是寿和圣福皇太后的生日。之前一月，尚书省、枢密院的文武百官，前往明庆寺预先开启祝圣道场。州府官员则召集衙前乐乐部及妓女等，在祝寿仪式结束后举行满散仪式。自高宗绍兴以后，朝廷不再设教坊人员，凡宫中宣召，就令衙前乐充作修内司教乐所人员，承应为御前演奏音乐。

四月初四，枢密院率修武郎以上官员，四月初六，尚书省宰执率宣教郎以上官员，一起前往明庆寺为祝圣道场举行满散仪式，再赴贡院举行斋筵。帅臣与浙西仓宪及两浙漕，率领州县属官，以及寄居京城的文武官员，到千顷广化寺为祝圣道场举行满散仪式，再至西湖德生堂放生动物。然后回府治，赐宴簪花。其礼仪所用盏数，与御宴相同。

宰执亲王南班百官入内上寿赐宴

原 文

初八日，宰执、亲王、南班、百官入内起居[①]，邀驾过皇太后殿上寿起居，舞蹈嵩呼，回诣紫宸殿宴。

乐未作，殿前山棚彩结飞龙舞凤之形，教乐所人员等效学百禽鸣，内外肃然，止闻半空和鸣，鸾凤翔集。阁门东班引平章[②]、宰执、亲王以下起居，上殿赐坐。谢恩坐讫，赐平章、宰执、侍从、亲王、南班、武臣、观察使以上坐于殿上。余卿监郎丞及武臣防御使以下[③]，坐于殿庑间。军校排在山楼之后。殿上坐杌，依品位高低坐，第三四行黑漆矮偏凳坐物。每位列环饼、油饼、枣塔为看盘。若向者高宗朝，有外国贺生辰使副，朝贺赴筵，于殿上坐使副，余三节人在殿庑坐。看盘如用猪、羊、鸡、鹅连骨熟肉，并葱、韭、蒜、醋各一碟，三五人共浆水饭一桶而已。所有知阁门事官与御带、环卫等官，及阁门职事官，俱立殿陛之下也。上公[④]称寿，率以尚书执注碗[⑤]斟酒进上。

注　释

①起居：此指官员进入皇宫朝拜帝后。

②平章：即同中书门下平章事，简称“同平章事”，即与中书、门下协商处理政务之意。北宋初为宰相职务，元丰改制时废除。南宋初恢复，乾道时再次废除。

③卿监：指九寺五监，即太常寺、光禄寺、卫尉寺、宗正寺、太仆寺、大理寺、鸿胪寺、司农寺、太府寺和国子监、少府监、将作监、都水监、军器监。郎丞：指正副长官。

④上公：即三公。一说公爵。

⑤注碗：温酒具，与注子配套使用。

译　文

四月初八皇太后生日当天，宰执、亲王、南班、百官入宫朝拜皇帝，邀请圣驾到皇太后所居宫殿朝拜，并祝寿，一边舞蹈一边山呼万岁，然后回到紫宸殿赐宴群臣。

尚未奏乐，殿前山棚用彩带结扎成飞龙舞凤形态，教乐所人员模仿百鸟的鸣叫，宫廷内外一片肃静，只听见半空中百鸟和鸣之声，犹如鸾凤飞来聚会。阁门东班引同平章事、宰执、亲王以下官员入殿朝拜，皇上赐坐。众官谢恩落座后，皇上又赐同平章事、宰执、侍从、亲王、南班、武臣、观察使以上官员坐在殿上。其余各卿监的正副长官及武臣防御使以下官员，坐在殿庑间。军校以下人员排列在彩楼后面。殿上的坐凳，依官阶高低而坐，第三、四行是黑漆表面且低矮的偏凳坐具。每位官员身边放置环饼、油饼、枣塔等食品为看盘。如果是之前的高宗朝，则有外国贺生辰使和副使，前来朝贺并参加筵席。正副使者坐在殿上，其余三节人坐在殿庑。看盘里如果有猪、羊、鸡、鹅连骨熟肉，再置葱、韭、蒜、醋各一碟，三五人共置浆水饭一桶。所有知阁门事官和御带、环卫等官，以及阁门职事官，都站立殿阶之下。三公祝寿，一般以尚书手执注碗斟酒进上。

原　文

其教乐所色长二人，上殿于阑干边立，皆诨裹[①]，紫宽袍，金带，黄义襕[②]，谓之“看盏”。如斟御酒，看盏者举其袖，引曰绥[③]御酒。进毕，拂双袖于阑干而立。主上以宝卮先，从东后西，宣示宰执、亲王以下，及外国使副、閤门宣赞，分班躬身齐传宣饮。尽酒者三，群臣拜于坐次，后捧卮饮而再拜坐。宰臣酒，色长则曰“绥酒”，如前。

教乐所乐部例于山楼上彩棚中，皆裹长脚幞头，随乐部色服紫、绯、绿三色宽衫，黄义襕，镀金凹面腰带。前列拍板[④]，次画面琵琶，又列箜篌[⑤]两座，高三尺许，形如半边木梳，黑漆镂花金装画台座。张二十五弦，一人跪而交手擘[⑥]之。次高架画花地金龙大鼓[⑦]二面。击鼓人皆结宽袖，别套黄窄袖，垂结带，金裹鼓棒两条，高低互击，宛若流星。后有羯鼓[⑧]，如寻常番鼓子，置之小桌上，两手皆执杖击之。次中间列铁石方响[⑨]，用明金彩画架子，双垂流苏。次列箫、笙、埙、篪、觱篥、龙笛之类[⑩]。两旁对列杖鼓，皆长脚幞头、紫绣抹额，皆系紫宽袍、黄窄袖、结带、黄义襕。诸杂剧色皆诨裹，各服本色紫、绯、绿宽衫，义襕，镀金带。自殿陛对立，直至乐棚。每遇供舞戏，则排立叉手，举左右肩，动足应拍，一起群舞，谓之“挼曲子[⑪]”。

注　释

①诨裹：头巾一类的东西。大多为教坊、诸杂剧人所戴用。

②襕：古代衣与裳相连的长衣下摆所加的作为下裳形制的横幅。加襕之制，始于北周而定于唐。

③绥：促饮，劝酒之意。

④拍板：一种打击乐器，也称檀板、绰板。用坚木数片，以绳串联，用以击节。

⑤箜篌：一种弹弦乐器，最初称坎侯或空侯，在古代除宫廷雅乐使用外，在民间也广泛流传，有卧箜篌、竖箜篌、凤首箜篌三种形制。

⑥擘（bò）：拨弹琴弦的指法。用拇指抬弦称擘。引申为弹奏。

⑦大鼓：一种打击乐器，又作“太鼓”。

⑧羯鼓：又称“两杖鼓”，古代的一种打击乐器，南北朝时从西域传入，唐代比较盛行，形状像漆桶，演奏时横放在小牙床上，两手持杖敲击演奏。

⑨方响：古代磬类打击乐器。

⑩埙（xūn）：古代用陶土烧制的一种吹奏乐器，也有石制和骨制等。大小如鹅蛋，六孔，顶端为吹口。篪（chí）：古代一种竹制管乐器，也称竹埙。似笛，有八孔，横吹。乐声浑厚、文雅而庄重。觱篥（bì lì）：古代簧管乐器，以竹为管，管口插有芦制哨子，有九孔，又称笳管、头管。龙笛：一种横吹木管乐器，由竹制成。

⑪挼（ruó）曲子：指随节拍伴舞。

译　文

有教乐所色长二人，站在殿上栏杆边，都裹着头巾，身穿宽紫袍，腰围金带，悬黄义襕，称之为“看盏”。尚书给皇上斟酒时，看盏色长举起双袖，吟唱道“绥御酒”。御酒进献完毕，甩动双袖到栏杆而止。皇上先举起酒杯，从东后西，宣示宰执、亲王以下官员，以及外国正副使者、阁门宣赞，各班侍者躬身，一齐传令群臣，准备一同饮酒。如此敬酒三次，群臣在座位上叩拜，然后捧杯饮酒，再拜之后坐下。给宰臣斟酒时，看盏色长则吟唱“绥酒”，举袖、甩袖举止如前。

教乐所乐部按例排列在山楼上的彩棚中，都头裹长脚幞头，按照各自所属的部门分别穿着紫、绯、绿三种颜色的宽衫，黄义襕，围镀金凹面腰带。最前面排列的是拍板，其次是两座表面绘画的琵琶，再次是箜篌。箜篌高三尺多，形状像半边木梳，黑漆底色，雕镂花纹，绘有精美图画的台座。每台箜篌上安有二十五根弦，一人跪在地上用双手交互弹拨琴弦。再后面是二面安放在高高鼓架上的、彩绘的花底上画着金龙的大鼓。鼓手身穿背后结带的宽袖衫，另套黄色窄袖，垂挂着丝带，两根鼓槌由金箔包裹。鼓手双手高举，交替击鼓，宛如流星。再后面是羯鼓，就像普通的番鼓子，安放在小桌子上面，鼓手两手都执鼓杖击打。再后面排列的是铁、石制成的方响，悬挂在金色的绘有图画的架子上，架子两端垂挂着流苏。再后面排列有箫、笙、埙、篪、觱篥、龙笛之类乐器。两旁相对排列杖鼓，鼓手们都裹着长脚幞头，束着紫色的刺绣抹额，都身穿背后系带的紫色宽衫，套着黄色窄袖，垂挂丝带，黄色义襕。演杂剧的各部门艺人，也都裹着头巾，根据自己的角色分别穿着紫、绯、绿三种颜色的宽衫，义襕，围镀金腰带。从殿阶前两两相对而立，一直排列到乐棚。每遇歌舞者入场，排列之人将双手在胸前交叉，耸动左右肩，舞动双足以应和节拍，一起群舞，叫作“搂曲子”。

原　文

第一盏进御酒，歌板色[①]一名，唱中腔一遍讫，先笙与箫笛各一管和之。又一遍，众乐齐和，独闻歌者之声。宰臣酒，乐部起倾杯[②]。百官酒，三台[③]舞旋，多是诨裹宽衫。舞曲破攧前一遍[④]，舞者入，至歇拍[⑤]，续一人入，对舞数拍，前舞者退，独后舞者终其曲，谓之“舞末”。

第二盏再进御酒，歌板色唱和如前式。宰臣慢曲子，百官舞三台。

第三盏进御酒，宰执、百官酒如前仪。进御膳，御厨以绣龙袱盖合上，进御前珍馐，内侍进前供上食，双双奉托直过头。凡御宴至第三盏，方进下酒咸豉，双下驼峰角子[⑥]。宰执、百官以殿侍侧身跪传酒馔，即茶酒班[⑦]仗役也。盖谓：“殿侍高高捧盏行，天厨分脔极恩荣。傍筵拜起尝君赐，不请微闻匙箸声。”百戏呈拽，乃上竿、跳索、倒立、折腰、弄碗、踢磬瓶、筋斗之类[⑧]。艺人皆红巾彩服。

第四盏进御酒，宰臣、百官各送酒，歌舞并同前。教乐所伶人，以龙笛、腰鼓发诨子[⑨]。参军色执竹竿拂子，奏俳语口号[⑩]，祝君寿。杂剧色打和毕，且谓：“奏罢今年新口号，乐声惊裂一天云。”参军色再致语，勾合大曲舞[⑪]。下酒杯：炙子骨头、索粉、白肉、胡饼。

注　释

①歌板色：歌手角色名，即按照拍板的节奏唱歌的艺人。

②倾杯：即《倾杯乐》，又名《倾杯》《倾杯序》《古倾杯》，唐教坊曲名，后用作词牌名。

③三台：唐教坊曲名。宋李济翁《资暇录》：“三台，今之啐酒三十拍促曲。啐，送酒声也。”宋张表臣《珊瑚钩诗话》：“乐部中有促拍催酒，谓之‘三台’。”

④破攧：曲调名。宋沈括《梦溪笔谈·乐律一》：“所谓‘大遍’者，有序、引、歌、翕瓦、嗺、哨、催、攧、衮、破、行、中腔、踏歌之类，凡数十解，每解有数迭者。”

⑤歇拍：唐宋大曲曲调名。宋王灼《碧鸡漫志》卷三：“凡大曲，有散序、靸、排遍、攧、正攧、入破、虚催、实催、衮遍、歇拍、杀衮，始成一曲，此谓‘大遍’。”

⑥双下驼峰角子：或指驼峰状的饺子。

⑦茶酒班：负责御用和宫廷筵宴茶酒的机构。

⑧弄碗：即弄碗注，杂技节目，或为碗等器皿中注水进行表演，而不让水溢出。踢磬瓶：杂技节目，演员仰卧，双脚上举摆弄瓶缸进行表演。

⑨诨子：指滑稽逗笑的节目。

⑩俳语：致语，古代宫廷艺人在演出开始时说唱的颂辞。口号：宋代宫廷举行盛典宴会时，乐人念诵的颂诗，简明而短，内容主要是歌功颂德。

⑪勾合：结合。大曲：古代歌曲的一种。唐宋大曲，系由同一宫调的若干“遍”组成的成套乐舞。

译文

斟第一盏御酒时，由一名歌板色，唱中腔一遍。结束后，先用笙与箫、笛各一支应和。又唱一遍，各种乐器一起奏起，然而只听到歌唱者的歌声。斟宰臣酒时，乐队奏起《倾杯乐》曲子。斟百官酒时，舞者随着《三台》曲调起舞，舞者大多裹着头巾，身穿宽衫。舞曲演奏到破撷前一遍，舞者入场表演。到歇拍时，又有一人入场，两人对舞数拍，先入场的舞者退场，只有后入场的舞者一直跳到乐曲结束，叫作“舞末”。

斟第二盏御酒时，歌板色演唱如前。斟宰臣酒时，乐队奏起节奏舒缓的慢曲子。斟百官酒时，舞者随着《三台》曲调起舞如前。

斟第三盏御酒，即斟宰臣、百官酒的礼仪如前。进呈御膳，御厨用绣龙袱盖在食盒上，进献珍馐至御前。内侍至御前呈上食盒，双手捧托高过头顶。凡御宴进行到斟第三盏御酒时，才有佐酒的菜肴，如咸豉、双下驼峰角子。殿前侍者侧身跪传酒食给宰执、百官，这些侍者都是茶酒班仗役。有诗形容此情景曰：“殿侍高高捧盏行，天厨分脔极恩荣。傍筵拜起尝君赐，不请微闻匙箸声。”艺人们表演百戏，节目有上竿、跳索、倒立、折腰、弄碗、踢磬瓶、筋斗之类。艺人们都裹着红色头巾，身穿彩色衣服。

斟第四盏御酒的礼仪如前，也斟宰臣、百官酒，歌舞也都如前。教乐所伶人，以龙笛、腰鼓开始表演滑稽娱乐节目。参军色手执竹竿拂尘，上场念唱颂辞，朗诵颂诗，向君上祝寿。杂剧色艺人在旁应和，之后又唱道：“奏罢今年新口号，乐声惊裂一天云。”参军色再次念唱颂辞，随着大曲的节奏起舞。这时的下酒菜肴有：炙子骨头、索粉、白肉、胡饼。

原文

第五盏进御酒，琵琶色长上殿奏喏，独弹玉琵琶。前辈有诗咏曰：“宝轴琵琶奏上欢，玉钩珠结响珊珊。群臣倾听天朝乐，却笑乌孙马上弹。”宰臣酒，方响色长上殿奏喏，独打玉方响，亦有诗咏之：

"垂珠宝架玉牌方，催送黄金万寿觞。疑是飞仙朝帝阙，玲珑环佩互宫商。"凡色长独奏玉乐器，例有宣赐，其弹玉琵琶者赐五两五匹，打玉方响者赐三两三匹，乐伶当殿谢恩祇受讫。百官酒，乐部起三台舞。参军色执竿奏数语，勾杂剧入场，一场两段。是时教乐所杂剧色何雁喜、王见喜、金宝、赵道明、王吉等俱御前人员，谓之"无过虫"。再下酒：群仙炙、天仙饼、太平毕罗、干饭、缕肉羹、莲花肉饼[①]。

前筵毕，驾兴，少歇，宰臣以下退出殿门幕次伺候。须臾传旨追班[②]，再坐后筵。赐宰臣、百官及卫士、殿侍、伶人等花，各依品位簪花[③]。上易黄袍小帽儿，驾出再坐，亦簪数朵小罗帛花帽上。宰臣以下起居坐。有诗咏曰："玉带黄袍坐正衙，再颁花宴侈恩华。近臣拜舞瞻龙表，绛蕊高笼压帽纱。"乐伶色长看盏。

注释

①毕罗：亦作"饆饠"，是一种包有馅心的面制点心。始于唐代，当时长安的长兴坊有胡人开的饆饠店。据史载，有蟹黄饆饠、樱桃饆饠、天花饆饠等，甚为著名。缕肉羹：肉丝羹。

②追班：百官按位次排列谒见皇帝。

③簪花：插花于冠。

译文

斟第五盏御酒，琵琶色长上殿演奏唱喏，独弹玉琵琶。前辈有诗咏道："宝轴琵琶奏上欢，玉钩珠结响珊珊。群臣倾听天朝乐，却笑乌孙马上弹。"斟宰臣酒，方响色长上殿演奏唱喏，独打玉方响。也有诗咏之曰："垂珠宝架玉牌方，催送黄金万寿觞。疑是飞仙朝帝阙，玲珑环佩互宫商。"凡是色长独奏玉乐器，按例有宣赐，弹玉琵琶者赏赐银五两绢五匹，打玉方响者赏赐银三两绢三匹，乐伶当殿谢恩，恭敬地领受。之后斟百官酒时，乐队奏起《三台》舞曲。舞曲结束，参军色手执竹竿子上前念唱颂辞，并招引杂剧艺人入场表演，一场有两段。当时教乐所杂剧色艺人何雁喜、王见喜、金宝、赵道明、王吉等都是御前人员，称之为"无过虫"。这时的下酒菜有：群仙炙、天仙饼、太平毕罗、干饭、缕肉羹、莲花肉饼。

前筵结束，圣驾起身，稍作歇息，宰臣以下百官则退出殿门，到幕帐中歇息等候。不一会儿，又传旨百官按位次拜见皇上，再重新入座参加后筵。赐宰臣百官及卫士殿侍伶人等花，各依品位戴花。皇上也换穿黄袍，头戴小帽儿，圣驾出去后再入座，也戴数朵小罗帛花于帽上。宰臣以下官员朝拜后入座。有诗咏道："玉带黄袍坐正衙，再颁花宴侈恩华。近臣拜舞瞻龙表，绛蕊高笼压帽纱。"乐伶色长作为看盏。

原 文

第六盏再坐斟御酒，笙起慢曲子。宰臣酒，龙笛起慢曲子。百官酒，舞三台。蹴球人争胜负。且谓："乐送流星度彩门，东西胜负各分番。胜赐银碗并彩缎，负击麻鞭又抹枪[①]。"下酒供假鼋鱼、蜜浮酥捺花[②]。

第七盏进御酒，筝色长上殿奏喏，七宝筝独弹，宣赐谢恩。有诗咏曰："雁行飞入玉琮琤，满殿齐看七宝筝。弹到急催花片处，春声依约上林莺。"宰臣酒，慢曲子。百官酒，舞三台。参军色作语，勾杂剧入场，三段。下酒供排炊羊、胡饼、炙金肠。

御前宣劝殿上宰执、亲王、使相、侍从、外国使副毕，中使二员至御座前奏过，分东西殿庑，传宣台官[③]、卿监郎丞薄饮。尽酒者三，拜而饮之。并传宣外国使副下三节官属。皆厉声喏三声，拜而饮。有诗咏曰："内臣拱立近天光，奏罢传宣下御廊。来听番官三节喏，不须重译尽来王。"

第八盏进御酒，歌板色长唱踏歌[④]。宰臣酒，慢曲子。百官酒，舞三台。众乐作合曲破[⑤]舞旋。下酒供假沙鱼、独下馒头、肚羹。

第九盏进御酒，宰臣酒，并慢曲子。百官，舞三台。左右军即内等子相扑。下酒供水饭、簇饤[⑥]下饭。宴罢，群臣下殿，谢恩退。前辈有诗云："宴罢随班下谢恩，依然骑马出宫门。归来要侈需云盏，留得天香袖上存。"

注 释

①抹枪：即抹跄，百戏艺人以色粉涂面。此为一种羞辱手段。

②假鼋鱼：指用面粉或其他食物做成鼋状。鼋（yuán）：大鳖。蜜浮酥捺花：似为一种蜜制的花形甜食。

③台官：唐宋御史台长官的统称。

④踏歌：即《踏歌词》，唐代乐曲名。

⑤曲破：唐宋乐舞名。大曲的第三段称为"破"，单演唱此段称"曲破"。节奏紧促，有歌有舞。

⑥簇饤（dìng）：堆叠在食具中供陈设的食品。

译　文

再入座后斟第六盏御酒，笙吹奏起节奏舒缓的慢曲子。斟宰臣酒，龙笛奏起慢曲子。斟百官酒，奏《三台》舞曲。蹴球人比赛争胜负。有诗咏之曰："乐送流星度彩门，东西胜负各分番。胜赐银碗并彩缎，负击麻鞭又抹枪。"这时的下酒菜肴有假鼋鱼、蜜浮酥捺花。

斟七盏御酒，筝色长上殿演奏唱喏，独弹七宝筝，皇帝照例宣赐，筝色长恭领谢恩。有诗咏曰："雁行飞入玉琮琤，满殿齐看七宝筝。弹到急催花片处，春声依约上林莺。"斟宰臣酒，奏起慢曲子。斟百官酒，奏《三台》舞曲。舞毕，参军色上前致辞，招引杂剧艺人入场表演，一场有三段。这时的下酒菜肴有排炊羊、胡饼、炙金肠。

皇上赐酒劝饮宰执、亲王、使相、侍从及外国正副使者后，两名宦官至御座前奏过，分东西殿庑，传宣台官及各卿监的正副长官薄饮，敬酒三次，众官叩拜后饮酒。也传宣外国正副使者以下的三节官属饮酒，都厉声唱喏三声，然后叩拜后饮酒。有诗咏曰："内臣拱立近天光，奏罢传宣下御廊。来听番官三节喏，不须重译尽来王。"

斟第八盏御酒，歌板色唱《踏歌词》。斟宰臣酒，奏慢曲子。斟百官酒，奏《三台》舞曲。众乐演奏，和着曲破舞旋。下酒的菜肴有假沙鱼、独下馒头、肚羹。

斟第九盏御酒，斟宰臣酒，都奏慢曲子。斟百官酒，奏《三台》舞曲。左右军内等子表演相扑。下酒的菜肴有水饭、簇饤下饭。筵席结束，群臣下殿，谢恩后告退。前辈有诗云："宴罢随班下谢恩，依然骑马出宫门。归来要侈需云盏，留得天香袖上存。"

皇帝初九日圣节

原　文

四月初九日，度宗生日，尚书省、枢密院官僚，诣明庆寺如前开建满散。至日侵晨，平章、宰执、亲王、南班、百官入内大起居[1]，舞蹈称贺。随班从驾过皇太后殿起居毕，回集英殿赐宴，仪式不再述。

其赐宴殿，排办事节云，仪銮司预期先于殿前绞缚山棚及陈设帏幕等。前一日，仪銮司、翰林司、御厨、宴设库、应奉司属人员等人，并于殿前直宿。至日侵晨，仪銮司排设御座龙床，出香金、狮蛮、火炉子、桌子、衣帏等。及设第一行平章、宰执、亲王座物，系高座锦褥；第二、第三、第四行，侍从、南班、武臣、观察使以上，并矮坐紫褥；东西两朵殿庑百官，系紫沿席，就地坐。翰林司排办供御茶，床上珠花看果[2]，并供细果，及平章、宰执、亲王、使相高坐果，桌上第看果。殿上第二行、第三、第四行侍从等，平面桌子，三员共一桌；两朵殿廊卿监以下，并是平面矮桌，亦三员共一桌。果桌于未开内门时预行排办。御前头笼燎炉[3]，供进茶酒器皿等，于殿上东北角陈设，候驾御玉座应奉。

其御宴酒盏，皆屈卮如菜碗样，有把手。殿上纯金，殿下纯银。食器皆金棱漆碗碟。御厨制造宴殿食味，并御茶，床上看食、看菜、匙箸、盐碟、醋樽，及宰臣、亲王看食、看菜，并殿下两朵庑看盘、环饼、油饼、枣塔，俱遵国初之礼在，累朝不敢易之。故礼，其宴设库提点监造五局，宴食常行油撒[4]。百官食味，称盘斤两，毋令阙少。御酒库排办前后御宴酒，及宣劝御封酒。

注释

①大起居：宋制，文武朝官每五日赴内殿参见皇帝。宋宋敏求《春明退朝录》卷中："本朝视朝之制：文德殿曰'外朝'……垂拱殿曰'内殿'，宰臣、枢密使以下要近职事者，并武班，日赴，是谓'常起居'。每五日，文武朝臣釐务、令釐务并赴内朝，谓之'百官大起居'。"

②看果：指以木、土、蜡等制作的果品。供祭祀或观赏用。

③燎炉：供烘烤或取暖用的炉子。

④油撒：一种油炸面食。

译文

四月初九，是宋度宗生日，尚书省、枢密院官员，像先前一样前往明庆寺开建祝圣道场，期满后举行满散仪式。当日一大早，同平章事、宰执、亲王、南班、百官入宫朝拜皇上，一边舞蹈一边祝寿。百官依官阶次序跟随圣驾前往皇太后所居宫殿朝拜，之后回到集英殿，皇上赐宴群臣，其仪式就不再赘述了。

在大殿赐宴，准备工作必须非常得当，仪銮司预先在殿前绑缚山棚及陈设帏幕。前一日，仪銮司、翰林司、御厨、宴设库、应奉司等部门人员，全部在殿前值宿。当日一大早，仪銮司排设御座龙床、出香金、狮蛮、火炉子、桌子、衣帏等物。以及摆设第一行同平章事、宰执、亲王的座位器物，高高的座位上垫着锦绣褥子；第二、第三、第四行，是侍从、南班、武臣、观察使以上官员的座位，全部是低矮的座位，上面垫着紫色的褥子；东西两朵殿庑下的百官，全都席地而坐，垫的是紫色边沿的席子。翰林司准备供应御茶和龙床上摆设的珠花看果，并提供细果，以及同平章事、宰执、亲王、使相高座上的细果和桌上的看果。殿上第二、第三、第四行侍从等，面前摆的是平面桌子，三名官员共一桌。两朵殿廊各卿监的正副长官以下，面前摆的全是平面矮桌，也是三名官员共一桌。果桌在宫门还未打开时就先行置办好了。宴设库、应奉司准备头被笼着的燎炉，并供应茶酒器皿等，在殿上东北角陈设，等待圣驾御临玉座时应奉。

御宴上使用的酒盏，都有屈柄如菜碗的样子，且有把手。殿上用的是纯金的，殿下用的是纯银的。食器则是金、铍、漆器的碗碟。御厨制造殿上宴会所需要的各种食品，还有御茶，以及龙床上摆设的看食、看菜、匙箸、盐碟、醋樽，还有宰臣、亲王桌上摆设的看食、看菜，还有殿下两朵庑下百官桌上摆设的看盘、环饼、油饼、枣塔，全部遵守国初就有的礼仪，累朝不敢改易。按照旧礼，宴设库掌管监造五局，宴会食品里常有油撒子。分给百官的食物，都用秤盘称好斤两，不可缺少。御酒库供应前后御宴酒，以及宣劝御封酒。

僧寺结制

原　文

四月十五日结制，谓之“结夏”。盖天下寺院僧尼庵舍设斋供僧，自此僧人安居禅、教、律寺①院，不敢起单②云游。自结制后，佛殿起楞严会，每日晨夕合寺僧行持③诵经咒，燃点巨烛，焚爇大香。或有寺院，朝廷降赐钱会、匹帛、金银钱，启建祈忏会④四十九昼夜，每日六时修忏，祈国安民。其僧人一刻不敢妄出，斋戒严肃，不敢触犯，神天报应在目前。大刹日供，三日或五日换堂，俱都寺⑤主办，皆十万檀信⑥施助耳。盖孟夏望日⑦，乃法王禁足、释子护生之日⑧，自此有九十日，可以安单办道。

是月，园圃瓜茄初生，禁中增价市之，进以尝时新。内侍之家及府第富室，亦如此。

注释

①禅、教、律寺：古代佛寺分禅寺、教寺、律寺。禅寺即教禅宗的修行道场；教寺即从事世俗教化的寺院；律寺即律宗寺院，着重研习和传持戒律。

②起单：谓僧人离开原住寺庙，外出云游或寻找新的寺庙。

③行持：勤修行，持守佛法戒律。

④祈忏会：祈祷忏悔的法会。

⑤都寺：一说指太常寺。

⑥檀信：谓修檀行的信士。即施主。

⑦孟夏：农历四月。望日：每月十五。

⑧法王：佛教对释迦牟尼的尊称。释子：佛教徒的通称。

译文

四月十五，各僧寺开始结制，又称作“结夏”。天下寺院及僧尼庵舍设斋供僧，从此僧人安居禅、教、律寺院中，不敢起单云游。自结制后，佛殿开设楞严法会，每日早晚全寺僧人诵经念咒，点燃巨烛，焚烧大香。有的寺院，朝廷降赐钱会、匹帛、金银钱，建立祈忏会四十九昼夜，每天六时修忏，祈祷国泰民安。其僧人一刻也不敢妄出，斋戒非常严格，不敢触犯，因为神天报应就在眼前。大佛寺每天堂前供奉的香烛花果，三日或五日一换，都由都寺主办，全是十万佛教徒所施助。孟夏望日，乃法王禁足、释子护生之日，自此有九十天，僧人可以常住寺院，举办法事。

这月，园圃里的瓜茄刚刚上市，宫中以高价购买，来尝新。内侍之家及府第富室，也购买尝新。

五月　重午附

原文

仲夏一日，禁中赐宰执以下公服罗衫。五日重午节，又曰“浴兰令节”。内司意思局以红纱彩金盝子[①]，以菖蒲或通草[②]雕刻天师驭虎像于中，四围以五色染菖蒲悬围于左右。又雕刻生百虫铺于上，却以葵、榴、艾叶、花朵簇拥。内更以百索彩线、细巧镂金花朵，及银样鼓儿、糖蜜韵果、巧粽、五色珠儿结成经筒符袋、御书葵榴画扇、艾虎[③]、纱匹段，分赐诸阁分、宰执、亲王。兼之诸宫观亦以经筒、符

袋、灵符、卷轴、巧粽、夏橘等送馈贵宦之家。如市井看经道流，亦以分遗施主家。所谓经筒、符袋者，盖因《抱朴子》问辟五兵之道④，以五月午日佩赤灵符挂心前，今以钗符佩带，即此意也。

杭都风俗，自初一日至端午日，家家买桃、柳、葵、榴、蒲叶、伏道⑤，又并市茭、粽、五色水团、时果、五色瘟纸，当门供养。自隔宿及五更，沿门唱卖声，满街不绝。以艾与百草缚成天师，悬于门额上，或悬虎头、白泽⑥。或士宦等家以生朱于午时书"五月五日天中节，赤口白舌尽消灭"之句。此日采百草或修制药品，以为辟瘟疾等用，藏之果有灵验。杭城人不论大小之家，焚烧午香一月，不知出何文典。其日正是葵榴斗艳，栀艾争香，角黍⑦包金，菖蒲切玉，以酬佳景。不特富家巨室为然，虽贫乏之人，亦且对时行乐也。

注　释

①盝（lù）子：古代一种小型妆具。

②通草：指通脱木，常绿灌木或小乔木。树干直，叶大，掌状分裂，通常集中生在茎的顶部，花小，白色，果实近球形。茎的中心有白色纸质的髓，可制通草花或其他装饰品。

③艾虎：端午日采艾制成的虎形饰物，用以辟邪去秽。

④因《抱朴子》问辟五兵之道：晋葛洪《抱朴子·杂应》："或问辟五兵之道……或以五月五日作赤灵符，着心前。"五兵：本指兵器，后指战争。此指血光之灾。

⑤伏道：即伏道艾。宋时以为艾中之佳品，因其产于汤阴伏道，故称。

⑥白泽：传说中的一种神兽。

⑦角黍：即粽子，一种粽叶包裹糯米的蒸煮食品。

译　文

仲夏一日，皇宫中赐宰执以下官员公服和罗衫。五月初五重午节，又称"浴兰令节"。内司意思局以红纱彩金盝子，用菖蒲或通草雕刻天师驭虎像放置其中，四周以五色染菖蒲悬围于左右。又雕刻生百虫铺在上面，另以葵、榴、艾叶、花朵簇拥。宫内更以百索彩线、细巧镂金花朵，以及银样鼓儿、糖蜜韵果、巧粽、五色珠儿编结成经筒符袋、御书葵榴画扇、艾虎、纱匹段等物，分别赐予诸嫔妃、宰执、亲王。此外，诸宫观也以经筒、符袋、灵符、卷轴、巧粽、夏橘等馈送贵宦之家。像市井里的僧人道士，也以此类物品赠送给施主家。所谓经筒、符袋之类，大概是因为《抱朴子》中有人问及避免血光之灾的方法，回答称于五月初五佩赤灵符挂心前，如今以钗符佩带，也是这个意思。

杭城的风俗，自五月初一至端午节当天，家家户户买桃、柳、葵、榴、蒲叶、伏道艾，又一并购买茭、粽、五色水团、时新果子、五色瘟纸，当门供养。从前一晚到次日五更，沿门唱卖声，满街不绝。用艾叶与百草绑缚成天师形象，悬挂在门额上，或悬挂虎头、白泽。有的仕宦人家在端午节用生朱砂书写“五月五日天中节，赤口白舌尽消灭”之句，张贴在门上。在这一天采集百草或炼制药品，作为辟瘟疾等用，收藏起来果真灵验。杭城之内，不论大户还是小家，都会焚烧午香一月，不知是依据哪部典籍的记载。端午节这天正是葵花榴花争艳、栀子花艾叶争香之时，包裹着金色糯米的粽子和切成玉一般的菖蒲，正好以酬佳景。不只是富家巨室如此享受，即使是贫乏人家，也及时行乐。

士人赴殿试唱名

原　文

诸路举人到者，排日赴都堂，帘引[①]讫，伺候择日殿试。前三日，宣押知制诰、详定、考试等官赴学士院锁院，命御策题。然后宣押赴殿。士人诣集英殿起居[②]，就殿庑赐坐引试，依图分庑坐定，各赐印刊策题。其士人止许带文房及卷子，余皆不许挟带文集。士人入东华门，各行搜检身内有无绣体私文[③]，方行放入。午则赐食与士人，其砚水之类，皆殿直祇直供办[④]。午后纳卷而出。

旧制，士人卷子仍弥封，卷头打号。然后纳初放官[⑤]，次下覆考，考定次第，后送定参详一同，方定甲名资次，而定夺三魁。伺候上御文德殿临轩唱名，进呈三魁试卷，天颜亲睹三魁，排定姓名资次，然后宣唤三魁姓名。其三魁听快行宣唤数次，方敢应名而出。扣问三代乡贯年甲同方。请入状元侍班处，更换所赐绿襕靴、简[⑥]。第一名状元及第，第二名榜眼，第三名探花。

其状元官授承事郎[⑦]，职除上郡签判[⑧]；榜眼授承奉郎，探花授承务郎，职注中郡或下郡签判。或无见阙，则节推、察推之职[⑨]。三魁进诗谢恩，上赐御筵，赐诗与状元。以下第一甲举人赐进士及第，第二甲赐进士出身，第三至第五甲并赐同进士出身。如有魁及前下名太、宗学内舍生员，并升甲。恩例[⑩]，其老榜者，谓之特奏名[⑪]，为魁者，附第五甲，补迪功郎。余皆授诸州文学助教。武举进士，前三名照文科为状元、榜眼、探花，恩例各赐紫囊、金带、靴、笏。状元授秉义郎，榜眼授从义郎，探花授保义郎，俱殿步司正副将之职。除武举进士，皆循文科例，赐进士及第出身。如进士欲赴御教场内躬弓升甲，听从其便，盖招箭班祇直也。

帅漕二司[12]，于未唱名前，差人吏客司官等项，行排办礼部贡院充文科状元局，或别院、或借祥符寺充武科状元局，以伺唱名。帅漕与殿步司排办鞍马仪仗，迎引文武三魁，各乘马带羞帽到院，安泊款待。每日祇直，皆两司给官钱供应。及于诸州府守臣、诸路三司，及制阃殿步三司等官，俱有馈送助局钱酒。两状元差委同年进士充本局职事官，措置题名登科录。帅司差拨六局人员，安抚司关借银器等物、差拨妓乐，就丰豫楼开“鹿鸣宴”，同年人俱赴团拜于楼下。

文武状元注授[13]毕，各归乡里。本州则立状元坊额牌所居之侧，以为荣耀。州县亦皆迎迓，设宴庆贺。如遇龙飞年分，则三魁黄甲[14]及其余进士，皆倍加恩例，却与常年不同，则状元可除下郡通判[15]。于此可见士子读书之贵，而朝家待士之厚，不可不知也。故书以记，为士者察之。

注释

①帘引：参见帘官，报到登记。帘官即考官。

②起居：向皇上请安。殿试名义上是皇上亲自主持的考试。

③绣体私文：指为了作弊而刺绣的纹身和事先撰成的文章。

④殿直、祇直：大殿的供奉官。

⑤初放官：负责初阅的试官。以下“复考”为二阅试官，“定参详”为终审试官。

⑥襕：古代士子之服。此指官服。简：即手笏，大臣上朝时所持。

⑦承事郎：宋代文官官阶的一种。以下承奉郎、承务郎、迪功郎等皆同。

⑧除：授予官职。签判：全称“签书判官厅公事”，掌诸案文移事务。

⑨节推、察推：节度推官和观察推官，位次于判官，掌推勾狱讼之事。

⑩恩例：帝王为宣示恩德而颁布的条例、规定。

⑪特奏名：宋代科举制度的一种特殊规定，考进士多次不中者，另造册上奏，经许可附试，特赐本科出身，称“特奏名”，与“正奏名”相别。

⑫帅漕二司：宋各路置安抚司掌军事与民政，简称“帅司”；转运司掌财赋与转运，简称“漕司”。

⑬注授：职官铨选时的登记、授受。

⑭ 黄甲：科举甲科进士及第者的名单。该甲发榜名单因用黄纸书写，故名。

⑮ 通判：州府副长官。

译文

诸路到京城的举子，逐日前往尚书省都堂，报到登记之后，等待择日殿试。殿试前三日，朝廷宣诏知制诰、详定官、考试官等前往学士院锁院，商议出御策题。殿试当天，宣诏诸官前往考场所在的宫殿。赴试的士人都前往集英殿，向皇上问安，然后在大殿走廊的座位上参加考试，按照座次表分别在庑下坐定，发给刊印的策题。士人们只允许携带文房四宝和自己的卷子，不许挟带其他任何参考文集。士人从东华门进来时，都要接受搜身，确定身上没有纹身和私文，才被放入。中午则赐给士人饭食，砚墨之类用具，都由殿前的值班人员提供。午后交卷走出考场。

按照旧制，士人的卷子仍需弥封，卷头打上编号。然后交给初放官先阅，剔除劣等的卷子，打出初阅的分数后，交给复考官再阅，排出次第，最后送给定参详三阅，统一前两阅的意见，才定出科甲的名次，且定夺三魁。等到皇上驾临文德殿临轩唱名时，将三魁的试卷进呈给皇上亲阅，由皇上排定三人的次序，然后下令宣唤三魁的姓名。三魁在士人的队伍中，要听到快行家宣唤数次，才敢应名走出。皇上问他们乡贯、年龄、在京城为官的同乡等。随后三魁被请入状元侍班处，更换皇上所赐的绿襕靴和手笏。第一名状元及第，第二名榜眼，第三名探花。

状元官授承事郎，职任上郡签判；榜眼授承奉郎，探花授承务郎，职任中郡或下郡签判。如果签判一职没有空缺，则任节推、察推之职。三魁进诗谢恩，皇上赐御筵，赐诗给状元。三魁以下的第一甲举子赐进士及第，第二甲赐进士出身，第三至第五甲并赐同进士出身。其中若有先前考试落榜的太、宗学内舍生员，一并擢升甲第。恩例，由累举进士不中者赴试的老榜，称作特奏名，夺魁者，附于第五甲，补迪功郎。其余授予诸州文学助教之职。武举进士，前三名与文科一样，为状元、榜眼、探花，恩例各赐紫囊、金带、靴、笏。状元授秉义郎，榜眼授从义郎，探花授保义郎，都任命殿步司正副将之职。其余武举进士，也都按照文科制度，赐进士及第或出身。如果进士想去御教场内射弓以求擢升甲第，听从其便，此事由招箭班负责。

帅漕二司，在未唱名之前，差遣人吏客司官等项，安排礼部贡院充作文科状元局，或以别院、或借祥符寺充作武科状元局，以等候唱名。帅漕与殿步司置办鞍马仪仗，来迎接文武三魁，新科进士各自骑着高头大马，戴着羞帽，来到院中，住宿并接受款待。每日侍候人员及各项用度开支，都由两司拿出官钱支付。各州府的守臣、诸路三司，以及制阃殿步三司等官，都会馈赠钱酒以襄助状元局。文、武两科的状元委托同年进士充作本局的职事官，置办题有新科进士姓名的登科录。帅司差拨六局人员，安抚司借出银器等物，并差拨妓乐，到丰豫楼开办“鹿鸣宴”，同年考中的进士们都聚集在楼下，互相道贺行礼。

职官经登记注册后，文武状元都各归乡里。家乡之州则在其居所的旁边树立状元坊额牌，来显示荣耀。州县都安排人员迎接状元荣归故里，并设宴庆贺。如果遇上新皇登基的年份，则甲科三魁及其余进士，都倍获恩例，与常年不同，状元可授予下郡通判之职。由此可见士子读书之可贵，朝廷待士子之恩厚，不可不知道啊。所以把这些记下来，希望士子们明察。

卷四

六月　崔真君诞辰附

原　文

六月季夏，正当三伏炎暑之时，内殿朝参之际，命翰林司供给冰雪，赐禁卫殿直观从，以解暑气。

六月初六日，敕封护国显应兴福普佑真君诞辰，乃磁州崔府君①，系东汉人也，朝廷建观在邪门②外聚景园前灵芝寺侧，赐观额名曰“显应”，其神于靖康时高庙为亲王日出使到磁州界，神显灵卫驾，因建此宫观，崇奉香火，以褒其功。此日内庭差天使降香设醮，贵戚士庶，多有献香化纸。是日湖中画舫，俱舣堤边，纳凉避暑，恣眠柳影，饱挹荷香，散发披襟，浮瓜沉李，或酌酒以狂歌，或围棋而垂钓，游情寓意，不一而足。盖此时烁石流金，无可为玩，姑借此以行乐耳。

注　释

①崔府君：民间传说之神，为冥司四大判官之一。本名崔子钰，诸书记载为唐贞观时人，后成仙。

②邪门：杭州城西清波门之俗称。

译　文

六月为季夏，正当三伏天炎热酷暑之时，皇帝在内殿接受大臣朝参时，都会命翰林司供给冰雪，另赐给禁卫军士和殿前值班人员，以解暑气。

六月初六，是敕封护国显应兴福普佑真君的诞辰，也就是磁州崔府君，是东汉时人。朝廷在清波门外聚景园前灵芝寺的旁边建立宫观，赐观额名曰“显应”。靖康年间高宗皇帝还是亲王时，出使到磁州界，其神显灵，护卫圣驾，因此建立此宫观，崇奉香火，以褒扬其功。这日宫内派出使者到显应观中赐香设醮，贵戚士庶，也多有献香化纸的。这日西湖中的画舫，全都停靠在长堤边，纳凉避暑。人们随意地躺在柳荫下睡眠，深吸荷花的香气，披散着头发和衣襟，水里瓜李浮沉，任意取食。或饮酒后狂歌，或边下围棋边垂钓，其游情寓意，不一而足。大概是此时天热得能将金石熔化，没有什么可玩的，所以游人们借此行乐。

七月　立秋附

原　文

七月秋孟，例于上旬内车驾诣景灵宫行孟享之礼，以秋阳正炎，上命宰执分诣。立秋日，太史局委官吏于禁廷内，以梧桐树植于殿下，俟交立秋时，太史官穿秉奏曰："秋来。"其时梧叶应声飞落一二片，以寓报秋意。都城内外，侵晨满街叫卖楸叶[①]，妇人、女子及儿童辈争买之，剪如花样，插于鬓边，以应时序。

注　释

①楸叶：楸树之叶，叶呈三角状卵形或长椭圆形。因"楸"与"秋"同音，故戴楸叶以迎秋。

译　文

七月孟秋，按照惯例，皇帝车驾当于上旬内前往景灵宫行孟享之礼，因此时秋阳还很炎热，所以皇上派宰执代为前往。立秋当天，太史局派官吏在宫廷内大殿下种植梧桐树，等到立秋时分，太史官穿着礼服、手执朝笏奏道："秋天来了。"当时应声飘落一二片梧桐叶，以寓报秋之意。此日清晨，都城内外的大街上都是卖楸叶的小贩，妇人、女子以及儿童都争相购买，剪成花的形状，插在鬓角边，以顺应时节。

七　夕

原　文

七月七日，谓之"七夕节"。其日晚晡时，倾城儿童女子，不论贫富，皆着新衣。富贵之家，于高楼危榭，安排筵会，以赏节序。又于广庭中设香案及酒果，遂令女郎望月瞻斗列拜，次乞巧于女、牛。或取小蜘蛛，以金银小盒儿盛之，次早观其网丝圆正，名曰"得巧"。内庭与贵宅皆塑卖"磨喝乐[①]"，又名摩睺罗孩儿，悉以土木雕，更以造彩装襕座，用碧纱罩笼之，下以桌面架之，用青绿销金桌衣围护。或以金玉珠翠装饰尤佳。又于数日前，以红熝[②]鸡、果食、时新果品互相馈送。禁中意思蜜煎局亦以“鹊桥仙”故事，先以水蜜木瓜进入。市井儿童，手执新荷叶，效摩喉罗之状。此东都流传，至今不改，不知出何文记也。

注释

①磨喝乐：梵文音译，为佛教八部众神之一，佛祖释迦牟尼之子。唐宋时借其名制作为一种土木偶人，于七夕供养。唐时也叫“化生”，谓供养以祝祷生育男孩，因成为送姻亲家的礼物。后成为儿童玩具。

②熝（lù）：一种烹调方法，类似于今天的“卤”。

译文

七月初七，叫作“七夕节”。这天晚上晡时，全城的儿童和女子，不论贫富，都身穿新衣。富贵之家则在高高的楼榭上安排筵会，以赏节序。又在广庭中设置香案，摆上酒果，令家中女子望着天上的月亮依次叩拜，再向织女星、牛郎星乞巧。有的捉来小蜘蛛，将其盛放在金银小盒中，到第二天早上看它织的网丝是否圆正，若圆正，则叫作“得巧”。皇宫内苑与权贵之家都塑造“磨喝乐”，又叫作摩喉罗孩儿，都用泥或木雕成，又制作彩饰的底座，再用碧纱笼罩，下面用桌面架着，又青绿销金桌衣围护。有的以金玉珠翠装饰，尤其漂亮。

七夕节数日前，各家以红熝鸡、果食以及时新的果品互相馈送。宫中意思局和蜜煎局也根据“鹊桥仙”故事，先进呈水蜜木瓜。市井里的儿童，手里拿着新生的荷叶，效仿摩喉罗的形状。这是东都流传下来的风俗，至今不改，不知道出自哪里的文献记载。

解制日中元附

原文

七月十五日，一应大小僧尼寺院设斋解制，谓之“法岁周圆之日”。自解制后，禅教僧尼，从便给假起单[①]，或行脚，或归受业，皆所不拘。其日又值中元地官[②]赦罪之辰，诸宫观设普度醮，与士庶祭祓[③]宗亲。贵家有力者，于家设醮饭僧荐悼，或祓孤魂。僧寺亦于此日建盂兰盆会，率施主钱米，与之荐亡家。市卖冥衣[4]，亦有卖转明菜花、油饼、酸馅、沙馅、乳糕、丰糕之类。卖麻谷窠儿者，以此祭祖宗，寓预报秋成之意。鸡冠花供养祖宗者，谓之“洗手花”。此日都城之人，有就家享祀者，或往坟所拜扫者。禁中车马出攒宫，以尽朝陵之礼。及往诸王妃嫔等坟行祭享之诚。后殿赐钱，差内侍往龙山放江灯万盏。州府委佐官就浙江税务厅设斛[5]，以享江海鬼神。

是月，瓜桃梨枣盛有，鸡头[6]亦有数品，若拣银皮子嫩者为佳，市中叫卖之声不绝。中贵戚里，多以金盒络绎买入禁中。如宅舍市井欲市者，以小新荷叶包裹，掺以麝香，用红小索系之。

注　释

①起单：人离开原住寺庙，外出云游或寻找新的寺庙。

②中元地官：道教所奉的三官之一，三官分别为上元天官、中元地官、下元水官。古人以农历正月十五为上元天官赐福日，举行盛大的庆祝活动，称上元节、元宵节。以农历七月十五为中元地官赦罪日，道观设醮，僧寺建会，民间祭祀先祖，称为中元节、盂兰盆节。以农历十月十五为下元水官解厄日，拜祭水官，称下元节。

③祭祓（fú）：此指祭祀。祓：代为除灾求福而举行的一种仪式。

④冥衣：祭祀亡者所烧献的纸衣。

⑤设斛：即施食。食以斛计，故称。斛：古代容量单位，十斗为一斛。

⑥鸡头：即鸡头米，水生植物芡实的种子。

译　文

七月十五，所有大小僧尼寺院都设斋解制，称之为“法岁周圆之日”。自解制之后，各禅寺教寺的僧尼，无论给假还是起单，一切从便，或行脚，或回到本寺受业，都无所拘束。这日又正值中元地官赦罪之辰，诸宫观设普度醮，让士庶祭祀已故的祖宗亲属。富贵之家财力雄厚的，就在家中设醮，布施斋饭，悼念死者，或为孤魂超度。僧寺也在这天建盂兰盆会，将施主布施的钱米，馈赠给死者家属。集市里有卖冥衣的，也有卖转明菜花、油饼、酸馅、沙馅、乳糕、丰糕之类食品的。还有卖麻谷窠儿的，买来祭祀祖宗，也寓预报秋天收获之意。供养祖宗的鸡冠花，叫作“洗手花”。这一天，都城之人有在家祭祀先人的，也有前往坟墓叩拜祭扫的。宫中派出车马前往攒宫，以尽祭拜之礼。也派人前往诸王妃嫔等的墓地，行祭祀之诚。后殿赐钱，差遣内侍前往龙山放万盏江灯。州府委佐官前往浙江税务厅设斛，以祭祀江海里的鬼神。

七月瓜桃梨枣成熟，大量上市，鸡头米也有数种，拣银皮嫩子者为佳，集市中叫卖之声不绝。权宦外戚，多以金盒盛装买入宫中。如果市井人家想买，就用新生小荷叶包裹，掺以麝香，用小红绳扎起。

八　月

原　文

八月上旬丁日，太、宗、武、府、庠、县学[①]俱行秋丁释奠礼。秋社日，朝廷及州县差官祭社稷于坛，盖春祈而秋报也。秋社日，有士庶家妻女归外家回，皆以新葫芦儿、枣儿等为遗，俗谚云谓之“宜良外甥儿”之兆耳。中秋前，诸酒库中申明点检所，择日排办迎新。帅府率本州军伍及九县场巡尉军卒，并节制殿步两司军马，往蒲桥教场教阅，都人观睹，尤盛于春季也。

注　释

①太、宗、武、府、庠、县学：宋时官学。其中太学、宗学、武学是中央官学，府学、庠学、县学是地方官学。宋朝以每年仲春二月、仲秋八月上丁日，举行盛大的祭祀文圣孔子的活动。

译　文

八月上旬的丁日，太学、宗学、武学、府学、庠学、县学都会举行释奠礼。秋社日当天，朝廷及州县都会派官吏到社坛祭祀土神和谷神，大概是春社时祈求丰收而秋社时报告收成的意思。这天，有士庶之家的妻女回乡省亲后返回夫家，都带上葫芦儿、枣儿等作为礼物，就是俗谚所说的“宜良外甥儿”的寓意。中秋前，各酒库向点检所申明情况，择日排办迎新酒的仪式。临安帅府率领本州军士及下属九县巡尉军卒，加上所节制的殿步两司的军马，一起前往蒲桥教场教阅军伍。京城之人争相围观，场面比春季时还要盛大。

中　秋

原　文

八月十五日中秋节，此日三秋恰半，故谓之“中秋”。此夜月色倍明于常时，又谓之“月夕”。此际金风荐爽，玉露生凉，丹桂香飘，银蟾光满，王孙公子，富家巨室，莫不登危楼，临轩玩月。或开广榭，玳筵[①]罗列，琴瑟铿锵，酌酒高歌，以卜竟夕之欢。至如铺席之家，亦登小小月台，安排家宴，团圞[②]子女，以酬佳节。虽陋巷贫窭之人，解衣市酒，勉强迎欢，不肯虚度。此夜天街卖买，直到五鼓，玩月游人，婆娑于市，至晓不绝。盖金吾[③]不禁故也。

注　释

①玳筵：玳瑁筵，指豪华的筵席。

②团圞：团聚。

③金吾：此指掌管京城治安的禁卫军。

译　文

农历八月十五是中秋节，此日三秋恰好过去一半，所以叫作“中秋”。这夜的月色比平常时倍加明亮，又称作“月夕”。此时秋风送爽，玉露生凉，丹桂飘香，月亮圆满而光照人间，王孙公子和富贵人家无不登上高楼，靠在窗边赏月。或在广榭中设筵，罗列美食珍馐，席间琴瑟铿锵，宾客酌酒高歌，寻欢作乐，彻夜不绝。至于小商铺之家，也登上小小的月台，安排家宴，聚集子女，以度佳节。即使是陋巷中的贫穷之人，也解下衣服当钱卖酒喝，勉强寻欢，不肯虚度此良辰美景。此夜御街上的买卖一直持续到五更时分，赏月的游人在街市盘桓，直到凌晨都不散。这是禁卫军不禁止的缘故。

解　闱

原　文

三年一次。八月十五日，放贡举应试，诸州郡县及各路运司，

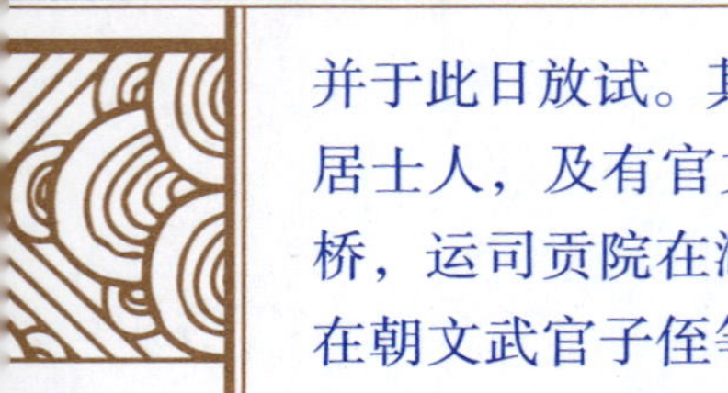

并于此日放试。其本州贡院，止放本州诸县应举士人。运司放一路寓居士人，及有官文武举人，并宗女夫等。本州贡院在钱塘门外王家桥，运司贡院在湖州市。三学生员就礼部贡院赴解试，宰执、侍从、在朝文武官子侄等并于国子监牒试。则就州县，并于十五日为头排，日试三场。若诸州府及各漕司，亦于十五日放试。

其诸处贡院前赁待试房舍，虽一榻之屋，赁金不下数十楮。亲朋馈送赴解士人点心，则曰“黄甲头魁鸡”。以德物称之，是为佳谶。杭城辇毂之地，恩例特优。本州元解额七十名，今增作八十九名。诸州各有定额，两浙运司寓试士人约一百名取一名，有官文武人及登仕郎[①]皆十人取一人。国子牒试则五人取一名。太、宗、武学士人约四五人取一名。举州贡院放榜之际，帅臣亲往院中，开拆一银牌，亲书得解人姓名，付捷音往报。诸路州郡供设“鹿鸣宴”待贡士。又取程文[②]次者为待补，名数无定额，伺来岁朝廷放补，诸州路得补士人皆到都就试，中榜者则入太学为生员，免三学。得补者经吏部给授绫缗[③]，然后参学。此朝廷待士之重，功名皆自此发轫也。

注　释

①登仕郎：文散官名，宋徽宗政和年间改为修职郎，为文官第三十六阶。

②程文：科场应试者进呈的文章。

③绫缗（mín）：此指日常开支用度。绫：一种丝织品。缗：古代穿钱的绳子。

译　文

解闱每三年举行一次。八月十五，安排贡士参加考试，诸州郡县及各路转运司，也都在此日安排考试。本州的贡院，只允许本州及下属诸县的士人参加考试。各路转运司则允许寓居此路的士人参加考试，以及有官职的文武举人，加上宗女之夫等。本州贡院在钱塘门外的王家桥，转运司贡院在湖州市。三学生员则前往礼部贡院参加解试，宰执、侍从以及在朝文武官员的子侄等都到国子监参加牒试。各州县都于八月十五这天安排头场考试，每日考试三场。各州府及各转运司，也于八月十五这天安排考试。

各处贡院附近供士子租住以待考试的房舍，即使是只有一张床的小屋子，租金也不下数十楮。亲朋馈送参加解试士人点心，则叫作“黄甲头魁鸡”。以好言辞称呼，作为吉祥的谶语。杭州乃本朝京都，恩例特别优厚。本州原有解额70名，如今已增至89名。各州也都有定额，两浙转运司的寓试士人大约是每一百名取一名，有官职的文武举人及登仕郎都是每十人取一人。国子监牒试则是每五人取一名。太学、宗学、武学的士人每约四五人取一名。本州贡院放榜之时，帅臣亲自前往贡院中，拆开一个银牌，亲自书写得解人的姓名，然后派人去得解人住处传报喜讯。诸路及各州郡供设“鹿鸣宴”以款待贡士。又录取应试文章次一等的未得解者为待补，名额没有定数，等待来年朝廷放补，各州路的得补士人都到京城参加考试，中榜者则进入太学为生员，但不参加三舍的升迁。得补者由吏部给授予绫绢，然后参学。这些都体现了朝廷对待士人之恩厚，博取功名也都从此开始。

观潮

原文

临安风俗，四时奢侈，赏玩殆无虚日。西有湖光可爱，东有江潮堪观，皆绝景也。每岁八月内，潮怒胜于常时。都人自十一日起，便有观者，至十六、十八日倾城而出，车马纷纷。十八日最为繁盛，二十日则稍稀矣。十八日盖因帅座出郊，教习节制水军。自庙子头直至六和塔，家家楼屋，尽为贵戚内侍等雇赁作看位观潮。

向有白乐天《咏潮》诗曰：“早潮才落晚潮来，一月周流六十回。不独光阴朝复暮，杭州老去被潮催。”又苏东坡《咏中秋观夜潮》诗：“定知玉兔十分圆，已作霜风九日寒。寄语重门休上钥，夜潮留向月中看。”“万人鼓噪慑吴侬[①]，犹似浮江老阿童。欲识潮头高几许，越山浑在浪花中。”“江边身世两悠悠，人与沧波共白头。造物亦知人易老，故教江水更西流！”“吴儿生长狎涛澜，冒利轻生不自怜。东海若知明主意，应教斥卤[②]变桑田。”“江神河伯两醯鸡[③]，海若东来气吐霓，安得夫差水犀手[④]，三千强弩射潮低。”林和靖《咏秋江》诗云：“苍茫沙嘴鹭鸶眠，片水无痕浸碧天。最爱芦花经雨后，一篷烟火饭渔船。”治平郡守蔡端明诗[⑤]：“天卷潮回出海东，人间何事可争雄？千年浪说鸱夷[⑥]怒，一信全疑渤澥[⑦]空。浪静最宜闻夜枕，峥嵘须待驾秋风。寻思物理真难到，随月亏圆亦未通。”

注释

①吴侬：即吴人。

②斥卤：盐碱地。

③醯（xī）鸡：即蠛蠓（miè měng），一种小虫，古人以为是酒醋上的白霉变成。后以“瓮里醯鸡”比喻见识浅陋的人。

④水犀手：披水犀甲的弩手。

⑤治平：北宋英宗赵曙年号，1064年~1067年。蔡端明：即蔡襄，字君谟，北宋大臣、书法家。曾任端明殿学士，故称。治平二年（1065）出知杭州。

⑥鸱（chī）夷：鸱夷子皮，即范蠡。春秋时期越王勾践的谋臣，助越灭吴后归隐。

⑦渤澥（xiè）：古代称东海的一部分，即渤海。

译文

临安的风俗，四季都很奢侈，赏玩不辍，几乎没有虚度之日。西面有西湖之景讨人喜爱，东面有钱塘江潮值得一观，都是绝妙的胜景。每年八月中，潮水比平常时更加迅疾汹涌。自八月十一开始，京城里就有观潮的人，到八月十六、八月十八，则倾城而出观潮，车马纷纷。八月十八最为繁盛，到八月二十则观潮者渐渐稀少。八月十八这天，帅座前往城郊，教练、指挥水军。从庙子头直到六和塔，家家户户的楼屋都被贵戚、内侍等租赁去，作为观潮的看位。

从前白乐天有《咏潮》诗曰：“早潮才落晚潮来，一月周流六十回。不独光阴朝复暮，杭州老去被潮催。”又苏东坡有《咏中秋观夜潮》诗：“定知玉兔十分圆，已作霜风九日寒。寄语重门休上钥，夜潮留向月中看。”“万人鼓噪慑吴侬，犹似浮江老阿童。欲识潮头高几许，越山浑在浪花中。”“江边身世两悠悠，人与沧波共白头。造物亦知人易老，故教江水更西流！”“吴儿生长狎涛澜，冒利轻生不自怜。东海若知明主意，应教斥卤变桑田。”“江神河伯两醯鸡，海若东来气吐霓，安得夫差水犀手，三千强弩射潮低。”林和靖有《咏秋江》诗云：“苍茫沙嘴鹭鸶眠，片水无痕浸碧天。最爱芦花经雨后，一篷烟火饭渔船。”治平年间杭州郡守蔡端明有诗曰：“天卷潮回出海东，人间何事可争雄？千年浪说鸱夷怒，一信全疑渤澥空。浪静最宜闻夜枕，峥嵘须待驾秋风。寻思物理真难到，随月亏圆亦未通。”

原文

其杭人有一等无赖不惜性命之徒，以大彩旗或小清凉伞、红绿小伞儿，各系绣色缎子满竿，伺潮出海门，百十为群，执旗泅水上，以迓子胥弄潮之戏[①]。或有手脚执五小旗浮潮头而戏弄。向于治平年间，郡守蔡端明内翰见其往往有沉没者，作《戒约弄潮文》云：“斗、牛之外，吴、越之中，惟江涛之最雄，乘秋风而益怒。乃其俗习，于此观游。厥有善泅之徒，竞作弄潮之戏，以父母所生之遗体，投鱼龙不测之深渊，自谓矜夸，时或沉溺，精魄永沦于泉下，妻孥望哭于水滨，生也有涯，盍终于天命；死而不吊②，重弃于人伦。推予不忍之心，伸尔无家之戒。所有今年观潮，并依常例，其军人百姓，辄敢弄潮，必行科罚。”自后官府禁止，然亦不能遏也。向有前辈作《看弄潮诗》云：“弄罢江潮晚入城，红旗飐飐③白旗轻。不因会吃翻头浪，争得天街鼓乐迎。”

且帅府节制水军，教阅水阵，统制部押于潮未来时，下水打阵展旗，百端呈拽，又于水中动鼓吹，前面导引，后抬将官于水面，舟楫分布左右，旗帜满船，上竿舞枪飞箭，分列交战，试炮放烟，捷追敌舟，火箭群下，烧毁功成，鸣锣放教，赐犒等差。盖因车驾幸禁中观潮，殿庭下视江中，但见军仪于江中整肃部伍，望阙奏喏④，声如雷震。余扣及内侍，方晓其尊君之礼也。其日帅司备牲礼、草履、沙木板，于潮来之际，俱祭于江中。士庶多以经文，投于江内。是时正当金风荐爽，丹桂飘香，尚复身安体健，如之何不对景行乐乎？

注释

①迓（yà）：迎接。子胥：伍员，字子胥，春秋时期楚国人，因父兄为楚王所杀，入吴为将，率军破楚复仇。后因谗臣构陷，为吴王夫差所杀，尸体被投入钱塘江中。民间传说伍子胥的满腔怨恨化作滔天巨浪，形成了钱塘江怒潮。

②死而不吊：《礼记·檀弓上》：“死而不吊者三：‘畏、厌、溺。’”意谓死了不值得凭吊的有三种情况：含冤不白而自裁者（一说临阵畏敌者）、行止于危墙之下被压死者、游泳逞能被淹死者。

③飐（zhǎn）飐：飘动貌。

④奏喏：即唱喏，古代一种交际礼俗，即给人作揖同时扬声致敬。用于下属对上级、晚辈对长辈。

译文

杭州有一些不惜性命的无赖之徒，以大彩旗或小清凉伞、红绿小伞儿，各系上满竿的绣色缎子，等潮出海门时，他们百十为群，手执彩旗，泅于水上，作迎接伍子胥亡魂的弄潮之戏。又有人手脚执五小旗浮于潮头，以为戏弄。过去在治平年间，郡守蔡端明内翰见这些弄潮儿往往有沉没毙命的，于是作《戒约弄潮文》曰：“斗宿、牛宿之外，吴地、越地之中，唯江涛最为雄壮，乘着秋风则更加汹涌。本地之风俗，于秋时观潮。有一些善于泅水的人，争相在潮头作弄潮之戏，将父母所赋予的身体，投入鱼龙不测的深渊，还自以为是，夸耀己能。有不幸沉溺的，精魄永远沦于泉下，妻子儿女在水边张望痛哭。人的一生有限，何不终于天命？死了而不值得临吊，是因为抛弃了人伦。推及我之不忍之心，重申死者家破人亡之戒，故今年观潮之相关事宜，全部依照常例，但军人百姓若有敢弄潮者，必定加以惩罚。”从此以后，官府禁止弄潮，然而并不能完全禁止。曾有前辈作《看弄潮诗》云：“弄罢江潮晚入城，红旗飐飐白旗轻。不因会吃翻头浪，争得天街鼓乐迎。”

帅府指挥水军，教练水阵，统领督率水军于大潮未来之际。水军下水布阵，展示旗帜，呈现出百般阵势，又在水中奏起鼓吹，前面有人导引，后面有人将将官抬出水面。舟楫分布于左右，旗帜插满船。军士上竿舞枪飞箭，分成队列演习交战，试放炮烟，快速追击敌舟，火箭群下，烧毁敌人则为功成，最后鸣锣下令，帅府赐予不同级别的犒赏。御驾也会在皇宫中观潮，自殿庭下遥望江中，只见水军在江中整齐严肃，望着皇宫的方向奏喏，声如雷震。我向内侍打听，才知道这是尊敬君主之礼。这一日，帅司还准备牲礼、草履、沙木板，在潮来的时候，一起投入江中祭祀。士庶则多将经文投入江中。这时正当金风送爽，丹桂飘香，如果身体健康，如何能不对此盛景行乐呢？

卷五

九月　重九附

原　文

日月梭飞，转盼重九。盖九为阳数，其日与月并应，故号曰“重阳”。是日孟嘉登龙山落帽[①]，渊明向东篱赏菊，正是故事。今世人以菊花、茱萸，浮于酒饮之，盖茱萸名“辟邪翁”，菊花为“延寿客”，故假此两物服之，以消阳九之厄。年例，禁中与贵家皆此日赏菊，士庶之家，亦市一二株玩赏。其菊有七八十种，且香而耐久，择其尤者言之，白黄色蕊若莲房者，名曰“万龄菊”；粉红色者名曰“桃花菊”；白而檀心者名曰“木香菊”；纯白且大者名曰“喜容菊”；黄色而圆名曰“金铃菊”；白而大心黄者名曰“金盏银台菊”；数本最为可爱。

兼之此日，都人店肆，以糖面蒸糕，上以猪羊肉、鸭子为丝簇饤[②]，插小彩旗，名曰“重阳糕”。禁中阁分及贵家相为馈送。蜜煎局以五色米粉成狮蛮，以小彩旗簇之。下以熟栗子肉杵为细末，入麝香、糖、蜜和之，捏为饼糕小段，或如五色弹儿，皆入韵果糖霜，名之“狮蛮栗糕”，供衬进酒，以应节序。其日诸寺院设供众僧。顷东都有开宝、仁王寺院设狮子会，诸佛菩萨皆驭狮子，则诸僧亦皆坐狮子上[③]作佛事，杭都却无此会也。

注　释

①孟嘉登龙山落帽：东晋桓温任江州刺史时，于重阳日率群僚游龙山，登高赏菊。忽然风起，从事孟嘉的帽子被吹落，而孟嘉却浑然未觉，仍谈笑风生。后觉，众人有讥笑者，孟嘉以诗文自辩，诙谐而文采四溢，满座叹服。

②簇饤：指作为装饰的食品。

③坐狮子上：当指坐在石狮子上或坐在有狮子图案的座位上。诸佛有以狮子为坐骑者，但众僧明显不能驭狮。

译　文

日月如梭，时光飞逝，转眼就到了重九。因为《易经》中将九定位阳数，九月初九，日月并阳，故称之为“重阳”。孟嘉登龙山落帽，渊明向东篱赏菊，都是有关重阳的故事。如今世人以菊花、茱萸浮于酒而饮，因茱萸叫作“辟邪翁”，菊花叫作“延寿客”，故借服用此二物，以消除阳九之厄运。每年的惯例，皇宫中和富贵之家都会在此日赏菊。士庶之家，也会买上一二株菊花赏玩。菊花有七八十个品种，香气浓郁且耐久，挑选其中的杰出者来说说：白黄色花而花蕊像莲房一样的，叫作“万龄菊”；粉红色的叫作“桃花菊”；白色花而花蕊呈浅红色的，叫作“木香菊”；纯白色花且花朵较大的，叫作“喜容菊”；黄色花且花呈圆形的，叫作“金铃菊”；白色花且较大、花蕊呈黄色的，叫作“金盏银台菊”。以上几种特别讨人喜爱。

重阳当日，京城里的居民和各店铺，都用面粉蒸糕，上面以猪羊肉、鸭子为丝簇饤，再插上小彩旗，称之为“重阳糕”。宫中诸嫔妃以及富贵之家也以此糕相互馈赠。蜜煎局用五色米粉做成狮子、蛮王的形状，再插上小彩旗，作为糕的装饰。糕中还会掺合杵成细末的熟栗子肉，再加入麝香、糖、蜜拌和，捏成小段的饼糕，或者如五色弹儿的形状，再加入韵果糖霜，称之为“狮蛮栗糕”，作为下酒菜的陪衬，以顺应节序。次日诸寺院都会设斋会以供众僧。从前旧都汴京有开宝寺和仁王寺，在重阳日设狮子会，诸神菩萨都乘驭狮子，诸僧也都坐在狮子上做法事，如今杭州则没有这样的盛会了。

明年预教习车象

原　文

明堂大祀[①]，三年一次。春首颁诏天下明禋[②]，以九月逢上辛日大飨天地，侑以祖宗，咨尔百官，各扬乃职。此循隋、唐制也。夏首修筑泥路，选差三卫[③]羽林兵，营筑天街，砥柈平，黄道中间，明日月备严。法驾欲安行，预于两月前教习车象。其车每日往来，历试于太庙前，至丽正门，回车辂院一次。若仅阅车，每车须用铁千斤压之。如郊禋[④]之岁，以车五乘教习。正谓“辂马仪车五色轮，双扶彩索稳擎云。遥知帝势巍巍重，精铁应须压万斤。”其明禋年，止一车以代玉辂[⑤]。

仪注，车上置青旗二面，鼓一面，驾以数马，挟车卫士皆紫衫帽子。车前数人，击鞭行车，前列朱旗数十面，铜锣鼙鼓十数面，执

旗鼓人，俱服紫衫帽子。后以大象二头，每一象用一人，裹交脚幞头，紫衫，跨象颈而驭，手执短柄银镢[6]，尖其刃，象有不驯者击之。至太庙前及丽正门前，用镢使其围转，行步数遭成列。令其拜，亦令其如鸣喏之势。御街观者如堵。市井扑卖土木粉捏妆彩小象儿，并纸画者，外郡人市去，为土宜遗送。

注　释

①明堂大祀：一种祭祀天、地、祖宗的大礼。

②明禋（yīn）：明洁诚敬的献享。

③三卫：又称“三衙”，指殿前司、侍卫亲军马军司、侍卫亲军步军司。

④郊禋：古代帝王升烟祭祀天地的大礼。

⑤玉辂：古代帝王所乘之车，以玉为饰。

⑥镢（jué）：此指一种利器。

译　文

明堂大祀，每三年举行一次。当年春初就颁诏天下，要虔诚地祭祀。在九月上辛日祭祀天地，合祭祖宗先王，告诫百官，各行其职。这是遵循隋、唐的旧制。夏初就开始修筑泥路，选派三卫羽林兵，营筑京城的街道，使其像磨刀石一样平，中间为御驾专行的黄道，并申明戒严的日期。御驾将要出行，预先于两月之前训练车象。其车每日往来，在太庙前演练，一直到丽正门，然后回车辂院一次。如果仅仅是检阅车乘，每辆车上需用一千斤铁压住。如遇上郊禋的年份，就以五乘车代替“五辂”演习训练。正所谓“辂马仪车五色轮，双扶彩索稳擎云。遥知帝势巍巍重，精铁应须压万斤”。到次年祭祀时，只用一乘车代替玉辂。

按照礼仪，每辆车上须设二面青旗、一面鼓，以数匹马驾驶，在车辆旁护卫的卫士都身着紫衫，头戴帽子。车前数人，挥舞着鞭子行车。象前排列数十面朱旗，安置十数面铜锣鼙鼓，举旗和击鼓的人，都身着紫衫，头戴帽子。后面是两头大象，每头象由一人驾驭，都裹着交脚幞头，身穿紫衫，跨在象的颈部驾驭它。手执短柄银镢，其刃尖利，象一旦有不驯服的行为，立刻用镢击刺。到达太庙前及丽正门前时，用镢使象围转，行走数圈后排成队列。再令象跪拜，也令它像唱喏的架势。御街上围观者像一堵墙。市井扑卖以泥土，或木材，或面粉捏成并加上彩妆的小象儿，以及各种纸画，外郡的人买走作为京城的特产馈赠他人。

明堂差五使执事官

原　文

明禋，差大礼使、礼仪使、仪仗使、卤簿使、桥道顿递使，及差摄侍中、大宗伯、太常少卿，进接大圭、进爵、进牲、进册、捧册、读册[①]官，太常丞、协律郎、光禄卿丞、捧币官、诸百执陪祀官、分献功臣官、九宫贵神、十二宫神、诸星陪祀、分祀社稷官、执绥官、总务官[②]，及巡警、都巡、检使，及诸执事官，俱敕牒差候。礼成日，各推赏锡赐，分银、绢匹有差，仍转行宫。

而其总务官，职任甚繁，皆亲历坛壝[③]事务，事无大小，俱亲点视也。如擦祭器，涤濯无垢，以奉粢盛。次视涤官。得其牲牢豢养肥丰，以严荐飨。继往文思、军器、法物等库，点视仪仗，整备无缺，法物顿增光彩，以表虔恭。“前期修奉卜刚辰，役使太匠方兴作，修整坛堂十分新。”点察帅府，严差官吏，监造醢五齐[④]，“须用黄幄严围护，诚心供飨荐馨香。”修视太常旗裳组绣之具，琴瑟钟磬之乐，监督“宝装銮辂欲增明，例耗黄金数百星，躬督工程无弊蠹，不惟省费又晶莹。翰苑鸿传进乐章，和格神人皆允洽。百执宗臣赴太常，教习仪范各宜恭。聒天雅奏随品节，节止毋令乱旧章。”

五使以下，集于贡院，“笙镛琴瑟按工师，八音竞奏无违节，想像灵坛率凤仪。”五使集百僚及执事官于尚书省，集习景灵、太庙、明堂仪。若郊祀，习郊坛仪于郊坛，“奉璋秉德如神在，匪事仪刑欲可观，敕差太社令积薪。”扫设神席，升坛束茅，当“仰止宸衷严祀事，扫清坛壝不留尘。”总务官拱立于龙墀，“秉辂进呈入正阙，历试御路止庙宫，都人观瞻称万岁。”五使百僚，赴都堂受誓戒。“秋卿[⑤]仪立凛冰霜，森列朝班政事堂。祀事旨严须誓戒，耸听谁敢不斋庄。”

宿斋之日，宣押国戚入禁中，守护内钥事务。晡时，平章率百官及陪祀官等入内，奏请主上致斋于大庆殿。“卫士铁衣官结佩，帷宫斋洁于仪刑。”

注 释

①册：古代帝王祭告天地神祇的文书。

②分献：古代祭祀，向配飨者行献爵献帛礼。与“正献”相对而言。十二宫神：指分主十二月之神。执绥官：陪帝王乘车的侍臣。

③坛壝（wéi）：天子外出平地筑坛围以矮墙作为临时住宿之所。

④五齐：古代按酒的清浊，分为五等，合称“五齐”。后亦泛指酒。

⑤秋卿：《周礼》以秋官司寇掌刑狱，后世因以“秋卿”为刑部尚书习称。此处或指朝堂上的卫士。

译 文

明堂大祀，差遣大礼使、礼仪使、仪仗使、卤簿使、桥道顿递使提举一切事务，同时派侍中、大宗伯、太常少卿，进接大圭、进爵、进牲、进册、捧册、读册之官，太常丞、协律郎、光禄卿丞、捧币官、诸多手执礼器的陪祀官、分献功臣官、祭祀九宫贵神、十二宫神以及陪祀诸星之官、分祀社稷官、执绥官、总务官，以及巡警、都巡、检使，和诸多执事官员，全都手执敕牒，等候差遣。大礼完成之日，全都迁官给予赏赐，赐给不同品级的银、绢匹，然后仍旧回到行宫。

其中总务官的职责最为繁重，需要亲自前往坛壝处理各种事务，事无大小，都需要亲自检查过目。比如擦拭祭器，洗涤使其无垢，用来盛装祭祀的谷物。这就需要视察涤官的工作。得到牲畜后要将其豢养得肥美，作为祭祀时进献的太牢。还要再前往文思、军器、法物等库，点视仪仗器物，确保其完备无缺，使法物顿增光彩，以表达祭祀的虔恭。“前期先修奉各种器物，占卜刚日，役使工匠进行营建，把祭坛堂庙修整得焕然一新”。还要点察帅府，严差官吏，监督酿造五齐酒，“祭坛必须用黄色帷幄严加围护，诚心供奉馨香的祭品”。还要视察检修太常旗、礼服、丝绣饰物等器具，琴瑟钟磬等乐器，监督“珠宝饰品、御驾车辂，使其增加光彩，按例要耗费黄金数百。总务官要亲自监督各项工作，确保没有一点差池缺漏，不仅要尽量节省开支，还要把事情办得体面隆重。翰林苑处传来华美的乐章，赞美神与人一片和谐。众执事官和宗族大臣都前往太常寺，演习各种礼仪规范，以确保祭祀时遵礼恭敬。震天的雅乐要适时奏起，控制它，使它不要乱了先人的制度”。

五使以下的官员，聚集于贡院，“乐师演奏笙钟琴瑟，八音齐响毫无违和，使人想象出灵坛祭祀时的盛景”。五使又召集百官及执事官于尚书省，集中学习圣驾前往景灵宫、太庙、明堂祭祀的礼仪。如果当年郊祀，则又到郊外祭坛学习郊祀礼。“供奉美玉，秉持美德，就好像神灵就在身旁，凡事都遵循礼法使其可观，下令太社使其积聚木柴”。扫设神席，登坛束茅，应当“一举一动符合皇帝的心意，郑重地操办祭祀事宜，扫清坛壝不留下一丝灰尘”。总务官拱手立于丹墀之旁。“仪仗队拥着车辂进入正阙，行经御街止于宫庙，京城中的人争相观瞻，高呼万岁”。五使以及百官，前往都堂接受训诫。“卫士按礼仪站立，表情严肃，冷若冰霜，政事堂上朝班森严地排列。祭祀诸事必须严加约束警戒，百官都要耸耳聆听，谁敢不庄重”。

皇帝在宫外住宿斋戒之日，下诏命国戚进宫，守护内钥事务。到晡时，同平章事率百官及陪祀官等入宫，奏请皇帝于大庆殿斋戒。“卫士的铠甲上都缩着配饰，皇上进行斋戒的行宫一切布置都符合礼仪。”

驾出宿斋殿

原 文

明禋行礼前三日，平章、宰执率百官恭请主上宿大庆殿致斋寄班，“舍人殿上亲警跸，要知不是御常朝”。上御驾出，绣锦包兀子安于殿中御榻上。盖太祖受位之初，累帝明禋郊祀俱坐之，三年一次增锦包一层耳。法驾、仪仗、卤簿，俱列龙墀之左右。禁廷钟鼓楼上，有太史局[①]生员官，测验刻漏[②]。每刻作鸡鸣，击鼓一下，则服绿者一人，执牙牌至殿下奏曰：“某时几刻。”或曰：“某时正也。”

宰执百僚，皆服法服、环佩、法履、头冠。其头冠各有品从：宰执亲王九梁，加貂蝉笼巾[③]；侍从官七梁；余官六梁至二梁有差；台谏官增豸角耳[④]。所谓梁者，则冠前额梁上排金铜叶是也。俱服绛袍，皂绿方心曲领，中单[⑤]环佩，云头履鞋，随执简笏。余执事人皆介帻[⑥]绯袍，亦有等差。惟阁门、御史台诸吏，加方心曲领。后堂官俱依品位服入殿。祗应人服色依法定色服，各给黄方号，余黄长号、绯方长号，各有入殿宫坛门去处，如无号妄入者，准违制论也。

奏请致斋日，殿门内外及丽正门外，皆禁卫羽林兵，俱全装铁骑，数万围绕大内。是夜，殿前仪卫之外，左右六军、仪仗、卤簿，分列于丽正、和宁。更有裹绿小帽、服锦络缝宽衫兵士，十余人作一队，各执银裹头黑漆杖子，谓之“喝探兵士”，聚首而立，凡十数队。各队一名，喝曰：“是与不是？”众声答曰：“是。”又曰：“是甚人？”

众声应曰："殿前都指挥使某人。"及喝五使姓名，更互喝叫不停声。或作鸡鸣，是众人一同喝道。自初更至四更一点方止，此谓之"禁更"。前人诗咏之曰："将军五使欲来时，停着更筹问是谁？审得姓名端的了，齐声喝道不容迟。"

又置警场⑦于丽正门外，名为"武严兵士"。以画鼓画角二百，其角皆以彩帛如小旗脚结其上。兵士皆小帽、黄绣抹额、黄绣宽衫、青窄衬衫，日晡及三更时，各奏严⑧也。每奏先鸣角二声罢，一军校执一长软藤条，上系朱拂子。擂鼓时众鼓手观其拂子，随其高低，以拂子应其鼓声高下。宿太庙，宿郊坛青城行宫，俱用严更警场也。

注释

①太史局：官署名。原名司天监，元丰改制后改名太史局，属秘书省。掌测验天文，考定历法。

②刻漏：古代计时器，亦称"漏壶"。漏：指带孔的壶，刻：指壶内附有刻度的浮箭。箭下以一只箭舟相托，浮于水面。当水流出或流入壶中时，箭杆相应下沉或上升，以壶口处箭上的刻度指示时刻。

③貂蝉笼巾：即貂蝉冠。貂尾与蝉羽皆古代显官冠上之饰物。貂蝉冠起源于汉代，起初为侍中、常侍等贵近之臣的冠饰，而后发展为高级官员的礼冠。

④台谏：宋代御史与谏官的合称。台：指御史台。谏：指谏院。豸（zhì）：即獬豸，古代传说中的异兽，能辨是非曲直。古代法庭上用它来辨别罪犯，它会攻击无理者使其离去。台谏官掌纠察百官，故在冠冕上增豸角以为装饰。

⑤中单：亦作"中禅"，古时朝服、祭服的里衣。亦泛指汗衫。

⑥介帻（zé）：一种长耳的裹发巾，流行于汉魏，后来被称为"进贤冠"。

⑦警场：古代帝王祭祀行大礼前夕奏乐严鼓，侍卫警夜，止人清场，谓之"警场"。

⑧奏严：奏乐严鼓。古代戒夜称"严"，转指戒夜更鼓。捶一鼓为一严，二鼓为二严，三鼓为三严。

译文

明堂大祀前三日，同平章事、宰执率领百官恭请主上移居大庆殿，斋戒并设临时朝班。"舍人亲自到殿上侍卫警戒，百官可知此朝会不是寻常的朝会"。圣驾上殿，将用绣锦包着的兀子安置在殿中的御榻上。是因为太祖即位之初，行此规制，以后历代皇帝郊祀时也都要坐在兀子上，每三年增包一层绣锦。法驾、仪仗、卤簿，全部陈列于龙墀左右。殿庭中的钟楼上，有太史局属员，测量检验刻漏。每到一"刻"，就作鸡鸣，并击鼓一下，则有一个身穿绿衣的人手执牙牌到殿下奏报说："某时几刻。"或说："某时正。"

宰执及百官，都穿戴法服、环佩、法履、头冠。他们所戴的冠冕各有品级：宰执、亲王九梁，加貂蝉冠；侍从官七梁，其余官员从六梁至二梁不等。而台谏官员则在冠上增加豸角。所谓“梁”，指的是冠前额梁上排列的金铜叶。所有官员都身穿绛红色的袍服，镶着黑边，方心曲领，内穿里衣，身系佩玉，脚穿云头履鞋，各随官阶手执不同的朝笏。其余办事人员，全都头裹介帻，身穿绯袍，也有等级差别。只有阁门、御史台的人，加方心曲领。后堂的官吏都各依品位穿戴冠服入殿。当值的人依照规制定服装的颜色，各给黄色方形号牌，其余当值的人发放黄色长形号牌和红色方形或长形号牌，按号牌入殿内或去宫坛等处等候差遣，如果没有号牌而随意出入，就依违犯规制论罪。

奏请致斋当日，殿门内外以及丽正门外，都是禁卫羽林兵，都是装束整齐的铁骑，数万人围绕着皇宫。当夜，内殿除仪仗、卫队之外，左右六军、仪仗、卤簿，分列于丽正门、和宁门外。还有头戴镶着绿色锦边小帽，身穿锦络缝制的宽衫的兵士，十余人为一队，分别手执银裹头黑漆杖子，叫作“喝探兵士”。他们聚集站立在一起，一共有十几队。各队中有一人喝道：“是与不是？”众人答道：“是。”那人又喝道：“是什么人？”众人答道：“殿前都指挥使某人。”一直喝到五使的姓名，各队更替喝叫不停。有时作鸡鸣，是众人一起喝道。从初更至四更一点才停止，这叫作“禁更”。前人有诗咏此情景曰：“将军五使欲来时，停着更筹问是谁？审得姓名端的了，齐声喝道不容迟。”

又在丽正门外设置警场，其军士叫作“武严兵士”。警场有画鼓二百面，配有号角，那些号角都用彩帛做成小旗尾形状的装饰物系在上面。兵士都头戴小帽，裹着黄色刺绣抹额，身穿黄色刺绣宽衫，内穿青色窄衬衫。日晡时、三更时，分别奏乐严鼓。每次奏乐前先鸣号角两声，号角鸣罢，一军校手执一根长软的藤条，上面系着红色拂尘，挥舞着指挥擂鼓。擂鼓时，鼓手看着拂尘，跟着它的或高或低，用鼓声的高低来应和拂尘的指挥。御驾宿太庙，宿郊坛青城行宫时，也都用严更警场。

五辂仪式

原　文

明禋止用玉辂，郊祀用五辂，俱顿于太庙侧辂屋下。玉辂，按《周礼·春官》：“巾车，掌王之玉辂，钖[①]，繁（音盘）缨十有再就[②]，建太常十有二旒[3]，以祀。”康成注曰：“玉辂，以玉饰诸末。”今玉辂顶耀叶三层，凡八十一叶，皆镂金间真王龙，大莲叶攒簇。四柱栏槛，镂玉盘花龙凤，悬挂照山河社稷大镜，及悬缨旒珮。御座后真锦绣围之，后出青绣山河龙凤旗二面。有诗咏曰：“镂琼云朵贴瑶箱，珠网雕檀七宝床。首建太常鸣大珮，玉龙耀叶发祥光。”

余金、象、木、革四辂，俱镀金耀叶簇之。俱按《周礼》巾车职篇曰：“金辂，钩[4]，繁缨九就。”康成注曰：“金辂，以金饰辂。”制以“五凤升龙间火珠，黄衣黄弁驾黄车，画轮金辂旗裳裹，铃响螭头震九衢。”“象辂，朱，繁缨七就。”康成注曰：“象辂，以象饰辂。”制以“铜叶金涂灿有光，贴牙槌轼坐龙床，赤号六驾繁缨七，旗绣红罗鸟集翔。”“革辂，龙勒[5]，条[6]缨五就。”康成注曰：“革辂，挽之以革而漆之，无他饰。”制以“赤白飞铜六驾驰，联翩龙虎浅黄旗“龙虎”当作“熊虎”，革挽漆制条缨五，戎弁宽裁对凤衣。”“木辂，前繁鹄缨[7]，建大麾[8]。”康成注云：“木辂，不挽以革，漆之。前读为缁剪之剪。浅黑。”制以“凤衔铃珮响交加，御座华裀织百花，十六金龙齐夹毂，皂罗麾上绣龟蛇。”

注　释

①钖（yáng）：马额头上的装饰物，半月形，以铜为之，行走时发出响声，又名“当卢”。

②繁缨：即“樊缨”，络马的带饰。樊：马腹带。缨：马颈革。

③太常：旗名。其正幅上画有日月星辰，正幅下边缀有十二根旒。旒（liú）：旌旗下边或边缘上悬垂的装饰品。

④钩：马领下的装饰物。按，这里只说钩，未说钖，并非金辂上就没有钖，而是只有皮制的钖，没有附加镂金为饰的钖。

⑤龙：当作“駹（máng）”，指杂有白黑二色之毛的牲。駹勒：指以杂有白黑二色的兽皮制成的笼头。

⑥条：通“绦”，丝绳，丝带。一说“条”下当有“樊”字。

⑦前繁鹄缨：用浅黑色的牛皮饰樊，用白色牛皮饰缨。前：通“翦”，指浅黑色。鹄：指白色。

⑧大麾：旗名。旗上画有龟蛇，缀有四根飘带。

译　文

明堂大祀只用玉辂，郊祀时才用五辂，全部停靠在太庙旁边的辂屋下。

玉辂，按《周礼·春官》载："巾车，职掌帝王所乘之玉辂，马身上的装饰有钖，还有樊和缨，二者均以五彩毛织品缠绕十二圈作为装饰。车上竖着太常旗，旗上缀有十二根飘带，用以祭祀。"郑玄注曰："玉辂，用玉装饰车上部件的末头。"当今的玉辂，顶上有耀叶三层，一共八十一叶，全都镂金，中间夹杂着真玉龙，以大莲叶攒簇。四根柱子的栏槛，镂玉盘花龙凤，悬挂着照山河社稷的大镜，还悬挂着缨、旒、珮等配饰。御座后面以真锦绣围绕，后面竖起两面青绣山河龙凤旗。有诗咏道："镂琼云朵贴瑶箱，珠网雕檀七宝床。首建太常鸣大珮，玉龙耀叶发祥光。"

其余金、象、木、革四辂，都用镀金的耀叶攒簇。按《周礼》巾车职篇曰："金辂，马身上的装饰有钩，还有樊和缨，二者均以五彩毛织品缠绕九圈作为装饰。"郑玄注曰："金辂，以黄金装饰车辂。"其形制是"五凤升龙间火珠，黄衣黄弁驾黄车，画轮金辂旗裳裹，铃响螭头震九衢。""象辂，马身上的装饰有朱勒，还有樊和缨，二者均以五彩毛织品缠绕七圈作为装饰。"郑玄注曰："象辂，以象牙装饰车辂。"其形制是"铜叶金涂灿有光，贴牙槌轼坐龙床，赤号六驾繁缨七，旗绣红罗鸟集翔。""革辂，马身上的装饰有以白黑二色皮革做成的马笼头，还有樊和缨，二者均以五彩毛织品缠绕五圈作为装饰。"郑玄注曰："革辂，车上蒙有犀牛皮，再加一层漆，此外再无其他装饰。"其形制是"赤白飞铜六驾驰，联翩龙虎（"龙虎"当作"熊虎"）浅黄旗，革挽漆制条缨五，戎弁宽裁对凤衣。""木辂，马身上的有以浅黑色皮子装饰的樊和以白色皮子装饰的缨。车上竖着大麾旗。"郑玄注曰："木辂，不蒙犀牛皮，只加一层漆。'前'读作'镏剪'之'剪'，指浅黑色。"其形制是"凤衔铃珮响交加，御座华裀织百花，十六金龙齐夹毂，皂罗麾上绣龟蛇。"

差官祭及清道

原　文

禋祀与郊祀，俱差祠官軷祭。按《周礼·大驭》："掌玉辂以祀。及犯軷[①]。"注曰："行山曰軷，犯者封土为山象，以菩刍棘柏为神主。既祭，以车轹[②]之而去，喻无险难也。"清道之神，乃三重。王出入，则八人夹道行，服武弁绯袍绣衫，执黑漆杖。按《周礼》，祀，"条音涤狼氏，掌执鞭以趋避"之义也。愚详之，即半夜而过，连声告报两街看位，俱令灭灯烛者是也。

注　释

①犯軷（bá）：指进行軷祭。軷祭：指出行前祭路神的仪式。

②轹（lì）：车轮碾压。

译　文

明堂大祀与郊祀，都要派遣祠官先行軷祭。按《周礼·大驭》载："大驾掌管驾驭天子所乘的玉辂，以便天子前去祭祀，以及在城外举行軷祭。"郑玄注曰："行进于山路叫作軷，所以行軷祭的人将土堆成山的形状，以菩刍棘柏为神主。祭祀后，以车轮碾过土山和祭牲而去，表示行道无艰难险阻。"清道之神有三重。天子出入，则有八人夹道而行，以为护卫，都头戴武冠、外穿绯袍、内穿绣衫，手执黑漆杖。按《周礼》载，"条（音'涤'）狼氏，掌管手执鞭子驱赶行人让路"指的就是这八人。我对此详知，即使天子半夜过街，条狼氏也会连声告报街道两侧的看位，命令他们都灭掉灯烛。

驾诣景灵宫仪仗

原　文

主上宿大庆殿致斋，次早五更，摄大宗伯诣殿前，执牙牌奏中严外办。护卫铁骑自四更时接续番里[①]，导行诸司局分内侍人员司属，前往宫闱排班。百官各法服冠珮入朝起居毕，各出殿门，辔驭在学士院伺候。快行、卫士各执莲炬，在槛下伺驾登逍遥辇[②]，从驾诣景灵宫行奏告礼。次第朱旗数十面，锣鼓队引，驱象二头，各以宫锦为衾披之，以金装莲花宝座安于背中，金辔笼络其首体。宝座前，一衣锦袍人执银镢，跨颈驱行。按《晋书·舆服志》及《汉卤簿》，在前宋朝开宝初，广南来贡，吴越王以广南交趾献于朝，以备大驾。南渡以后，入贡南帑，给锦衾覆之。理庙朝，安南贡至，令备大驾先驱之仪仗。

卤簿有幡帜者，谓之"告止、传教、信幡"，各以绯帛杂错采。告止者，以为行之节；传教者，有教令所不及，置幡以传；信幡者，题表官号以为符信也。盖谓"教信幡传告止幡，凌风朱珮锦衣间。一停一举皆如节，直自圜丘至九关"。卤簿、仪仗，有高旗、大扇、画

戟、长矛，以五色。介胄跨马之士，或小帽锦绣抹额者，或顶黑漆圆顶幞头者，或以皮为兜鍪[③]者，或漆皮如戽斗而笼巾者[④]，或衣红黄罨画[⑤]锦绣服者，或衣纯青纯皂以至鞋袜皆纯青皂者，或裹交脚幞头，或锦为绳如蛇绕系身者，或数人唱引大旗行过，或执大斧胯剑锐牌持镫棒者，或持竿上悬豹尾者，持短竿者，于戟上缀五色结带铜铎者。

又有仪仗内名犦步角切矟小卓切[⑥]者。按《开元礼志》："金吾将军，执犦矟以察队伍，去其非违。形如剑而三刃，以虎豹皮为袋盛之。其制始于秦汉。"《尔雅》云："犦矟，牛抵触，百兽不敢当，故制牛首于上。"正谓"虎剑囊封似剑形，刻成牛首兽皆惊。后先卤簿彰威德，纠察非违孰敢撄。"或持朱藤结方圆网者，名"罼毕密切罕呼案切[⑦]"。按，徐妥《释疑》曰："乘舆黄麾内，左罼右罕，以朱藤结网二，螭首，红丝拂。盖罼方罕圆，取毕昴二星象。"又云："天文毕昴之中，谓之天街，故以罼罕前导也。"建物旗者，其制有黄龙负图，君王万岁，天文彩绣，日月合璧，五星连珠，重轮庆云，五岳四渎，四方祥物，祥光瑞气，双莲秀芝，嘉禾瑞瓜，金牛赤豹，鸾凤龙麟，白狼鸚鹉，鹍鸡[⑧]番锦，帜罽犀祥，鹤扈君王。

执方伞、曲盖、朱圆扇者。按，张帛避雨谓之伞，赤质紫表，正方四角，有铜螭头。其曲盖者，武王时大风折柄，太公用之而制曲。绣团朱扇，按，汉制，乘舆用也。法驾卤簿仪仗队引者，如"节幢殳戟带祥烟，角氅弓刀列后先。五十队中分六引，设官领袖尽华鞯"。

有大旗，名盖天旗，立于丽正门外御路中心。又有旗高三四丈，谓之"次黄龙旗"，往太庙前立；若郊祀，移于青城行宫门外立之，亦名"盖天旗"也。更有含索旗座，以百余人立之。有天武、金吾、亲勋诸班，号"奉神队"（"神"作"宸"），"密匝九重环宝辇，绣衣飞采卷香尘"。又有交脚幞头、胯剑足靴，如四直使者[⑨]一二百人，不可名状。诸殿直亲从官皆帽衣结带红锦，或红罗上紫团搭戏狮子，短后打甲背子。御龙直裹真珠结络花儿短巾，衣紫上杂色小绣花衫，镀金束带，腰悬花看带，彩鞋。天武官皆顶朱漆金装笠儿，衣红上团花背子。其国朝九宝，如大朝会，置于殿陛前；郊明大祀，迎于仪仗中。符宝官二员，左右奉宝以从驾，谓之"迎宝舆"也。三衙太尉并御带环卫官，皆小帽，背子或紫绣战袍，跨马前导。内侍亦小帽紫绣袍从驾导行。千乘万骑，驾到景灵宫入次少歇，奏请诣圣祖殿行礼，以醪茗蔬果麸酪飨之，乐奏《乾安》《大安》《灵安》《兴安》《祖安》《正安》《冲安》《报安》之章，乐舞《发祥》《流庆》《降真》《观德》之曲。奏告毕，驾回太庙宿斋。

注 释

①番里：当为“番衮”，指依次而行，不得阻塞。

②逍遥辇：帝王乘坐轿名。

③兜鍪（móu）：古代战士戴的一种头盔。秦汉以前称“胄”，后叫“兜鍪”。

④戽（hù）斗：一种取水灌田用的旧式汉族农具。形似斗，两边有绳，使用时两人对站，拉绳汲水。笼巾：即貂蝉冠。

⑤罨（yǎn）画：色彩鲜明的绘画。

⑥㺜矟（bào shuò）：亦作“㺜槊”，仪仗名。所执武器上刻有㺜牛形，以示威武。㺜牛：即犎（fēng）牛，一种体型庞大的牛。

⑦毕（bì）罕：捕鸟的网。此指帝王出行时前导的仪仗。

⑧鹍鸡：凤凰的别名。

⑨四直使者：道教中的四值功曹，为值年、值月、值日、值时四神。此处指御龙直、御龙骨朵子直、御龙弓箭直、御龙弩直四直的指挥官。

译 文

皇上住宿在大庆殿斋戒，次日早晨五更时分，摄大宗伯到殿前，执牙牌上奏中庭戒严、警卫宫禁。护卫铁骑从四更时分就相继出发，导行诸司局分内侍人员司属，前往宫闱排列班次。百官穿戴礼服、冠冕及配饰，入朝问候后，各出殿门，车马在学士院伺候。快行、卫士各手执莲形火炬，在槛下伺候圣驾登逍遥辇，随从圣驾前往景灵宫行奏告礼。依次排列朱旗数十面，锣鼓队在前面导引，驱象二头，各以宫锦为衾，披盖在背上，以金装莲花宝座安放在象背上，金镫缠络在象头上。莲花宝座前，有一个身穿锦袍的人手执银镬，跨在象颈上，驱使前行。按《晋书·舆服志》及《汉卤簿》记载，在宋朝开宝初年，广南来中原纳贡，吴越王以广南交趾的大象献于朝，以供大驾时使用。宋室南渡以后，广南又进贡金帛，给锦衾覆于象背。理宗朝，安南又进贡来大象，于是下令以其为大驾先驱之仪仗。

卤簿中有种旗帜，称之为“告止、传教、信幡”，各以绯帛夹杂其中，使其色彩错杂。所谓“告止”，作为行进或停止的节制；所谓“传教”，有教令所不能传达的地方，就设置幡旗来传达；所谓“信幡”，上面题表官号以作为符信。有言道“教信幡传告止幡，凌风朱珮锦衣间。一停一举皆如节，直自圜丘至九关”。卤簿、仪仗中有高旗、大扇、画戟、长矛，五色皆有。跨在马上的甲胄之士，或戴着小帽、裹着锦绣抹额，或戴着黑漆圆顶幞头，或戴着如兜鍪的皮帽，或戴着上过漆的皮制的状如庳斗或貂蝉冠的帽子，或穿着红黄两色上有鲜明绘画的锦绣之服，或穿着纯青、纯黑色衣服以至鞋、裤也都是纯青或纯黑色的，或裹着交脚幞头，或用锦做成绳索将它像蛇一样缠绕在身上，或数个人唱着曲子手执大旗走过，或手执大斧，或腰挎利剑，或手执锐牌，或手持镫棒，或手持上面悬挂豹尾的长竿，或手持短杵，或手执上面缀着五色结带铜铎的矛戟。

又有叫作䂍（步角切）矟（小卓切）的仪仗。按《开元礼志》载：“金吾将军，执䂍矟以纠察队伍，清除非法违命之徒。䂍矟形如剑而三刃，以虎豹皮做成的袋子盛之。其形制始于秦汉。”《尔雅》云：“䂍牛抵触，百兽无敢当者，所以金吾将军刻䂍牛头于其槊首。”正所谓“虎剑囊封似剑形，刻成牛首兽皆惊。后先卤簿彰威德，纠察非违孰敢撄”。又有手持朱藤结成的或方或圆的网的仪仗，叫作“罼（毕密切）罕（呼案切）”。按，徐妥《释疑》载曰：“乘舆黄麾内，左边是罼，右边是罕，是以朱藤结成的两面网，装饰有螭首和红丝拂。罼是方的，罕是圆的，取毕昴二星星象。”又云：“天文毕昴之中，叫作天街，故以罼罕作为前导的仪仗。”所竖起的各种旗帜，其形制有黄龙负图，君王万岁、天文彩绣、日月合璧、五星连珠、重轮庆云、五岳四渎、四方祥物、祥光瑞气、双莲秀芝、嘉禾瑞瓜、金牛赤豹、鸾凤龙麟、白狼鸑鷟、鹍鸡番锦、帜罽犀祥、鹤扈君王。

又有手执方伞、曲盖、朱圆扇的仪仗。按，张开来避雨的帛叫作“伞”，红色质地，紫色外表，正方四角，装饰有铜螭头。所谓“曲盖”，周武王伐纣时，有大风折断伞盖，姜太公就着折盖的形状而制成曲盖。绣团朱扇，根据汉制，是乘舆所用。在前面导引的法驾、卤簿、仪仗队的态势，可谓“节幢殳戟带祥烟，角氅弓刀列后先。五十队中分六引，设官领袖尽华鞯”。

有一种大旗，叫作“盖天旗”，立在丽正门外的御路中心。又有一种旗高三四丈，叫作“次黄龙旗”，立在太庙前；若进行郊祀，则移立于青城行宫门外，也叫作“盖天旗”。更有带有绳索的旗座，需百余人立起，才能升旗。有天武、金吾、亲勋诸班军士，号为“奉神队”（“神”作“宸”），他们“密匝九重环宝辇，绣衣飞采卷香尘”。又有裹着交脚幞头、腰挎利剑，足蹬靴子，装束好似四直使者的军士一二百人，其容貌无法用语言描述。诸殿直亲从官都头戴帽子，结带，身穿红锦袍，或穿红罗制成的紫色底子上有团答戏狮子图案、后襟短的打甲背子。御龙直军士都头戴着珍珠结络的花儿短巾，身穿紫色的上有杂色小花的绣衫，束着金带，腰悬花看带，脚穿彩鞋。天武军官员都头戴朱漆金装笠子，身穿红色的上有团花图案的背子。本朝之九宝，如遇大朝会，置于殿陛前；郊祀或明堂大祀，则迎于仪仗中。有符宝官二员，在仪仗左右捧着九宝随从圣驾，叫作“迎宝舆”。三衙太尉以及御带环卫官，都戴小帽，穿着背子或紫色刺绣战袍，骑马为前导。内侍也戴小帽，穿紫色绣袍，随从圣驾为前导。千乘万骑，到达景灵宫时停留稍作歇息，奏请皇上前往圣祖殿行礼，以醪茗、蔬果、麸酪飨之。乐奏《乾安》《大安》《灵安》《兴安》《祖安》《正安》《冲安》《报安》之章，乐舞《发祥》《流庆》《降真》《观德》之曲。奏告完毕，圣驾回太庙宿斋。

驾回太庙宿奉神主出室

原　文

上御平头辇，回宿太庙斋殿，其禁卫铁骑尽移至太庙，绕瑞石山前后护卫。天武、金吾、武勋、羽林等兵士并列卫。六军仪仗卤簿，移屯太庙后，夜移丽正，喝探严更警惕，并如致斋夕。于黄昏时，钟鼓院官赴太庙前报出动更筹，喝过姓名，如前同也。

三更行事，大宗伯奏中严外办。上出斋殿，礼直官等导引诣太庙诸室殿庭，行奏告礼。上诣殿上东南隅，面西立，行三献，献牲牢，宫架乐奏《乾安》《兴安》《正安》《禧安》之章，乐舞《文德》《武功》《皇武》《大定》《昭文》《美成》《治隆》《大明》《重光》《承天》《瑞庆》《大德》《大伦》《大和》之曲。礼毕，奉太祖、太宗、高宗三神主出室。殿下横街之北，分设七祀①位，如司命、户、灶、中霤、门、厉、行等神。横街之南，设配飨功臣赵韩王以下二十五位分祀，差南班宗室奉行其三神主，命内侍以仪仗迎往明禋殿。

天明时，乘黄令进玉辂，奏请登玉辂。“珠旄牙戟翠流苏，环珮天香爇宝炉。中敕乘黄亲进御，玉虬拥驾下云衢。”上御冠服，如图画星官之状，其通天冠俱用北珠②卷结，又名“卷云冠”；服绛袍，玉珮，执玉元圭③，正坐玉辂上。左右各一内侍，名“御药”，冠服执笏侍立。左首栏槛边，一从侍中书宦者，曲身冠服，旁立于栏，以红丝绦系定，恐致疏失，名为“执绥官”，以备玉音顾问。“和鸾争羡侍中裾，玉辂亲承接帝俞。儒学已通稽古力，更求民瘼备嘉谟。”驾辂卫士，裹漆圆顶盖耳帽子，着黄生色宽衫，青衬衫，青机头裤，青履，系锦绳。辂后四人攀行，如攀枝孩儿。辂前有服法服朝冠二人，执简导辂行。辂之左右，亦二人，服法服乘马，从辂行办严。于辂放行时，参政前遮，奏“少迟”，“预饬金吾街仗使，威容浸盛务如仪”。盖奏请少迟，欲令万骑千官，整齐导引，“法仪森严按典刑，逍遥平辇小舆轻。金龙闲饰彤霞彩，缓引天街宝辂行”。诞马[④]六匹。按，宋孝武诏王侯诞马不得过二匹。诞，散也。旧并施鞍鞯[⑤]，景祐初志。今辂前凡六匹诞马者，正谓之“红檐诞马控双行，项下朱丝系彩缨，驺士锦衫勤执御，共夸汗血似云轻”。按，马者衣锦宝相花衫也。又御马常仪外，有甲骑，缀以金铃，在辂前引行。“銮铃犀甲控青骢，凡马俄惊一洗空。御笔赐名犹记得，牙牌金刻草头风。”此本朝故事，郊皆遵制导引矣。

注　释

①七祀：周代设立的祭祀七神。《礼记注疏》卷四十六：“王为群姓立七氏，曰司命，曰中霤，曰国门，曰国行，曰泰厉，曰户，曰灶。司命主督察三命，中霤主堂室居处，门、户主出入，行主道路行作，厉主杀罚，灶主饮食之事。”

②北珠：又称“东珠”，松花江下游及其支流所产的珍珠，颗大光润，极为名贵。

③元圭：即玄圭。一种黑色的玉器，上尖下方，天子祭祀时所持，或将其赏赐给建立特殊功绩的人。

④诞马：即但马。古代高级官员出巡时的备用马，因不设辔鞍，故名。

⑤鞍鞯：马鞍和马鞍下面的垫子。

译　文

皇上乘坐平头辇，返回住宿到太庙斋殿，禁卫铁骑全都移至太庙，绕瑞石山前后护卫。天武、金吾、武勋、羽林等兵士并列护卫。六军仪仗卤簿，也移屯太庙后，晚上移驻丽正门，喝探严更警惕，一如致斋当晚。黄昏时分，钟鼓院官来到太庙前汇报出动的时间，须喝过姓名，过程如前所述。

三更行事，大宗伯上奏中庭戒严、警卫宫禁。皇上出斋殿，礼直官等导引前往太庙诸室殿庭，行奏告礼。皇上至殿上东南隅，面向西而立，行三献，献牲牢，宫架乐奏《乾安》《兴安》《正安》《禧安》之章，乐舞《文德》《武功》《皇武》《大定》《昭文》《美成》《治隆》《大明》《重光》《承天》《瑞庆》《大德》《大伦》《大和》之曲。礼毕，奉太祖、太宗、高宗三神主出室。殿下横街之北，分设七祀位，如司命、户、灶、中霤、门、厉、行等神。横街之南，设配飨功臣赵韩王以下二十五位分祀，差遣南班宗室奉行其三神主，命内侍以仪仗迎往明禋殿。

天亮时，乘黄令进玉辂，奏请皇上登上玉辂。正所谓："珠旌牙戟翠流苏，环珮天香鹛宝炉。中敕乘黄亲进御，玉虬拥驾下云衢。"皇上穿上冠服，如同图画上星官的服饰，其通天冠都用北珠卷结，又叫作"卷云冠"；身穿绛袍，佩带玉珮，手执玄圭，正坐于玉辂上。左右各有一名内侍，叫作"御药"，穿戴冠服执笏侍立。左首栏槛边，有一随从侍候的中书宦者，穿戴冠服，弯着身子立于栏旁，以红丝绦系定，恐其疏失，称之为"执绥官"，以备皇上询问。正所谓："和鸾争羡侍中裾，玉辂亲承接帝俞。儒学已通稽古力，更求民瘼备嘉谟。"驾驶玉辂的卫士，头戴漆圆顶盖耳帽子，身穿黄色宽衫，内穿青衬衫，下穿青机头裤，脚穿青色鞋，系着锦绳。玉辂后有四人攀行，如同攀枝的孩儿。玉辂前有穿戴法服朝冠者二人，手执笏板引导玉辂前行。玉辂的左右也有二人，身穿法服，乘着马，随从玉辂严加警戒。玉辂放行之时，参政还要先到前面阻挡，奏曰"少迟"，所谓"预饬金吾街仗使，威容浸盛务如仪"。奏请少迟，是为了让万骑千官整齐队列之后再导引，所谓"法仪森严按典刑，逍遥平辇小舆轻。金龙闲饰彤霞彩，缓引天街宝辂行"。有六匹诞马。按，宋孝武帝曾下诏王侯的诞马不得超过二匹。诞，散的意思。过去诞马上也设鞍鞯，是景祐初年的记载。如今玉辂前共有六匹诞马，正所谓"红檐诞马控双行，项下朱丝系彩缨，驺士锦衫勤执御，共夸汗血似云轻"。按，驭马者都身穿有宝相花纹饰的锦衫。关于御马，在常规的礼仪外，还有都甲骑，缀金铃为装饰，在玉辂前引行，所谓"銮铃犀甲控青骢，凡马俄惊一洗空。御笔赐名犹记得，牙牌金刻草头风"。这些都是本朝故事，郊祀也遵此礼制导行。

驾宿明堂斋殿行祀礼

原　文

上自太庙御玉辂入丽正门，宿斋殿，遵先朝亲祀明禋故事。明堂殿即文德殿，中配飨。太常寺奉常官于殿上立正配四位，皆用黄褥设板位：居北面南，昊天上帝位；居东面西，太祖、太宗、高宗位。惟矮案上设礼物，及殿庑设天星岳渎百神版位。推设祭器，设玉册于殿陛之间，乃玉刻金縢[①]宝册文。"铺张景铄[②]掩前闻，在天列圣皆欣顾，宜有蕃厘[③]锡圣君。"凡大祀，差太祝一员，进抟黍[④]及肺，祭奠玉册。得其"玉册文章礼极恭，为民祈福吁苍穹。凭谁设玉诣祠坛，帝敕清朝小府官。苍璧黄琮仍瓒爵，灵光下烛宝光寒”。

镬[⑤]水者，按，《周礼·小司寇》：“凡禋祀五帝，实镬水。”今差从官一员奉礼，“满倾镬水洁而清，耗试随时更沃增。腥熟眡来无失节[⑥]，馔成犹自气蒸腾。光禄牵牲有旧章，诣厨更复属丞郎。各供乃职知严恪，芳荐丰陈鼎俎香”。荐牲官，“茧栗牺牲总用骍[⑦]，近坛视宰尚闻声。须臾玉俎供肥腯，主上躬临奏荐牲。妙选甘泉侍从臣，列祠太乙九宫神。高禋上锡垂灵贶[⑧]，同卫宸旒[⑨]奉帝真。”乃分祀九宫贵神于东青门外祠坛也。“分祀农师重至诚，有司设壝势岩岩。报崇人主亲禋日，不比春祈咏《载芟》。”

其夜三更，摄大宗伯执牙牌奏中严外办，奏行事。驾出斋殿。面南设一大幄次，更换祭服，青衮龙服，中单朱舄，绳玉珮，裹平天冠，二十四旒，并大真珠为旒。知阁、御带、环卫，及大礼使、太常礼直官前导，二内侍御辇扶侍。上自黄道，撒瑞脑香而行。至明堂殿小幄次，请上升御座，少歇，伺礼节严整。其登歌[⑩]道士十余人，列钟磬二架，歌色琴瑟等。有五七执事人在殿上执役。殿前设宫架乐，在列编钟玉磬。其架如方响者同，但增广而高大，立于地。编钟形稍褊。玉磬状似曲尺，系其曲尖处，皆上下四层，挂之架，两角缀以流苏。次列数架大鼓，或三或五，以木穿贯，立于架座上。又有大钟，曰景钟。曰节鼓。有如琴而长者，如筝而大者，截竹如箫管、两头存节而横吹者。有土烧成、如圆弹而开窍者，如笙而大者，如箫而增管者。有歌声则声清亮。宫架前立两竿，乐工皆裹介帻如笼巾，着绯宽衫，勒帛。其舞者顶紫色冠，冠上有横板，皂服，朱裙履。乐作，初则文舞[⑪]，皆手执一紫囊，盛一笛管结带。武舞一手执短稍，一手执小牌，比文舞者加数人，击铜铙响环[⑫]，又击如铺灶突者[⑬]。又两人共移一铜瓮就地击者。舞者形如击刺，如乘云，如分手，皆舞容矣。“冕旒奕奕接灵光，酌醴惟勤举祼将[⑭]。文德武功皆寓舞，自然缀兆合彝章。舞分《八佾[⑮]》乐章谐，执羽扬干古意回。莫道缛仪无祖述，两阶曾格有苗来。”乐作，先击柷[⑯]。以木造，如方壶，画山水之状。每奏乐击之，内外共九下。乐止，则击敔[⑰]，如伏虎形，脊上皆锯齿，一曲终，以破竹刮之，而乐止。明堂乐章，奏《乾安》《景安》《嘉安》《广安》《化安》《丰安》《光安》《禧安》《彰安》《德安》《正安》《熙安》之曲。凡乐典共十九章，明禋祀俱用十二章，景灵宫及太庙四章，互相更易以奏，皆“安”字为名。“清庙灵宫暨禋坛，伶工总属奉常官。八音欲格神人悦，乐曲更成十九安”。明堂乐舞，文德武功之舞，凡登歌宫架乐，全凭押乐官掌之。凡大祀用登歌宫架乐，差摄太常丞二员，一则充坛上举麾，一则充坛下举麾。又差协律郎二员，一则视坛上举麾，一则视坛下举麾，则拜。“宫架登歌属奉常，举麾押乐选丞郎。殿堂互奏钧天乐，亟拜精虔合典章。”

一常直官于小幄次奏请行礼，导引上至殿阶下，惟有礼直及大礼使两使扶侍上登殿，其知阁、御带、环卫，俱侍立殿槛下伺驾回。上登殿，诣正北一位昊天上帝前拜跪，摄殿中监察东向一拜，进爵，再拜。复次引诣正东太祖、太宗、高宗位拜跪，进爵，并行初献礼。驾绕升殿，宫架乐止，则殿上登歌乐作。驾降殿，则登歌乐止，宫架乐复作。“龙衮初升殿陛墀，奉天酌祖蒇[18]皇仪。虎关夕启咸来燕，从坐纷纶卫百祇。”

亚献差亲王代行礼，理庙朝委皇太子充亚献。其祭服准制度，按，《宋朝会要》:“服衮冕，垂白珠九旒，章大小双绶，谓之‘衮冕’。”“□□珠旒荐二觞，九章双绶表储皇。由来钦若为家法，嗣服无疆有道长。”亚献毕，礼直官再奏请驾升殿，诣昊天上帝位前，左右二员奉玉册官，登册而跪。上拜跪奠酒，执玉圭而跪，中书舍人读玉册，正谓“币玉高擎授上公，发函读册颂成功。捧来宝爵亲监涤，醴酒浮香琥珀红”。上复降殿小幄内。

终献差亲王行礼，“祗事明禋与几筵，礼成三奠乐重宣。欲令庙祏[19]如磐固，宗祀先来肺腑贤”。终献毕，礼直官奏请上登殿，饮酒受胙。进玉爵跪进，上跪受。“穹皇鸿福万年觞，三咽仍分饮胙香。敛锡庶民皆协极，受元纯福喜新尝。”饮胙毕，送神。“景安乐舞众灵旋，诚达穹旻彻豆笾[20]。羽葆霓旌回盼独，福流鸿祉万斯年。”上降殿，诣小幄前拱立则望燎。上殿礼科币帛玉册，并由右阶而下。南去有燎炉，上有一人点喝诸物，入炉焚之。殿侧与庑廊陪祀天星百神，陪祀官及执事官皆面北而立班，赞者喝卿拜，众俱拜而出。上自小次前登小舆，还大次，更服登辇，教乐所伶人在殿门排列，奏庆礼成曲。一甲士舞、礼成曲破讫，伶人进口号，乐复作。丽正门外诸军鼓吹俱作，声振天地。辇入垂拱殿，宰执百官常服入贺，大起居，蹈舞九拜，嵩呼称寿。枢密宣制曰:“履兹新庆，与卿等同。”摄礼部郎奏解严于殿前，宰臣百官出丽正门外幕位，伺候天明，入登门放赦。

注　释

①縢：缠束。

②景铄：盛美，盛明。

③蕃厘：洪福。

④抟黍：捏成的饭团。

⑤镬（huò）：大锅。第一次加满水是为了把牲肉洗干净，纳烹时加满水是为了烹煮牲肉。

⑥腥熟：此指牲肉的生或熟。眂（shì）：观看，察视。

⑦茧栗：牛角初生之状。借指牛犊。骍（xīng）：赤色的马和牛，亦泛指赤色。

⑧灵贶（kuàng）：神灵赐福。

⑨宸旒（chén liú）：帝王之冠。借指帝王。

⑩登歌：升堂奏歌。古代举行祭典、大朝会时，乐师登堂而歌。宋徽宗好道，故用道士。

⑪文舞：古代宫廷雅乐舞蹈之一，与武舞相对，用于宫廷典礼与郊庙祭祀。

⑫铙（náo）：一种打击乐器。形制与钹相似，唯中间隆起部分较小。以两片为一副，相击发声。响环：指铙隆起部分四周的边。

⑬灶突者：铙的隆起部分。

⑭祼（guàn）将：助王行祼祭之礼。

⑮八佾：古代天子用的一种乐舞。佾：舞列，纵横都是8人，共64人。

⑯柷（zhù）：古代一种打击乐器，方形，以木棒击奏，用于宫廷雅乐，表示乐曲开始。

⑰敔（yǔ）：古代一种打击乐器，常在乐队中使用。形如伏虎，以竹条刮奏，用于历代宫廷雅乐，表示乐曲的终结。

⑱蒇（chǎn）：完成。

⑲庙祏（shí）：宗庙中藏神主的石匣。借指祖宗神灵。

⑳穹旻（mín）：犹穹苍。即上天。豆笾（biān）：祭器。木制的叫“豆”，竹制的叫“笾”。

译　文

皇上自太庙乘坐玉辂入丽正门，住宿在斋殿，遵循先朝皇帝亲行明堂大祀的旧制。明堂殿即文德殿，中设配飨板位。太常寺奉常官在殿上立正配四位，皆用黄褥设板位：居北面南，是昊天上帝的板位；居东面西，是太祖、太宗、高宗的板位。只在矮案上设礼物，并在殿庑设天星、山岳、江河百神的板位。推设各种祭器，设玉册于殿陛之间，乃玉刻金縢的宝册文。正所谓："铺张景铄掩前闻，在天列圣皆欣顾，宜有蕃厘锡圣君。"凡是大祀，都要派遣一员太祝，进抟黍及肺，祭奠玉册。正所谓："玉册文章礼极恭，为民祈福吁苍穹。凭谁设玉诣祠坛，帝敕清朝小府官。苍璧黄琮仍瓒爵，灵光下烛宝光寒。"

镬水者，按，《周礼·小司寇》载："凡禋祀五帝，负责给镬中添满水。"如今派一员从官奉礼，所谓"满倾镬水洁而清，耗试随时更沃增。腥熟视来无失节，馔成犹自气蒸腾。光禄牵牲有旧章，诣厨更复属丞郎。各供乃职知严恪，芳荐丰陈鼎俎香"。荐牲官，其职责可谓"茧栗牺牲总用骍，近坛视宰尚闻声。须臾玉俎供肥腯，主上躬临奏荐牲。妙选甘泉侍从臣，列祠太乙九宫神。高禋上锡垂灵贶，同卫宸旒奉帝真"。又于东青门外祠坛分祀九宫贵神。正所谓："分祀农师重至诚，有司设壝势岩岩。报崇人主亲禋日，不比春祈咏《载芟》"。

夜里三更，摄大宗伯执牙牌上奏中庭戒严、警卫宫禁，奏请正式行祀礼。圣驾出斋殿。面朝南设一大幄次，皇上更换祭服，身穿青色衮龙服，内衬中单，脚穿朱舄，腰系玉佩，头戴有二十四旒的平天冠，并以大真珠为旒。知阁、御带、环卫，以及大礼使、太常礼直官等在前面导引，两名内侍扶侍着御辇。圣驾从黄道上经过，一路撒瑞脑香。到达明堂殿的小幄次，请皇上登上御座，稍作歇息，等候礼节严整。有十余名道士登堂而歌，排列钟、磬二架，其余为歌色及琴、瑟之类的乐器。有五至七个执事人员在殿上服侍。殿前设置宫廷乐队，前面排列编钟、玉磬。悬挂编钟、玉磬架子的形制如同悬挂方响的架子，但有所增广且更加高大，立在地上。编钟形制稍扁。玉磬形状像曲尺，绳索系在曲尖处，都分上下四层，挂在架子上，架子的两角用流苏缀结。其次陈列数架大鼓，或三面或五面，用木棒穿贯，安放在架座上。又有大钟叫景钟，有鼓叫节鼓。有似琴而比琴长的，有如筝而比筝大的，有截断竹子状如箫管、两头存节而横吹的，有用土烧成、状如圆弹而开孔的，有如笙而比笙大的，有如箫而管更长的。有歌者献唱，歌声清越嘹亮。宫廷乐队前立着两根长竿，乐工都头裹形似貂蝉冠的介帻，身穿绯色宽衫，束着丝织腰带。舞者头顶紫色冠，冠上有一横板，穿黑服和朱红色裙、履。乐声奏起，起初为文舞，舞者都手执一紫囊，内盛一支结着丝带的笛管。武舞者则一手执短矟，一手执小牌，比文舞多了数人，击打铜铙的响环，然后又击打铜铙上如灶突之处。又有两人共携一铜瓮就地敲击的舞蹈。舞者动作变换万千，如用刀剑击刺，如乘云飞仙，如情人分离，这都是舞者的舞姿。正所谓："冕旒奕奕接灵光，酌醴惟勤举祼将。文德武功皆寓舞，自然缀兆合彝章。舞分《八佾》乐章谐，执羽扬干古意回。莫道缛仪无祖述，两阶曾格有苗来。"乐声再次奏起，先击柷。柷以木制成，形如方壶，上画山水图案。每次奏乐，先击柷，内外共击九下。乐声停止则击敔。敔的形状如伏虎，脊背上如锯齿，一曲终了就以破开的竹片刮敔。明堂上所奏的乐章，有《乾安》《景安》《嘉安》《广安》《化安》《丰安》《光安》《禧安》《彰安》《德安》《正安》《熙安》之曲。凡乐典共十九章，明堂大祀时十二章都用，景灵宫及太庙祭祀时用四章，互相更易以奏，皆以“安”字为名。正所谓：“清庙灵宫暨坛，伶工总属奉常官。八音欲格神人悦，乐曲更成十九安。”明堂上演奏的乐舞，乃文德武功之舞，凡登歌乐和宫廷乐，全凭押乐官掌握。凡大祀须登歌乐和宫廷乐，派遣两名太常丞，一名到坛上举麾，一名到坛下举麾。又派遣两名协律郎，一名视坛上举麾，一名视坛下举麾，则拜。所谓“宫架登歌属奉常，举麾押乐选丞郎。殿堂互奏钧天乐，亟拜精虔合典章”。

一常直官在小幄次奏请皇上行祀礼，然后导引皇上至殿阶下，只有礼直官和大礼使二人扶侍皇上登殿，其余知阁、御带、环卫，全都侍立于殿槛下，等候圣驾返回。皇上登上大殿，前往正北昊天上帝板位前拜跪，又命殿中监察向东一拜，进献爵盏，再拜后起身。再前往正东太祖、太宗、高宗的板位前拜跪，进献爵盏，并行初献礼。皇上登殿时宫廷乐止，而殿上登歌乐奏起。皇上下殿时则登歌乐止，宫廷乐再次奏起。正所谓：“龙衮初升殿陛墀，奉天酌祖葳皇仪。虎关夕启咸来燕，从坐纷纶卫百祇。”

亚献则派遣亲王代为行礼，理宗朝委任皇太子负责亚献。其祭服的标准制度，按，《宋朝会要》载：“穿戴衮冕，冕上垂白珠九旒，挂大小两条绶带，称之为‘衮冕’。”正所谓：“□□珠旒荐二觞，九章双绶表储皇。由来钦若为家法，嗣服无疆有道长。”亚献完毕，礼直官再次奏请皇上登殿，前往昊天上帝的板位前，左右有两名奉玉册官，捧着玉册跪着。皇上拜跪奠酒，执玉圭而跪，中书舍人宣玉册，所谓“币玉高擎授上公，发函读册颂成功。捧来宝爵亲监涤，醴酒浮香琥珀红”。这之后，皇上再次下殿回到小幄次内。

终献仍派遣亲王代为行礼，所谓“祇事明禋与几筵，礼成三奠乐重宣。欲令庙祏如磐固，宗祀先来肺腑贤”。终献完毕，礼直官奏请皇帝再次登殿，饮酒并接受胙肉。礼官跪着进献爵盏和胙肉，皇上跪着接受。正所谓：“穹皇鸿福万年觞，三咽仍分饮胙香。敛锡庶民皆协极，受元纯福喜新尝。”饮酒接受胙肉后，送神，所谓“景安乐舞众灵旋，诚达穹旻彻豆笾。羽葆霓旌回盼独，福流鸿祉万斯年”。皇上下殿，到小幄次前拱手而立，以望燎炉。殿上刚才祭礼用的币帛玉册，都由右阶下殿。南面有燎炉，上面有一人清点叫喝诸物，送入炉内焚烧。殿侧与庑廊是陪祀的天星百神，陪祀官及执事官全都面向北排列班次，赞礼者唱喝，令百官跪拜，百官跪拜后出去。皇上在小幄次前登小舆，回到大幄次，更换冠服后登辇，教乐所伶人在殿门排列，演奏庆贺礼成之曲。一甲士舞、礼成曲破讫，伶人进献口号，音乐再次奏起。丽正门外诸军也鼓吹俱作，声振天地。御辇进入垂拱殿，宰执百官换上常服入殿祝贺，向皇上问安，蹈舞九拜，山呼万岁，祝愿皇上长寿。枢密使宣制曰："履兹新庆，与卿等同。"命礼部郎在殿前宣布解除戒严，宰臣百官出居丽正门外幕位，等候天明，再入门登楼放赦。

明礼成登门放赦①

原　文

宰执百官立班于丽正楼下，驾兴，宫架乐作，上升楼，而"扇盖初临楼槛外，卷帘敞坐正临轩，要令祭泽该方国，先示尧民肆罪恩"。丈竿尖直，上有盘，立金鸡，衔红幡，上书"皇帝万岁"。盘底以红彩索悬于四角，令四红巾百戏人争先沿索而上，先得者执金鸡嵩呼谢恩。前辈有诗曰："立起青云百尺盘，文身骁勇上鸡竿。嵩呼争得金幡下，万姓均欢仰面看。"御楼上以红锦索引金凤衔赦文放下，至宣赦台前，通事舍人接赦宣读。大理寺、帅漕两司等处，以见禁杖罪之囚，衣褐衣，荷花枷，以狱卒簪花跪伏门下，传旨释放。"汤网蠲除不任刑②，圣心仁恕给民生，传宣脱去花枷后，万岁声连快活声。"楼上帘已垂，伞扇已入，上回内，伶人乐大震，迎驾入内。"赦颁郡邑急翻行，迎拜宣传广圣仁。四海一家沾大霈，尽令黎庶庆维新"！

注　释

①放赦：释放赦免。

②汤网：《史记·殷本纪》："汤出，见野张网四面，祝曰：'自天下四方，皆入吾网。'汤曰：'嘻，尽之矣！'乃去其三面。祝曰：'欲左，左；欲右，右。不用命，乃入吾网。'"后以"汤网"喻君王仁政。蠲（juān）除：免除。

译　文

宰执百官在丽正楼下排列班次，圣驾起，宫廷乐奏起，皇上登楼，所谓"扇盖初临楼槛外，卷帘敞坐正临轩，要令祭泽该方国，先示尧民肆罪恩"。立起一根数丈长的又尖又直的竹竿，竿尖上有一盘，盘上立着一只金鸡，口衔红幡子，上面写着"皇帝万岁"四个字。盘底以红彩绳垂挂于四角，令四个头裹红巾的百戏人沿着绳索争先而上，捷足先登者手执金鸡到楼前山呼万岁，谢恩而去。前辈有诗描绘此情景曰："立起青云百尺盘，文身骁勇上鸡竿。嵩呼争得金幡下，万姓均欢仰面看。"御楼上以红锦绳引一金凤衔着赦书沿着绳索缓缓而下，一直下落到宣赦台前，通事舍人接到赦书后宣读。大理寺、帅漕两司等衙署，提出被拘禁的当受杖刑的囚犯，囚犯都身穿褐色衣服，戴着有花纹图案的枷锁，跪伏在门下，押解罪犯的狱吏都头上插花。随后传旨释放囚犯。正所谓："汤网蠲除不任刑，圣心仁恕给民生，传宣脱去花枷后，万岁声连快活声。"放赦后，楼上帘幕垂下，伞扇入内，皇上回宫。伶人演奏乐声大震，迎接圣驾回宫，所谓"赦颁郡邑急翻行，迎拜宣传广圣仁。四海一家沾大霈，尽令黎庶庆维新"！

郊祀年驾宿青城端诚殿行郊祀礼

原　文

向于咸淳年间，度宗亲飨南郊祀，用正月朔正，系上辛日行事。前三日，致斋于大庆殿内，次日驾诣景灵宫奏告，回太庙致斋，奏请三祖出室。第三日，自太庙升玉辂，其金、象、革、木四辂从行，幸嘉会门外，至郊台次侧青城端诚行殿致斋。"通天冠缀宝珠明，五彩云中警跸声。万骑千官齐导从，君王今夜幸端诚"。所谓青城，止以青布为幕，画甃砌[①]之文，旋结城阙，以净明院为行宫，建端诚行殿，以备一日之幸。旧东都宣和间用土木盖造行殿，以青布幕围之。仪仗卤簿排列至行宫，铁骑围绕卫护，分命三卫主管卫兵。"貔貅[②]万旅护郊垧，特戒都门早放扃。分命三衙亲典领，卫严行殿悉安宁。"

上宿青城行宫，在都城外三里，总务官与殿帅皇城司提点官，遇夜互行，提举卫兵，谓之"锦鞯金勒出宫城，还入龙闱缀殿行。珠帽绣衣提举处，连营喏震四山声"。又有紫巾绯衣数队千余人，罗布郊野守卫。又差行宫都巡检使，部领甲军，往来巡逻，至夜严更警惕喝探，并如明禋式。行宫前立盖天旗于青城御街中，"大旗五丈粲星躔[③]，高揭圆坛八陛前。君德天临无不盖，故令备物象纯乾"。其夕澄明，天气清朗，星斗争辉，云彩缤纷，前人作诗咏曰："涓选休成举泰禋，四方冠盖集都城。格天圣德将何验？昼日如春夜朗明。"

三更时，摄大宗伯奏中严外办，礼直官奏请行事。"乌帻朱衣引近檐，奏知外办与中严。对传金字牙牌退，帝幄中官喝卷帘。”上出端诚殿，升安辇，南行曲尺，西去百步，乃郊坛，入外壝东门，至第二壝，东面南一大幄次。驾幸大次，更换祭服华，礼直官、知阁、御带、环卫、大礼使导引。“天步舒徐曳衮裳，旒珠圭玉俨斋庄。欲腾明德惟馨远，黄道先扬瑞脑香。属鞬特特选银珰[④]，班压朱衣与奉常，前导衮衣亲大祀，金槌铁甲斗争光。”上之坛下小幄，谓之“小次”，设御座在内，奏升御座少歇，礼直官催礼科办严，鸣景阳钟，其声甚大且清。钟如寺观钟楼者大，上铸日月星斗列曜，中铸五辂仪仗，下铸六街三市于钟上。“礼严登极享高灵，枣栗牲牢荐德馨。蘉持分切鼓[⑤]景钟催节奏，洪声考击彻青冥。”然后宫架乐作，奏请上升郊坛行事。其郊坛“象天立制筑圜丘，飨帝于郊法有周。坛陛崇高霄汉近，云车风马接灵游”。坛高三层，有七十二级。坛面方圆各三丈。坛有四阶，正南曰午阶，东曰卯阶，西曰酉阶，北曰子阶。坛上设黄褥四位，大飨苍穹，奉太祖太宗，配于高宗。昨孝庙时，按周成王祀洛中陟配于文王，惟汉武合祠汶上，今推严于高宗也。

坛龛十二壝，从祀诸神位七百六十有七，板位系朱牌金字。“穹示宗祖萃天星，岳渎方维会百灵。金札明标朱板位，传令放弗[⑥]飨精诚。”“雅乐遵堂奏豫和，声文昭假协登歌。星驱日御均歆顾，天静无风海不波”。上登坛，登歌乐作，行初献礼毕，降坛，委亲王行亚献礼；上再登坛，读玉册，跪奠讫，再降坛。亲王行三献礼毕，升坛，饮福受胙，送神毕。上登坛，立小次前。“邀请君王望燎光，礼严燔瘗各随方。奉常赞引令班退，环珮琮琤夜未央。”其礼科币帛玉册，并由西阶而下。出南壝门外，去坛百步，有燎炉，高丈余，如明禋，点喝入炉焚之。其郊坛三层四阶，有十二龛灯、十二宫神，内外壝俱设神位，每位一板位、一烛、一爵、一矮桌，置牺牲二、笾豆一，币各差。陪祀官及奉常吏、赞礼焚燎讫，宫架乐止，鼓吹未作，坛下肃然，惟闻轻风环珮声，恍若天仙下临，清雅之甚。

维时近侍、禁卫、快行，以灯烛二三百枝，列成围子[⑦]，照如白日。上登安辇，幸大幄更衣，奏请升大安辇。辇如玉辂制度，无轮，“云龙耀叶叠三层，藤织金花御座新。十四穗球珠间结，四垂大带耀辉人”。此辇按唐制，合用五番辇官四百五十人，服色如挟辂卫士同。以教乐所伶工在外壝东门排列，奏乐导引，驾回青城殿，受礼成贺。“桦焰光随万烛明，大安宝辇入端诚，百僚拜舞丹墀下，震地仙韶贺礼成。”“前后钲铙奏礼成，导随法驾返青城。纯音直彻云霄外，疑是钧天广乐声。”上幸端诚殿，宰执百官拜舞庆礼成，枢臣“宣制班庭尽鞠躬，履兹新庆与卿同，臣心归美将何报，愿祝君王寿亿穹”。百官班退，“法宫邃密护重帘，跪执牙牌奏解严，班卷驾行莲炬煖，礼容犹自耸观瞻”。

天明，仪仗、卤簿、甲骑卷班回丽正门。上登大安辇，左右二御药侍立，前有教乐所伶工作乐，后有钧容直及部伍鼓吹后从。上升辇，辇前侍中一员，奏升降承旨，“紫坛彻后驾还宫，黄牒前期命侍中。密扆衮衣升降处，辂前承旨示恩隆”。五辂从辇后回丽正门，上至内门里降辇，平章宰执百官立班于门下伺候。上登楼临轩，立金鸡竿放赦，如明禋礼同。太皇“垂帘设幄内庭旁，慈母亲来看嗣皇，忽奉起居仍问劳，往来互遣贵貂珰[8]”，“钦看回銮报六宫，内东帘幕舞翔龙。大安辇上瞻天表，熙事圆成尚正容”。

注释

①甃（zhòu）砌：砌的砖墙。

②貔貅（pí xiū）：神话中的凶猛瑞兽。此处借指护卫军士。

③星躔（chán）：日月星辰运行的度次。

④鞬：马上的盛弓器。特特：马蹄声。

⑤鼖（fén）鼓：大鼓。

⑥放弗：同“仿佛”，隐约，依稀。

⑦围子：帝王巡幸时的仪卫，负责驾出时警卫。

⑧貂珰：貂尾和金、银珰，古代侍中、常侍的冠饰。借指宦官。

译文

过去在咸淳年间，在正月的上辛日，度宗亲自往南郊行郊祀礼。郊祀前三日，在大庆殿内致斋，次日圣驾前往景灵宫奏告，再回太庙致斋，奏请太祖、太宗、高宗三祖出室。第三日，皇上自太庙登上玉辂，金、象、革、木四辂随从而行，至嘉会门外，到郊外祀台旁边的青城斋宫内的端诚行殿致斋。正所谓：“通天冠缀宝珠明，五彩云中警跸声。万骑千官齐导从，君王今夜幸端诚。”所谓青城，只用青布为幕，上面画上砖砌的纹路，旋即扎成城阙。以净明院为行宫，建端诚行殿，以备皇上一日之幸。过去在东都汴京，宣和年间用土木建造行殿，再用青布幕围起来。仪仗卤簿排列至行宫，铁骑围绕在斋宫外护卫，分命三衙首领主管卫兵。正所谓："貔貅万旅护郊垌，特戒都门早放扃。分命三衙亲典领，卫严行殿悉安宁。"

皇上住宿的青城行宫，在都城外三里，总务官与殿帅皇城司提点官，在夜间往来行走，指挥卫兵巡逻警戒，称之为"锦鞯金勒出宫城，还入龙阛缀殿行。珠帽绣衣提举处，连营喏震四山声"。又有头裹紫巾、身穿绯衣的数支卫队千余人，分布在郊野进行守卫。又派遣行宫都巡检使，统领身披盔甲的军士，往来巡逻，在夜间守卫警惕、喝探查询过往之人，都如明堂大祀时的规制。行宫前树立盖天旗于青城御街中，所谓"大旗五丈粲星躔，高揭圆坛八阶前。君德天临无不盖，故令备物象纯乾"。晚间夜色澄明，天气清朗，星斗争辉，云彩缤纷，前人作诗咏此情景曰："涓选休成举泰禋，四方冠盖集都城。格天圣德将何验？昼日如春夜朗明。"

三更时分，摄大宗伯上奏中庭戒严、警卫宫禁，礼直官奏请开始行礼。正所谓："乌帻朱衣引近檐，奏知外办与中严。对传金字牙牌退，帝幄中官喝卷帘。"皇上走出端诚行殿，登上安辇，向南行再折向西行百步，就是郊坛，从外壝墙东门进入，到第二重壝墙里，面朝南设置一个大幄次。圣驾进入大次，更换祭服后，礼直官、知阁、御带、环卫、大礼使在前面导引皇上至祭坛前。正所谓："天步舒徐曳衮裳，旒珠圭玉俨斋庄。欲腾明德唯馨远，黄道先扬瑞脑香。属鞬特特选银珰，班压朱衣与奉常，前导衮衣亲大祀，金槌铁甲斗争光。"皇上来到祭坛下的小幄次，叫作"小次"，其中设有御座，奏请皇上登上御座稍作歇息，礼直官催促祭礼执事人员严加操办相关事宜。鸣景阳钟，钟声很大且清澈。钟比一般寺观钟楼上的钟要大，上面铸日月星斗及众星宿，中间铸五辂仪仗，下铸六街三市。正所谓："礼严登极享高灵，枣栗牲牢荐德馨。蕡（持分切）鼓景钟催节奏，洪声考击彻青冥。"然后宫廷乐奏起，礼直官奏请皇上登上祭坛行礼。那祭坛"象天立制筑圜丘，飨帝于郊法有周。坛陛崇高霄汉近，云车风马接灵游"。祭坛高三层，有七十二级，坛顶平台方圆三丈多。祭坛有四条台阶：正南的叫午阶，正东的叫卯阶，正西的叫酉阶，正北的叫子阶。祭坛上以黄色褥垫设四神位，主祭昊天上帝，祀奉太祖、太宗，并以高宗配飨。从前孝宗在位时，根据周成王在洛中祭祀时以周文王配飨、汉武帝在汶上明堂祭祀时以汉高帝配飨的故事，也在郊祀时将配飨的对象推及高宗。

祭坛上有十二个神龛，从祀的诸神神位有七百六十七个，板位都是朱牌上写着金字。正所谓："穹示宗祖萃天星，岳渎方维会百灵。金札明标朱板位，传令放佛飨精诚。""雅乐遵堂奏豫和，声文昭假协登歌。星驱日御均歆顾，天静无风海不波。"皇上登上祭坛，登歌乐奏起，初献礼毕，皇上下祭坛，委派亲王行亚献礼；亚献礼毕，皇上再登祭坛，读玉册，拜跪奠酒后，再下祭坛。亲王行终献礼毕，皇上再登祭坛，饮酒受胙肉，然后送神。

随后皇上再下祭坛，到小次前站立。正所谓："邀请君王望燎光，礼严燔瘗各随方。奉常赞引令班退，环珮琮琤夜未央。"刚才祭礼所用的币帛玉册，全都从西阶送下。出南壝门外，距离祭坛百步处有燎炉，高一丈多，如明堂大祀时一样，清点叫唱着将诸物送入炉内焚烧。祭祀有三层，四处台阶，有十二龛灯、十二宫神，内外皆设神位，每位一个板位、一支烛、一爵盏、一方矮桌，放置牺牲二头、笾豆一列，币帛则各有差别。陪祀官及奉常吏、赞礼等焚烧诸物完毕，宫廷乐停止，鼓吹尚未演奏，祭坛内外数十万人恭敬肃立，只听见轻风吹动环佩发出的铿锵之声，恍若天仙下凡，清雅之至。

当时近侍、禁卫、快行，持灯烛二三百枝，列成仪卫队形，照得如白昼般明亮。皇上登上安辇，到大幄次更衣，然后奏请皇上登上大安辇。大安辇的规制如玉辂，没有车轮，所谓"云龙耀叶叠三层，藤织金花御座新。十四穗球珠间结，四垂大带耀辉人"。根据唐朝制度，此辇共用五番辇官四百五十人，其着装及颜色与护卫玉辂的军士相同。派教乐所的伶工在外壝东门排列，奏乐导引圣驾返回青城行宫，接受礼成之贺。正所谓："桦焰光随万烛明，大安宝辇入端诚，百僚拜舞丹墀下，震地仙韶贺礼成。""前后钲铙奏礼成，导随法驾返青城。纯音直彻云霄外，疑是钧天广乐声。"皇上来到端诚行殿，宰执百官叩拜舞蹈庆贺郊祀礼成，宰辅重臣"宣制班庭尽鞠躬，履兹新庆与卿同，臣心归美将何报，愿祝君王寿亿穹"。百官按次序退去，所谓"法宫邃密护重帘，跪执牙牌奏解严，班卷驾行莲炬熌，礼容犹自耸观瞻"。

天明时分，仪仗、卤簿、甲骑按班次顺序退回丽正门。皇上登上大安辇，左右有两名御药侍立，前面有教乐所的伶工演奏音乐，后面有钧容直及部伍鼓吹随从。皇上登辇，辇前有一员侍中，承应皇上谕旨，奏告升辇或降辇，以示皇上隆恩，所谓"紫坛彻后驾还宫，黄牒前期命侍中。密扆衮衣升降处，辂前承旨示恩隆"。五辂跟随在辇后回到丽正门，皇上到内门里下辇，同平章事及宰执百官排列班次，在门下伺候。随后皇上登楼临轩，树立金鸡竿进行放赦，其规制与明堂大祀时相同。太上皇则"在内廷旁垂帘设幄次，太后也亲自来看望皇上，问候皇上起居劳苦，而传信问候的宦官们也往来不断"，"钦看回銮报六宫，内东帘幕舞翔龙。大安辇上瞻天表，熙事圆成尚正容"。

卷六

十 月

原 文

十月孟冬，正小春之时，盖因天气融和，百花间有开一二朵者，似乎初春之意思，故曰“小春”。月中雨，谓之“液雨”，百虫饮此水而藏蛰。至来春惊蛰，雷始发声之时，百虫方出蛰。朔日，朝廷赐宰执以下锦，名曰“授衣”。其赐锦花色，依品从给赐。百官入朝起居，衣锦袄。三日，士庶以十月节出郊扫松，祭祀坟茔。内庭车马，差宗室南班往攒宫行朝陵礼。有司进煖炉炭。太庙享新，以告冬朔。诸大刹寺院，设开炉斋供。贵家新装煖阁，低垂绣幕。老稚团乐①，浅斟低唱，以应开炉之序。

注 释

①老稚：老人和小孩。团乐：团聚。宋朝习俗，十月初一开始生火取暖，这天要举行一个仪式，称为暖炉会。

译 文

十月为孟冬，正当小春之时，因天气暖和，百花中有一二朵开放的，似乎有点初春的意思，所以叫作“小春”。月中有雨，叫作“液雨”，百虫饮此雨水后藏匿蛰伏。到来年春天惊蛰，第一声春雷响时，百虫才出蛰。十月初一，朝廷赏赐宰执以下官员锦袄，叫作“授衣”。所赐锦袄的花色，根据品级官阶的不同而有差别。百官入朝问候皇上时，都身穿锦袄。十月初三，京城士人百姓都出城扫墓，祭祀先祖坟茔。皇家宗室的车马，也派遣宗室南班前往攒宫行朝陵礼。有关部门开始发放冬季取暖的炉炭。太庙里供应新祭品，以告冬朔。京城诸大刹寺院，开炉供应斋食。富贵人家新装修的暖阁，低垂着绣幕。老少团聚暖阁，浅斟低唱，以顺应开炉之节序。

立　冬

原　文

立冬日，朝廷差官祀神州地祇、天神、太乙。十五日，水官解厄之日，宫观士庶设斋建醮，或解厄，或荐亡。立冬之后，如遇瑞雪应序，朝廷支给雪寒钱[①]关会二十万，以赐军民。官放公私赁钱五七十，以示优恤。

注　释

①雪寒钱：下雪之时朝廷对军民的赏赐，相当于今日的社会福利。

译　文

立冬这天，朝廷派遣官员祭祀神州地神、天神、太乙。十月十五是水官解救危难之日，宫观之中，士人百姓设斋建醮，或解救危难，或为死者超度。立冬之后，如遇瑞雪应时而下，朝廷就发放二十万关会的雪寒钱给军民。官府免除公私租屋钱五七十，以示抚恤。

孟冬行朝飨礼遇明禋岁行恭谢礼

原　文

每岁孟冬，例于上旬行孟冬礼。遇明禋，行恭谢礼。系先一日朝飨，次日方行恭谢。百官与宰相起居，在学士院伺候驾出景灵宫。“待旦催班入帝廷，殿中椽烛彻空明。卫军拱立听宣辇，华炬金莲引驾行。”驾前教乐所伶工导行作乐，逍遥辇后钧容直动鼓吹从后，诣景灵宫行恭谢礼。礼成，就西斋殿赐平章、执政、亲王、百官宴，盏次食品，并如朝会、圣节同。凡群臣饮量，内侍先奏定，酒斟浅深，每盏用平尺量分数，各有定数，不得留残。

前筵毕，上降辇转御屏，百官小歇，传宣赐群臣以下簪花[①]，从驾卫士、起居官、把路军士人等并赐花。检《会要》：“嘉定四年十月十九日降旨：遇大朝会、圣节[②]大宴，及恭谢回銮，主上不簪花。”又条：“具遇圣节、朝会宴，赐群臣通草花。遇恭谢亲飨，赐罗帛花。”其臣僚花朵，各依官序赐之：宰臣、枢密使合赐大花十八朵、栾枝花十朵；枢密使、同签书枢密使院事，赐大花十四朵、栾枝花八朵；敷文阁学士赐大花十二朵、栾枝花六朵；知阁官系正任[③]承宣观察使赐大花十朵、栾枝花八朵；正任防御使至刺史各赐大花八朵、栾枝花四朵；横行使副赐大花六朵、栾枝花二朵；待制官大花六朵、栾枝花二朵；横行正使赐大花八朵、栾枝花四朵；武功大夫至武翼赐大花六朵，正使皆栾枝花二朵，带遥郡赐大花八朵、栾枝花二朵；阁门宣赞舍人大花六朵，簿书官加栾枝花二朵，阁门祗候大花六朵、栾枝花二朵；枢密院诸房逐房副使承旨大花六朵；大使臣大花四朵；诸色祗应人等各赐大花二朵。自训武郎以下、武翼郎以下，并带职[④]人并依官序赐花簪戴。快行官帽花朵细巧，并随柳条。教乐所伶工、杂剧色，诨裹上高簇花枝，中间装百戏，行则动转。诸司人员如局干、殿干[⑤]及百司下亲事等官，多有珠翠花朵，装成花帽者。惟独至尊不簪花，止平等辇后面黄罗扇影花而已。都人瞻仰天表，御街远望如锦。

注　释

①簪花：宋人崇尚插花于冠或发髻上，除了簪一些时新的鲜花，也簪大量的假花。

②圣节：指皇帝的生日。

③正任：宋代承宣使、观察使、防御使、团练使、刺史皆无实际职掌，仅为武臣迁转之阶，凡不带阶官者为正任，否则为遥郡。正任能参预朝谒御宴，遥郡则否。

④带职：指在本职之外兼任其他职务。

⑤局干、殿干：即局办干、殿办干，宋代官职名，全称“干办公事”。“干办”原作“勾当”，避高宗赵构名讳改。都督、制置使、总领、留守、安抚使、镇抚使、招讨使、转运使等的属官。

译　文

每年的孟冬，按例在上旬行孟冬朝飨礼。遇明堂大祀，还要行恭谢礼。具体是前一天行朝飨礼，次日才行恭谢礼。百官与宰相入宫迎接皇上，再到学士院等候圣驾去景灵宫。正所谓：“待旦催班入帝廷，殿中椽烛彻空明。卫军拱立听宣辇，华炬金莲引驾行。”圣驾前面，教乐所伶工奏乐在前面引导，逍遥辇后是钧容直军士演奏鼓吹跟在后面，到景灵宫行恭谢礼。礼成后，到西斋殿赐同平章事、执政、亲王、百官宴，宴会上酒盏和食品的规格，都与朝会、圣节时相同。凡群臣饮酒的多少，内侍先奏定，再行斟酒，各人浅深不等，每杯酒都要用平尺量好分量，各有定量，不得残留多余。

前筵结束后，皇上下辇到御屏旁，百官也稍作歇息，传宣赐群臣以下簪花，从驾的卫士、起居官、沿路护卫的军士等全都赐花。查阅《宋朝会要》载："嘉定四年十月十九降旨：遇到大朝会、圣节大宴，及恭谢礼后圣驾回銮，主上不簪花。"又有条目曰："遇圣节、朝会宴，赐群臣通草花。遇恭谢礼、朝飨礼时，赐群臣罗帛花。"群臣簪戴的花朵，各依品级官阶赏赐：宰臣枢密使共赐大花十八朵、栾枝花十朵；枢密使、同签书枢密使院事，赐大花十四朵、栾枝花八朵；敷文阁学士赐大花十二朵、栾枝花六朵；知阁官系正任承宣观察使赐大花十朵、栾枝花八朵；正任防御使至刺史各赐大花八朵、栾枝花四朵；横行副使赐大花六朵、栾枝花二朵；待制官赐大花六朵、栾枝花二朵；横行正使赐大花八朵、栾枝花四朵；武功大夫至武翼赐大花六朵，正使皆赐栾枝花二朵，带遥郡赐大花八朵、栾枝花二朵；阁门宣赞舍人赐大花六朵，簿书官加栾枝花二朵，阁门祗候赐大花六朵、栾枝花二朵；枢密院诸房各副使承旨赐大花六朵；大使臣赐大花四朵；诸色祗应人等各赐大花二朵。自训武郎、武翼郎以下，所有带职人都依照官阶赐花簪戴。快行官帽上的花朵尤为细巧，还伴有柳条。教乐所的伶工、杂剧色，诨裹上都高簇着花枝，他们在中间表演百戏，行动时头上的花就随着转动。诸司人员如局干、殿干以及百司下亲事等官，也多受赐珠翠花朵，装饰成花帽。唯独皇上不簪花，只有平等辇后面的黄罗扇有花影而已。都城民众瞻仰天子仪容，御街远远望去，好似一幅彩锦。

原　文

向有朝臣吟二十八字曰："景灵行驾到和宁，头上宫花射彩云。归向慈严夸盛事，誓殚忠力报吾君。"又有恭谢一二词咏之，名《满庭芳》："凤阁祥烟，龙城佳气，明禋恭谢时丰。绮罗争看，帘幕卷南风。十里仙仪宝仗，暖红翠、玉碾玲珑。銮回也，箫韶缓奏，声在五云中。　　千官迎万乘，丝纶叠叠，锦绣重重，听鸣稍辇路，宴罢鳌宫，瞻仰天颜有喜，君恩霈，寰宇雍容。生平愿，洪基巩固，圣寿永无穷。"《庆清朝》："银漏花残，红消烛泪。九重鱼钥韶声沸，奏万乘、祥曦门外。盖圣君恭谢灵休，谨防景明嘉礼。　　天意好，祥风瑞月，时正当、小春天气，禁街十里香中，御辇万红影里。千官花底，控绣勒、宝鞭摇曳，看万年永庆吾皇，捻指又瞻三载。”《御街行》：“时康三载升平世，恭谢三朝礼。群臣禁卫戴花回，龊巷[①]儿郎精锐，战袍新样团雕拥，重隘围子队。　　绣衣花帽挨排砌，锦仗天街里，有如仙队玉京来，妙乐钧天盈耳。都民观望时，果是消灾灭罪。”《瑞鹤仙》：“欢声盈万户，庆景灵礼毕，銮舆游步，西郊煖风布。喜湖山深锁，非烟非雾，传收绣羽，骅骝驰骤绒缕，望彤芳，稳稳金銮，衮鸾翔舞。　　云驭近回天厩，锡宴琼津，洪恩均顾，霞天向幕，翠华动，舞韶举，绛纱笼千点，星飞清禁，银烛交辉辇路。瑞光中，渺祝无疆，太平圣主。”车驾还内，后妃殿阁蒙颁犒，饼胾[②]高装数百重，均给随銮禁卫士狼餮[③]，皆有喜欢容。

注　释

①龊巷：街巷戒严。

②胾（zì）：切成大块的肉。

③狼餮：形容人贪吃的样子。此指尽情地吃。

译　文

略。

十一月冬至

原　文

十一月仲冬，正当小雪、大雪气候。大抵杭都风俗，举行典礼，四方则之为师，最是冬至岁节，士庶所重。如馈送节仪，及举杯相庆，祭享宗禋，加于常节，士庶所重。如晨鸡之际，太史观云气以卜休祥，一阳后日晷渐长[①]，比孟月则添一线之功。杜甫诗曰“愁日愁随一线长”，正谓此也。此日宰臣以下，行朝贺礼。士夫庶人，互相为庆。太庙行荐黍之典，朝廷命宰执祀于圜丘[②]。官放公私僦金三日。车驾诣攒宫朝享。

注　释

①一阳：即冬至。日晷（guǐ）：太阳的影子。亦指古代利用日影测得时刻

的一种仪器。

②圜丘：帝王冬至日祭天的地方。

译文

十一月为仲冬，正当小雪、大雪气候。大抵都城杭州的风俗，以及举行典礼，四方往往效仿。其中冬至岁节，最为士人和百姓所看重。像彼此间馈赠的礼节，及设宴举杯相庆祝，祭祀祖先，都要比平常更加隆重，这是士人和百姓所看重的。如清晨鸡鸣之时，太史观望云气来占卜吉祥，冬至后日晷渐长，比十月时更添一线之功。杜甫有诗曰“愁日愁随一线长”，说的就是这个。这日，宰臣以下，行朝贺礼。士大夫和普通百姓，都相互庆贺。太庙行荐黍之典，朝廷命宰执到郊外祭坛祭祀。官府免除公私租屋钱三日。皇宫内派宗室车马前往攒宫行朝享礼。

十二月

原文

季冬之月，正居小寒、大寒时候。若此月雨雪连绵，以细民不易，朝廷赐关会给散，军民赁钱，公私放免不征。自冬至后戌日，数至第三戌，便是腊日，谓之“君王腊”。腊月内可盐猪羊等肉，或作腊䰽、法鱼之类[①]，过夏皆无损坏。惠民局及士庶修制腊药[②]，俱无虫蛀之患。此月八日，寺院谓之“腊八”，大刹等寺，俱设五味粥，名曰“腊八粥”。亦设红糟，以麸乳、诸果、笋芋为之，供僧或馈送檀施、贵宅等家。二十四日，不以穷富，皆备蔬食、饧豆祀灶。此日市间及街坊叫买五色米食、花果、胶牙饧、萁豆[③]，叫声鼎沸。其夜家家以灯照于卧床下，谓之“照虚耗”。二十五日，士庶家煮赤豆粥祀食神，名曰“人口粥”。有猫狗者，亦与焉，不知出于何典。

考之此月，虽无节序，而豪贵之家，如天降瑞雪，则开筵饮宴，塑雪狮，装雪山，以会亲朋，浅斟低唱，倚玉偎香。或乘骑出湖边，看湖山雪景，瑶林琼树，翠峰似玉，画亦不如。诗人才子，遇此景则以腊雪煎茶，吟诗咏曲，更唱迭和。或遇晴明，则邀朋约友，夜游天街，观舞队以预赏元夕。岁旦在迩，席铺有货，画门神、桃符、迎春牌儿、纸马、铺印钟馗、财马、回头马等，馈与主顾。更以苍术、小枣、辟瘟丹相遗。如宫观羽流，以交年疏、仙术汤等送檀施家[④]。医师亦馈屠苏袋[⑤]，以五色线结成四金鱼、同心结子，或百事吉结子，并以诸品汤剂，送与主顾第宅，受之悬于额上，以辟邪气。街市扑卖锡打春幡胜、百事吉斛儿，以备元旦悬于门首，为新岁吉兆。其各坊巷叫卖苍术、小枣不绝。又有市爆杖、成架烟火之类。自此入月，街市有贫丐者，三五人为一队，装神鬼、判官、钟馗、小妹等形，敲锣击鼓，沿门乞钱，俗呼为“打夜胡”，亦驱傩之意也[⑥]。

注　释

①䐁（bā）：经过腌制的干肉。法鱼：风干的鱼。

②腊药：腊冬所制药剂。多供滋补用。

③萁豆：用豆子做成的食品点心。

④年疏：旧俗年节时僧尼道士送给施主为其祈福的祝告文。

⑤屠苏袋：以袋盛辟邪草药，悬挂于门头或井中，农历正月初一寅时，取以酒煎服辟邪，称为“屠苏酒”。

⑥驱傩：旧时岁暮迎神赛会以驱逐鬼祟。

译　文

十二月为季冬，正当小寒、大寒时候。如果这月内雨雪连绵，顾念百姓不易，朝廷会发放关会以示抚恤，军民的租屋钱，公私也免除不征。自冬至后戌日，数至第三个戌日，便是腊日，叫作“君王腊”。腊月内可腌制猪羊等肉，或制作腊䐁、法鱼之类，直到来年夏天都不会损坏变质。惠民局及士人百姓炼制腊药，全无虫蛀之患。十二月初八，寺院称之为“腊八”。大的寺庙都会熬制五味粥，称作“腊八粥”。也会制作红糟，以麸乳、诸果、笋芋为原料，供给众僧或馈送施主、贵宅等家。十二月二十四，不论贫富之家，都备办蔬食、饧豆祭祀灶神。这日集市里及街坊叫买五色米食、花果、胶牙饧、萁豆，叫声鼎沸。夜里家家户户用灯照卧床下，叫作“照虚耗”。十二月二十五，士人百姓家煮赤豆祭祀食神，叫作“人口粥”。有猫狗的人家，也给猫狗吃，不知出于哪部典籍记载。

考究这月内，虽然没有节日，但是豪贵之家，如遇天降瑞雪，则开筵饮宴，塑雪狮，装雪山，以会亲朋，浅斟低唱，倚玉偎香。或骑马到西湖边，欣赏湖山雪景，只见瑶林琼树，翠峰似玉，即便是画上也比不上这般景致。诗人才子，遇此景则以腊雪煎茶，吟诗咏曲，更相唱和。或遇晴朗天气，则邀朋约友，夜游天街，观看舞队表演以及提前点起的元宵节的灯火。新年眼看将至，店铺里的时新货物有画的门神、桃符、迎春牌儿、纸马，铺印的钟馗、财马、回头马等，馈赠给主顾。又以苍术、小枣、辟瘟丹相互赠送。宫观里的道士，以交年疏、仙术汤等赠送给施主家。医师也馈赠屠苏袋，用五色线结成四金鱼、同心结子，或百事吉结子，加上各种汤剂，送到主顾宅邸，受赠之家将其悬挂在门额上，以辟邪气。街市里扑卖锡打春幡胜、百事吉斛儿，以备新年时悬挂在门头，为新岁吉兆。各坊巷叫卖苍术、小枣声不绝于耳。又有卖爆杖、成架烟火之类的。自此月开始，街市有贫穷乞丐，三五人为一队，装扮成神鬼、判官、钟馗、小妹等形态，敲锣击鼓，沿门乞讨钱物，俗称为“打夜胡”，也是驱除鬼祟的一种活动。

除夜

原文

十二月尽，俗云“月穷岁尽之日”，谓之“除夜”。士庶家不论大小家，俱洒扫门闾，去尘秽，净庭户，换门神，挂钟馗，钉桃符，贴春牌，祭祀祖宗。遇夜则备迎神香花供物，以祈新岁之安。禁中除夜呈大驱傩[①]仪，并系皇城司、诸班直，戴面具，着绣画杂色衣装，手执金枪银戟、画木刀剑、五色龙凤、五色旗帜。以教乐所伶工装将军符使、判官钟馗、六丁六甲神兵、五方鬼使、灶君土地、门神户尉等神，自禁中动鼓吹，驱祟出东华门外，转龙池湾，谓之“埋祟”而散。

是日，内司意思局进呈精巧消夜果子合，合内簇诸般细果、时果、蜜煎、糖煎及市食，如十般糖、澄沙团、韵果、蜜姜豉、皂儿糕、蜜酥、小鲍螺酥、市糕、五色萁豆、炒槌栗、银杏等品，及排小巧玩具头儿、牌儿、贴儿。小酒器上插□□□□□□□□盒子中做造像生[②]大安辇或玉辂、九□□□□□□□等。是夜，禁中爆竹嵩呼，闻于街巷。□□□□□□□烟火屏风诸般事件爆竹，及送在□□□□□□□爆竹声震如雷。士贫不以贫富家□□□□□□□如同白日。围炉团坐，酌酒唱歌，鼓□□□□□□□谓之“守岁”。

注释

①大驱傩：即大傩。岁末禳祭，驱除瘟疫的一种仪式。

②像生：仿天然产物制作的花果人物等工艺品，因形态逼真，栩栩如生，故称。

译　文

十二月结束，就是俗称的"月穷岁尽之日"，叫作"除夜"。士人百姓家，不论大户人家还是小户大家，都洒扫门闾，清除尘秽，洁净庭户，换上门神，挂上钟馗，钉上桃符，贴上春牌，祭祀祖宗。夜里则备办迎神的香花供物，以祈求新岁之安。除夜时，皇宫中举行大傩之仪，并由皇城司亲事官、诸班直军士戴假面，身穿或绣或画的彩色衣服，手执金枪银戟、画木刀剑、五色龙凤、五色旗帜。以教乐所伶工装扮成将军符使、判官钟馗、六丁六甲神兵、五方鬼使、灶君土地、门神户尉等神，从宫中开始演奏鼓吹，一路驱祟出东华门外，转向龙池湾，"埋祟"之后方才解散。

除夜这天，内司意思局进呈精巧消夜果子盒，盒内簇摆着各种细果、时果、蜜煎、糖煎及市食，如十般糖、澄沙团、韵果、蜜姜豉、皂儿糕、蜜酥、小蚫螺酥、市糕、五色萁豆、炒槌栗、银杏等品，还排列小巧玩具头儿、牌儿、贴儿。小酒器上插□□□□□□□盒子中还有仿造的大安辇或玉辂、九□□□□□□□等。此夜，皇宫中的爆竹声、山呼万岁声，在宫外街巷都能听见。□□□□□□烟火屏风诸般事件爆竹，及送在□□□□□□爆竹声震如雷。士人百姓家不论贫家还是富家□□□□□□如同白日。全家人围坐在炉边，酌酒唱歌，鼓□□□□□□叫作"守岁"。

卷七

杭　州

原　文

杭城号“武林”，又曰“钱塘”，次称“胥山”。隋朝特创立此郡城，仅三十六里九十步，后武肃钱王发民丁与十三寨军卒增筑罗城①，周围七十里许。有南城门，称为龙山；东城门号为南土、北土、保德；北城门名北关，今在余杭门外，人家门首有青石墩是也；西城门曰水西关，在雷峰塔前。城中有门者三：曰朝天门，曰启化门，曰盐桥门。宋太平兴国年间，钱王纳土，□□□□安有，号为宁海军。高庙于绍兴岁南渡，驻跸于此，遂称为“行在所”。其地襟江抱湖，川凑□□□□□衍，民物阜蕃，非殊方下郡比也。自归宋□□□□□□易名。

旱门仅十有三，水门者五。城南门者一曰嘉会，城楼绚彩，为诸门冠，盖此门为御道，遇南郊，五辂从此幸郊台路。城东南门者七：曰北水门；曰南水门，盖禁中水从此流出，注铁沙河及横河桥下，其门有铁窗栅锁闭，不曾辄开；曰便门；曰候潮门；曰保安水门，河通跨浦桥，与江相隔耳；曰保安门，俗呼“小堰门”是也；曰新开门。城东门者三：曰崇新门，俗呼“荐桥门”；曰东青门，俗呼“菜市”；曰艮山门。城北门者三：曰天宗水门；曰余杭水门；曰余杭门，旧名“北关”是也。盖北门浙西、苏、湖、常、秀，直到江、淮诸道，水陆俱通。城西门者四：曰钱塘门；曰丰豫门，即涌金；曰清波，即俗呼“邪门”也；曰钱湖门。其诸门内便门、东青、艮山，皆瓮城②。水门皆平屋。其余旱门，皆造楼阁。诸城壁各高三丈余，横阔丈余。禁约严切，人不敢登，犯者准条治罪。城内元三门俱废之，独朝天门止存两城壁，杭人犹以门称之。

注　释

①武肃钱王：即五代十国时吴越国开国之君钱镠（liú）谥“武肃”。罗城：大型城郭的外城。

②瓮城：在城门外修建的半圆形或方形的护门小城。

译　文

杭城号称“武林”，又称“钱塘”，其次称“胥山”。隋朝时正式创立此郡城，当时方圆仅三十六里九十步，后武肃钱王征发民丁与十三寨军卒增筑罗城，方圆七十多里。有南城门，叫作龙山门；东城门有南土门、北土门、保德门；北城门叫作北关门，如今在余杭门外，就是人家门首有青石墩的地方；西城门叫作水西关，在雷峰塔前。城内有三门，为朝天门、启化门、盐桥门。宋太宗太平兴国年间，钱王纳土归顺，□□□□安有，改军号为宁海军节度。高宗在绍兴年间南渡，驻跸于此，于是称杭州为“行在所”。此地襟江抱湖，川凑□□□□□衍，人口众多，物产丰盛，非远方下等郡城可比。自归宋□□□□□易名。

杭州旱门有十三个，水门有五个。城南之门有嘉会门，城楼绚彩，为诸门之冠，因此门为御道，遇皇上到南郊祭祀，五辂从此经过，直至南郊祭台。城东南有七门：北水门；南水门，皇宫中的水从此流出，注入铁沙河及横河桥下，此门有铁窗栅锁闭，不曾开启；便门；候潮门；保安水门，河道跨浦桥与钱塘江相隔；保安门，就是俗称的小堰门；新开门。城东有三门：崇新门，俗称“荐桥门”；东青门，俗称“菜市门”；艮山门。城北有三门：天宗水门；余杭水门；余杭门，就是原先的“北关门”。北门通向浙西、苏州、湖州、常州、嘉兴，直到江、淮诸道，水陆俱通。城西有四门：钱塘门；丰豫门，即涌金门；清波门，就是俗称的“邪门”；钱湖门。诸门之中，便门、东青门、艮山门都有瓮城。水门都是平屋。其余的旱门，都造楼阁。各城墙壁高三丈余，横阔丈余。官府禁止约束得很严格，寻常人不敢攀登，敢犯者按照律条治罪。杭州城内最初三门都已废，只有朝天门还存留两城壁，杭州人还称其为门。

大河桥道

原　文

自和宁门外登平坊内曰登平桥。次曰六部桥，即都亭驿桥。北曰黑桥，在玉牒所对巷曰州桥。执政府大渠南曰安永桥，次曰国清桥，投东转北曰保安延寿桥。榷货务东曰阜民桥，不通舟楫。合同场前曰过军桥。杂卖场西曰通江桥。沿大河直至曰望仙桥，次曰宗阳宫[①]桥。介真道馆前曰三圣桥。荣王府前曰佑圣观桥。沿河看位前曰荣王府桥。常庆坊东北曰太和楼桥，俗名“柴垛”。富乐坊东曰荐桥，北曰丰乐桥。善履坊东曰油蜡局桥，旧呼新桥。兴福坊东曰盐桥，上奉广福孚顺、孚惠、孚佑侯蒋相公[②]祠，桥东一直不通水，旱桥名蒲桥。咸淳仓前曰咸淳仓桥，元名东桥。御酒库东曰塌坊桥。仙林寺东曰仙林寺桥。平籴仓北曰西桥。丰储仓后曰葛家桥，东曰通济桥，俗名梅家桥。御酒库北曰小梅家桥。通济桥北曰田家桥，次曰普济桥。白洋池前曰白洋池桥，次曰方家桥。自大河直通天宗水门，至三闸也。

注　释

①宗阳宫：前身是德寿宫，咸淳年间改建，一半改为宗阳宫，祀感生帝；一半改为民居，筑桥，称为“宗阳宫桥”。

②广福孚顺、孚惠、孚佑侯蒋相公：据《广福庙志》所载，南宋建炎年间，杭州居民阒溢，粮食供不应求，穷苦百姓饿殍于野。蒋氏三兄弟崇仁（七郎）、崇义（八郎）、崇信（九郎），将家存粮食捐给饥民，救活饥民无数。又效仿西汉宣帝时用常平仓储粮供应之法，秋收时倾其家资收购米谷，储藏进仓，待次年青黄不接时，以原价售粮。咸淳年间，朝廷追封蒋七郎为孚顺侯、蒋八郎为孚惠侯、蒋九郎为孚佑侯，在盐桥上建广福庙，以资褒奖。因此盐桥也叫广福桥。

译　文

略。

小河桥道

原　文

自宗阳宫桥转西河曰钟公桥，次曰清冷桥。南瓦子前曰熙春桥。南瓦内投西曰灌肺岭[①]桥。通和坊东曰金波桥，北曰普济桥，次曰巧儿桥。宝佑坊曰宝佑桥。五间楼巷东曰亨桥。贤福坊东曰平津桥，俗名猫儿桥，桥北曰舍人桥，次曰永清桥。铁线巷西曰水巷桥，次曰新桥。羲和坊曰芳润桥，元名炭桥。武志坊东曰李博士桥，次曰棚桥。新安坊东曰新安桥。出御街投北曰众安桥，投东入延定坊曰鹅鸭桥，次曰安国桥，又名北桥，桥北曰军头司桥。怀远坊出御街投北曰观桥，桥之西曰贡院桥，次曰藩封酒库桥。杂作院西曰祥符桥，桥西曰小新庄桥。普宁坊东曰清远桥。仁和县衙对巷曰仁和仓桥。县巷北曰万岁桥。六部架阁库前曰天水院桥。淳祐仓前曰仓桥，次曰永新桥。出余杭水门亦由于三闸水路也。其众安与观桥皆平坦，与御街同，盖四孟车驾经由此两桥转西礼部贡院路，一直过新庄桥，诣景灵宫行孟飨礼也。

注　释

①灌肺岭：又叫“肉市巷”，以出售糯米灌猪肺出名。

译　文

略。

西河桥道

原　文

自众安桥转西曰众乐桥，次曰下瓦子桥。沂王府北曰结缚桥。十官宅前曰石灰桥，次曰八字桥，元呼洗麸桥。南曰马家桥，次曰鞔鼓桥。清河坊东曰洪桥，次曰井亭桥，曰施水坊桥。西横街有桥名曲阜，其桥不通舟楫，水脉自六房院后石桥下，湖水从此流出也。韩府南曰军将桥，次曰三桥子。西楼酒库前曰惠迁桥，俗呼金叉库桥。罗汉洞巷对曰侍郎桥，向有侍郎姓廉，名郎叔，居此，又有贤德及人，里巷贤之，以盛名以桥记之。南真道馆前曰施家桥。断河头五显祠后曰普济桥。再自八字桥转西曰清湖桥，次曰黑桥。左藏库前曰左藏库桥。杨驸马府前投西曰安济桥。潘阆[①]巷路通接洋街路曰安福桥，直抵故太学，次曰丁家桥。霍使君庙[②]前曰长生老人桥。钱塘县巷曰县桥，跨真珠河曰真珠河桥，此两桥俱不通舟。国子监前曰纪家桥，监后曰车桥，侧曰青龙桥。茶汤巷西曰长寿桥，旧名杨姑桥。万寿观前曰新壮桥。景灵宫前曰车马桥。镇城仓西曰师姑桥。余杭门里曰中正桥。元呼斜桥。水门前曰钓桥，旧名便桥。水路出余杭水门，通三闸也。

注　释

①潘阆：字梦空，一说字逍遥，号“逍遥子”，宋初著名隐士。其性格疏狂，曾两次坐事亡命。真宗时释其罪，任滁州参军。有诗名，风格类似贾岛、孟郊，亦工词。

②霍使君庙：又名显忠庙，奉祀西汉大将军霍光。

译　文

略。

小西河桥道

原　文

自西楼酒库侧三桥南入惠迁桥西，过惠迁井，曰太常寺后小桥，次曰台官衙后门桥。六房省院对曰如意桥。度牒库后巷曰永安桥，即五圣庙桥，西曰渡子桥，次曰涌金桥，界于涌金三池之中矣。涌金门北沿城镊子井东曰镊子井桥。张府后俞家园东曰永安桥，六房后门曰石桥，此三桥俱不通舟，湖水溢于桥下暗沟，注入曲阜桥下，流出西河。俞家园九官宅曰白莲花桥，宅北投西巷曰红莲花桥，两桥俱旱桥耳。又自渡子桥转南转运司衙前曰普安桥。油车巷对曰德寿桥。府学前曰凌家桥。谢二节使前曰定安桥。慈幼局[①]前曰戒子桥、楼店务桥。次曰流福桥，元呼闸儿桥。临安府治前曰州桥，俗名懊来桥，盖因到讼庭者，到此心已悔也，故以此名呼之。

注　释

①慈幼局：宋代收养弃婴的机构。

译　文

略。

倚郭城南桥道

原 文

城南所管地界，自白塔岭下桥曰进隆儿门里夏家桥，交木场后曰杨婆桥，洋泮桥东曰李家桥。本厢治所南曰洋泮桥。马仓巷口名红桥子。美政坊前曰美政桥。雪醅库东曰南新桥，俗呼朱桥。嘉会门外曰利涉桥。酒库巷内曰上梁家桥。颜家楼对巷曰下梁家桥。浙江亭侧跨浦桥，便门外投南横河桥。布行前亦名横河桥。鲞团前曰浑水闸桥。南外库南曰萧公桥。太郎巷口曰上泥桥。南外酒库对巷曰清水闸桥。候潮门外南曰众惠桥。护圣步军南曰下泥桥。候潮门外直东曰上椤木桥，又名“普济”。白旗寨对巷曰下椤木桥。护圣上教场门东曰上洪桥，中教场门东曰中教场桥，下教场门东曰柴市桥。盛家巷东曰济众桥。妙静寺北曰诸家桥，桥西曰保安闸桥。保安水门外曰保安桥。新门口门外富景园东名升仙桥，此是旱桥。一直向东，曰南新草桥。城东骆家跳曰骆家桥，西首寨前曰马军桥，桥东寨前曰步军桥。善应寺北曰四板桥，桥西曰万寿桥，又名吕家桥。景隆观后曰通利桥，次曰米市桥。老儿营后曰五柳园桥，北曰福济桥，又名“席潭”。崇新门外直东曰章家桥，北曰淳佑桥。拱圣营东曰螺蛳桥。小粉场前曰普安桥，又名横河桥，东曰广济桥。蒲场巷军巡铺前曰安济桥。游奕教场门曰教场门桥，桥东横河军巡铺前曰报恩桥。螺蛳桥北蟹行曰蔡湖桥。游奕军佑圣殿后曰游奕寨桥，桥北曰安荣桥，南路曰小蔡湖桥。殿司双寨门前曰前军桥，东青门外直东曰菜市桥。选锋军东曰太平桥，北曰端平桥，东青门曰十善桥，次曰黄姑桥。艮山门东曰顺应桥，旧名坝子桥。仁和尉司前曰无星桥。法明寺前曰骆驼桥，寺门外走马塘曰茧桥。尉司后曰龚家桥。沙河角头水陆寺北曰韦家桥，桥侧曰广度桥。走马塘东石斗门铺前曰石斗门桥。尉司侧曰木板桥。沙河角头曰宋家桥。城东郑家园后曰翁泰桥，次曰冯家桥、章家桥、姚店桥。园后麦庄庙前曰麦庄桥。城东九里松大路曰樟木庙桥，庙前曰江家桥。城东卢家雪窨[①]南曰行人桥。走马塘范家村曰张娜儿桥。姚斗门铺曰新塘桥。石斗门铺前曰蔡家大桥。城东蔡家村曰蔡家小桥。高塘湾横塘路曰姚马四桥。城东官园里曰鸭舍桥。桥大路曰李家桥。官园里北曰孙家桥。金家村曰猪坊桥。姚斗门铺前唐家村曰资福桥，曰小资福桥。斗门东南陆家村曰陆家桥，沈家塘口曰欧家桥。斗门南大路曰升仙桥。看经寺前曰看经桥。城东胡陈畈等处，其桥有九，名曰范家、徐家、李家、陈家、杜家、姚家、仲家桥、普宁、钱下厢等桥。五里塘路口张家桥，桥侧曰菩萨桥。殊胜寺前曰殊胜桥。塘大路曰王家桥。行人庵侧曰严家桥。塘东曰新桥，桥侧曰鲍家桥，塘西曰飞家桥。

注　释

①雪窨（yìn）：当为收藏冰雪的地窖，以供来年夏天之用。

译　文

略。

倚郭城北桥道

原　文

城北所管地界，自钱塘尉司西水磨头曰石函桥，又呼西石头桥。西湖孤山路曰宝佑桥，俗呼“断桥”。孤山路中曰涵碧桥。和靖林处士故居所曰处士桥。延祥四圣观西曰西林桥。苏堤南来第一桥曰映波，第二桥曰锁澜，第三桥曰望山，第四桥曰压堤，第五桥曰东浦，第六桥曰跨虹。先贤堂前桥曰袁公桥，盖府尹袁大资建堂造桥，以名记之。曲院新堤路小桥曰小新堤桥。曲院大路向东曰行春桥。九里松左军教场大路西有桥，亦曰行春桥。飞行峰路口曰合涧桥。龙井路口曰归隐桥，盖东坡欲易于过溪[①]，建此桥也。麦岭西太清宫前曰孝义桥。岭口寨前曰新河桥。麦岭至龙井，其桥有三：曰善安、永安、永福桥。茆家步至丁家山有桥者三：曰双井、丁家山、小丁家山桥。高丽寺侧曰惠因桥。净慈寺北庆乐园前曰长桥。钱湖门外沿城海子口隅下曰清化桥。清波门外，流福水路桥。聚景园前曰聚景桥。显应观前曰显应观桥。涌金门外城北水口上曰相国西桥，九曲小渡曰咸淳新建桥，曰九曲昭庆桥。大昭庆寺前曰昭庆广济桥，寺西寨前曰策选寨桥。昭庆教场西曰教场桥，教场桥北曰崇福桥。霍山大路口曰羊坊桥。霍山行宫巷口曰保安桥。羊坊巷北曰溜水桥。精进寺北曰小溜水桥。溜水桥西北曰沈家场桥，桥前一带曰安民桥。西马塍观音庵西曰八字桥。运司竹木场前曰马军桥。羊角埂上有桥者四：曰上泥、下泥、崇寿、阎家桥。马塍乌盆场曰富春桥，又名乌盆桥。羊角埂西双寨门曰策选马军桥。埂西入里曰神勇步人桥。本州试院前曰大通桥、王家桥。试院东曰道姑桥，试院西曰清水桥。石塘东曰西堰桥、古塘桥，东曰方公桥，西曰观音桥。城西铜钱局前曰古塘桥，古塘里西曰惠安桥。北郭务前曰余杭桥。天宗水门外曰上堰桥。余杭桥侧曰下堰桥。北郭税务北曰糖饼桥。神勇铺曰过军桥，上闸南曰上斗门桥。下斗门西曰永兴桥，上闸南曰中斗门桥，上闸东陆家场前曰天宗栈库桥。余杭门外上闸头曰上闸桥，上闸北中闸头曰中闸桥，中闸西曰唐家桥，又名寿安桥。中闸北下闸头曰下闸桥。米市桥南曰浴堂桥。下闸西北曰米市桥，米市里曰黑桥。麻线巷曰采莲桥。夹城巷口曰袁家桥。德胜桥北曰下斗门桥。旧瓦子后曰邓家桥，又名广利桥。石牌头巷内曰袁公桥。粜场后德胜桥旧名堰桥，因韩太尉掩击苗傅②，故杭人称之。曰长板桥，曰杨婆桥。下界仓后曰高家、梁婆、张家三桥。五里塘大路曰东新桥。莫家场前曰范婆桥，元系小石桥。鱼行里曰水冰桥。接待寺南曰望佛桥，桥西曰复明桥，一名倪郎中桥，桥东曰雷道桥。鱼行里曰黑桥。接待寺前曰香火桥。北外酒库南大路曰左家桥。西仓南曰宝庆桥，又名葱版蛳桥。丰储西仓前曰西仓桥，仓北曰洞霄道院桥。城北厢巷口曰富春桥，一名茆家桥。西仓北醋坊桥。官界巡司东曰吴家桥，司西曰黄家桥。江涨税务东曰江涨桥，桥西南曰归锦桥。瓜山泾巷口曰洪桥，巷东曰杜公桥。董家巷北曰狮子桥。喻家桥桥侧葛家、余家二桥。喻家桥西叶家桥，北新东曰费家桥，北新南曰羊棚桥，桥北曰北新桥，元名中兴永安桥。北新隅北曰康家桥，桥侧曰丰惠桥。正等铺曰印墓桥、康家桥。北塘上曰板桥。

注　释

①东坡欲易于过溪：此句疑有缺漏，当言苏轼有归隐之意，遂造归隐桥。

按，苏轼在杭州时，与龙井寿圣院辩才法师交好。辩才曾订送客不过溪的规定，却送苏轼过溪经过归隐桥。

②韩太尉掩击苗傅：宋高宗建炎三年（1129），苗傅、刘正彦乘众将分守各地，发动叛乱，逼高宗禅位，改年号为明受元年。后为韩世忠等讨平。

译文

略。

禁城九厢坊巷

原文

在城九厢[①]界，各厢一员小使臣注授，任其烟火盗贼，收解所属。其职至微，所统者军巡火下地分，以警其夜分不测耳。曰宫、城、厢、庑、坊、巷，东至嘉会门禁城角，西至中军壁小寨门，南至八盘岭，北至便门巡铺[②]城角矣。

注释

①厢：宋代划分城市地区为若干厢，相当于今日的区。

②巡铺：防盗防火的哨所。

译文

京城划分为九厢界，各厢设置一员小使臣，负责预防烟火，缉捕盗贼，收解所属。此职极低微，任职者要率领军士巡视所属地区火情，以防夜间发生不测。京城地区由大到小依次为宫、城、厢、庑、坊、巷，东至嘉会门禁城角，西至中军壁小寨门，南至八盘岭，北至便门巡铺城角。

原文

左一南厢所管坊巷：曰大隐、安荣、怀庆、和丰，并在清河坊内南首一带。

左一北厢所管坊巷：曰吴山坊，即吴山井巷。清河坊，与南瓦子相对。融和坊，即灌肺岭巷。新街，融和之北。太平坊，通和相对。市南坊，即巾子巷。市西坊，俗呼坝头，又名三桥街，并在御街西首一带。南新街，御史台相对。康裕坊，俗呼八作司巷。后市街，吴山北坊西相对。泰和坊，俗呼糯米仓巷。天井坊，即天井巷，旧名通淛坊。稍西龙舌头路中和坊，元呼楼店务巷，旧名净因坊。仁美坊，俗呼石坂巷，在通判北厅之东。近民坊，府治东。流福坊，府治前西。丰裕坊，凌家桥西。美化坊，府学西。八巷并在清河坊北首一带，直至州府沿河至府学前凌家桥西。

左二厢所管坊巷：曰修义坊，俗呼菱椒巷，即肉市。富乐坊，俗呼卖马巷。众乐坊，俗呼虎跑泉巷。教睦坊，俗呼狗儿山巷。积善坊，即上百戏巷。秀义坊，即下百戏巷。寿安坊，俗名官巷。修文坊，即旧将作监巷。里仁坊，元名陶家巷。保信坊，俗呼剪刀股巷。定民坊，即中棚巷。睦亲坊，俗呼宗学巷。纯礼坊，元名后洋街巷。保和坊，旧称砖街巷。报恩坊，俗名观巷。以上在御街西首一带。福德坊，在保和坊巷内。招贤坊，仁和县前对巷。登省坊，县衙相对，系郭宰[①]买民地创开此坊耳。

左三厢所管坊巷：钦善坊，井亭桥南闻扇子巷。甘泉坊，相国井巷口，与井亭桥对。清风坊，庄文府南，活水巷。清河坊，洪福桥西杨和王府前。兴庆坊，结缚桥对，前洋街。德化坊，旧木子巷，在潘阆巷口。字民、平易，俱在钱塘县前。

右一厢所管坊巷：孝仁、登平二坊，和宁门外西东。寿域坊，太庙南粮科院巷。天庆坊，即天庆观巷。保安坊，元呼庙巷。怀信坊，俗呼糍团巷。长庆坊，入忠清庙路。以上并在大街东西。新开坊，清平巷转东，上抱剑营路。常庆坊，都税务南柴垛桥巷。富乐坊，荐桥西。

右二厢所管坊巷：清平坊，即旧沙皮巷。通和坊，金波桥路。宝佑坊，即福王府看位一直路。贤福坊，即坝东巷，东通猫儿桥。兰陵坊，水巷桥巷。义和坊，俗呼炭桥巷。武志坊，元名李博士桥巷。戒民坊，俗呼棚桥巷，为市曹行刑之地。新安坊，名为新桥楼巷。延定坊，鹅鸭桥巷。安国坊，即北桥巷。怀远坊，旧呼军头司营巷。普宁坊，在观桥之北，即清远桥巷。皆在御街东首一带。同德坊，旧呼灯心巷，在大街北。嘉新坊，北库东西北，呼七朗堂巷。教钦坊，俗呼竹竿巷，北酒库东面南。新开南巷，荐桥富乐坊对。新开北巷，曰新桥东。

右三厢所管坊巷：东巷坊，即上中沙巷。西巷坊，名下中沙巷。丰禾坊，全皇后府东。善履坊，即芳润桥东。兴德坊，盐桥下西堍[2]。昌乐坊，蒲桥东。

右四厢所管坊巷：名曰兴礼，自宗阳宫墙之东，至传法寺、佑圣观、郭、谢太后宅、福田宫，出街直到宁海坊，俱属所统也。盖杭旧有坊巷，废之者七，如罗汉洞旧有坊名美俗，三桥涌金路旧名会昌坊，洪桥杨府巷元作紫云坊，癸辛街巷为从训坊，马家桥西曾立孝慈坊，洗麸桥南北二岸谓之通宝、丰财二坊，皆后人不可不知，姑并述之。

注释

①郭宰：当为南宋仁和知县郭某。

②堍（tù）：桥两头靠近平地的地方。

译文

略。

卷八

大内

原文

大内正门曰丽正，其门有三，皆金钉朱户，画栋雕甍，覆以铜瓦，镌镂龙凤飞骧之状，巍峨壮丽，光耀溢目。左右列阙，待百官侍班阁子。登闻鼓院、检院相对，悉皆红杈子[①]，排列森然，门禁严甚，守把钤束，人无敢辄入仰视。至晡时，各门下青布幕护之。丽正门内正衙，即大庆殿，遇明堂大礼、正朔大朝会，俱御之。如六参[②]起居，百官听麻[③]，改殿牌为文德殿；圣节上寿，改名紫宸；进士唱名，易牌集英；明禋为明堂殿。次曰垂拱殿，常朝四参[④]起居之地。

内后门名和宁，在孝仁登平坊巷之中，亦列三门，金碧辉映，与丽正同，把守卫士严谨，如人出入，守阍人高唱头帽号。门外列百僚侍班阁子，左右排红杈子，左设阁门，右立待漏院、客省四方馆。入登平坊，沿内城有内门曰东华，守禁尤严。沿内城向南，皆殿司中军，将卒立寨卫护，名之“中军圣下寨”。寨门外左右俱置护龙水池。沿寨向南，有便门，谓之东便门。禁庭诸殿更有者十：曰延和，曰崇政，曰福宁，曰复古，曰缉熙，曰勤政，曰嘉明，曰射殿，曰选德，曰奉神。御殿名“钦先孝思之殿”。

更有天章诸阁，奉艺祖至理庙神御御书图制之籍[⑤]。宝瑞之阁，建于六部山后。供进御膳，即嘉明殿，在勤政殿之前。勤政即木帷寝殿也。嘉明殿相对东廊门楼，乃殿中省六尚局御厨，祗应内侍人员，俱集于此。殿上常列禁卫两重，时刻提警，出入甚严，内皆近侍中贵。殿之廊庑，皆知省、御药、御带、门司、内辖等官幕次，听候宣唤。小园子、快行、亲从、辇官、黄院子、内诸司司属人员等上番者，俱聚于廊庑，祗候服役。如宫禁买卖进贡，皆由此入，惟此处浩穰。每遇进膳，自殿中省对嘉明殿，禁卫成列，约栏不许过往。省门上有一人呼唱，谓之“拨食”。次有紫衣裹卷脚幞头者，谓之“院子家”，托一合，用黄绣龙合衣笼罩，左手携一条红罗绣手巾进入。于此样约十余合，继后又托金瓜各十余合进入。若非时取唤，名曰“泛索”。

皇太后殿名曰坤宁，皇后殿名曰和宁，两殿各有大官及殿长、内侍，及黄院子、幕士、殿属、亲从、辇官等人祗候。诸宫妃嫔等位次，亦有内侍提举，各阁分官属、掌笺、奏院子、小园子等人祗直。和宁门外红杈子，早市买卖，市井最盛。盖禁中诸阁分等位宫娥，早晚令黄院子收买食品下饭于此。凡饮食珍味，时新下饭，奇细蔬菜，品件不缺。遇有宣唤收买，即时供进。如府宅贵家，欲会宾朋数十位，品件不下一二十件，随索随应，指挥办集，片时俱备，不缺一味。夏初茄瓠新出，每对可值十余贯，诸阁分、贵官争进，增价酬之，不较其值，惟得享时新耳。

注　释

①杈子：置于官府官宅前阻拦人马通行的木架。用木条交叉固定，作为支架，另一木横架于上，排在地上表示禁约，摆在街上相当于隔离墩。

②六参：一月朝参六次。北宋神宗元丰改制，命侍从官以上，每日朝见皇帝，称“常参官”；朝廷各部门朝官以上，每五日朝见皇帝，称“六参官”；在京朝官以上，每月朔望朝见皇帝，称“朔参官”。

③听麻：听后宣麻。麻：诏书。唐宋任免宰相、对外战争等重大事件，皆由翰林学士以麻纸书写皇帝诏令，在朝廷宣布，称“宣麻”。

④四参：即四参官。《宋史·礼志十九》：“乾道二年九月，阁门奏：垂拱殿四参，皇帝坐，先读奏目。”注曰：“‘四参官’谓宰执、侍从、武臣正任、文臣卿监员郎监察御史已上。”

⑤艺祖：有才艺文德的祖先，为太祖或高祖的通称。神御：先朝帝王的肖像。

译　文

大内正门叫丽正门，有三个门，都是朱色的门上钉着金钉，雕梁画栋，盖着铜瓦，镌刻龙凤飞马的形状，尤为巍峨壮丽，光耀夺目。左右列有阙楼，是百官等候上朝时暂处的阁子。登闻鼓院和检院相对，门前都森然排列着红杈子，门禁非常严密，有军士把守管束，一般人不敢闯入或仰视。到晡时，各门垂下青布幕以护门。丽正门内的正衙，就是大庆殿，遇到明堂大礼、正朔大朝会，皇上都会驾临。四参官向皇上请安，百官听候宣召，则改殿上的牌匾为文德殿；皇上或皇太后生日时祝寿，则改牌匾为紫宸殿；进士唱名时，则改牌匾为集英殿；明堂大祀时，改牌匾为明堂殿。其次是垂拱殿，正常朝会和四参官向皇上请安之地。

大内后门叫作和宁门，在孝仁登平坊巷之中，也是排列着三个门，金碧辉映，与丽正门相同，把守卫士非常严谨，如有人出入，守门人就高唱此人的着装、姓名、官号。门外列有百官等候上朝时暂处的阁子，左右排列红杈子，左边设阁门，右边立待漏院、客省四方馆。进入登平坊，沿着内城有内门叫作东华门，守禁尤为严密。沿内城向南，都是殿前司的军队，将士建立营寨护卫，称之为“中军圣下寨”。寨门外左右都设置护龙水池。沿着军寨向南，有便门，叫作东便门。禁庭还有其他十个宫殿：延和殿、崇政殿、福宁殿、复古殿、缉熙殿、勤政殿、嘉明殿、射殿、选德殿、奉神殿。御殿叫作“钦先孝思之殿”。

还有天章阁等阁，供奉从艺祖到理宗的画像、御书、图籍等。宝瑞阁，建在六部山后。供进御膳，即嘉明殿，在勤政殿之前。勤政殿就是有木帷的寝殿。嘉明殿正对着东廊门楼，殿中省六尚局的御厨和当差的内侍人员，都聚集于此。殿上常列有两重禁卫，时刻提防警惕，人员出入，审察非常严格，殿内都是近侍和中贵。殿之廊庑，都是知省、御药、御带、门司、内辖等官的幕次，他们随时听候宣唤。小园子、快行、亲从、辇官、黄院子、内诸司司属人员等轮番执勤者，也聚集于廊庑，等候差遣。宫内与外面买卖，或外面到宫内进贡，都从这里进入，所以宫中唯有此处人烟浩穰。每遇进膳时，从殿中省到嘉明殿，禁卫军士排成行列，约束不许闲人过往。殿中省门上有一人呼唱，叫作“拨食”。其次有身穿紫衣、头裹卷脚幞头者，叫作“院子家”，手上托着一个盒子，这盒子用黄色的绣着龙形图案的盒衣笼罩着，左手携一条红罗绣花手巾，入内供膳。大概有十多个这样的盒子，随后又手托金色瓜盒十余个进入。非用膳时间而被取唤的食物点心，叫作“泛索”。

皇太后所居之殿叫作坤宁殿，皇后所居之殿叫作和宁殿，两殿各设有大官和殿长、内侍，以及黄院子、幕士、殿属、亲从、辇官等人服侍。不同品级的诸宫妃嫔，也有内侍提举殿内事务，各嫔妃也有属官、掌笺、奏院子、小园子等人服侍。和宁门外红杈子的外面，早间的买卖极其热闹，为市井最盛。皇宫中的嫔妃以及宫娥，早晚派黄院子在此采买食品菜肴。凡饮食珍味，时新菜肴，奇细蔬菜，一样都不缺。遇到宫内宣召收买，当时就能供进。富贵人家的宅邸，想会集数十位宾朋，需要不下一二十样菜品，随时索唤，随时供应。店家指挥操办，即刻全都齐备，不会缺少一味。夏初茄瓠之类蔬菜刚刚上市，每对可值钱十余贯，诸宫嫔妃、富贵之家争相购买，不惜提高价钱，根本不计较价值，只为尝一尝时新。

德寿宫

原 文

德寿宫在望仙桥东，元系秦太师赐第，于绍兴三十二年六月戊辰，高庙倦勤，不治国事，别创宫庭御之，遂命工建宫，殿匾“德寿”为名。后生金芝于左栋，改殿匾曰“康寿”。其宫中有森然楼阁，匾曰“聚远”，屏风大书苏东坡诗“赖有高楼能聚远，一时收拾付闲人”[①]之句。其宫籞四面游玩庭馆，皆有名匾。东有梅堂，匾曰“香远”。栽菊间芙蕖、修竹处有榭，匾曰“梅坡松菊三径”。荼蘼亭匾曰“新妍”。木香堂匾曰“清新”。芙蕖冈南御宴大堂，匾曰“载忻”。荷花亭匾曰“射厅”“临赋”。金林檎[②]亭匾曰“灿锦”。池上匾曰“至乐”。郁李花亭匾曰“半绽红”。木樨[③]堂匾曰“清旷”。金鱼池匾曰“泻碧”。西有古梅，匾曰“冷香”。牡丹馆匾曰“文杏”，又名“静乐”。海棠大楼子，匾曰“浣溪”。北有椤木亭，匾曰“绛叶”。清香亭前，栽春桃，匾曰“倚翠”。又有一亭，匾曰“盘松”。

高庙雅爱湖山之胜，于宫中凿一池沼，引水注入，叠石为山，以像飞来峰之景，有堂匾曰“冷泉”。孝庙观其景，曾赋长篇咏曰：“山中秀色何佳哉，一峰独立名飞来。参差翠麓俨如画，石骨苍润神所开。忽闻仿像来宫囿，指顾已惊成列岫。规模绝似灵隐前，面势恍疑天竺后。孰云人力非自然，千岩万壑藏云烟。上有峥嵘倚空之翠壁，下有潺湲漱玉之飞泉。一堂虚敞临清沼，密荫交加森羽葆。山头草木四时春，阅尽岁寒人不老。圣心仁智情幽闲，壶中天地非人间。蓬莱方丈渺空阔，岂若坐对三神山，日长雅趣超尘俗，散步逍遥快心目。山光水色无尽时，长将挹向杯中绿。”高庙览之，欣然曰：“老眼为之增明。”后孝庙受禅，议德寿宫改匾曰“重华”御之。次宪明太皇后欲御，又改为慈福宫。寿成皇太后亦改宫匾曰“寿慈”御之。继后宫室空闲，因而遂废。咸淳年间，度庙临政，以地一半营建道宫，匾曰“宗阳”，以祀感生帝[④]。其时重建，殿庑雄丽，圣真威严，宫囿花木，靡不荣茂，装点景界，又一新耳目；一半改为民居，圃地改路，自清河坊一直筑桥，号为宗阳宫桥。每遇孟享，车驾临幸，行烧香典行。桥之左右，设帅漕二司，起居亭存焉。

注释

①“赖有高楼能聚远”两句：苏轼诗《聚远楼》曰：“云山烟水苦难亲，野草幽花各自春。赖有高楼能聚远，一时收拾付闲人。无限青山散不收，云奔浪卷入帘钩。直将眼力为疆界，何啻人间万户侯。”

②林檎：即沙果，也叫花红、来禽、文林郎果。或谓此果味甜，果林能招来众禽，故有林檎、来禽之名。

③木樨：即桂花。

④感生帝：古代认为王者之先祖皆感太微五帝之精以生，因称其祖所感生之帝为“感生帝”。

译文

德寿宫在望仙桥的东面，原本是太师秦桧的赐第，绍兴三十二年六月戊辰，高宗倦于政事之辛劳，不再治理国事，于是另创宫廷居住，命工匠建宫，大殿匾额曰“德寿”。后来大殿左边栋梁下生出金色灵芝，于是改匾额曰“康寿”。宫内楼阁森然，匾额曰“聚远”，屏风上用大字书写苏东坡的诗句曰“赖有高楼能聚远，一时收拾付闲人”。宫内四面都是游玩庭馆，都有匾额题名。东边有梅堂，匾额曰“香远”。栽种菊花，其中间杂着芙蕖、修竹的地方有台榭，匾额曰“梅坡松菊三径”。荼蘼亭的匾额曰“新妍”。木香堂的匾额曰“清新”。芙蕖冈南边是御宴大堂，匾额曰“载忻”。荷花亭的匾额曰“射厅”“临赋”。金林檎亭匾额曰“灿锦”。池上匾额曰“至乐”。郁李花亭的匾额曰“半绽红”。木樨堂的匾额曰“清旷”。金鱼池的匾额曰“泻碧”。西边植有古梅，匾额曰“冷香”。牡丹馆的匾额曰“文杏”，又叫“静乐”。海棠大楼子的匾额曰“浣溪”。北面有椤木亭，匾额曰“绛叶”。清香亭前，栽种春桃，匾额曰“倚翠”。又有一座亭，匾额曰“盘松”。

高宗素来喜好湖山之胜景，在德寿宫中凿一池沼，引水注入，叠石为山，以仿飞来峰之景，有堂匾曰“冷泉”。孝宗看到此景，作有长篇诗咏道：“山中秀色何佳哉，一峰独立名飞来。参差翠麓俨如画，石骨苍润神所开。忽闻仿象来宫囿，指顾已惊成列岫。规模绝似灵隐前，面势恍疑天竺后。孰云人力非自然，千岩万壑藏云烟。上有峥嵘崆峒之翠壁，下有潺湲漱玉之飞泉。一堂虚敞临清沼，密荫交加森羽葆。山头草木四时春，阅尽岁寒人不老。圣心仁智情幽闲，壶中天地非人间。蓬莱方丈渺空阔，岂若坐对三神山，日长雅趣超尘俗，散步逍遥快心目。山光水色无尽时，长将挹向杯中绿。”高宗读到孝宗的诗，高兴地说：“读了此诗，我的老眼更加明亮了。”后来孝宗效仿高宗内禅，议改德寿宫匾额为“重华”，退居于此。再后来宪明太皇后欲居于此，又改为慈福宫。寿成皇太后亦改德寿宫匾额为“寿慈”，居住于此。此后宫室空闲，无人居住，因而废弃。咸淳年间，度宗在位，以德寿宫一半之地营建道宫，匾额曰“宗阳”，以祀感生帝。重建的宗阳观，殿庑雄丽，圣真威严，宫囿里的花木，无不繁盛茂密，各处装点一番，又令人耳目一新。德寿宫的另一半改为民居，原先园圃之地改成路，自清河坊一直筑桥，叫作宗阳宫桥。每遇孟享，皇上车驾从此经过，行烧香典行。桥的左右，设帅漕二司，如今起居亭犹存。

太庙

原　文

太庙在瑞石山，绍兴间建，正殿七楹十三室，二车十驾[①]款谒礼后，又幸建康，改为圣祖殿，复奉神主还杭，仍复奉安于此。礼部太常寺遵典行郊禋礼。前一日，朝飨太庙，仍设七祀板位于殿庑横阶之北，又设配飨文武功臣，自韩王赵普以下二十五位于横阶之南。后部寺奏请增建庙室，后东西增六楹，通旧十三楹为一室。东西二楹为夹室[②]，及增廊庑作西神门，册宝殿、祭器库屋。建斋殿及致斋阁子四十有四楹。咸淳添置一室，奉理庙神主，通为一十四室，皆正中。又筑二成之台，为祠宫升下以奉神主出入之地。四祖庙在诸室之西，奉僖、顺、翼、宣[③]四祖神主耳。每遇三年，以孟冬祫飨[④]，即庙行礼，次诣诸室，恭行祀典。

注　释

①二车十驾：“二”“十”不知何义，疑应并入上句。

②夹室：古代宗庙内堂东西厢的后部，藏五世祖以上远祖神主的地方。

③僖、顺、翼、宣：指宋僖祖赵朓、宋顺祖赵珽、宋翼祖赵敬、宋宣祖赵弘殷，分别是宋太祖赵匡胤的高祖、曾祖、祖父和父亲，皆为追尊。

④祫（jiá）飨：古代天子诸侯所举行的祭礼，集合远近祖先神主于太庙的大合祭。

译　文

太庙在瑞石山，绍兴年间建成，有正殿七楹十三室，二车十驾行过拜谒礼后，高宗又到建康重新建造太庙，并将杭州太庙改为圣祖殿。后又奉先祖神位回杭州，仍在杭州太庙安置。礼部太常寺遵循典礼操办郊祀。于前一天朝飨太庙，仍设七祀板位于殿庑横阶的北面，又设配飨的文武功臣，自韩王赵普以下二十五个板位在横阶的南面。后来礼部太常寺奏请增建庙室，于是在东西增建六楹，加上原先七楹共十三楹为一室，东西二楹为夹室。又增建廊庑作西神门，册宝殿、祭器库等屋。建斋殿及致斋阁子四十四楹。咸淳年间又添置一室，供奉理宗的神位，总共十四室，都在正中。又筑造一个二层之台，是祠宫中升下以奉神主出入的地方。四祖庙在诸室的西面，祀奉僖、顺、翼、宣四祖的神位。每遇三年，于孟冬祫飨，皇上到太庙行礼，其次前往供奉诸祖神位之室，恭敬地行祭祀之礼。

景灵宫

原　文

景灵宫在新庄桥，投北坐西，乃韩蕲王世忠元赐宅基，其子献于朝，改为宫。向中兴初，高庙銮舆幸此，四孟朝献，俱于禁中行礼。绍兴年间，臣僚奏景灵宫以奉祖宗衣冠之所，即汉享庙也。今就便殿设位以飨，未副广孝之意，遂诏临安府同修内司相度，以蕲王宅基，修盖宫庙。殿门匾曰思成，前为圣祖庙，宣祖至徽宗殿居中，东西廊俱图配飨功臣像于壁，元天圣后与昭宪太后而下诸后，殿居于后。朝家欲再广殿庑，刘氏余地，其子孙复献，遂增建前殿五楹，中殿七楹，后殿十七楹，自是斋殿、进膳、更衣、寝殿，次第俱备焉。咸淳年间，再命帅臣重修各殿，度庙亲洒扁目。自圣祖、宣祖、太祖至理庙十六殿，曰天兴、天元、宣武、大定、熙文、美成、治隆、大明、重光、承元、瑞庆、皇德、系隆、美明、垂光、章熙之匾。自元天圣后至杨太后十五殿，曰保宁、太始、俪极、辉德、衍庆、继仁、徽音、坤元、柔仪、顺承、缵德、章顺、嗣徽、光顺、体德之匾。宫后有堂，自东斋殿西循庑而右，为大堂三，临池上，左右为明楼，旁有蟠桃亭，堂南为西斋殿。遇郊禋恭谢，设宴赐花于此；西有流杯堂、跨水堂、梅亭；北为四并堂，又有橘井修竹，四时花果亭宇，不能备载。宫南建崇禋馆，命道流以奉洒扫，晨香夕灯之职。仍设内侍官，提举宫事务，及宫司皇城兵侍卫之。按《朝野杂记》："太庙以奉神主，一岁五飨[①]，朔祭而月荐新。其五飨命宗室诸王奉礼，朔祭以太常卿行事。景灵宫以奉塑像，岁行四孟飨，主上亲祀之。帝后大忌，宰臣率文武官僚行香，僧道作法事，后妃六宫亦皆继往。天章阁奉绘像，时节朔望，帝后生忌日，皆遍荐，内臣行礼。内庭钦先孝思殿亦奉神御，主上每日炷香，凡朔望帝后忌辰节序，皆亲行酌献之礼。太庙之祭，以行俎豆[②]礼。景灵宫祭，以奉牙盘[③]礼。天章阁、钦先孝思殿，以奉常馔，行家人之礼。”

注　释

①一岁五飨：指四孟（正月、四月、七月、十一月）和季冬（十二月）共五次祭飨。

②俎豆：俎和豆，古代祭祀、宴会时盛肉类等食品的两种器皿。

③牙盘：雕饰精美的盒子。

译　文

景灵宫在新庄桥，坐西朝北，乃是原先蕲王韩世忠赐宅的地基，其子又献给朝廷，于是改建为宫。过去中兴初年，高宗銮驾来到杭州，四孟朝献，都在宫中行礼。绍兴年间，臣僚奏请以景灵宫作为供奉祖宗衣冠之场所，就如汉代的享庙。如今只在便殿设位祭飨，未能表示宣扬孝道之意，于是皇上下诏令临安府和修内司互相计议，以蕲王的宅基，修盖宫庙。殿门匾额曰“思成”，前面是圣祖庙，宣祖至徽宗殿居中，东西廊的墙壁上都画着配飨功臣的肖像，元天圣后与昭宪太后及以下诸后的殿在后面。朝廷还想增建殿庑，刘氏子孙再献余地，于是增建前殿五楹，中殿七楹，后殿十七楹，从此斋殿、进膳殿、更衣殿、寝殿，依次都已俱备。咸淳年间，再命帅臣重修各殿，度宗亲自清理匾额。自圣祖、宣祖、太祖至理庙十六殿，匾额依次曰天兴、天元、宣武、大定、熙文、美成、治隆、大明、重光、承元、瑞庆、皇德、系隆、美明、垂光、章熙。自元天圣后至杨太后十五殿，匾额依次曰保宁、太始、俪极、辉德、衍庆、继仁、徽音、坤元、柔仪、顺承、缵德、章顺、嗣徽、光顺、体德。景灵宫后有堂，自东斋殿往西沿着殿庑再往右，有三个大堂，临靠池上，左右是明楼，旁边有蟠桃亭，堂的南面是西斋殿。遇到郊祀后行恭谢礼，皇上设宴赐花于此；西面有流杯堂、跨水堂、梅亭；北面是四并堂，又有橘井修竹，四时花果及亭宇，不能一一记载。景灵宫南面建有崇禧馆，命道士负责洒扫，以及清晨烧香、夜晚掌灯之职。仍派遣内侍官提举宫内事务，并派宫司皇城兵负责侍卫。按《朝野杂记》记载：“太庙供奉先祖神主，一年五次祭飨，另外还有朔祭，每月换上新的祭品。其五飨命宗室诸王奉礼，朔祭则以太常卿行事。景灵宫供奉先帝画像，每年四次孟飨，皇上亲来祭祀。帝后的忌日，宰臣率文武官僚来此烧香，僧道作法事，后妃六宫也都相继前来。天章阁供奉先帝绘像，各种节日和每月朔日、望日，以及帝后的生辰和忌日，全部都要祭献，由内臣行礼。内庭钦先孝思殿也供奉先帝肖像，皇上每日烧香，凡每月朔日望日、帝后生辰忌日、年中诸节，皇上都亲行酌献之礼。在太庙祭祀，以俎豆盛放祭品行礼；在景灵宫祭祀，以牙盘盛放祭品行礼；在天章阁、钦先孝思殿祭祀，则供奉寻常祭品，行家人之礼。”

万寿观

原　文

万寿观，在新庄桥西。绍兴间建殿观宇，以太霄殿奉昊天，宝庆殿奉圣祖，长生殿奉长生帝[①]，西则纯福殿，奉元命[②]。后殿十二楹，为二十二室，奉太祖以下。会圣宫、章武殿，应天璇运[③]，皆塑像，以存东都遗制。前殿东有圆庙，室匾曰“延圣”，章惠后室匾曰“广惠”，温成后室匾曰“宁华”。四孟庙献毕，上由御圃诣本观诸殿行烧香礼。景定改道院斋阁，以奉皇太后元命。观东建神华馆，命羽士焚修。

注　释

①长生帝：南极长生大帝，道教传说的长寿之神。俗称“南极仙翁”“寿星”。

②元命：天之大命。此处当指本命星君，即每个人生肖所对应的北斗星君。相传供奉它可以延年益寿，消灾免祸。

③应天璇运：宫殿名。《咸淳临安志》作“应天启运”。

译　文

万寿观，在新庄桥西面。绍兴间建成大殿观宇，以太霄殿供奉昊天，宝庆殿供奉圣祖，长生殿供奉长生帝，西面是纯福殿，供奉皇上的本命星君。后殿有十二楹、二十二室，供奉太祖以下先帝。此外还有会圣宫、章武殿、应天璇运，都有先帝塑像，以保存东都汴京万寿观的遗制。前殿东面有圆庙，室的匾额曰“延圣”，章惠皇后室的匾额曰“广惠”，温成皇后室的匾额曰“宁华”。四孟庙献后，皇上由御圃来到本观诸殿行烧香礼。景定年间改建道院斋阁，以供奉皇太后的本命星君。观的东面建有神华馆，命道士在内焚香修行。

御前宫观　东太乙宫

原　文

御前宫观，在杭城者六，湖边者三，多是潜邸改建琳宫[①]，以奉元命，或奉感生帝，属内侍提举宫事，设立官司守卫兵士。凡宫中事务，出纳金谷日膳，道众修崇醮[②]款，凡有修整宫宇，及朝家给赐银帛，殿阁贴斋钱帛，并皆主计[③]给散，羽士俱沾恩甚隆，外观皆不及也。

注　释

①潜邸：皇帝即位前的住所。此处当指原先富贵人家的宅邸。琳宫：泛指仙宫、道观、殿堂。此处特指道观。

②崇醮：即大醮，指道士设坛念经做法事。

③主计：此指主管财物出入工作的人。

译　文

御前宫观，杭州城有六座，西湖边有三座，多是潜邸改建的道观，以供奉元命，或供奉感生帝，派遣内侍官提举宫内事务，设立官司和守卫兵士。凡宫内事务，出纳钱财粮食和饮食开支，道众修崇醮的款项，凡有修整宫宇，及朝廷赐给银帛和殿阁贴斋钱帛，都由主计发放，众道士都蒙受隆恩，这是其他道观所不及的。

原　文

东太乙宫，在新庄桥南，元东都祠五福太乙神也。驻跸于此，以北隅择地建宫以奉，礼寺讨论宜设位塑像。按十神[①]者，曰五福、君基、大游、小游、天一、地一、四神、臣基、民基、直符。凡行五宫，四十五年一移，所临之地，岁稔无兵疫。绍兴间，命浙漕度地建宫，凡一百七十四区。殿门匾曰“崇真”，大殿匾曰“灵休”，挟殿匾曰“琼章”宝室，元命殿匾曰“介福”，三清殿匾曰“金阙寥阳”，斋殿匾曰“斋明”，火德殿匾曰“明离”。两庑俱绘三皇五帝、日月星宿、岳渎九宫贵神等，与从祀一百九十有五，遵太平兴国旧制。每祀用四立②日，设笾豆、簠簋、尊罍③，如上帝礼，两庑以次降杀。车驾遇四孟朝飨，尝亲诣焉。孝庙又建元命殿，匾曰“崇禧”。淳熙建藏殿④，匾曰“琼章宝藏”，钟楼匾曰“琼音之楼”。理庙建长生殿奉南极。度宗建通真殿以奉佑圣⑤，中祐殿奉元命，顺福殿奉太皇元命，盖易长生名改为延寿，俱宸翰也。又北辰殿，奉北斗。

崇真馆在宫南，有斋八：曰观妙、潜心、泰定、集虚、颐真、集真、洞微、虚白。馆有小圃，亭匾“武林”。在宫后小坡，山乃杭之主山也。

注　释

①十神：即太一十神。《宋会要辑稿补编》：“太宗太平兴国初，司天楚芝兰言：‘按《太一式》有五福、君基、大游、小游、天一、臣基、直符、民基、四神、地一，凡十太一，皆天之尊神。五福所在之地，无兵役，人民丰乐，凡行五宫，四十五年一移。’”

②四立：立春、立夏、立秋、立冬四个节气的合称。

③簠簋（fǔ guǐ）：簠与簋。两种盛黍稷稻粱的礼器。尊罍（léi）：泛指酒器。

④淳熙建藏殿：《咸淳临安志》卷一三：“淳熙四年，重建《道藏》成，御书琼章宝藏以赐。”

⑤佑圣：佑圣真君，即真武大帝，又称“玄武大帝”“荡魔天君”等，道教传说中的“北极四圣”之一。

译　文

东太乙宫，在新庄桥的南面，宫内供奉的就是原来东都汴京太乙宫所祭祀的五福太乙神。高宗驻跸杭州，在城北隅选择地方建宫继续供奉，礼寺讨论说应该设神位和画像。所供奉的十神分别是：五福、君基、大游、小游、天一、地一、四神、臣基、民基、直符。太乙神巡行五宫，四十五年移一宫，所运行到的地界，年成丰熟，没有兵祸。绍兴年间，命浙漕选地方建此东太乙宫，共一百七十四区。殿门匾额曰“崇真”，大殿匾额曰“灵休”，挟殿匾额曰“琼章宝室”，元命殿匾额曰“介福”，三清殿匾额曰“金阙寥阳”，斋殿匾额曰“斋明”，火德殿匾额曰“明离”。殿的两庑都绘有三皇五帝、日月星宿、岳渎九宫贵神等诸神画像，一同接受祭祀，共有一百九十五位，这遵循的是太宗太平兴国年间的旧制。每次祭祀都在四立日，设笾豆、簠簋、尊罍等祭器，礼节与祭祀上帝同，两庑祭祀时则依次降低规格。每年四孟圣驾朝飨，都亲自来这里祭祀。孝宗又建元命殿，匾额曰“崇禧”。淳熙年间建藏殿，匾额曰“琼章宝藏”，钟楼的匾额曰“琼音之楼”。理宗建长生殿，供奉南极仙翁。度宗建通真殿供奉佑圣真君，建中祐殿供奉本命星君，顺福殿供奉太皇的本命星君，又改长生殿为延寿殿，四殿匾额都是皇上亲笔御书。又有北辰殿，供奉北斗。

崇真馆在东太乙宫的南面，有八斋，分别醮：观妙、潜心、泰定、集虚、颐真、集真、洞微、虚白。馆内有小圃，亭的匾额曰“武林”。宫后有小坡，其山乃杭州的主山。

西太乙宫

原　文

西太乙宫，在西湖孤山。淳祐间，太史奏太乙①临梁、益，请用天圣故事，于国城西南别建新宫，以顺方向。于是择八角镇地，建宫奉安，遂析延祥观地为宫，以凉堂建正殿，匾曰“黄庭之殿”，殿门匾曰“景福之门”，安奉太乙十神帝像。东有延祥殿，以备临幸，其外匾曰“福祥之门”。凡宫之事仪，四立祀典，皆如东太乙例遵行。咸淳间，以德辉堂为元命殿，明应堂为太皇元命殿。迎真殿在宫之右，有斋者二，曰通真、养素。宫中旧有陈朝桧，至今七百五十余年矣。苏东坡尝为僧志诠作诗以记②。侧有小亭，孝庙宸翰，其诗石刻于亭下曰：“道人手种几生前，鹤骨龙姿尚宛然。双干一先神物化，九朝三见太平年。忽惊华表依岩出，乞与佳名到处传。此柏未枯君记取，灰心聊伴小乘禅。”

注　释

①太乙：星名，又称北极星，即帝星。

②苏东坡尝为僧志诠作诗以记：苏轼《孤山二咏并引》云：“孤山有陈时柏二株，其一为人所薪，山下老人自为儿时已见其枯矣，然坚悍如金石，愈于未枯者。僧志诠作堂于其侧，名之曰‘柏堂’。”以下孝宗御书即苏轼诗。

译　文

西太乙宫，在西湖孤山附近。淳祐年间，太史局奏称太乙神巡行至梁州、益州分野，请求沿用仁宗天圣年间的旧制，在京城西南另外新建太乙宫，以顺应太乙神所在的方位。于是在八角镇选地，建宫供奉。于是分出延祥观地建太乙宫，以原凉堂建正殿，匾额曰“黄庭之殿”，殿门匾额曰“景福之门”，供奉安置太乙十神帝像。东面有延祥殿，以备皇上临幸时居住，外面的匾额曰“福祥之门”。凡宫内诸项事宜，四立时祭祀的规格，都按照东太乙宫的旧例遵行。咸淳年间，改德辉堂为元命殿，明应堂为太皇元命殿。迎真殿宫的右面，有二斋，分别是通真斋、养素斋。宫中过去有一棵陈朝时的老桧树，至今已七百五十余年。苏东坡曾为僧志诠作诗，记载过此树。桧树旁边有小亭，孝宗御书苏轼诗刻在亭下的石头上，曰：“道人手种几生前，鹤骨龙姿尚宛然。双干一先神物化，九朝三见太平年。忽惊华表依岩出，乞与佳名到处传。此柏未枯君记取，灰心聊伴小乘禅。”

佑圣观

原　文

佑圣观，在兴礼坊西，元孝庙旧邸。绍兴间以普安就外第设立，诞生光庙。乾道年间，又开甲观[①]之祥。淳熙岁，诏改为道宫，以奉真武。绍定重建观门，曰“佑圣之观”，殿曰“佑圣之殿”，藏殿匾曰“琼章宝藏”，御制《真武赞》及宸翰[②]《黄庭经》，皆刻之石以赐。后殿奉元命，西奉孝庙神御，即明远楼旧址也。孝庙少年时题杜甫诗曰：“富贵必从勤苦得，男儿须读五年书。”理庙又书全篇，锓[③]于东宫厅屏风上曰：“碧山学士焚银鱼，白马却走深岩居。古人已用三冬足，年少今开万卷余。晴云满户团倾盖，秋水浮阶溜决渠[④]。富贵必从勤苦得，男儿须读五车书。”延真馆在观之右，命道流修晨香夕炬之供。馆有道纪堂、虚白斋。

注　释

①甲观：皇太子所居。后泛指太子宫。

②宸翰：帝王的墨迹。

③锓（qǐn）：雕刻。

④“晴云满户团倾盖”两句：这两句描写柏学士茅屋的外景。云如倾盖之团，言其浓；水似决渠之溜，言其急也。

译 文

佑圣观，在兴礼坊的西面，原先是孝宗旧邸。高宗绍兴年间，孝宗受封普安郡王，到宫外居住，于是建立此邸，光宗就在此邸出生。孝宗乾道年间，此宅为恭王（宋光宗）府，皇太子（宋宁宗）也诞生于此。淳熙年间，孝宗下诏改此邸为道宫，供奉真武大帝。理宗绍定年间，重建观门，曰“佑圣之观”，殿曰“佑圣之殿”，藏殿的匾额曰“琼章宝藏”，御制《真武赞》及御书《黄庭经》，都刻在石头上收藏在殿中。后殿供奉本命星君，西面供奉孝宗的肖像，即明远楼旧址。孝宗少年时题杜甫诗《柏学士茅屋》曰：“富贵必从勤苦得，男儿须读五年书。”理宗有书写全篇，刻在东宫厅的屏风上，其诗曰：“碧山学士焚银鱼，白马却走深岩居。古人已用三冬足，年少今开万卷余。晴云满户团倾盖，秋水浮阶溜决渠。富贵必从勤苦得，男儿须读五车书。”延真馆在佑圣观的右面，命导师负责清晨烧香、夜晚掌灯。馆内有道纪堂、虚白斋。

显应观

原 文

显应观，在丰城门外，聚景园之北，处湖之东，水四面绕观，观额宣和所赐。靖康年间，高庙为康邸，出使至磁州，神马引而南①。建炎初，秀邸②妻梦神指一羊谓曰：“以此为识。”遂诞毓孝庙，由是累朝祠祀弥谨。殿中为显应之殿，其神位曰“护国显应兴圣普佑真君”。高庙为书殿扁，且揭以御名，昭其敬也。孝庙宸书“琼章宝藏”之扁，理庙书《洞古经》以赐刻石。宁庙御题观碑其额，以表功忠。观之东有崇佑馆。

注 释

①神马引而南：宋辛弃疾《南渡录》：“康王赵构质于金，与金太子同射。康王三矢俱中，金人以为此必拣选宗室之长于武艺者冒名为之，留之无益，遣还。康王得脱，奔窜疲困，假寐于崔府君庙中，梦神人曰：‘金人追及，速去之，已备马于门首。’康王惊觉，马已在侧，跃马南驰。既渡河而马不复动，下视之，则泥马也。”显应观所供奉之神及秀王妻所梦之神皆是崔府君。

②秀邸：即秀王赵子偁，宋太祖之后，宋孝宗生父。

译 文

显应观，在丰城门外，聚景园的北面，处于西湖的东面，湖水四面绕观。观的匾额是宣和年间徽宗所赐。靖康年间，高宗为康王，出使至磁州，神马引他转而向南。建炎初年，秀王妻梦见有一位神指着一只羊对她说："以此为标记。"于是诞生了孝宗，从此累朝都恭谨地祭祀。殿中为显应之殿，神位上写着"护国显应兴圣普佑真君"。高宗亲自书写殿匾，还题上御名，以表示敬重。观内藏殿有孝宗御书"琼章宝藏"之匾，理宗御书《洞古经》刻在石头上收藏其中。宁宗下诏撰观碑，御题其额，以表彰崔府君的功劳和忠心。显应观的东面有崇佑馆。

四圣延祥观

原 文

四圣延祥观，在孤山，旧名四圣堂。《道经》云："四圣者，紫微北极大帝之四将，号曰天蓬、天猷、翊圣、真武大元帅真君。"元是显仁韦太后[①]绘像，奉事甚谨，朝夕不忘香火。高庙为康邸，出使将行，见四金甲神人，执弓剑以卫。绍兴间，慈宁殿出财建观侍奉，遂于孤山古刹，徙之为观。次年，内庭迎四圣圣像，奉安此观。观额诏复东都延祥旧名，殿匾曰北极"四圣之殿"，殿门匾曰"会真之门"，三清殿匾曰"金阙寥阳"，法堂匾曰"通真元命"，阁匾曰"清宁"，皆理庙奎墨[②]。藏殿匾曰"琼章宝藏"，孝庙亲墨。有堂匾曰"瀛屿"，元是凉堂匾，建西宫，以堂为黄庭殿，别创新堂，以此匾奉之。观有瑞真道馆，即延祥观门也。

注 释

①韦太后：宋徽宗显仁皇后韦氏，宋高宗生母。

②奎墨：御书。

译 文

四圣延祥观，在西湖孤山，原名四圣堂。《道经》上说："所谓'四圣'，就是紫微北极大帝的四将，号曰天蓬、天猷、翊圣、真武大元帅真君。"四圣画像原是显仁韦太后所绘，供奉非常恭谨，朝夕不忘香火。当年高宗还是康王时，出使金营将要出发，看到有四个披着金甲的神人，手执弓剑护卫。绍兴年间，慈宁殿出钱建观侍奉四圣，于是将孤山的一处古刹改建为道观。次年内庭迎四圣的圣像，供奉安置于此观。下诏观额还用东都延祥之旧名，大殿匾额曰“北极四圣之殿”，殿门匾额曰“会真之门”，三清殿匾额曰“金阙寥阳”，法堂匾额曰“通真”，元命阁匾额曰“清宁”，都是理宗御书。藏殿匾额曰“琼章宝藏”，乃孝宗亲笔所书。观内有一堂，匾额曰“瀛屿”，这原先是别处凉堂的匾额。淳祐年间分出延祥观地建太乙宫，以原凉堂为黄庭殿，又于此处建新堂，就以瀛屿之匾奉上。观内有瑞真道馆，即延祥观门。

三茆宁寿观

原　文

三茆宁寿观，在七宝山，元三茆堂，因东都三茆宁寿之名，赐观额宁寿观，殿匾曰“太元”，奉三茆真君[①]像。观中有三神御殿。观中曾蒙赐三古器玩，皆希世之珍。一曰宋鼎，乃宋孝武帝之牛鼎[②]，以祀太室之鼎；二曰唐钟[③]，系大唐常州澄清观旧物，内庭出内帑金帛易以赐之，禁中每听钟声，以奉寝兴食息之节；三曰褚遂良书小字《阴符经》，此物宣取复赐贾秋壑[④]。观之外曰东山，为殿以奉元命。有亭匾曰“寅宾”，俯见日出。又有庵，匾曰“仁寿”。

注　释

①三茆真君：即三茅真君，道教茅山派创教祖师。

②牛鼎：《咸淳临安志》曰：“鼎高尺有九寸，广尺有咫，两耳旁出而曲上，三足皆具牛首，鼎外周环如篆籀，腹内铭四十有一字，传者谓宋孝武帝孝建元年八月作牛鼎，以祀太室。”

③唐钟：《咸淳临安志》曰：“绍兴间有金声震于太湖，渔者莫能致，湖滨寺观争以舟迎。独澄清观迎之钟凌波而上，一引即入于舟。”又《西湖游览志》曰：“其一唐钟，识云：丙辰九月二十四日，常州澄清观女冠王玉仙作，河东薛沘为之铭。”

④贾秋壑：即贾似道，字师宪，理宗、度宗时权臣。《咸淳临安志》曰：“景定庚申，今太傅平章军国重事魏国公贾似道，以江汉功成八相，理宗皇帝赐内府金币百巨万直，固辞。续有旨就观宣索《阴符经》以赐。”

三茆宁寿观，在七宝山，原先是三茆堂，沿用东都汴京三茆宁寿之名，赐观额宁寿观，殿上匾额曰“太元”，供奉三茆真君的画像。观中有三神御殿。观中曾蒙皇上赏赐三件古器玩，都是稀世珍宝。其一叫宋鼎，乃是南朝宋孝武帝的牛鼎，是祭祀太庙时所用之鼎；其二叫唐钟，乃是唐朝时常州澄清观的旧物，内廷拿出皇上的私财金帛交换得来，赐予本观。皇宫中以此钟钟声为准，按时起居饮食；其三是褚遂良所书小字《阴符经》，此物后被皇上下旨索取，赐给了贾秋壑。观的外面叫作东山，建殿以供奉本命星君。有亭，匾额曰“寅宾”，站在亭上俯视，可见日出之景。又有庵，匾额曰“仁寿”。

开元宫

原　文

开元宫，在太和坊内、秘书省后，元宁庙潜邸，为道宫。向东都有开元阳德观，以奉火德。嘉泰年，诏以嘉邸改充开元宫，仪制皆视佑圣观，匾曰“明离之殿”，祀以立夏。又诏临安府，即殿左别建阏伯①宣明王殿。遂徙大宗正司他所，悉以址为宫。作宁庙神御殿。又有璇玑殿，奉北斗，易匾曰“北辰”。衍庆殿以奉真武。顺福、神佑二殿奉元命②，皆嘉明殿奎画③。宫北建阳德馆，以存修真之道侣。

注　释

①阏伯：相传为商朝开国之君成汤先祖，曾任火正，居商丘，祀大火，被后世尊为火神。南宋高宗时，封其为“商丘宣明王”。

②顺福、神佑二殿奉元命：据《咸淳临安志》，二殿乃宋度宗咸淳三年创建，供奉度宗与寿和圣福皇太后的本命星君。

③嘉明殿：《咸淳临安志》作“熙明殿”，二殿皆是宋度宗咸淳年间以原东宫之堂改建。疑此处以殿名代指宋度宗。奎画：帝王的墨迹。

译　文

开元宫，在太和坊内、秘书省的后面，原先是宁宗潜邸，后改建为道宫。过去东都汴京有开元阳德观，以奉火德真君。宁宗嘉泰年间，下诏将原嘉王（宋宁宗）府改充作开元宫，其仪制皆如佑圣观，匾额曰“明离之殿”，立夏时祭祀。又下诏临安府，在殿的左面另建阏伯宣明王殿。后来又将大宗正司迁到别处，以其原址扩建开元宫。又建宁宗神御殿。又有璇玑殿，供奉北斗，改匾额曰“北辰”。衍庆殿供奉真武大帝。顺福、神佑二殿供奉本命星君，殿的匾额都是皇上御书。开元宫北建阳德馆，以供修行的道士居住。

龙翔宫

原　文

龙翔宫，在后市街，元理庙潜邸，旧沂靖惠王府[①]，诏建道宫，赐名“龙翔”，以奉感生帝。大门匾曰“龙翔之宫”，中门匾曰“昭符之门”，殿匾曰“正阳之殿”。礼官讨论祀典，以正月上辛日，差侍从三献官等，升为上祀行礼，备牲牢礼料，用十二笾豆，设祭歌宫架乐舞，受誓戒，望祭斋宫行事，内牲牢依祀天地礼，例用羊豕，所有仪像服色制度，有灵体殿庑下画像可遵。朝议以龙翔宫奉感生帝，既属羽流，合用斋醮之法，其正月上辛日望祭，自如其旧，奉旨从之。宫之左曰福庆殿，以待车驾款谒，改为神御殿。正阳之后殿为醮殿。宫西奉南真[②]，馆门曰“南真之馆”，中门曰“启晨之门”。三清殿匾曰“三境储祥”，后殿匾曰“申佑”，以奉元命。西曰顺福殿，以奉太皇元命。寿元殿奉南斗，景纬殿奉十一曜。钟楼匾曰“和应之楼”，经楼匾曰“凝真之章”，藏殿匾曰“琅函宝藏”。小位次以备车驾宴坐，匾曰“仙源”。羽士之室，匾曰“澄虚”。内侍之舍，匾曰“泉石”。有高士三斋[③]：曰履和、颐正、全真。

注　释

①沂靖惠王：即赵柄，宋孝宗次子魏惠宪王的次子，封沂王，谥靖惠。宋理宗赵昀的生父赵希𤪌，嘉定年间被立为沂王嗣子。

②南真：星名，即南极老人。

③高士三斋：《咸淳临安志》曰：“今上皇帝御书馆有斋：曰履和、颐正、全真。”

龙翔宫，在后市街，原先是理宗的潜邸，旧沂靖惠王府，下诏改建为道宫，赐名龙翔，以供奉感生帝。大门匾额曰“龙翔之宫”，中门匾额曰“昭符之门”，大殿匾额曰“正阳之殿”。礼官讨论祭感生帝的礼仪，决定在正月的上辛日，派遣侍从三献官等，升为大型祭祀的规格行礼，备办牲牢礼器，用十二笾豆，演奏祭歌和宫廷乐舞，受誓戒，在斋宫行望祭礼。所用牲牢依照祭祀天地的规格，用羊和猪，所有仪像服色制度，有灵体殿殿庑下的画像可察看遵循。朝廷决议以龙翔宫供奉感生帝，既已交给道士操办，也用斋醮之法，至于正月上辛日的望祭，自然还循旧制，奉旨行事。龙翔宫的左边是福庆殿，以备圣驾临幸，后改为理宗皇帝神御殿。正阳之殿的后殿为醮殿。龙翔宫的西面供奉南真，馆门曰“南真之馆”，中门曰“启晨之门”。三清殿的匾额曰“三境储祥”，后殿匾额曰“申佑”，供奉皇上的本命星君。再往西是顺福殿，供奉太皇的本命星君。又有寿元殿奉南斗六星，景纬殿供奉十一曜星将。钟楼匾额曰“和应之楼”，经楼匾额曰“凝真之章”，藏殿匾额曰“琅函宝藏”。有小位次以备圣驾闲坐，匾额曰“仙源”。道士的居室，匾额曰“澄虚”；内侍的屋舍，匾额曰“泉石”。又有三间高士所居的书斋，分别是：履和、颐正、全真。

宗阳宫

原 文

宗阳宫在三圣庙桥东，以德寿宫地一半建宫赐名，以奉感生帝。盖此地前后环建王邸，又建庙毓圣之所[1]，天瑞地符，益大彰显，诏两司相度建宫，大门匾曰“宗阳之宫”，中门匾曰“开明之门”，正殿匾曰“无极妙道之殿”，以奉三清。顺福殿奉太皇元命。三清殿后为虚皇之殿，直北有门，匾曰“真应之门”，中建毓瑞之殿，以奉感生帝。后为申佑殿，奉元命。通真殿奉佑圣。自开明门内，左有玉籁之楼、景纬之殿、寿元之殿，右有栾简之楼、琼章宝书、北辰之殿。规制祀典，并视龙翔宫行，常以原飨回归，行款谒礼。有降辇殿，曰福临之殿，门曰福临殿门，进膳殿曰端拱。后有轩，匾曰“颈霜”。有圃，建堂二，曰志敬，曰清风。亭匾曰“丹邱元圃”。亭之北凿石池，堂匾曰“垂福”，后曰“清境”。圃内四时奇花异木，修竹松桧甚盛。宫西有介真馆，堂曰大范、观复、观妙，斋曰会真、澄妙、常净，俱度庙奎藻。

注释

①建庙：《咸淳临安志》谓“当今皇帝”，故当指宋度宗。毓圣：皇帝诞生。

译文

宗阳宫在三圣庙桥的东面，以德寿宫地的一半建宫赐名宗阳，以供奉感生帝。因此地前后周围多建有诸王的府第，又是度宗出生之地，天地之瑞符，更加光大彰显，于是下诏命两司选择地址建宫，大门匾额曰“宗阳之宫”，中门匾额曰“开明之门”，正殿匾额曰“无极妙道之殿”，以供奉三清尊神。顺福殿供奉太皇的本命星君。三清殿后是虚皇之殿，一直向北有门，匾额曰“真应之门”，中间建有毓瑞之殿，以供奉感生帝。后面申佑殿，供奉皇上的本命星君。通真殿供奉佑圣真君。自开明门内，左面有玉籁之楼、景纬之殿、寿元之殿，右面有桼简之楼、琼章宝书殿、北辰之殿。其规制和祭祀的典礼，与龙翔宫同，圣驾朝飨后回归，常来此行款谒礼。有降辇殿，曰福临之殿，其门曰福临殿门。进膳殿曰端拱。后面有轩，匾额曰“颈霜”。有园圃，建有二堂，曰志敬，曰清风。有亭，匾额曰“丹邱元圃”。亭的北面凿有石池，堂之匾额曰“垂福”，后堂匾额曰“清境”。园圃内四季都有奇花异木，修竹松桧生长得特别茂盛。宗阳宫西面有介真馆，馆内有堂，曰大范、观复、观妙，又有斋，曰会真、澄妙、常净，其匾额皆是度宗御书。

卷九

三省枢使谏官

原　文

三省，即尚书省、中书省、门下省。枢密院，国初循唐旧制，置院于中省之北，今在都堂东，上为枢属列曹之所。盖枢密使率以宰臣兼领，自知院以下，皆聚于都堂治事。省院在和宁门北首，旧福宁寺也。枢密院后建经武阁，系藏《经武要略》之文。中书门下后省[①]，在都堂后。谏院[②]在后省之西。检正左右司在谏院之右向东。承旨检详编修，在枢密院。三省枢密院监门[③]，大门之南。三省枢密院架阁[④]，在制敕院后。御史台，在清河坊内，北向，盖取严肃之义，内有朝堂，即台厅也。自绍兴来，未尝置对，有属台臣谳问[⑤]，则刑察就听于大理寺[⑥]问罪矣。

注　释

①中书门下后省：宋以中书省、门下省官署设于宫禁之外，称“中书门下外省”，神宗元丰八年（1085）改称“中书门下后省”，以后另设于禁中中书门下（政事堂）相对，为两省处理日常行政事务之所，不预机要。

②谏院：官署名，掌规谏朝政缺失。

③三省枢密院监门：即监三省枢密院门，官署名，掌三省及枢密院门钥。

④架阁：指管理众多文档资料的官署。

⑤谳问：审理案件。

⑥大理寺：官署名，掌刑狱案件审理。

译　文

三省，即尚书省、中书省、门下省。枢密院，本朝初年遵循唐朝旧制，在中书省的北面置枢密院，如今在都堂的东面，上面是枢密院下属曹司的官署。因枢密使常以宰臣兼任，自知枢密院以下，都聚集在都堂处理公事。省院在和宁门北首，原先是福宁寺。枢密院后建有经武阁，收藏关于兵事的重要典籍。中书门下后省，在都堂的后面。谏院在后省的西面。检正左右司在谏院右面再往东。承旨检详编修，在枢密院。三省枢密院监门，在大门的南面。三省枢密院架阁，在制敕院后。御史台，在清河坊内，朝北，取严肃之义，其中有朝堂，即台厅。自绍兴年间以来，御史台台狱未尝问讯，台臣若需要审问犯人，则往大理寺听候刑察问罪。

六部

原 文

六部，在三省枢密院之南。部之中堂名曰论思献纳之堂。

吏部掌天官，依唐制，以文武有官人，分左右铨选：名之尚左、尚右、侍左、侍右[①]、司封、司勋、考功凡七司，以掌文武注授到部推赏等事。

户部，名为地官，又称民部，掌天下州郡财赋，得财用耗而复衍，仓廪虚而复实之事。

礼部，谓之春官。掌礼仪，讨论典故，讲习典礼、大朝聘礼、庆贺朝仪，生辰圣节、元旦、冬至、朝会、郊祀、明堂、合祀天地祖宗、典策、秋享、祭祀社稷、封赐、祀典、祠庙、功臣勋烈配享[②]，及赐家庙祭器等事。

兵部，谓之夏官，掌兵伍厢军、武举投试武艺、金吾街仗人司兵，及大将出征告庙、破贼露布[③]、卤簿字图，若番夷属户授官封爵等事，及天下地图、堡寨、烽堠，番夷归服内附皆掌之。又称驾部，掌辇辂车乘、厩牧杂畜、乘具传驿之政，令辨其出入之数。再名库部，掌军器、仪仗、卤簿、法式，随军防城什物，及供帐之事。是为四司[④]主掌也。

刑部，谓之秋官，掌邦典之重轻，民讼之疑惑，重刑之出入，官僚之宪谳，皆主之。盖民不问大小生死事体，所系四方讼刑，得其平直，发于天庭，以称其职。唐制刑部分为四司：曰刑部，曰都官，曰比部，曰司门是也。

工部，谓之冬官，掌工役程式，及天下屯田、文武官职田[⑤]、京都衢关苑囿、山泽草木、畋猎渔捕、运漕碾硙[⑥]之事。唐制名为四司：曰工部，曰屯田，曰虞部，曰水部，一皆所总也。

注 释

①尚左、尚右、侍左、侍右：即尚书左、右选和侍郎左、右选，合称“吏

部四选”，又统称“吏部司”，与下三司合称“吏部四司”。尚书左、右选由吏部尚书主管，所管官员的品级较高；侍郎左、右选分置吏部侍郎主管，所管官员的品级较低。尚书左选和侍郎左选为文官选，尚书右选和侍郎右选为武官选。

②典策：即典册。祀典：记载祭祀仪礼的典籍。

③露布：征讨的檄文、告捷的文书。

④四司：兵部四司为兵部司、职方司、库部司、驾部司。

⑤职田：即职分田，按官职品级授予官吏作为俸禄的土地。

⑥磑硙（wèi）：利用水的动力启动石磨碾谷子。

译　文

六部，在三省枢密院的南面。六部的中堂名叫论思献纳之堂。

吏部掌天官。依唐朝旧制，满朝文武官员，吏部分左右铨选，有尚左、尚右、侍左、侍右、司封、司勋、考功共七司，职掌文武官员登记授职及封赏等事。

户部，叫作地官，又称民部，职掌天下州郡之财赋，负责得到钱财后用耗，继而复征，开支仓库之粮，再使之充实的事务。

礼部，叫作春官，职掌礼仪，讨论典故，讲习典礼、大朝聘礼、庆贺朝仪，以及帝后生辰圣节和元旦、冬至等节序的庆贺，负责朝会和郊祀、明堂大祀、合祀天地祖宗等祭祀的进行，保管典策，负责秋享，祭祀社稷，封赐臣僚，收藏祀典，兴建祠庙，负责功臣勋烈配享，还有赐予家庙祭器等事务。

兵部，叫作夏官，职掌厢军兵伍、投试武举武艺、金吾街仗司的士兵，以及大将出征前祭告祖庙、破贼后发布文告、卤簿上的字图，还有归属番夷授官封爵等事，以及天下的地图、堡寨、烽火台，番夷归服内附的事务，皆属兵部职掌。又称驾部，职掌皇家辇辂车乘、车马杂畜的饲养和乘具发放驿站使用之事，记录其出入的数目。又称库部，职掌军器、仪仗、卤簿、法式，随军防守城市器械，以及供帐之事。因此兵部分四司职掌。

刑部，叫作秋官，职掌国家法典之轻重，凡民事诉讼之疑惑、重大案件之出入、官僚奸恶的审讯，都由刑部职掌。不论民众是尊是卑、是生是死，事体是大是小，凡四方之诉讼刑事，务必查出是非曲直，交给皇上定夺，以称其职。依唐制刑部分为四司，为刑部司、都官司、比部司、司门司。

工部，叫作冬官，职掌工程的建造和样式设计，以及天下屯田、文武官职田、京都的关市苑囿、山泽草木、畋猎渔捕、运漕碾硙等事务。依唐制工部有四司，为工部司、屯田司、虞部司、水部司，全由工部总管。

六部监门

原　文

六部监门[①]，在六部大门之左，凡所掌之事，隶于六部。部门受其出入之时，以听上稽访，门之司存，盖至是而愈重矣[②]。奉行列曹之命，以正胥吏之失，赞长贰之惩决，以遵长官之意耳。六部架阁[③]，其库在天水院桥，掌六曹之文书，主二十四司之案牍，故官置库掌其架阁，皆无失误矣。

注　释

①六部监门：《宋史·职官志三》："六部监门官一员，掌司门钥。绍兴二年置。选升朝文臣有才力人充，仍令六部踏逐奏差。"

②"部门受其出入之时"四句：《咸淳临安志》："凡部官卯未之出入，疾病之暂告，与其谒制之可否，悉闻诸部门。部门受其出入之时，以听上稽访，门之司存，盖至是而愈重。"

③六部架阁：全称管勾尚书六部架阁库，别称架阁、掌故。《宋史·职官志三》："主管架阁库，掌储藏帐籍文案以备用。择选人有时望者为之。旧有管干架阁库官，宣和罢之，绍兴十五年复置。"

译　文

六部监门，在六部大门的左面，它所职掌的事务，都隶属于六部。六部监门掌管各部官员出入的规制，以听上级的察访，监门的职责，从此更加重要。奉行各官署的命令，纠正胥吏的过失，辅佐尚书、侍郎的惩治决断，以遵循长官的意思。六部的架阁库，在天水院桥，掌管六部的文书，主管十四司的案牍。六部文书案牍非常繁杂，所以官府设置库房来管理，都没有失误。

诸寺

原文

太常寺，在罗汉洞，掌奉常礼仪，讨论典故、祭器、太常、乐器等事。寺内有昭勋崇德阁，阁上绘像文武功勋大臣，自忠献赵韩王普以下二十五人于其上也。宗正寺玉牒所，在太庙南。玉牒建局，以宰臣提举，从官兼修撰。宗正卿少以下，悉预修《宗藩庆系录》《仙源积庆图》等书。检讨官亦以他职兼耳。大理寺，在仁和县西，设卿、少、丞、簿、评事、司直之官，及治狱、都辖、推吏等。家属皆居于寺内，以严出入之禁。掌朝廷刑棘廷尉之职，按法断刑，治狱推劾等事。司农寺，在保民坊内。国制以户部掌国计，而司农列卿、少、丞、簿赞之，如诸州府县道每年上供，及宰执百官军粮宣限米斛，皆委专官。吏卒下各路州县坐征，以应宣限支用也。太府寺，在保民坊内，系《周官》职[1]，总局二十有四，如诸军诸司粮审四院[2]、左藏二库、买务卖场及编套两局、和剂惠民四局、祇候钞引院，皆属掌矣。

注释

①系《周官》职：《咸淳临安志》曰："《周官》三百六十名，存于今而职不异者，大府一官耳。"

②诸军诸司粮审四院：指诸军粮料院、诸军审计司、诸司粮料院、诸司审计司。

译文

太常寺，在罗汉洞，职掌奉常礼仪，讨论典故，以及祭器、太常、乐器等事。寺内有昭勋崇德阁，阁上绘有文武功勋大臣的画像，自忠献韩王赵普以下二十五人都在上面。宗正寺玉牒所，在太庙的南面。玉牒所创置，以宰臣提举，以侍从官兼修撰。宗正卿、少卿以下，都参与编修《宗藩庆系录》《仙源积庆图》等书。检讨官也以他官兼任。大理寺，在仁和县西面，设卿、少卿、丞、主簿、评事、司直诸官，以及治狱、都辖、推吏等吏员。家属皆居住寺内，其出入有严格的禁令。大理寺职掌朝廷刑狱，即原来廷尉之职，负责根据法律断案、审理推察等事。司农寺，在保民坊内。我朝制度以户部掌管国家的经济财富，而司农寺卿、少卿、丞、主簿作为辅佐，如各州府县道每年的上供，以及宰执百官粮饷和军粮的发放，都委派专门的官员负责。吏卒下到各路州县亲自征收钱粮，以供应朝廷各项开支用度。太府寺，在保民坊内，是《周官》中有记载的官职，其下属部门有二十四个，如诸军诸司粮审四院、左藏东西二库、杂买务、杂卖场、编估局、打套局、和剂惠民四局、祗候库、钞引院，都属太府寺掌管。

秘书省 国史敕令附

原 文

秘书省，在天井坊之左。东都建于禁中，绍兴间，以殿司寨基建。省有殿匾，曰“右文之殿”。秘阁在殿后，专奉御制书画古器等，两庑列累朝制书石刻。国史实录院在殿东，提举官阁在殿西。道山堂在阁后。东西二阁，监少之位；丞簿、馆职阁，列于两廊堂之前。著作之庭，在堂后，有小轩，置石刻东坡画竹于中。西有四阁，著作、著佐之位。国史日历所在著作庭东庑，有汗青轩。编纂《会要》所在著所庭西庑。日历《会要》库，经史诸子书籍库，共七库①，俱列于殿外东西两庑。书板库在著作庭之右。后圃有群玉堂，以东坡画竹真迹为屏。有蓬莱亭，前为凿池，度以石桥，池上叠石为山。又有亭者六，匾曰“芸香”“席珍”“方壶”“含章”“茹芝”“绎志”。次有射圃矣。含章亭后，有浑仪基，乃太史推占星象之用也。敕令所在侍郎桥南，专为详定编修诸司敕令，盖谨法度，广贤才耳。

注 释

①七库：《咸淳临安志》曰：“日历会要库各一，经史子集书籍库六。”

译 文

秘书省，在天井坊的左边。东都汴京的秘书省建在皇城中，绍兴年间，以殿前司军寨的基址新建秘书省。省有殿匾，曰“右文之殿”。秘阁在殿后，专门供奉御制书画古器等，两庑列有历朝制书石刻。国史实录院在右文殿东面，提举官阁在右文殿西面。道山堂在秘阁后。有东西二阁，是秘书监

和秘书少监之位；秘书丞和馆职之阁，列于两廊堂之前。著作之庭，在道山堂后，有小轩，置石刻苏东坡画竹于其中。西面有四阁，是著作郎、著作佐郎之位。国史日历所在著作庭的东庑，有汗青轩。编纂《会要》所在著作庭西庑。日历《会要》库，经史诸子书籍库，共七库，都列于右文殿外东西两庑。又有书板库在著作庭的右面。后圃有群玉堂，以苏东坡画竹真迹为屏风。又有蓬莱亭，前面是凿成的水池，架以石桥，池上叠石为假山。又有六亭，其匾额分别曰“芸香”“席珍”“方壶”“含章”“茹芝”“绎志”。其次有射圃。含章亭后面有浑仪基，是太史推占星象所用。敕令所在侍郎桥南面，专门负责详定编修诸司的敕令，谨遵法度，广纳贤才。

诸　监

原　文

国子监，在纪家桥太学之侧，设祭酒、司业、丞、簿等官，专掌天子之学校，训导生员之职。总掌国子太学事务，生员出入规矩，考课试遵训导。天子视学，皇太子齿胄[①]，则讲议释奠等礼也。监厅绘《鲁国图》。东西为丞、簿位，后有书库官位。中为堂，绘《三礼图》于壁，用至道故事。有圃亭，匾曰“芳润”，丞钱闻诗扁以隶古[②]。书板库在中门内。

将作监，在保民坊，设监、少丞、簿，掌计料监造，官司营房舍屋皆隶焉。盖汉制将作大匠，沿袭秦官，亦少皞氏以五雉为五工正[③]，以利器用，唐虞共工[④]，《周官·考工》之职也。

军器监，在保民坊，监有长贰、丞、簿之官。率属治与《唐六典》建官不殊，掌制造御前军器。别置提举、提辖等官莅其役。近年专委殿岩[⑤]，而监制本监益以省也。

注　释

①齿胄：指太子入学依年龄为序。李周翰注《文选·王融<三月三日曲水诗序>》：“公卿之子为胄子。言太子入学，以年大小为次，不以天子之子为上，故云齿胄。齿，年也。”

②隶古：以隶书考校写定古篆文。

③少皞氏以五雉为五工正：出自《左传·昭公十七年》：“少皞氏以鸟为官……五雉为五工正，利器用，正度量，夷民者也。”杜预注曰：“五雉，雉有

五种。”孔颖达疏曰：“雉声近夷，雉训夷，夷为平，故以雉名工正之官。”或以为五种雉鸟各表示某一工种。孔颖达疏引贾逵曰：“西方曰鷷雉，攻木之工也；东方曰鶅雉，抟埴之工也；南方曰翟雉，攻金之工也；北方曰鵗雉，攻皮之工也；伊洛而南曰翚雉，设五色之工也。”

④共工：此指主管水利工程的官职。

⑤殿岩：此指殿前司。

译 文

国子监，在纪家桥太学的旁边，设置祭酒、司业、丞、主簿等官，专门职掌天子的学校，训导生员之职。总掌国子监、太学事务和生员出入的规矩，授课考核，使生员遵从训导。天子视察太学和皇太子入学，则讲议释奠等礼。国子监大厅绘有《鲁国图》。东、西面是国子丞、主簿之位，后有书库官之位。中间是堂，墙壁上绘有《三礼图》，遵循的是太宗至道年间的旧制。有圃亭，匾额曰“芳润”，由国子丞钱闻所题，是隶古字。书板库在中门内。

将作监，在保民坊，设置监、少丞、主簿等官职，职掌工程监造和物料计算，凡官署营房屋舍的建设都归其掌管。汉朝设置将作大匠，是沿袭秦朝的官职；少皞氏时以五雉为五工正，以改善器物用具；唐虞时有共工，都是《周礼·考工记》中记载的官职。

军器监，在保民坊，设置监、少监、丞、主簿等官职。其职能与《唐六典》记载没有不同，职掌制造御前军器。另外又设置提举、提辖等官分担其役。近年来制造军器的任务专属殿前司，而军器监的职责就更加少了。

大宗正司

原 文

大宗正司，在天庆坊内，以魏宪惠王[①]府旧址筑之，掌亲属宗庙之事，自汉、魏、隋、唐迄于宋，因而不改。以皇族官位高有德望者领之，又以本族尊属为判本司，又增同知以为之辅。宗司有阁，扁曰“属籍之阁”，于以见宗属蕃衍[②]盛大而已。

注 释

①魏宪惠王：指宋孝宗次子魏王，谥惠宁。

②蕃衍：繁育滋生。

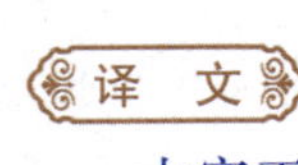

大宗正司，在天庆坊内，在魏宪惠王府旧址上建造，职掌皇家亲属和宗庙之事，自汉、魏、隋、唐直到当今宋朝，其职能因袭不改。以皇族中官位高、有德望者提领大宗正司，又以本族中辈分高的亲属管理本司，又增设同知官作为辅佐。大宗司有阁，匾额曰“属籍之阁”，于此可见皇族繁衍之盛大。

省所

原　文

茶盐所、会子所、公田所、封桩安边所，并在三省大门内。职以都司官兼提领。旧有安边所，创于嘉定初，专充拘催簿录家产①。更有市榷所、牙契所②，后因吏胥蠹弊，走卒繁扰，遂废其名，拨入封桩所以并掌之。今又创市舶所，官府察见吏奸，亦行省罢矣。

注　释

①拘催：为强化户部审计，宋孝宗增设户部拘催所，拘传催督收缴赋税。

②牙契：此指牙契税，即向牙人征收的捐税。牙人：指居于买卖人双方之间，从中撮合，以获取佣金的人。

译　文

茶盐所、会子所、公田所、封桩安边所，都在三省大门内。其职都以都司官兼任提领。过去有安边所，创置于嘉定初年，专门负责查抄登记家产。更有市榷所、牙契所，后来因为吏胥贪污舞弊，走卒烦扰，于是将其废除，拨入封桩所一并职掌。如今又创置市舶所，但官府察见胥吏之奸猾，于是也予以罢免。

六院四辖

原文

登闻检院、鼓院[①]，始建于和宁，继移于丽正左右阙庭（“庭”作“亭”）之南。左检院，右鼓院。按唐旧制，设四匦以通下情，名曰崇仁，司谏申明，招贤遵体，以使四方贤才，便其上达。

都进奏院[②]，在朝天门外，掌邦国传送之事，以钤辖诸道，传递官兵，则《周官》行夫[③]其职也。

官告院，在部门之北。士大夫自一命[④]以上，至于公卿王爵；军卒一资[⑤]以上，至于节钺[⑥]，告命[⑦]皆隶院给之。如文则吏部，武则兵部。宗戚及命妇，司封属之；考校勋绩，司勋掌之，凡四司，皆集本部出诰耳。元丰改制，俱悉吏部行文武告命钞，而蕃官隶兵部。自后皆归吏部右选。

文思院，在北桥东。京都旧制，监官分两界：曰上界，造金银珠玉；曰下界，造铜铁竹木杂料。然两界监官廨舍，毋得近本院邻墙并壁居，所以防弊欺也。但金银犀玉工巧之制，彩绘装钿之饰，若舆辇法物器具等皆隶焉。

诸司诸军粮料院，在洋沙坑七官宅废屋。诸司诸军察计院，在保民坊内旧马军教场基置院。且如粮料院者，乃诸司诸军仰上之禄均也，尤不可不严，设官置吏，欲其专心致意，支拨无差失。

审计院[⑧]者，自宫禁朝廷百僚以下，至于内侍御士，及于诸军兵卒，凡赋禄者，以式法审其名数。而其辟召者，惟郊礼赐缗已。乃审禄有疑予，则诏以法。凡四方之计籍上于大农，则逆其会。凡有司议调度会赋，出则诹[⑨]焉。

注释

①登闻检院、鼓院：唐武则天垂拱年间置匦院，又称“匦使院”，设方函，四面分别涂青、丹、白、黑四色，每日暮进晨出，列于署外。凡臣民有怀才自荐、匡政补过、申冤辩诬、进献赋颂者，均可以分类投匦。北宋初年，改为登闻检院和登闻鼓院，掌接受文武官员及士民章奏表疏。

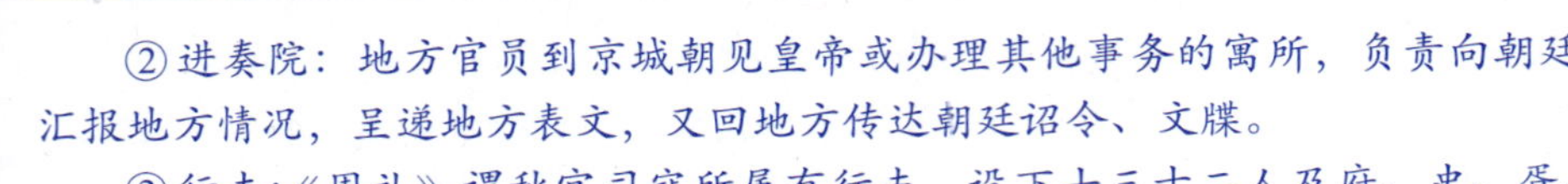

②进奏院：地方官员到京城朝见皇帝或办理其他事务的寓所，负责向朝廷汇报地方情况，呈递地方表文，又回地方传达朝廷诏令、文牒。

③行夫：《周礼》谓秋官司寇所属有行夫，设下士三十二人及府、史、胥、徒等人员，掌传达邦国福庆丧荒事件时的王命。行人出使时，作为随员出行。

④一命：周代官阶自一命至九命，后以一命代指卑微的官职。

⑤一资：比喻极低的官职。

⑥节钺：符节与斧钺。古代授予官员或将帅，作为加重权力的标志。

⑦告命：诰命，皇帝封赠官员的专用文书。

⑧审计院：此指诸司诸军审计司。

⑨诹（zōu）：一起商量事情。

译文

登闻检院、登闻鼓院，最初都建于和宁门下，后来移置于丽正门左右阙庭（“庭”作“亭”）的南面。左边是检院，右边是鼓院。本朝遵循唐朝旧制，设置四个匦院以了解下情，名曰崇仁，掌劝谏进言，申冤辩诬，招纳贤才，以遵大体，以招揽四方贤才，使其能上达天听。

都进奏院，在朝天门外，职掌朝廷与地方传送事务，以节制管辖诸道，传递官兵，其职与《周礼》所记的“行夫”近同。

官告院，在部门的北面。士大夫自一命以上，直到公卿王爵；军卒自一资以上，直到接受节钺，其诰命皆由官告院颁给。文臣用吏部印，武臣用兵部印，皇室宗亲用司封印，考核加勋用司封印，一共四司，都集于本部出诰命。元丰改制后，文武官员的诰命都由吏部颁行，而蕃官则由兵部颁行。此后又都归吏部右选颁行。

文思院，在北桥的东面。按照东都汴京的旧制，监官分为两界，上界制造金银珠玉，下界制造铜铁竹木杂料。然而两界监官的官舍，不得靠近本院，或与其邻墙并壁，这样做是为了防止贪污舞弊。精巧的金银犀玉器物的制作，彩绘装钿等装饰，以及舆辇法物器具制作都由文思院负责。

诸司诸军粮料院，在洋沙坑七官宅废屋旧址上建置。诸司诸军察计院，在保民坊内旧马军教场基址上建置。像粮料院这样的官署，是诸司诸军蒙受皇上俸禄之所，不可不严，设置官吏，令其专心致志于自己的职责，拨给粮饷没有差池。

诸司诸军审计司，从宫禁朝廷百官以下，直到内侍和御前军士，以及诸军的兵卒，凡有俸禄者，都根据标准审定其数目。而高级官员辟召的僚属，只在郊礼时赐钱而已。审定的俸禄若有疑问，根据法律来决断。凡四方的计籍呈送给大司农，审计司也参与审核讨论。有关部门商议调度赋税，审计司也参与商讨。

原 文

榷货务都茶场[①]，在通江桥东。盖国初循唐制，旧以九路之漕，自达于淮，去则货茶，回则转盐，诸路留而庾[②]之，官纳钞引[③]，以便商贾。但钞引之法通行，则设官专职主之。课衍事繁，官曹之选，于斯重矣。

杂买务、杂卖场，在榷货务内。唐制谓之宫“市”，宋初为“市买司”，太平兴国年，方更名“杂买务”。奉禁中买卖，而平其直。南渡后，合局于此。凡宫禁月料，朝省纸札，文思制造，和剂修合，封桩所积，编估以时其直，打套以籍其数，而就售焉。又置提辖，以总其务耳。

左藏库，有东西二库，在清湖桥，又韩蕲王所献赐第基建库。东库则掌币帛绝细之属，西库则掌金银泉券彩纩之属[④]。盖朝廷用度，多靡于赡兵。蜀、湖之饷，江、淮之赋，则归于四总领[⑤]，饷诸屯军。则东西两库，岁入绢计者率百四十万，以缗计之率一千万，给遣大军，居什之七；宫禁百司禄赐裁三。有非泛浩繁之费，则请于朝，往往出内帑封桩，以补其阙耳。

封桩上库，在三省大门内。封桩下库，在左藏库中门。安边太平库，在下库南。盖封桩上库，肇于孝庙之时，以备缓急支拨。又徙户部钱物隶本所，则有上下库之别。上库窠名者曰折帛，总制增盐三分，盐袋增额，不排办人使。下库窠名者曰煮酒、酒息、营田、盐场、芦柴、坍江、沙田额、五厘关子，为数至火。中因文移[⑥]，缓弊罅多，诸郡纲额，亏数甚矣哉。

注 释

①榷货务都茶场：主管茶盐等事务的重要机构，其主要职能为给卖茶引。

②庾：储存水路转运粮食的仓库。此指储存。

③钞引：宋代茶、盐、矾等物的生产运销由政府管制，政府发给特许商人支领和运销这类产品的证券，名“茶引”“盐引”“矾引”，统称“钞引”。

④泉：古代钱币的名称。纩：丝棉。

⑤四总领：南宋初期建有四川、湖广、淮东、淮西四个总领所，负责提供御前诸军各都统司的军需财赋。《咸淳临安志》：“四蜀、湖广、江淮之赋，类归四总领所，以饷诸屯。其送京者，殆亡几，唯闽浙悉输焉。”

⑥文移：文书。代指政令。

译 文

榷货务都茶场，在通江桥的东面。本朝遵循唐朝旧制，过去以九路之漕运，自达于淮河一带，去时运茶，回时带盐，诸路将其留存在仓库中，朝廷则收纳钞引，以便于商贾交易。但钞引之法的通行，则要设专职官员主管。其审核事务特别繁杂，因此官曹的选任就特别重要了。

杂买务、杂卖场，都在榷货务内。唐朝称之为“宫市”，宋朝初年为“市买司”，太宗太平兴国年间，才更名为“杂买务”。主管皇宫中买卖，而避免宫中直接向行铺征购。南渡之后，合局置于此。凡宫中每月所用的物资，朝廷省院所需的纸张，文思院制造的器物，和剂局配制的药品，封桩所积的财物，编估局估算其价值，打套局登记其数目，然后进行买卖。有设置提辖官，总管各项事务。

左藏库，有东西二库，在清湖桥，是在蕲王韩世忠后人所献赐第的基址上建置的。东库掌管钱币布帛絁绌之类，西库掌管金银泉券及彩纩之类。朝廷的用度，多在供给军队上靡费，四川、湖广的粮饷，江、淮的贡赋，则归于四个总领所，给诸地屯驻军队发放粮饷。东西两库的收入，以绢计有大概有一百四十万，以钱计大概有一千万，其中有十分之七分发为军队，宫中百司的俸禄及赏赐又裁去十分之三。有时会有不是很巨大的花费，则向朝廷请求拨给钱财，往往拿出封桩库中皇帝的私财，以补其缺空。

封桩上库，在三省大门内。封桩下库，在左藏库中门。安边太平库，在下库南面。封桩上库，始置孝宗之时，以备缓急时支拨。又调出户部的钱物隶属本所，于是有上下库之别。上库的窠名叫折帛、总制、增盐、三分盐袋、增额，不派人管理。下库的窠名叫煮酒、酒息、营田、盐场、芦柴、坍江、沙田额、五厘关子，为数甚多。后因政策的变动，暴露出各种弊端和缺漏，诸郡所贡献的数额，亏空非常大。

三　衙

原 文

殿前司[①]，在凤凰山八盘岭中。置衙，有御书阁、凝香堂、整暇堂。山之上为月岩，有亭匾曰“延桂”。最高处曰“介亭”，崖石嶙峋。亭之后为冲天楼，极高，江海湖山奇伟之观。侍卫马军司，移屯建康[2]，以行司边帅兼领。元有帅衙在保民坊内，改为寺监公宇。侍卫步军司，在铁冶岭西。衙有御书阁、湖山堂、锦绣楼、相公井。

注　释

①殿前司：宋代禁军官司，与侍卫亲军司合称“两司”。侍卫亲军司又分马军司和步军司。

②建康：即今南京。

译　文

殿前司，在凤凰山八盘岭中。设置衙署，有御书阁、凝香堂、整暇堂。山的上面是月岩，有亭，匾额曰“延桂”。最高处叫“介亭”，崖石嶙峋。介亭后面是冲天楼，极高，站在楼上可俯视江海湖山奇伟之观。侍卫马军司，移屯至建康，以行司边帅兼领。原先有帅衙在保民坊内，后来改为诸寺诸监的公屋。侍卫步军司，在铁冶岭西面。衙署里有御书阁、湖山堂、锦绣楼、相公井。

阁　职

原　文

阁门，在和宁门外，掌朝参、朝贺、上殿、到班、上官等仪范。有知阁、簿书、宣赞，及阁门祗候、寄班等官。四方客省馆，在东华门北。客省者，掌收接圣节建奉香及贺表，外国使人往来接伴之礼。四方馆者，掌收接诸州府郡朔望正冬贺表，及大礼贺表等事。御前忠佐军头引见司，在文思院后，有内等子[1]营。以正厅知阁提点幕官，以大使臣为干办司官。

注　释

①内等子：皇宫中的禁卫。

译　文

阁门，在和宁门外，职掌朝参、朝贺、上殿、到班、上官等仪范。有知阁、簿书、宣赞，以及阁门祗候、寄班等官。四方客省馆，在东华门北面。所谓“客省”，职掌收接圣节时的建奉香及贺表，以及外国使者往来接送陪伴之礼。所谓“四方馆”，职掌收接诸州府郡朔日、望日和正月、冬至的贺表，以及大礼贺表等事。御前忠佐军头引见司，在文思院的后面，有内等子营。以正厅知阁提点幕官，以大使臣为干办司官。

监当诸局

原　文

车辂院，在嘉会门外，置库，安玉辂及平等车。制造御前军器所，在礼部贡院之西，改隶殿司，所管工役每季所制器纳内库。万全三指挥[①]东西两作坊营，在所之东北。编估打套局，在左藏库门内。惠民利剂局，在太府寺内之右，制药以给惠民局，合暑腊药以备宣赐。太平惠民局，置五局，以藏熟药[②]，价货以惠民也。南局在三省前，西局众安桥北，北局市西坊南，南外局浙江亭北，外二局以北郭税务兼领，惠民药局收赎。草料场，在天水院桥西，有廒[③]十眼，受畿内所输稻麦豆，以给骐骥、御马二院，及宰执三衙之马。

合同场，在过军桥之下，掌茶盐钞引合同。会子库，在榷货务置，隶都茶场，悉视川钱法行之。以务门兼职，以都司官提领，日以工匠二百有四人，以取于左帑，而印会归库矣。造会纸局，在赤山湖滨。先造于徽城，次成都，以蜀纸起解。后因路远而弗给，诏杭州置局于九曲池，遂徙。于今安溪亦有局，仍委都司官属提领。但工役经定额，见役者日以一千二百人耳。交引库，在太府寺门内，专印造茶盐钞引，遂请丞簿佥押[④]。

法物库，在梅家桥北，掌祭祀法服、朝服、冠珮、带舄，及大礼明禋旗幡、衫袍等。内侍领其职。度牒[⑤]库，在油车巷，掌僧道二流承恩敕牒。市舶务，在保安门外瓶场河下。凡海商自外至杭，受其券而考验之。又有新务，在梅家桥北。司农排岸司，在前洋街，掌拘卸[⑥]诸州郡宣限纲运，检察搜空，而禁其不登数者。三省枢密院激赏钱库，在俞家园。激赏酒库，在钱塘县南。

左右骐骥二院，在漾沙坑。两院以马二十四匹为额。每月朝参，各院以御马三匹，至和宁门立于南向，朝罢回院。象院，在嘉会门外御马院，养喂安南王贡至象三。左右骑御直，在七官宅山上。左右教骑营，在丽正门左右。御马院使臣营，在嘉会门外。牛羊司，在榷货务后，掌御膳及祭之牲。有涤宫，在六和塔之南。

注 释

①万全三指挥：宋代设置的制造军器的诸局所之一。

②熟药：经加工炮制的药材。

③廒（áo）：收藏粮食的仓房。

④佥押：在文书上签名画押表示负责。

⑤度牒：官府发给公度僧道以证明其合法身份的文字凭证。发放度牒，也是控制僧道人数的手段。

⑥拘卸：将货物卸下并放置。

译 文

车辂院，在嘉会门外，设置库房，安放玉辂及平等车。制造御前军器所，在礼部贡院的西面，后改为隶属殿前司，所管工役每季所制造的军器都纳入内库。万全三指挥东西两作坊营，在军器所的东北。编估打套局，在左藏库门内。惠民利剂局，在太府寺内的右面，配制药物以供给惠民局，配制暑药腊药以备皇上宣赐。太平惠民局，置有五局，以收藏熟药，售卖以惠及百姓。其中南局在三省之前，西局在众安桥北，北局在市西坊南，南外局在浙江亭北，外二局以北郭税务兼领，惠民药局收购。草料场，在天水院桥西，有十座仓房，接受京畿内运送来的稻麦豆，以供给骐骥院、御马院，以及宰执三衙之马。

合同场，在过军桥下面，职掌茶盐钞引合同。会子库，在榷货务设置，隶属于都茶场，都仿造四川发行钱引的办法发行会子。以务门兼职，以都司官提领，每日用工匠204人，取材料于左藏库，印制好会子再归库。造会纸局，在赤山湖滨，原先在徽州造纸，后来在成都，将蜀纸押送京城。后因路途遥远难以供应，下诏在杭州九曲池置局，于是迁徙。如今安溪也有造会纸局，仍委任都司官提领。但工人劳役都有定额，每日工作的人有1200人。交引库，在太府寺门内，专门印制茶盐钞引，然后请丞、主簿佥押。

法物库，在梅家桥北，职掌祭祀时穿戴的法服、朝服、冠珮、腰带、鞋子，以及大礼和明堂大祀时用的旗幡、衫袍等。由内侍提领其职。度牒库，在油车巷，职掌僧道二流的承恩敕牒。市舶务，在保安门外瓶场河下。凡是海商从外地来到杭州，接受其券再考验其身份。又有新务，在梅家桥北。司农排岸司，在前洋街，职掌卸置诸州郡运输到京城的大宗物资，检查搜空，拘捕那些不足数额者。三省枢密院激赏钱库，在俞家园。激赏酒

库，在钱塘县南面。

左右骐骥二院，在漾沙坑。两院以二十四匹马为定额。每月朝参时，各院以三匹御马，到和宁门朝南站立，朝参结束后再回院。象院，在嘉会门外的御马院，喂养安南王进贡的三头象。左右骑御直，在七官宅山上。左右教骑营，在丽正门左右。御马院使臣营，在嘉会门外。牛羊司，在榷货务后，职掌御膳和祭祀用的牺牲。还有涤宫，在六和塔的南面。

诸　仓

原　文

省仓上界，在天水院桥北，其廒[①]有八眼，受纳浙右米，以充上贡，及宰执百官、亲王宗室、内侍，仍支给王城班直、省部职员。省仓中界，在东青门外菜市塘，有廒三十七眼，皆受纳浙右苗纲经常、和籴公田桩积等米[②]，以供朝家科支、农寺宣限。凡诸军、诸司、三学，及百司、雇募诸局工役等人皆给焉。省仓下界，在东仓铺，创于绍兴八年，旧址极广袤，朝家更修，乃折三之二，建廒厅八十眼。

丰储仓，在仁和县侧仓桥东，以公田浩瀚，诸仓不足以受纳，以丰储增创，成廒百眼。丰储西仓，在余杭门外佐家桥北，其廒五十九眼。端平仓，在余杭门外德胜桥东。元储漕籴，后归农寺，莅以京局官而领之。咸淳重修，有水榭，匾曰“介然”，盖取太仓箴语，而并箴刻于石。有廒五十六眼。淳祐仓，在余杭门内斜桥南。元创以储米粜于帅司，其后朝家拨支赈粜百姓，自后付农寺以给诸军诸司。有廒一百眼。平粜仓，在仙林寺东，创以储临安米，今农米皆入焉。咸淳仓，在东青门内后军寨北。议增建廪，以储公田岁入之米。买琼华废圃，及以内酒库柴炭屋，掌于帅司，建仓廒一百眼，岁贮公田米六百余万石。凡诸仓支纳下卸，自有下卸指挥兵士，遇月分支遣，皆至祗役。叉袋[③]自有赁者应办。如遇支界日，仓前成市，水陆壅塞。诸军校给打[④]诸粮，不许顾人搬担，须亲于廒中肩出仓外，此祖宗立法如此。

注　释

①廒：贮存粮食的仓库。

②苗纲：即粮纲。和：和州，今安徽和县。公田桩积米：即公田所产的积存的米。《容斋四笔·今日官冗》："海内全盛，仓库多有桩积。"

③叉袋：袋口成叉角的麻袋或布袋。

④给打：即打请，指诸军请粮。

译　文

省仓上界，在天水院桥北面，有八座仓房，受纳浙西米，上贡给皇上，及宰执百官、亲王宗室、内侍，也支拨给皇城诸班直军士和省部的职员。省仓中界，在东青门外菜市塘，有37座仓房，受纳浙西运粮，从常州、和州买来的米，以及公田桩积米，以供朝廷取用和司农寺支拨。凡诸军、诸司、三学，以及百司、诸局雇佣招募的工役的粮食，都由其供给。省仓下界，在东仓铺，创于绍兴八年，旧址极其广袤，朝廷重修，以其三分之二地，建仓房80座。

丰储仓，在仁和县侧仓桥东面，因公田浩瀚，诸仓不足受纳其所产之粮，于是增建丰储仓，有上百个仓房。丰储西仓，在余杭门外佐家桥北，有59座仓房。端平仓，在余杭门外德胜桥东。原先储存经漕运买来的米，后归司农寺，命京局官提领。咸淳年间重修，有水榭，匾额曰"介然"，取自太仓箴语，并刻在石上。有56座仓房。淳祐仓，在余杭门内斜桥南。原先创建此仓是为了储存从帅司买来的米，后来朝廷支拨，售卖赈济百姓，其后归付司农寺以供给诸军诸司。有100座仓房。平粜仓，在仙林寺东，创建此仓以储存临安的米，如今司农寺的米都入此仓。咸淳仓，在东青门内后军寨北。朝议增建仓廪，以储存每年公田上收获的米。于是买琼华苑废圃，以及内酒库柴炭屋之地，建立新仓，命帅司执掌。建有100座仓房，每年贮藏公田米600多万石。凡诸仓支出缴纳、装卸搬运之事，都有下卸司的装卸军士负责，每月发放粮食之日，都到各仓服役。叉袋自有赁者应办。如遇到发放粮食之日，各粮仓前宛如集市，水陆堵塞。诸军校往诸仓请粮，不许雇人搬运，必须亲自由仓中扛出仓外，这是祖宗立下的规矩。

内司官

原　文

内侍省：知省、都知、御带、御药、苑使、门司、殿长、阁长、内辖、内监丞、受随都知、下都监、仪令、上名①，扶持直掌。权苑提举提辖御前诸宫观，提点皇城司、御辇马、御马院，兼提举诸内司、库藏司所等处。更有听唤一百员，团练四员，两攒宫宫使、随父指教小直殿一百员。内宫散祗候，不记多数，各有所辖职名，主管事务。

注　释

①知省：内侍省长官。都知：有左班都知和右班都知，皆由宦官充任。御带：全称“带御器械”，佩带武器的内臣。御药：掌禁中医药并兼管礼文。苑使：《容斋随笔·寄资官》：“内侍之职，至于干办后苑，则为出常调，流辈称之曰‘苑使’。又进而干办龙图诸阁，曰‘阁长’。其上曰‘门司’，曰‘御药’，曰‘御带’。又其上为省官，谓押班及都知也。”

译　文

内侍省由知省、都知、御带、御药、苑使、门司、殿长、阁长、内辖、内监丞、受随都知、下都监、仪令、上名等官扶持职掌。命苑提举提辖御前诸宫观，提点皇城司、御辇马、御马院，兼提举诸内司、库藏司等处。还有听唤100人，团练4人，两攒宫宫使、随父指教小直殿100人。内宫的散祗候，多到不可胜计，各有所辖和职称以及主管的事务。

内诸司奉安

原　文

皇城司：禁卫所、符宝所，主管大内钥匙库、御药院、内东门司、内通进司、御前军器库、睿思殿库、内藏库、奉宸库、内军器库、南廊库、安放库、生料库、果子库、香药库、进奉库。

殿中省：后苑、御膳所、御厨、六尚局、翰林司、仪鸾司、八作司、修内司、御前内辖司、东西库、南北库、甲仗库、法物库、蜜煎库、内司纲房、青器窑、内司备内库、御前应奉所、万寿香一作"宫"所、御服所、裹御所、丝帛所、腰带所、八作司、意思房、灯局所、御马院、教乐所、天章阁、乐器库、翰林书艺局、道场库、祗候库、御醋库、主管往来国信所[①]。

东库：御辇院、车辂院、皇城辇宫营、骐骥院、教骏营、骑从马院、象院、大辇院、内辖司、濠寨司、织染所、奉安所、御酒库、主管翰林医官局、太医局、合同凭由司、良马院、使臣院、快行营、黄院子营、皂院子营、轻韅库。

外库：御前诸宫观官、太庙营、景灵万寿宫、老儿营、慈元殿库、皇后殿库、吴益国位库、淑妃昭容修仪美人才人诸位库。以上并是内侍官兼职提点、提举等职。外有皇城司、御马院、象院，系知阁御带、环卫官兼领干办之职。其余外库院干办之官，系右选官[②]领其职也。

注　释

①往来国信所：《宋史·职官志五》："往来国信所，掌大辽使介交聘之事。"

②右选官：此指选拔出来的官吏。

译　文

略。

卷十

诸官舍

原 文

左右丞相、参政、知枢密院使、签书[1]府，俱在南仓前大渠口。侍从宅，在都亭驿。东台官宅，在油车巷。省府官属宅，在开元宫对墙。卿监郎官宅，在俞家园。七官宅，在郭婆井。五官宅，在仁美坊。三官宅，在潘阆巷。十官宅，在旧睦亲坊。六房院，即后省官所居处，在涌金门东如意桥北。五房院，即枢密院诸承旨所居处，在杨和王[2]府西也。

注 释

①签书：宋代枢密使的副官，掌管办理军事文书事宜。

②杨和王：杨存中，本名杨沂中，字正甫，南宋初名将，追封和王。

译 文

略。

府 治

原 文

临安府治，在流福坊桥右，州桥左首亭匾“奉诏亭”，右首亭匾曰“迎春”。左入近民坊巷，节推、察判二厅。次则左司理院，出街右首则右司理院、府院及都总辖房。入府治大门，左首军资库与监官衙，右首帐前统制司，次则客将客司房。转南入签厅都门，系临安府及安抚司佥厅，有设厅在内。佥厅外两侧是节度库、盐事所、给关局、财赋司、牙契局、户房、将官房、提举房。投南教场门侧曰香远阁，阁后会茶亭，阁之左是见钱库、分使库、搭材、亲兵、使马等房。再出佥厅都门外，投西正衙门俱廊，俱是两司点检所、都吏职级平分点检等房。正厅例，帅臣不曾坐，盖因皇太子出判于此，臣下不敢正衙坐。正厅后有堂者三，匾曰“简乐”“清平”“见廉”。堂后曰“听雨亭”。左首诵读书院。正衙门外左首曰东厅，每日早晚帅臣坐衙，在此治事。厅后有堂者四，匾曰“恕堂”“清暑”“有美”“三桂”。东厅侧曰常直司，曰点检所，曰安抚司，曰竹山阁，曰都钱、激赏、公使三库。库后有轩，匾曰“竹林”。轩之后室，匾曰“爱民”“承化”“讲易”三堂，堂后曰牡丹亭。东厅右首曰客位，左首曰六局房，祗候、书表司、亲事官、虞候、授事等房而已。府治外流福井，对及仁美坊，三通判、安抚司官属衙居焉。府治前市井亦盈，铺席甚多。盖经讼之人，往来骈集[①]，买卖耍闹处也。

注 释

①骈集：凑集，聚会。

译 文

临安府治在流福坊桥右边，州桥左首有亭，匾额曰“奉诏亭”，右首亭的匾额曰“迎春”。往左进入近民坊巷，是节推、察判二厅，其次是左司理院，出街往右，起首是右司理院、府院及都总辖房。进入府治大门，左边起首是军资库与监官衙，右边起首是帐前统制司，其次是客将客司房。转向南进入签厅都门，是临安府及安抚司佥厅，其中有设厅。佥厅外两侧是节度库、盐事所、给关局、财赋司、牙契局、户房、将官房、提举房。转向南，教场门旁是香远阁，阁后有会茶亭，阁的左边是见钱库、分使库、搭材、亲兵、使马等房。再出佥厅都门外，往西正衙门都有廊，都是两司点检所、都吏职级平分点检等房。按照惯例，帅臣不能坐于正厅，因皇太子曾在这里任职办公，所以臣下不敢在正厅坐衙。正厅后面有三堂，匾额曰“简乐”“清平”“见廉”。堂后有亭曰“听雨亭”。左边起首是诵读书院。正衙门外，左边起首是东厅，每日早晚帅臣坐衙，在此处理公务。厅后有四堂，匾额曰“恕堂”“清暑”“有美”“三桂”。东厅旁边是常直司、点检所、安抚司、竹山阁，以及都钱、激赏、公使三库。库后有轩，匾额曰“竹林”。轩的后室，匾额曰“爱民”“承化”“讲易”三堂，堂后是牡丹亭。东厅右边起首是客位，左边起首是六局房，祗候、书表司、亲事官、虞候、授事等房。府治外有流福井，与仁美坊相对，三通判、安抚司官属衙就在那里。府治前的市井十分热闹，铺席很多。因诉讼之人往来聚集，便成了买卖耍闹处。

运司衙

原　文

两浙运司[①]衙，旧在双门北，为南北二厅，今迁丰豫门南渡子桥西普安桥。为东西二衙：曰东衙，有宽民堂、福星楼、节爱堂、振襟堂，堂侧建别榭曰西衙，有周咨堂、公生明堂、绣春堂、仁惠堂。堂后栽修竹而围之。运司佥厅、提领犒赏酒库所，俱在运司衙门。主管文字、干办公事，在俞家园。主管帐司厅，在戒子桥之北。

注　释

①两浙运司：南宋建炎三年（1129），升杭州为临安府，并分两浙路置两浙东、西二路，西路治临安府。

译　文

两浙转运司衙，过去在双门北，有南北二厅，如今迁到丰豫门南渡子桥西的普安桥，分东西二衙，东衙有宽民堂、福星楼、节爱堂、振襟堂，堂侧另建榭曰西衙，有周咨堂、公生明堂、绣春堂、仁惠堂。堂后栽修竹环绕。运司佥厅、提领犒赏酒库所，也都在运司衙门。主管文字、干办公事，在俞家园。主管帐司厅，在戒子桥北面。

后戚府

原　文

昭慈圣献孟太后宅，在后市街。显仁韦太后宅，在荐桥东。宪节邢皇后宅，在荐桥南。宪圣慈烈吴太后宅，在州桥东。成穆郭皇后宅，在佑圣观后。成恭夏皇后宅，在丰乐桥北。成肃谢皇后宅，在丰禾坊南。慈懿李皇后宅，在后市街。恭淑韩皇后宅，在军将桥。恭圣仁烈杨太后宅，在漾沙坑。寿和圣福谢太后宅，在龙翔宫侧。全皇后[①]宅，在丰禾坊南。其后戚宅，元各赐家庙五室，及祭器仪物。每四孟祭享，官给以御厨兵治祭馔，太常寺差奉常官行赞相礼，仍差主管官、影堂使臣及兵级②守之，以子孙世领祠事。

注 释

①全皇后：全玖，宋度宗皇后，南宋亡后被俘北上，在大都正智寺出家为尼而终。无谥号。

②兵级：兵丁和级节的合称。

译 文

昭慈圣献孟太后的宅邸，在后市街。显仁韦太后的宅邸，在荐桥东。宪节邢皇后的宅邸，在荐桥南。宪圣慈烈吴太后的宅邸，在州桥东。成穆郭皇后的宅邸，在佑圣观后。成恭夏皇后的宅邸，在丰乐桥北。成肃谢皇后的宅邸，在丰禾坊南。慈懿李皇后的宅邸，在后市街。恭淑韩皇后的宅邸，在军将桥。恭圣仁烈杨太后的宅邸，在漾沙坑。寿和圣福谢太后的宅邸，在龙翔宫侧。全皇后的宅邸，在丰禾坊南。其他后戚的宅邸，原先各赐予家庙五室，以及祭器仪物。每年四孟祭享，官府派御厨兵专门到府上制作祭食，太常寺也派奉常官来行赞相礼，仍派遣主管官、影堂使臣及兵级守卫，以子孙世代领祭祀事。

诸王宫

原 文

吴王府，在后洋街。益王府，在新桥。秀安僖王府，在后洋街。汉王府，在西桥。庄文太子①府，在井亭桥。沂靖惠王府，在清湖北。景献太子府，在铁冶岭。荣文恭王府，在佑圣观桥东。周汉国瑞孝长公主府，在左藏库西。各赐家庙祭器，岁时祭礼，及影堂使臣、主奉官、兵级等，循戚宅例制行之矣。

注 释

①庄文太子：宋孝宗嫡长子赵愭，早夭。下面“景献太子”赵询乃宋宁宗养子，亦早夭。二太子合葬处即今杭州太子湾公园。

译　文

吴王府在后洋街，益王府在新桥，秀安僖王府在后洋街，汉王府在西桥，庄文太子府在井亭桥，沂靖惠王府在清湖北，景献太子府在铁冶岭，荣文恭王府在佑圣观桥东，周汉国瑞孝长公主府在左藏库西。各赐予家庙和祭器，岁节时行祭礼，以及派遣影堂使臣、主奉官、兵级等守卫，遵循戚宅之例制。

家　庙

原　文

忠烈张循王[1]府，在清河坊，赐庙祀。循王以上五世祖，颁祭器法式，听其自造。仍差主管一员、影堂使臣二员、兵级二十七名，以子孙世领祠事。忠武韩蕲王府，在前洋街，赐庙祀，颁祭器，惟赐铜爵勺各一，余竹木颁图式，听其自制，一应事仪如前制行。忠勇刘鄜王[2]府，在明庆寺南，建庙赐祭器，并如前式。忠烈杨和王府，在洪桥清河坊，赐家庙与祭器，下将作监造以赐，岁时行礼，官给厨兵，太常遣赞相以奉常，余皆如前制行。太傅平章魏国公贾秋壑，按旧典赐第及家庙，在葛岭集芳园，改建庙，奉五室同宇以飨，四孟月祭器，皆尚方所赐。凡点领官吏、洒扫兵士，与花果，月颁之。隶版曹[3]及京兆府，如在京赐诸勋功庙仪式奏行。

注　释

①张循王：即张俊，字伯英，南宋四大将之一，追封循王。

②刘鄜王：即刘光世，字平叔，南宋四大将之一，追封鄜王。

③版曹：宋代户部左曹的别称。因职掌版籍，故称。亦借指户部。

译　文

忠烈张循王府在清河坊，赐予家庙祭祀。循王以上五世祖，颁给祭器的法式，任其自行制造。仍派遣主管一员、影堂使臣二员、兵级二十七名负责守卫，以子孙世代领祭祀事。忠武韩蕲王府在前洋街，赐予家庙祭祀，颁给祭器，只赐铜爵、铜勺各一个，其余竹木祭器则颁给图式，任其自行制造，一切事仪如前制行使。忠勇刘鄜王府在明庆寺南，皇上赐祭器，一切事仪皆如前制。忠烈杨和王府在洪桥清河坊，赐予家庙与祭器，命将作监制造后赐之，每年岁节时行礼，官府派御厨兵专门到府上制作祭食，太常寺也派奉常官来行赞相礼，其余皆如前制行使。太傅平章魏国公贾秋壑，按照旧典赐予宅邸及家庙，在葛岭集芳园，后改建为庙，奉同宇五室以祭飨，四孟月的祭器，都是皇上所赐。凡点领官吏、洒扫兵士，以及花果，都每月颁赐。户部左曹及京兆府，如在京城赐予功勋家庙的仪式奏行。

馆　驿

原　文

樟亭驿，即浙江亭也，在跨浦桥南江岸。凡宰执辞免名，出居此驿待报矣。向有白乐天先生往驿访杨，旧曾赋诗曰："往恨今愁应不殊，题诗梁下又踟蹰。羡君犹梦见兄弟，我到天明睡亦无[①]。""夜半樟亭驿，愁人起望乡，月明何处见，潮水白茫茫[②]。"北郭驿亭在余杭门外，北郭税务之右，都亭驿在候潮门里泥路西侍从宅侧次，为馆伴外国使人之地也。

注　释

①"往恨今愁应不殊"四句：见白居易《赴杭州重宿棣华驿，见杨八旧诗，感题一绝》。

②"夜半樟亭驿"四句：见白居易《宿樟亭驿》。

译　文

樟亭驿即浙江亭，在跨浦桥南江岸。凡宰执请求辞官免职，都出居此馆驿等待消息。过去有白乐天先生往此驿访问杨姓友人，曾赋诗曰："往恨今愁应不殊，题诗梁下又踟蹰。羡君犹梦见兄弟，我到天明睡亦无。"又有诗曰："夜半樟亭驿，愁人起望乡，月明何处见，潮水白茫茫。"北郭驿亭在余杭门外，北郭税务的右面。都亭驿在候潮门里泥路西边的侍从宅的旁边，此馆乃是外国使者居住的地方。

本州仓场库务

原　文

镇城仓、常平仓、糯米仓，俱在余杭门外师姑桥。盐事所、都盐仓，在艮山门外。天宗盐仓，在天宗水门内，所辖诸盐场十有二：曰汤镇、仁和、许村、盐官、南路、茶槽、钱塘、新兴、蜀山、岩门、上管、下管等场。又新兴以下五场①，西兴、钱清二场皆隶。交木场，在龙山。抽解竹木场，在浙江亭北。又三场在江涨桥南、余杭塘上、西溪三路也②。城内外场共二十有一处，以便诸官厅及民庶排日发卖。铁场、炭场、船场、铸冶场，在东青门外北。瓶场、籴场，在余杭门外。卖酒局，在丰储仓边家渡之东。交钱局，在府治后。都钱库、激赏库、军资库、常平库、公使钱库、公使酒库、甲仗库、书版库、公使醋库，俱在州衙内。回易库，在荐桥北。外有公使醋子库，于城内外十有一库耳。或自沽卖，止日纳息钱于点检所。楼店务，在流福桥北，有官设吏，令宅务合于人员③，收掠民户，年纳白地④赁钱。税务凡五处，名曰都税务、浙江税务、龙山税务、北郭税务、江涨税务。但州府虽有税务之名，则朝家多有除放，以便商贾诸货壅于杭城。其都作院在白龟池之侧，运司亦有木税场，在杭城外共八场也。船场与架阁库，俱在荐桥门外。提领犒赏酒库所，在楼店务之侧。

注　释

①新兴以下五场：《咸淳临安志》："新兴场在盐官，蜀山场在许村，岩门场在许村，上管场、下管场并在盐官。"

②"又三场"句：《咸淳临安志》："北大场，一在打绳巷江涨桥南，一在余杭塘上。子场，在西溪。"

③宅务：楼店务原为店宅务，是管理官方房地产税务的机构。合于：疑为衍文。

④白地：空地。官府将其租赁出去以收取租金。

译文

镇城仓、常平仓、糯米仓，都在余杭门外师姑桥。盐事所、都盐仓，在艮山门外。天宗盐仓，在天宗水门内，所辖诸盐场有十二个，分别是：曰汤镇、仁和、许村、盐官、南路、茶槽、钱塘、新兴、蜀山、岩门、上管、下管，又有新兴场等五场，西兴、钱清二场也都隶属天宗盐仓。交木场，在龙山。抽解竹木场，在浙江亭北。又有三场在江涨桥南、余杭塘上、西溪。杭城内外共有场二十一处，以便逐日发卖诸官厅及百姓。铁场、炭场、船场、铸冶场，在东青门外北。瓶场、粜场，在余杭门外。卖酒局，在丰储仓边家渡的东面。交钱局，在府治后面。都钱库、激赏库、军资库、常平库、公使钱库、公使酒库、甲仗库、书版库、公使醋库，都在州衙内。回易库，在荐桥北。另外还有公使醋子库，在城内外共有十一库，有的自行沽卖，每日将息钱缴纳点检所。楼店务在流福桥北，设置官吏，令宅务人员向民户收取租金，每年收纳空地的租金。税务共有五处，叫作都税务、浙江税务、龙山税务、北郭税务、江涨税务。州府虽然有税务之名，但朝廷常常予以免除，以便商贾们的货物聚集于杭城。都作院在白龟池旁边，转运司也有木税场，在杭城内外共有八处。船场与架阁库，都在荐桥门外。提领犒赏酒库所，在楼店务旁边。

点检所酒库

原文

点检所官酒库，各库有两监官，下有专吏酒匠掌其役。但新煮两界[①]，系本府关给工本，下库酝造，所解利息，听充本府赡军，激赏公支，则朝家无一毫取解耳。曰东库，清、煮俱为一，在崇新门里，有酒楼，名之曰太和，废之久矣。曰西库，又名金文正库，清界库在三桥南惠迁桥侧，煮界库在涌金门外，有酒楼，匾之曰“西楼”。南库，元名升阳宫，煮界库在社坛南，清界库在清河坊南，酒楼匾之曰“和乐”。北库，煮界库在祥符桥东，清界库在鹅鸭桥东，酒楼匾之曰“春风”。曰中库，在众乐坊北，造清界，有酒楼匾之曰“中和”，煮库在井亭桥北。曰南上库，呼为银瓮子库，煮酒库在东青门外，造清界库在睦亲坊北，酒楼匾之曰“和丰”。南外库，造清界库在便门外清水闸，造煮界库在嘉会门外，名之曰雪醅库。北外库，造煮界库在江涨桥南，清界库在左家桥北，酒楼匾之曰“春融”。西溪库，清、煮两界俱在九里松大路，乃一门分两库耳。天宗库，造清界在天宗水门里，煮界库在余杭门外上闸东。赤山库，造清界库在赤山教场，前煮库在左军教场侧。崇新库，清、煮两界俱在崇新门外。徐村库，在六和塔南徐村市中。

其诸库皆有官名角妓，就库设法卖酒，此郡风流才子，欲买一笑，则径往库内点花牌，惟意所择。但恐酒家人隐庇推托，须是亲识妓面，及以微利啖之可也。又有九小库，如安溪、余杭、奉口、解城、盐官、长安、许村、临平、汤镇。更有碧香诸库。如钱塘门外上船亭南名为钱塘正库，有楼，匾曰“先得”。钱塘县前名钱塘前库[②]。鹅鸭桥北曰北正库，正在醋坊巷口也。西桥东曰煮碧香库。礼部贡院对河桥西曰藩封栈库。外有藩封正库，在常州无锡县，并隶临安府点检酒所提领耳。

注释

①新煮两界：疑当作“清、煮两界”。据下文，凡酒库都有清界、煮界两库，疑清界负责卖酒，煮界负责煮酒。

②钱塘前库：《咸淳临安志》作“钱塘栈库”。

译文

点检所管理官家酒库，每库设两令监官，以下还有专吏酒匠工作劳动。清、煮两界，都由本府发给本钱，酒库酿酒，所得的利钱，任由本府供给军队、犒劳赏赐以及公共支出，朝廷一分不取。东库，清界库和煮界库为一体，在崇新门里，有酒楼，名叫太和，已经废弃很久了。西库，又名金文正库，清界库在三桥南惠迁桥侧，煮界库在涌金门外，有酒楼，匾额曰“西楼”。南库，原名升阳宫，煮界库在社坛南，清界库在清河坊南，酒楼匾额曰“和乐”。北库，煮界库在祥符桥东，清界库在鹅鸭桥东，酒楼匾额曰“春风”。中库，清界库在众乐坊北，有酒楼，匾额曰“中和”，煮库在井亭桥北。南上库，又叫作银瓮子库，煮界库在东青门外，清界库在睦亲坊北，酒楼匾额曰“和丰”。南外库，清界库在便门外清水闸，煮界库在嘉会门外，又叫雪醅库。北外库，煮界库在江涨桥南，清界库在左家桥北，酒楼匾额曰“春融”。西溪库，清、煮两界库都在九里松大路，乃是一门分为两库。天宗库，清界库在天宗水门里，煮界库在余杭门外上闸东。赤山库，清界库在赤山教场，煮界库在左军教场侧。崇新库，清、煮两界库都在崇新门外。徐村库，在六和塔南徐村市中。

诸酒库都有官妓名角，就库设法卖酒，此郡的风流才子，想要买笑，就前往库中点花牌，任意选择。但恐怕酒家人隐庇推托，须是亲自认识某位妓女，或是以利相诱，才能叫到妓女。又有九个小酒库，如安溪库、余杭库、奉口库、解城库、盐官库、长安库、许村库、临平库、汤镇库。还有碧香诸库。如钱塘门外上船亭南有钱塘正库，有楼，匾额曰“先得”。钱塘县前有钱塘前库。鹅鸭桥北有北正库，正在醋坊巷的巷口。西桥东有煮碧香库。礼部贡院对河桥西有藩封栈库。另外还有藩封正库，在常州府无锡县，一并隶属临安府点检酒所提领。

安抚司酒库

原　文

安抚司所管一道酒库，如余杭县闲林酒库，石濑步东、西二酒库，临安县青山、桃源二酒库外，有安吉州[①]德清县市名为德清正酒库，五林闸市处曰德清东、西二酒库，安吉州归安县曰琳市东、西二酒库，嘉兴府华亭县曰上海酒库。

注　释

①安吉州：即今浙江湖州。宋理宗宝庆元年（1225），改为安吉州。

译　文

安抚司所管一道的酒库，如余杭县的闲林酒库，石濑步东、西二酒库，临安县青山、桃源二酒库，此外还有安吉州德清县的德清正酒库，五林闸市处的德清东、西二酒库，安吉州归安县的琳市东、西二酒库，嘉兴府华亭县的上海酒库。

厢禁军①

原　文

临安居辇毂下，盖倚以为重，武备一日不可弛阙，而守帅所统，则建炎之旧制。至防隅一军，又必藉禁卫之士，别为部伍。三衙之兵，亦听帅臣节制，以倡率之。姑以兵制、军号，一一述之，使知兵卫各有所统耳。

曰东南第三将，自太祖朝分隶驻扎，寨在东青门内，元管十指挥②。后拨威果二十八指挥、雄节九指挥于平江外，见存者威节第一、第四、第五、第六指挥，雄节第八、第十六指挥，全捷第二、第三指挥，共统八指挥军也。

曰京畿第三将，元系东京畿县陈留、雍邱、尉氏、鄢陵、阳武屯驻兵，后刘俊统率来捕陈留③，存留驻劄营在东青门里。所统武骑两指挥，勇广四指挥，广捷三指挥，忠节水军，骁猛、神威、雄勇、雄威各管一指挥，效忠三指挥，共统十七指挥军也。曰兵马钤辖司马兵，勇节、威果、全捷三指挥，宿州龙骑、归远二指挥，因讨睦寇④留屯，隶钤辖司所管矣。曰厢军，崇节、捍江、修江、都作院、小作院、清湖闸、开湖司、北城堰、西河广济、楼店务、长安堰闸、秤斗务、壮城、鼓角匠、横江水军、船务、牢城，各指挥兵士计一万五百八十七名之额。曰城东、城西、外沙、海外、管界、茶槽、南荡、东梓、上管、赭山、仁和、盐官、黄湾、硖石、奉口、许村巡检司十六寨，计兵卒一千三百四十四名之额。

注　释

①厢禁军：宋代军队由厢军、禁军、土军组成。

②指挥：五代、宋军队的编制单位。北宋曾公亮《武经总要》卷二："国朝军制，凡五百人为一指挥，其别有五都，都一百人，统以一营。"

③陈留：当指陈通。宋高宗建炎元年（1127）七月，胜捷军校陈通作乱于杭州。十一月刘俊率军来讨，十二月陈通被王渊讨杀。

④睦寇：指方腊，睦州青溪（今浙江杭州淳安县西）人，宋徽宗宣和二年（1120）在睦州发动起义。次年被讨杀。

译　文

临安居辇毂之下，朝廷特别倚重，武备一日都不可松弛，而守帅所统领的军士，还遵循建炎年间的旧制。至于防隅一军，又必借助禁卫军士，另建部伍。三衙的兵马，也听从帅臣节制，以作引导。姑且将兵制和军号一一叙述，以使读者知道兵卫各有所统属。

东南第三将，自太祖朝开始分兵驻扎，军寨在东青门内，原先管制十指挥，后又调拨威果第二十八指挥、雄节第九指挥，驻扎在平江府外，如今还留存的有威节第一、第四、第五、第六指挥，雄节第八、第十六指挥，全捷第二、第三指挥，共统领八指挥的军士。京畿第三将，原是屯驻在东京畿县陈留、雍邱、尉氏、鄢陵、阳武的兵士，后来刘俊统率军士来追捕陈通，之后就留驻在东青门里。京畿第三将所统领有武骑两指挥，勇广四指挥，广捷三指挥，忠节水军，骁猛、神威、雄勇、雄威各管一指挥，效忠三指挥，一共统领十七指挥军士。兵马钤辖司马兵，所统领有勇节、威果、全捷三指挥，宿州龙骑、归远二指挥，因讨伐方腊叛乱，留驻在杭州，隶属钤辖司所管。厢军，所统领有崇节、捍江、修江、都作院、小作院、清湖闸、开湖司、北城堰、西河广济、楼店务、长安堰闸、秤斗务、壮城、鼓角匠、横江水军、船务、牢城诸指挥，各指挥兵士共计有10587名。城东、城西、外沙、海外、管界、茶槽、南荡、东梓、上管、赭山、仁和、盐官、黄湾、硖石、奉口、许村巡检司十六军寨，共计有兵卒1344名。

防隅巡警

原　文

临安城郭广阔，户口繁伙，民居屋宇高森，接栋连檐，寸尺无空。巷陌壅塞，街道陕小，不堪其行，多为风烛之患。官府坊巷，近二百余步[①]，置一军巡铺，以兵卒三五人为一铺，遇夜巡警地方盗贼烟火。或有闹炒不律[②]公事投铺，即与经厢察觉，解州陈讼。更有火下地分，遇夜在官舍第宅名望之家伏路，以防盗贼。盖官府以潜火为重，于诸坊界置立防隅官屋，屯驻军兵，及于森立望楼，朝夕轮差，兵卒卓望，如有烟焰处，以其帜指其方向为号，夜则易以灯。若朝天门内，以旗者三；朝天门外，以旗者二；城外以旗者一。则夜间以灯如旗分三等也。

曰东隅，有望楼在柴垛桥都税务南；曰西隅，有望楼在白龟池；曰南隅，有望楼在吴山至德观后；曰北隅，有望楼在潘阆巷内；曰上隅，有望楼在大瓦子后三真君庙前；曰中隅，有望楼在下中沙巷蜡局桥东堍；曰下隅，有望楼在修文坊内；曰府隅，有望楼在府治侧左院墙边；曰新隅，在长庆坊。曰新南隅，在候潮门里东；曰新北隅，在余杭门里；曰新上隅，在侍郎桥东皮场庙侧；曰西南隅，在寿域坊仁王寺前；曰南上隅，在丽正门侧仪鸾司相对；曰城西隅，在钱湖门外清化桥；曰城北上隅，在北郭税务桥；曰城北下隅，有望楼在北新桥北；曰钱塘隅，有望楼在水磨头放生亭后；曰新西隅，在九里松曲院路口；曰海内隅，在浙江亭南油局；曰外沙隅，在候潮门外外沙巡司；曰城东隅，在新门外城东巡司；曰茶槽隅，在东青门外茶槽巡司。如遇烟焰救扑，帅臣出于地分，带行府治内六队救扑，将佐军兵及帐前四队、亲兵队、搭材队，一并听号令救扑。并力扑灭，支给犒赏；若不竭力，定依军法治罪。

注 释

①步：古代长度单位，周代以八尺为一步，秦代以六尺为一步。

②不律：不守法。

译 文

临安城郭广阔，户口繁多，民居屋宇高耸林立，栋檐相连，没有一寸一尺的空隙。巷陌壅塞，街道陕小，不堪行走，多有火灾的隐患。官府坊巷，近二百余步，设置一军巡铺，以兵卒三五人为一铺，在夜间巡警地方，以防盗贼烟火。或有吵闹不守法者来到军巡铺，就与经厢调查情况，然后送其到州府诉讼。更有火下地分，夜间隐伏在官舍第宅及名望之家的路上，以防盗贼。官府以防火为重，在诸坊界置立防隅官屋，屯驻军兵，又立了许多望楼，命兵卒早晚轮班眺望，如发现有烟处，就以旗帜作为信号，指明其方向，夜间则用灯。像朝天门内，操旗者有三处；朝天门外，操旗者有二处；城外操旗者有一处。夜间则以灯代旗，分为三等。

东隅有望楼在柴垛桥都税务南，西隅有望楼在白龟池，南隅有望楼在吴山至德观后，北隅有望楼在潘阆巷内，上隅有望楼在大瓦子后三真君庙前，中隅有望楼在下中沙巷蜡局桥东堍，下隅有望楼在修文坊内，府隅有望楼在临安府衙侧左院墙边，新隅在长庆坊，新南隅在候潮门里东，新北隅在余杭门里，新上隅在侍郎桥东皮场庙侧，西南隅在寿域坊仁王寺前，南上隅在丽正门侧与仪鸾司相对处，城西隅在钱湖门外清化桥，城北上隅在北郭税务桥，城北下隅有望楼在北新桥北，钱塘隅有望楼在水磨头放生亭后，新西隅在九里松曲院路口，海内隅在浙江亭南油局，外沙隅在候潮门外外沙巡司，城东隅在新门外城东巡司，茶槽隅在东青门外茶槽巡司。如遇烟火需要救扑，帅臣就根据地界，带领府治内六队前往救扑，将佐军兵及帐前四队、亲兵队、搭材队，一并听候号令救扑。全力扑灭火情的，就给予犒赏；如果不竭尽全力，就依照军法治罪。

帅司节制军马

原　文

浙西安抚司节制殿步两司军校，虽系帅司节制，元无统属，遇有速欲调遣及救扑烟焰，须伺朝旨调遣，常不及事。遂请于朝省得旨，行下殿步两司，各差官兵千人，各委统制官二员带行，正任兵马钤辖都监，及添差兵马钤辖副都监职任，于城内四壁置隅，以备调遣。复请朝堂，欲再于殿步二司差军兵分任城外四壁防虞[①]之责，遂行下各司再选精军三百人，各以统制官二员，仍带本州钤辖路分之职分任也。并照城内四壁约束，俱隶帅司节制。自后两浙运司申朝得旨，令分官城内外四壁军兵通行节制，以便救扑。且如防虞器具、桶索旗号、斧锯灯笼、火背心等器具，俱是官司给支官钱措置，一一俱备。遇有救扑，百司官吏，俱整队伍，急行奔驰，驻扎遗漏地方，听行调遣，不劳百姓余力，便可扑灭。如宰执帅漕、殿步帅臣，间到地面指挥救扑，百司官吏亦各诣所隶官司守局，以备不测。其修内司搭材等兵级，亦同内侍分头救灭。或火势侵及官舍戚里之家，及焰烬畏威，有伤百姓屋庐，内庭累令天使驭马传宣诸司帅臣，速令将佐兵士扑灭，毋致违慢，如有违误，定行军法治之。帅漕二司遇行救扑，官舍钱买水浇灭，富室豪户亦喝钱助役。军士尽力扑灭，不致疏虞。若救火军卒重伤者，所司差官相视伤处，支给犒赏，差医胗治。

注　释

①防虞：防备不虞之患。

译文

浙西安抚司节制殿前司和侍卫步军司两司的军校，虽属帅司节制，但原先并无统属，遇到有急事需要调集和救扑烟火，还须朝廷下旨调遣，常常不能成事。于是向朝廷请旨，命两司各派出官兵千人，各委派统制官二员率领，正任兵马钤辖都监，又增设兵马钤辖副都监之职，在城内四壁置隅，以备调遣。后又向朝廷请旨，想再让两司派遣军兵往城外四壁分任防虞之责，于是命各司再选精军三百人，各以统制官二员率领，仍带本州钤辖路分之职，分任正副都监。一切都遵照城内四壁的方法进行约束，都隶属帅司节制。此后两浙转运司又在朝堂请旨，令各官通行节制城内外四壁军兵，以便于救扑。像防虞器具、桶索旗号、斧锯灯笼、火背心等器具，都由官司支拨官钱置办，一一俱备。遇有火情要救扑，百司官吏，都整顿队伍，急行奔驰，另有军兵驻扎其他地方，听候调遣，不劳烦百姓余力，便可扑灭。像宰执、帅漕二司长官、殿步两司帅臣，有时也亲自到场指挥扑救，百司官吏也各自前往所隶属的官司守局，以备不测。修内司搭材等兵级，也同内侍一起，分头救灭。如果火势蔓延至官舍和贵戚之家，或火势猛烈伤及百姓屋庐，内廷会多番派遣天子使者，骑着马传宣诸司帅臣，令将佐兵士迅速扑灭，不要违命怠慢，如果被耽误就依照军法治罪。帅漕二司遇救扑时，官家花钱买水灭火，富室豪户也舍钱助役。军士尽力扑灭，不会有疏忽。如果救火的军卒有重伤的，所属官司派人察看其伤情，支给犒赏，派医生诊治。

卷十一

诸山岩

原　文

大内坐山名凤凰，即杭客山也。庙巷山名吴山，又曰胥山。上方多福寺，名七宝山，山前连者，谓之宝莲山。进奏院后，名石佛山。太庙后，名瑞石山。妙果尼寺前，名金地山。漾沙坑小山名茆山、浅山。宝月寺前，名宝月山。八眼井前，名峨嵋山、草场山。御厨营山谓之宝山。孝仁坊名清平山。府治名竹园山，秀峰诸山一脉耳。丰乐桥南有狗儿山，此古老相传称之，而实无山迹。东太乙宫后圃内有小土山名虎林山，建亭在其上，匾曰“武林”，即杭之主山也。

城南冷水峪上名曰包家山，有桃花关，多贵官园囿，春间桃花数里，艳色如锦，杭人游宴甚伙。嘉会门外洋泮桥南名龙山，又曰卧龙山。山西名月轮、大慈二山，低处名马鞍、五云等山。铁井栏谓之定山、秦望山、浮山。范村北乡名排山，杨村名坛山。巫山头名庙山，又谓之禄山。水乐洞前名南高峰山。九里松名灵隐山、灵茆山、仙居山。灵隐寺后山名北高峰山，寺前名飞来峰、白猿峰、稽留峰、月桂峰、莲华峰、涟岩、巉岩。灵鹫寺右青林岩、理公岩。灵隐山南名葛坞、朱墅、女儿山、玉女岩、龙井山、云栖山[①]。范村诸坞山。

西湖堤上名孤山，乃林和靖先生隐居处，其山耸立，傍无联附，为湖山之绝胜也。钱塘界有粟山。县旧治南名巨石山（石甑山）。寿星寺后巾子峰山。大佛寺名大佛石山。张真君行宫前名霍山。兴教寺后曰南屏山，其山怪石耸秀，中穿一洞，上有石壁如屏障，可爱，司马温公书《家人卦[②]》刻之于石，见存其迹矣。净慈寺对山名雷峰寺山，后有慧日峰山、龙井山，侧名鸡笼山。高丽惠因寺前名赤山。更有一峰耸出，众山缭绕，古木列垂，森翠难描，谓之王岑山也。报德寺有山名鸦鸡峰。无垢院有一峰如笔卓然而立，故名卓笔峰。大麦岭后花家山，又名蛇山。放马场侧灵石山，东山又名仙姑山。王家桥试院后名西观音山、秦亭山、石壁山。

注　释

①葛坞：吴地方士葛孝先所居之地。朱墅：梁隐士朱世卿所居之别墅。

②家人卦：《周易》六十四卦中第三十七卦。下离上巽，内容是论治家之道。

译　文

皇城背靠之山叫作凤凰山，即杭客山也。庙巷山叫作吴山，又叫作胥山。上方有多福寺的山叫作七宝山，山前连绵的山叫作宝莲山。进奏院后有石佛山，太庙后有瑞石山，妙果尼寺前有金地山，漾沙坑的小山叫茆山、浅山，宝月寺前有宝月山，八眼井前有峨嵋山、草场山，御厨营的山叫作宝山，孝仁坊的山叫作清平山。临安府治有竹园山，乃是秀峰诸山的一脉。丰乐桥南有狗儿山，这是古老相传之称，实际上并没山的形迹。东太乙宫后圃内有小土山叫虎林山，山上建亭，匾额曰"武林"，就是杭城的主山。

城南冷水峪上有包家山，有桃花关，此处有许多权贵官宦的园圃，春日里桃花绽放十里，艳色如锦，很多杭城人到此游宴。嘉会门外洋泮桥南有龙山，又叫作卧龙山。山的西面是月轮、大慈二山，低处有马鞍、五云等山。铁井栏有定山、秦望山、浮山。范村北乡有排山，杨村有坛山。巫山头有庙山，又叫作椂山。水乐洞前有南高峰山。九里松有灵隐山、灵茆山、仙居山。灵隐寺后有北高峰山，寺前有飞来峰、白猿峰、稽留峰、月桂峰、莲华峰、涟岩、巉岩。灵鹫寺右有青林岩、理公岩。灵隐山南有葛坞、朱墅、女儿山、玉女岩、龙井山、云栖山。范村还有诸坞山。

西湖堤上有孤山，乃是林和靖先生隐居之处，其山耸立，旁边没有山脉相连，为湖山之绝胜。钱塘县界有粟山。旧县治南有巨石山（石甑山）。寿星寺后有巾子峰山。大佛寺有大佛石山。张真君行宫前有霍山。兴教寺后有南屏山，其山怪石耸秀，中间穿有一洞，上面有如屏障般的石壁，非常可爱，司马温公写的《家人卦》刻在石上，其迹至今犹存。净慈寺对面有雷峰寺山，后面有慧日峰山、龙井山，旁边有鸡笼山。高丽惠因寺前有赤山。更有一峰耸立突出，众山缭绕，古木列垂，森翠之景难以描绘，叫作王岑山。报德寺有山叫作鸦鸡峰。无垢院有一峰如笔卓然而立，所以叫作卓笔峰。大麦岭后有花家山，又叫作蛇山。放马场旁有灵石山，东山又叫仙姑山。王家桥试院后有西观音山、秦亭山、石壁山。

原　文

西溪：龙门山。长寿乡：大悲山坞。崇化乡：观山、黄社、茆、涤、杨、梅等山。城东北山：临平山、桐扣山、赤岸山、皋亭山、青龙山、母山、佛日山、石膏山、大婆山、白岩山、方山、苎山、杨山、唐峰山、近山、大遮山、乌尖山、饮马山、安乐山、石壁山、龙驹山、法华山。仁和县界东北有黄鹤山。永和等乡超山、亭市山、龙珠山、大旗山、南山、南鲍山、玉峰山、洛山、峨嵋山、乌头山、石姥山、独山、赭山、马嗥山。其余七县，山脉缭复，峰峦巍峨，周围数百里，难以尽述矣。虎头岩在钱塘门外，介于宝岩定业寺后山。葛澧《钱塘帝都赋》云："岩则虎头。"故老传云："此山旧有岩石突出，如虎头形，吴越钱王纳土后，奏有望气，云杭州西湖有虎头形胜，遂命匠凿去其形。"两赤县[①]有名岩者，如连岩、青林岩、理公岩、玉女岩、象鼻岩、佛手岩。

注释

①赤县：指京都所治之县。南宋临安府治钱塘、仁和两县（两县县城同在临安城内），另辖临安、余杭、于潜、昌化、富阳、新城、盐官七县。

译文

西溪有龙门山。长寿乡有大悲山坞。崇化乡有观山、黄社、茆、涤、杨、梅等山。城东北的山有临平山、桐扣山、赤岸山、皋亭山、青龙山、母山、佛日山、石膏山、大婆山、白岩山、方山、苎山、杨山、唐峰山、近山、大遮山、乌尖山、饮马山、安乐山、石壁山、龙驹山、法华山。仁和县界东北有黄鹤山。永和等乡有超山、亭市山、龙珠山、大旗山、南山、南鲍山、玉峰山、洛山、峨嵋山、乌头山、石姥山、独山、赭山、马嗥山。其余七县，山脉缭绕，峰峦巍峨，周围数百里，难以一一叙述。虎头岩在钱塘门外，介于宝岩定业寺后山。葛澧《钱塘帝都赋》载曰："岩则虎头。"故老传说道："此山原有一块突出的岩石，形似虎头，吴越钱王纳土归宋后，有望气者奏称杭州西湖有虎头形胜，于是命工匠凿去虎头形。"两个赤县亦有名岩，如连岩、青林岩、理公岩、玉女岩、象鼻岩、佛手岩。

岭

原　文

八蟠岭，在大内后殿司衙山上。万松岭，在和宁门外孝仁坊西岭上，夹道栽松，今第宅内官民居，高高下下，鳞次栉比，多居于上。白乐天《夜归赋诗》有“万株松树青山上，十里沙堤明月中”之句。又东坡《蜡梅》诗有“万松岭下黄千叶”之句。铁冶岭，在步司衙左虎翼营东。紫坊岭，在漾沙坑七官宅之侧。骆驼岭，在三茆观之麓。灌肺岭，在大街清河坊北。狗儿岭，在教睦坊内。此二岭旧有坡阜，今夷为坦路，而名存焉。慈云岭，在方家峪，东往郊坛路，有后唐石刻。风篁岭，在钱塘门外放马场西，路通龙井，其岭最高。峻岭上有亭，名曰过溪，又曰二老，东坡赋诗纪之，又《探梅》诗有“问讯风篁岭下梅”，又有《界亭诗》“丹青明灭风篁岭[①]”之句。

分金岭，在钱塘旧治西。狗头岭，在旧治北。梯子岭，在方家峪南。钱粮司岭，在城西巡司前。五岭，在龙山之北。白塔岭，在龙山之东。徐村岭，俗呼姜擦子岭。礌马岭、牛坊岭，俱在钱塘定山北乡。牌山岭，在定山南乡。五云山岭，在徐村及云栖山，俱可往来。大麦岭、小麦岭，今在高丽寺西，与步司右军相连，路通坊马场，岭有观音阁，对山有东坡同王瑜、杨杰、张璹元祐五年三月二日游三竺过麦岭题名石刻存焉。南高峰下烟霞岭。葛岭，在西湖之西，葛仙翁[②]炼丹于此。有初阳台，高庙即其地创集芳园，理庙以此园赐贾秋壑建第宅家庙，盖贾公元有别墅在焉。栖霞岭，又名剑门岭，亦名剑门关，在钱塘门外显明院之北，旧多栽桃花，开时烂然如霞，故名之。岭下岳鄂王墓。驰巘岭，在九里松东。胭脂岭，在九里松曲院路西。石人岭，又名冯公岭，在灵隐寺西。去半里许又有大青岭，在东墓岭南。郎当岭，在大青岭南。黄泥岭，在行春桥水竹坞步司前军寨南。胡家岭，在钱塘长寿乡，其岭极峻峭，有石井，旱不涸。歌樵岭，在大慈山。石姥岭，在仁和界。

注 释

①丹青明灭风篁岭：出自苏轼《介亭饯杨杰次公》。

②葛仙翁：即葛洪，东晋著名道士、炼丹家。家贫好学，习养身之道，得炼丹之术，后隐居于杭州的栖霞岭炼丹，施药济世。

译 文

八蟠岭，在大内后殿前司衙山上。万松岭，在和宁门外孝仁坊西岭上，夹道种植松树，如今岭上的第宅民居，高高下下，鳞次栉比，内侍多居住在上面。白居易《夜归赋诗》有"万株松树青山上，十里沙堤明月中"之句。苏东坡《蜡梅》诗又有"万松岭下黄千叶"之句。铁冶岭，在侍卫步军司衙左虎翼营东面。紫坊岭，在漾沙坑七官宅侧边。骆驼岭，在三茆观脚下。灌肺岭，在大街清河坊北面。狗儿岭，在教睦坊内。这二岭原先有山坡，如今夷为平地，只存有名字。慈云岭，在方家峪，往东是去郊坛的路，有后唐时期的石刻。风篁岭，在钱搪门外放马场西，路通往龙井，其岭最高。峻岭上有亭，叫作过溪，又称二老，苏东坡赋诗记之，又《探梅》诗有"问讯风篁岭下梅"句，又《界亭》诗有"丹青明灭风篁岭"之句。

分金岭，在钱塘县旧治。西狗头岭，在旧治北面。梯子岭，在方家峪南面。钱粮司岭，在城西巡司前。五岭，在龙山北面。白塔岭，在龙山东面。徐村岭，俗称姜擦子岭。礌马岭、牛坊岭，都在钱塘定山北乡。牌山岭，在定山南乡。五云山岭，在徐村及云栖山，都有路可以往来。大麦岭、小麦岭，如今在高丽寺西面，与侍卫步军司右军相连，路通往坊马场，岭上有观音阁，对山有元祐五年三月二日苏东坡与王渝、杨杰、张琦游览三天竺经过麦岭时的题名石刻，至今犹存。南高峰下烟霞岭、葛岭，在西湖西面，相传葛仙翁曾炼丹于此。有初阳台，高宗就在此地建集芳园，理宗又将此园赐给贾秋壑建第宅家庙，因贾公原先就有别墅在此。栖霞岭，又称剑门岭，亦称剑门关，在钱塘门外显明院北面，旧日多栽桃花，盛开时灿然如霞，故以栖霞为名。岭下有鄂王岳飞墓。驰巘岭，在九里松东面。胭脂岭，在九里松曲院路西。石人岭，又称冯公岭，在灵隐寺西面。隔半里左右又有大青岭，在东墓岭南面。郎当岭，在大青岭南面。黄泥岭，在行春桥水竹坞步司前军寨的南面。胡家岭，在钱塘县长寿乡，其岭极其峻峭，有石井，旱季亦不干涸。歌樵岭，在大慈山。石姥岭，在仁和县界。

诸 洞

原 文

杭城内有洞者三，青衣洞在三茅观之后；曰罗汉洞，在敕令所北，其洞废塞已久，今仍呼其名；曰金星洞，在凤凰山介亭下。太庙亦有洞，如其名也。城外有洞者凡一十有七。曰南高峰烟霞洞，下曰水乐洞，其洞前四望，林峦耸秀，岩石笋峙，洞虚窈渟[①]，涵如渊泉，味且清甜可掬[②]。洞中水声，如金石之音。顷为杨和郡王别圃，凿石筑亭，最为幽雅，岁时都人游观集焉。历年多芜秽弗治，水乐音声几绝，贾秋壑以厚直得之，增葺其景，顾无水音，秋壑俯睨谛听[③]，悠然有契，曰："谷虚而后能应，水激而后能有声，今水潴[④]其中，土壅其外，欲振声，得乎？"亟命疏壅导潴，有声自洞间出，节奏自然，二百年胜概，于今如始也。

杨村山慈严寺之后，名风水洞。郊台天真院有二洞，匾曰"登云"，曰"灵化"，东坡、和靖题名刻于石右。赤山殿司左军寨尼庵侧有洞，名铁窗棂洞。天竺山有二洞，名呼猿、龙泓。烟霞石坞路大仁院有石屋洞，极高大，状如屋，周围镌刻诸佛菩萨、罗汉之像。其寺正为佛殿，朝香夕灯之供。乌坞山名烟霞洞。石屋寺侧曰栖霞洞。下竺寺内有洞，名香林。临平山有洞，名龙洞。尼庵后有洞，名蝙蝠洞、细砺洞。钱塘崇化坊有白龙洞，其洞有龙居焉，朝家曾祈雨旸[⑤]有感，敕封侯爵，为"显灵孚济"美号，赐庙额曰"敏应"。扫帚坞护国仁王寺有洞，不载其名。仁和界超山有洞，名海云洞，倏时干湿，建黑龙王祠祀之。古柳林杨和王园内名白云洞，盖以坡陀拥土成之，此夺天之奇巧也。

注 释

①渟（tíng）：水积聚而不流动。

②可掬：此指捧起泉水饮用。

③谛听：仔细地听。

④潴（zhū）：水积聚。

⑤雨旸（yáng）：雨天和晴天。

译　文

杭城内有三洞，青衣洞在三茅观后面；罗汉洞在敕令所北面，此洞废塞已久，如今仍呼其名；金星洞在凤凰山介亭下面。太庙也有洞，如其名称太庙洞。城外一共有十七个洞。南高峰有烟霞洞，下面是水乐洞，其洞前四望，山峦耸立，林木茂秀，岩石如笋峙立。洞内空虚幽远，有水积聚，涵如渊泉，泉水清甜可饮。洞中的水声如金石之音。过去这里是杨和王的别圃，凿石筑亭，风景最为幽雅，每逢岁节时京城人都会来这里游览集会。但多年来杂草丛生，无人整治，水乐音声也几乎绝迹，贾秋壑以重金买得此地，又增建修葺，以广其景。因没有水乐音声，贾秋壑俯视细听，悠悠然而突有体悟，说："洞谷空虚然后才能回应，水波激扬而后才能发声响，如今水积聚在洞中，土壅塞于洞外，想让它发出乐声，能行吗？"立刻命人疏通壅土，导出积水，果然有乐声从洞中传出，节奏自然流畅，二百年的胜景，至今又如初了。

杨村山慈严寺后面，有风水洞。郊台天真院有二洞，匾额曰"登云""灵化"，苏东坡、林和靖的题名刻在石右。赤山殿前司左军寨尼庵旁边有洞叫作铁窗棂洞。天竺山有二洞，叫作呼猿、龙泓。烟霞石坞路大仁院有石屋洞，极其高大，形似屋宇，周围镌刻诸佛菩萨、罗汉之像。其寺正为佛殿，清晨烧香，晚上掌灯。乌坞山有烟霞洞。石屋寺旁有栖霞洞。下竺寺内有洞，名叫香林。临平山有洞，名叫龙洞。尼庵后有洞，名叫蝙蝠洞、细砺洞。钱塘崇化坊有白龙洞，此洞有龙居住，朝廷曾在此祈求雨晴，有所感应，故敕封侯爵，美号为"显灵孚济"，赐庙额曰"敏应"。扫帚坞护国仁王寺有洞，名已不载。仁和县界超山有洞，叫作海云洞，瞬间或干或湿，建黑龙王祠祭祀。古柳林杨和王园内有白云洞，是就着山坡拥土而成，可谓夺天工之奇巧。

溪潭涧浦

原　文

杭郡系南渡驻跸于此，地倚山林，抱江湖，多有溪潭涧浦，缭绕郡境，实难描其佳处。自武林山之西，名曰西溪。顷者有郭祥正诗题咏曰："西溪在湖外，一派濯残阳。游子托渔艇，却愁归路长。"九溪，在赤山烟霞岭西南，通徐村，出大江，北达龙井。安溪，在钱塘，去北关五十里。溪上有大遮山，祠龙山在上。古人相传，风雨之夕，龙现珠有光[①]。凌溪，在钱塘长寿。奉口溪，在钱塘安溪之北十八里。

潭者，宝月山宝月寺之西，曰黑龙潭，其潭莫测深浅，亢旱不竭。一名天井，山下有天井巷，晴则潭水碧色可爱，将雨则水黑，郡民于此候晴雨多验。唐守白乐天曾祭龙神，撰祝文曰："黑龙，惟龙其色元，其位坎，其神壬癸，与水通灵。日者[②]历祷四方，寂然无应，今故虔诚洁意，致命于黑龙。龙无水，顾何依？神无灵，将恐竭。泽能救物，我实有望于龙。物不自神，龙岂无求于我。若三日之内，雨一滂沛，是龙之灵，亦人之幸。礼无不报，神其听之。"仁和临平镇东湖曰白龙潭。渔浦潭，按今《舆地志》，在郡西南。龙游潭，在仁和皋亭山。钵盂潭，在南高峰及仁和大年乡石塘东。玉儿潭，在郡西五十里。浣纱潭，在仁和临平乡。羊铁潭，在艮山门外。西湖三潭，古人相传在湖中。

注释

①"溪上有大遮山"五句：《咸淳临安志》曰："溪上大遮山有龙王祠，舟人相传，风雨之夕，龙吐珠有光。"

②日者：古代观察天象的人。《咸淳临安志》作"昨日"。

译文

杭州是圣驾南渡后驻跸之地，倚靠山林，怀抱江湖，多有溪潭涧浦，缭绕城境，实在难以描绘其佳处。自武林山往西，有西溪。过去有郭祥正诗题咏曰："西溪在湖外，一派濯残阳。游子托渔艇，却愁归路长。"九溪，在赤山烟霞岭西南，通徐村，出大江，北达龙井。安溪，在钱塘县，距离北关五十里。溪上是大遮山，上有龙王祠。古人相传，风雨之夜，有龙出现，吐出的珠能发光。凌溪，在钱塘县长寿乡。奉口溪，在钱塘县安溪之北十八里。

论到潭，宝月山宝月寺的西面有黑龙潭，其潭深浅莫测，即使大旱时也不会枯竭。黑龙潭又称天井，山下有天井巷，晴天时则潭水碧色可爱，将要下雨时则水会变黑，杭州居民在此观测晴雨，往往灵验。唐朝时杭州太守白居易曾在这里祭祀龙神，撰写祝文曰："黑龙，龙的颜色是黑色，其位为坎，其神壬癸，与水通灵。往日祈祷于四方，寂寂然而无所回应，所以如今虔诚洁意，向黑龙请命。龙离开水，何所依存？神不显灵，恐怕会消竭。水能拯救万物，我确实对龙有所期望。物不是自然成神的，难道龙对我就无所求吗？如果三日之内下一场大雨，那就是龙显灵，也是万民之幸。”仁和县临平镇东湖有白龙潭。渔浦潭，据今《舆地志》记载，在杭城西南。龙游潭，在仁和县皋亭山。钵盂潭，在南高峰及仁和县大年乡石塘东。玉儿潭，在城西五十里。浣纱潭，在仁和县临平乡。羊铁潭，在艮山门外。西湖三潭，古人相传在西湖之中。

原文

浦者，顷凤凰山下有柳浦。《咸淳志》云：“隋志置郡。晋吴喜尝游军此地。参之诸文无考[①]。”便门侧名铁幢浦，古人相传，吴越王射潮，箭所止处立铁幢。又闻钱王筑塘时，高下置铁幢凡三，以为镇压，潮水退则见其幢也。淳祐戊申，帅司买民地，置亭其上。王荆公诗[②]云：“忆昨初为海上行，日斜来往看潮生。如今身是西归客，回首山川觉有情。”灵隐浦，自灵隐山南徂东，临浙江一派，谓之北浦，今资国院前是也，亦云灵隐步头。有诗咏曰：“有灵何所隐？深浦老蒹葭。渔父一舟泊，却疑秋汉槎。”白石浦、鲜船渡浦、杨村浦，俱仁和临江乡。

涧者，如合涧，在灵隐、天竺之间。十八涧，在龙井山之西步司左军寨后，路通六和塔寺。石门涧，参军陆羽《灵隐寺记》：“旧有卧龙石横涧中。”有诗咏曰：“启闭何人见，湍流一涧分。仙家无路入，空锁石楼云。”金沙涧，在灵隐寺侧，自合涧桥，绕寺山一带。唐家石桥，在军寨门内，至行春桥折入步司前军寨门，由曲院流入西湖。惠因涧，在赤山高丽惠因寺侧，秦少游[③]游龙井，曾濯足于涧，题名记之云：“并湖而行，出雷峰，度南屏，濯足于惠因涧，入灵石坞，得支径，上风篁岭，憩于龙井亭，酌泉投石而饮之。”呼猿涧，在灵隐山呼猿洞之左右也。

注释

①“隋志置郡”三句：《咸淳临安志》曰：“隋置郡处，晋吴喜尝进军此地，今无可考。”吴喜当为嵇喜，字公穆，晋时历江夏太守、徐州刺史、扬州刺史。

②王荆公诗：即王安石《铁幢浦》。

③秦少游：北宋词人秦观，字少游。下文即引其《龙井题名记》。

译 文

论到浦，从前凤凰山下有柳浦。《咸淳临安志》载曰：“隋朝在此置郡。晋朝嵇喜曾在此驻军。但诸文都没有记载。”便门旁边有铁幢浦，古人相传，吴越王射潮，在箭所停止处立铁幢。又听闻钱王筑塘时，高下共置三个铁幢，作为镇压，潮水退时就会看见铁幢。淳祐戊申，帅司买得民地，在上面置亭。王荆公有诗云：“忆昨初为海上行，日斜来往看潮生。如今身是西归客，回首山川觉有情。”灵隐浦，自灵隐山南往东，靠近钱塘江一边，叫作北浦，如今在资国院前，也叫作灵隐步头。有诗咏曰：“有灵何所隐？深浦老蒹葭。渔父一舟泊，却疑秋汉槎。”白石浦、鲜船渡浦、杨村浦，都在仁和县临江乡。

论到涧，如合涧，在灵隐、天竺之间。十八涧，在龙井山西面侍卫步军司左军寨后，路通往六和塔。石门涧，参军陆羽《灵隐寺记》载曰：“旧有卧龙石横涧中。”有诗咏曰：“启闭何人见，湍流一涧分。仙家无路入，空锁石楼云。”金沙涧，在灵隐寺旁，自合涧桥，绕寺山一带。唐家石桥，在军寨门内，到行春桥转入侍卫步军司前军寨门，由曲院流入西湖。惠因涧，在赤山高丽惠因寺旁，秦少游游龙井，曾在此濯足，又题名记之云：“并湖而行，过了雷峰塔，度过南屏山，濯足于惠因涧。进入灵石坞，发现一条小路，爬上风篁岭，在龙井亭休憩，斟起泉水，背靠着山石喝了起来。”呼猿涧，在灵隐山呼猿洞的左右。

井 泉

原 文

杭城内外，民物阜蕃，列朝帅臣，常命工开撩井泉，以济邦民之汲，庶无枯涸之忧。吴山北大井曰吴山井，盖此井系吴越王时有韶国师[①]始开，为钱塘第一井。山脉融液，泉源所钟，不杂江潮之水，遇大旱不涸。天井巷旧有曰天井。旧志云：宝月山上亦有天井，后废之久矣。万松岭上沈婆井岭下有郭公井。铁冶岭北有郭婆井。青平山侧有郭儿井。寿域坊仁王院前上四眼井。长庆坊竹竿坊巷曰下四眼井。金地山步司寨前名白鳝井。青沙湾有鳗井。宝月山下上八眼井。秘书省相对下八眼井。后市街大眼井。六部前甜瓜井。四方馆北及南仓前各有大井。太学后及市西坊各名沈公井。祥符寺中，向吴越王于寺内开井九百九十眼，后改创军器所，堙塞[②]仅存数井耳。荐桥北有义井，亦呼四眼井。道明桥双井。丰乐桥西长惠井。棚前亦有双井。梵天寺灵鳗井。钱王庙前乌龙井。六和塔南沙上曰沙井，上以铁井栏护之。西溪有井，名龟儿井、方井。净慈寺前四眼井。下竺藏院炼丹井。武林山烹茗井。清湖惠利井。铁冶岭相公井。甘泉坊相国井。安国罗汉寺名西井，又名成化井。三省激赏库名四井坊，俗呼四眼井。裴府前名小方井，俗呼六眼井。惠迁桥西有井一而三名，曰沈公井，曰金牛井，曰惠迁井。州治前流福坊名流福井。涌金门镊子井。自惠利而镊子计八井，于西湖置水口，引水归城，便民汲之。孤山有金沙井。风篁岭龙井，有名贤题咏甚多，秦少游题名石刻，丞相郑清之跋[③]，东坡之记存焉。治平寺葛公双井。杨村路上观音井。小林莲华院莲华井。仁和皋亭冯氏井。

注释

①有韶国师：即德韶，唐末高僧，被吴越王钱弘俶迎至杭州，尊为国师。

②堙塞：堵塞。

③郑清之：字德源，宋理宗时宰相。跋：文体的一种，写在书籍、文章或书画作品的后面。

译文

杭城内外，人口繁多，物产丰盛，列朝帅臣，常命工匠开掘井泉，以供城内百姓汲取，几乎没有干涸之忧。吴山北面有大井叫作吴山井，此井是吴越王时有韶国师所开，为钱塘第一井。此井水由山脉流水与地下泉水汇聚而成，不夹杂江潮之水，即使遇到大旱也不干涸。天井巷过去有曰天井。旧志上说：宝月山上也有天井，后来废弃很久了。万松岭上沈婆井岭下有郭公井。铁冶岭北有郭婆井。青平山侧有郭儿井。寿域坊仁王院前有上四眼井。长庆坊竹竿坊巷有下四眼井。金地山步军司寨前有白鳝井。青沙湾有鳗井。宝月山下有上八眼井。秘书省对面有下八眼井。后市街有大眼井。六部前有甜瓜井。四方馆北及南仓前各有大井。太学后及市西坊各有一个沈公井。祥符寺中，从前吴越王在寺内开井990眼，后来改建为军器所，就堵塞井眼，如今仅存数井。荐桥北有义井，也叫作四眼井。道明桥有双井。丰乐桥西有长惠井。棚前也有双井。梵天寺有灵鳗井。钱王庙前有乌龙井。六和塔南沙上有沙井，上面以铁井栏围护。西溪有井，叫作龟儿井、方井。净慈寺前有四眼井。下天竺寺藏院有炼丹井。武林山有烹茗井。清湖有惠利井。铁治岭有相公井。甘泉坊有相国井。安国罗汉寺有西井，又叫作成化井。三省激赏库有四井坊，俗称四眼井。裴府前有小方井，俗称六眼井。惠迁桥西的井有三个名称，叫作沈公井、金牛井、惠迁井。州治前流福坊有流福井。涌金门有镊子井。自惠利井到镊子井共八井，于西湖置水口，引水归城，便于百姓汲取。孤山有金沙井。风篁岭有龙井，有许多名贤题咏，秦少游题名石刻、丞相郑清之的跋、苏东坡的记，至今犹存。治平寺有葛公双井。杨村路上有观音井。小林莲华院有莲华井。仁和县皋亭有冯氏井。

原　文

泉者，以城外两赤县有冷泉、醴泉、温泉，并见武林山。玉泉，在钱塘九里松北净空院，齐末有灵悟大师昙超开山说法，龙君来听，抚掌出泉，有小方池，深不及丈，水清澈可鉴，异鱼游泳其中。池侧立祠祀龙君，朝家封公爵，白乐天有诗云："湛湛玉泉色，悠悠浮云身。闲心对定水，清净两无尘。手把青筇杖，头戴白纶巾。兴尽下山去，知我是谁人？[①]"真珠泉，在大慈崇教院，为张循王真珠园内也。灵泉，在寿星寺前，有亭。而广福院亦有之。金沙泉，在仁和永和乡，东坡诗有"细泉幽咽走金沙[②]"之句。杯泉，详于寿星寺。卧犀泉，见于郑戬《灵隐天竺诗序》中[③]。萧公泉，在灵隐寺后。岁寒泉，在龙井山崇因院。法华泉，在南山满觉寺。参寥泉，元祐年间，此僧住上智果寺，寺有泉，东坡以僧之名为泉名。盖东坡《应梦记》[④]云："仆在黄州日，参寥自吴中来访，一日梦此僧赋诗。觉而记两句云：'寒食清明都过了，石泉槐火一时新。'后七年，仆出守钱塘，此僧始卜居西湖智果院，院有泉出石缝间。寒食之明日，仆与客泛湖，自孤山来谒，参寥子汲泉钻火，烹黄茶，忽悟予梦诗兆于七年前，众客皆叹，遂书始末并题之，非虚语也。"

颍川泉，在南高峰。观音泉者有三，法通、传灯、真如三寺也。喷月泉，在南山晴竹园广福院。定光泉，在西山长耳僧法相院西定光庵侧。白沙泉，在灵隐寺西普贤院方丈之西，其泉自白沙中出，有诗咏曰："不见泉来穴，沙平落细声。夜高寒月漾，银汉大分明。"周公惠泉，又名北牐泉，在湖州市下闸。甘泉，在城北童家巷南。惠泉，在钱塘长寿乡大遮山惠泉寺。冰谷泉，在临平山寂光庵侧。寒泉，旧

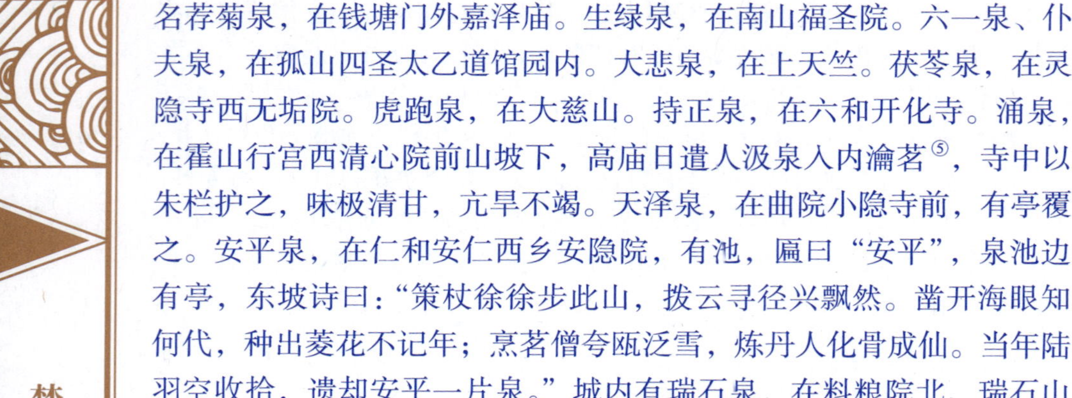

名荐菊泉，在钱塘门外嘉泽庙。生绿泉，在南山福圣院。六一泉、仆夫泉，在孤山四圣太乙道馆园内。大悲泉，在上天竺。茯苓泉，在灵隐寺西无垢院。虎跑泉，在大慈山。持正泉，在六和开化寺。涌泉，在霍山行宫西清心院前山坡下，高庙日遣人汲泉入内瀹茗[5]，寺中以朱栏护之，味极清甘，亢旱不竭。天泽泉，在曲院小隐寺前，有亭覆之。安平泉，在仁和安仁西乡安隐院，有池，匾曰“安平”，泉池边有亭，东坡诗曰：“策杖徐徐步此山，拨云寻径兴飘然。凿开海眼知何代，种出菱花不记年；烹茗僧夸瓯泛雪，炼丹人化骨成仙。当年陆羽空收拾，遗却安平一片泉。”城内有瑞石泉，在料粮院北、瑞石山下，今太庙南有井亭。青衣泉，在太庙后三茅观园内。武安泉，在皇城司营，水清甘，有石刻“武安泉”三字。俱按《咸淳志》所载而述之也。

注　释

①“湛湛玉泉色”数句：即唐白居易《题玉泉寺》。

②细泉幽咽走金沙：出自宋苏轼《佛日山荣长老方丈五绝》。

③见于郑戬《灵隐天竺诗序》中：《咸淳临安志》曰：“按郑戬《灵隐天竺诗集序》云：‘若夫玉岩青壁，犀泉龙漏，峰攒千迭，松排万盖，山之境也。’据此则青壁槛、卧犀泉皆在灵隐、天竺之间。”

④《应梦记》：又作《书参寥诗》。

⑤瀹（yuè）茗：煮茶。

译　文

论到泉，杭城外两赤县有冷泉、醴泉、温泉，都在武林山。玉泉，在钱塘县九里松北净空院，南齐末年有灵悟大师昙超开山说法，龙王前来倾听，抚掌而出泉水，形成一小方池，深不足一丈，水清澈可鉴，一些奇特的鱼在水中游动。池旁立祠祭祀龙王，朝廷封公爵，白乐天有诗云：“湛湛玉泉色，悠悠浮云身。闲心对定水，清净两无尘。手把青筇杖，头戴白纶巾。兴尽下山去，知我是谁人？”真珠泉，在大慈崇教院，为张循王真珠园内。灵泉，在寿星寺前，有亭围护。而广福院也有一个灵泉。金沙泉，在仁和县永和乡，苏东坡诗有“细泉幽咽走金沙”之句。杯泉，详见寿星寺。卧犀泉，见于郑戬《灵隐天竺诗序》记载。萧公泉，在灵隐寺后面。岁寒泉，在龙井山崇因院。法华泉，在南山满觉寺。参寥泉，神宗元祐年间，僧人参寥子住上智果寺，寺中有泉，苏东坡就以僧人之号为泉取名。苏东坡《应梦记》云：“我谪居黄州，参寥从吴中来访。一日梦见他赋诗，醒来记得两句诗云：‘寒食清明都过了，石泉槐火一时新。’七年后，我出任杭州知府，参寥开始居住在西湖智果院，院中有泉水从石缝间流出。寒食后一天，我与客泛于西湖，自孤山来拜访参寥子。参寥子汲泉生火，煮黄茶，我忽然悟到七年前梦中之诗已经预兆今日情景了，客人们都惊叹不已，于是我书写始末并题名，并非假话。”

颍川泉，在南高峰。观音泉有三个，分别在法通寺、传灯寺、真如寺。喷月泉，在南山晴竹园广福院。定光泉，在西山长耳僧法相院西面的定光庵旁。白沙泉，在灵隐寺西面的普贤院方丈之西，泉水从白沙中涌出，有诗咏曰：“不见泉来穴，沙平落细声。夜高寒月漾，银汉大分明。”周公惠泉，又叫作北闸泉，在湖州市下闸。甘泉，在城北童家巷南面。惠泉，在钱塘县长寿乡大遮山惠泉寺。冰谷泉，在临平山寂光庵旁。寒泉，原先叫作荐菊泉，在钱塘门外嘉泽庙。生绿泉，在南山福圣院。六一泉、仆夫泉，在孤山四圣太乙道馆园内。大悲泉，在上天竺。茯苓泉，在灵隐寺西面的无垢院。虎跑泉，在大慈山。持正泉，在六和开化寺。涌泉，在霍山行宫西面的清心院前山坡下，高宗每日派人汲取此泉水以煮茶，寺中以朱栏围护，泉水极其清甘，即使大旱时也不枯竭。天泽泉，在曲院小隐寺前，有亭覆护。安平泉，在仁和县安仁西乡安隐院，有池，匾额曰“安平”，泉池边有亭，苏东坡诗曰：“策杖徐徐步此山，拨云寻径兴飘然。凿开海眼知何代，种出菱花不记年。烹茗僧夸瓯泛雪，炼丹人化骨成仙。当年陆羽空收拾，遗却安平一片泉。”杭州城内有瑞石泉，在料粮院北、瑞石山下，如今太庙南有井亭。青衣泉，在太庙后三茅观园内。武安泉，在皇城司营，泉水清甜，有石刻“武安泉”三字。以上都按照《咸淳临安志》所载而记述。

池塘

原文

涌金池，在丰豫门里，引西湖水为池，吴越王元瓘大书“涌金池”三字，刻石识之，其旁书“清泰三年丙午之岁，建午之月，特开此池”。有前辈赋诗咏曰：“涌金春色晚，吹落碧桃花。一片何人得？流经十万家。众沼皆涵碧，斯池独涌金。宝光终夜见，不是月华深。”圣母池，在吴山中兴观侧，以石栏护之，上建圣母庙。白龟池，在钱塘门里沿城。南金牛池，已废。仁和仓池，在仓南。明清池，在大理寺议厅，池畔有潘阆诗刻。白洋池，在梅家桥南。鸿雁池，在龙山北。龙母池，在钱粮司岭。金鱼池，在开化寺后山涧，水底有金银鱼。放生亭池，在西湖德生堂。瑶池，在钱塘门外宝胜寺侧，今属吕氏园。有二饮马池：一在西溪饮马山下；一在菜市门外庙子湾。西水池，在长桥东钱湖门外。碧沼水池，在湖州市左八郎庙巷，池广三亩，水清甘，人多汲饮，有匾曰“碧沼”。磨剑池，临平山下有片石，俗传钱王磨剑于此。宫城外护龙水池二十所[①]，自候潮门里，南贴中军寨壁，宫城之东，直至便门里、南水门北、和宁门外，水池袤一百一十尺。自是近南居民去水绝远者，皆恃此防虞，以为安矣。城内外居民水远去处，官置防虞水池者二十有二，以便民之利。

塘者，如艮山门外尉司衙侧名五里塘。艮山门外蔡官人塘、月塘，其地宜种瓜，有周姓者擅其利，土人呼“月塘周家箅筒瓜”是也。上塘，在殿司右军教场侧，又在团园头石塘北。沈家塘，在北关门外，又名沈家湾。永和塘，在仁和永和乡，地接古鼎湖、白龙潭，俗谓之三里阴，水势涨溢，一遇卯风震荡，则数百顷瞬息湮没，乡民患之，后得邑士倡义捐财，以助修筑。塘成，岁无水患，邑宰范光命名曰永和堤。宦河塘，在北新桥之北，接广运河大塘。又有一塘，曰西塘，袤一十八里，抵安溪，通四州驿路，淳祐并加筑治，至今无颓圮之患矣。

注释

①宫城外护龙水池二十所：《咸淳临安志》：“宫城外水池，一在宫城之东，淳祐八年赵安抚急奏请凿池二十所，各阔一丈四尺，深四尺五寸，通长二百二十丈，甃以坚石，缭以矮垣。咸淳四年安抚潜说友再行修治。一在和宁门外，咸淳六年十月有旨申儆防虞，命守臣潜说友即使相宗室待班阁子之后度地凿池，袤百一十尺，自是近南居民去水绝远者，皆恃以为安云。”

译文

涌金池在丰豫门里，引西湖水为池，吴越王前元瓘大书“涌金池”三个字，刻在石上作为标识，旁边写着“清泰三年丙午之岁，建午之月，特开此池”。有前辈赋诗咏曰：“涌金春色晚，吹落碧桃花。一片何人得？流经十万家。众沼皆涵碧，斯池独涌金。宝光终夜见，不是月华深。”圣母池，在吴山中兴观旁，以石栏护池，上面建有圣母庙。白龟池，在钱塘门里沿城南。金牛池，已经废弃。仁和仓池，在仓的南面。明清池，在大理寺议厅，池畔有潘阆诗刻。白洋池，在梅家桥南面。鸿雁池，在龙山北面。龙母池，在钱粮司岭。金鱼池，在开化寺后山涧，水底有金银鱼。放生亭池，在西湖德生堂。瑶池，在钱塘门外宝胜寺旁，如今属于吕氏园。有两个饮马池，一个在西溪饮马山下，一个在菜市门外庙子湾。西水池，在长桥东钱湖门外。碧沼水池，在湖州市左八郎庙巷，池方圆三亩，水很清甜，人们多汲取饮用，有匾额曰"碧沼"。磨剑池，临平山下有一片状石头，俗传钱王曾在此磨剑。宫城外有护龙水池二十处，自候潮门里，南面紧贴中军寨壁，宫城往东，直到便门里、南水门北、和宁门外，水池广110尺。从此城南离水池极远的居民就倚仗这些护龙水池来防备火患，保障安全。城内外有不少居民住在距离水池很远的地方，官府就置防虞水池者22个，以方便民众。

论到塘，艮山门外尉司衙旁五里塘。艮山门外有蔡官人塘、月塘，这里的土地适宜种瓜，有一个姓周的人独占其利，当地人所称的"月塘周家筭筒瓜"就是他种的。上塘有两个，一个在殿前司右军教场旁，另一个在团园头石塘北面。沈家塘，在北关门外，又叫沈家湾。永和塘，在仁和县永和乡，地接古鼎湖、白龙潭，俗称三里阴，水势涨溢迅速，一遇卯风大作，则瞬间湮没数百顷土地，乡民以为大患，后得本县士人仗义捐财，帮助筑堤。塘堤修成后，再无水患，县令范光将其命名为永和堤。宦河塘，在北新桥北面，连接广运河大塘。又有一塘，叫作西塘，广十八里，直到安溪，通向四州驿路，淳祐年间又加以修筑，至今都没有崩塌之患。

堰闸渡

原 文

清河堰，在余杭门外税务东。里沙河堰，在余杭门外仁和桥东。

澄水闸[①]，在西湖长桥南，因钱湖门内诸山之水，分流为三道，一以钱湖门外北城下置海子口，流水省马院后为小渠，引水直至澄水闸入湖。又为三渠出于湖，皆有石桥，后渠为民居湮塞，然桥犹可记也。西闸，在赤山教场侧。龙山浑水闸、清水闸，在龙山。浙江清水、浑水二闸，在便门外。保安闸，在小堰门外。清湖上、中、下三闸，在余杭门外。石函桥闸，在钱塘门外水磨头，因湖水涨壅，开此泄水，出于下湖。安溪、化湾二斗门闸，在钱塘县北。

浙江渡，在浙江亭江岸，对西兴。龙山渡，在六和塔开化寺山下，对渔浦。渔山渡，在大朱桥及盐仓前，两岸相望不远，江势可畏。浙东士夫，惮于渡渔浦者，多由此。渡船头渡，在通江桥北。周家渡，在城内漆木巷。司马渡，在油腊局桥。萧家渡，在下中沙巷。边家渡，在仁和仓东。睦家渡，在丰储仓西。时家渡，在德胜堰南。

注释

①澄水闸：《咸淳临安志》："澄水闸在长桥南，始因钱湖门内诸山之水分流为三道，雨甚则泥滓侵浊西湖，故于钱湖门之北城下置海子口，流出省马院后为小渠，引水直至澄水闸入湖。又有南闸者，亦分方家峪之水至长桥下入湖。古来疏此水为三渠，皆有石桥，后渠为民居湮塞，然桥犹可记。"

译文

清河堰，在余杭门外税务东面。里沙河堰，在余杭门外仁和桥东面。

澄水闸，在西湖长桥南面。因钱湖门内诸山上的流水分为三道，所以在钱湖门外北城下置海子口，水流出省马院后为小渠，引水直到澄水闸入西湖。古来疏通此水为三渠，都架有石桥，后来渠被民居堵塞，但是桥仍在，可纪旧事。西闸，在赤山教场旁。龙山浑水闸、清水闸，都在龙山。浙江清水、浑水二闸，在便门外。保安闸，在小堰门外。清湖上、中、下三闸，在余杭门外。石函桥闸，在钱塘门外水磨头，因湖水涨溢壅塞，所以开此闸泄水，排到下湖。安溪斗门闸和化湾斗门闸，都在钱塘县北。

浙江渡，在浙江亭江岸，对着西兴。龙山渡，在六和塔开化寺山下，对着渔浦。渔山渡，在大朱桥及盐仓前，两岸相去不远，江势浩大，令人生畏。浙东的士大夫，不敢从渔浦渡江，都从这里渡。渡船头渡，在通江桥北面。周家渡，在城内漆木巷。司马渡，在油腊局桥。萧家渡，在下中沙巷。边家渡，在仁和仓东面。睦家渡，在丰储仓西面。时家渡，在德胜堰南面。

卷十二

西 湖

原 文

杭城之西，有湖曰西湖，旧名钱塘湖，周围三十余里，自古迄今，号为绝景。唐朝白乐天守杭时，再筑堤捍湖。宋庆历间，尽辟豪民僧寺规占之地，以广湖面。元祐时，苏东坡守杭，奏陈于上，谓："西湖如人之眉目，岂宜废之？"遂拨赐度牒易钱米，募民开湖，以复唐朝之旧。绍兴间，辇毂驻跸，衣冠纷集，民物阜蕃，尤非昔比。郡臣汤鹏举申明西湖条画事宜于朝，增置开湖军兵，差委官吏管领，任责盖造寨屋舟只，专一撩湖，无致湮塞，修湖六井，阴窦水口，增置斗门水闸，量度水势，得其通流，无垢污之患。乾道年间，周安抚淙奏乞降指挥禁止官民，不得抛弃粪土、栽植荷菱等物，秽污填塞湖港。旧召募军兵专一撩湖，近来废阙，见存者止三十余名，乞再填刺补额，仍委尉司官，并本府壕寨官带主管开湖职[①]，专一管辖军兵开撩，无致人户包占。或有违戾，许人告捉，以违制论。自后时有禁约，方得开辟。淳祐丁未大旱，湖水尽涸，郡守赵节斋奉朝命开浚，自六井至钱塘、上船亭、西林桥、北山第一桥、苏堤、三塔、南新路、长桥、柳洲寺前等处，凡种菱荷茭荡，一切薙[②]去，方得湖水如旧。咸淳间，守臣潜皋墅亦申请于朝，乞行除拆湖中菱荷，毋得存留秽塞，侵占湖岸之间。有御史鲍度劾奏内臣陈敏贤、刘公正包占水池，盖造屋宇，濯秽洗马，无所不施。灌注湖水，一以酝酒，以祀天地、飨祖宗，不得蠲洁[③]而亏歆受之福，次以一城黎元之生，俱饮污腻浊水而起疾疫之灾。奉旨降官罢职，令临安府日下拆毁屋宇，开辟水港，尽于湖中除拆荡岸，得以无秽污之患。官府除其年纳利租官钱，销灭其籍，绝其所莳，本根勿复萌孽矣。

且湖山之景，四时无穷，虽有画工，莫能摹写。如映波桥侧竹水院，涧松茂盛，密荫清漪[④]，委可人意。西林桥即里湖，内俱是贵官园圃，凉堂画阁，高台危榭，花木奇秀，灿然可观。有集芳御园，理宗赐与贾秋壑为第宅家庙，往来游玩舟只，不敢仰视，祸福立见[⑤]

矣。西泠桥外孤山路，有琳宫者二，曰四圣延祥观，曰西太乙宫。御圃在观侧，乃林和靖隐居之地，内有六一泉、金沙井、闲泉、仆夫泉、香月亭，亭侧山椒，环植梅花，亭中大书“疏影横斜水清浅，暗香浮动月黄昏”之句于照屏之上云。又有堂，匾曰“挹翠”，盖挹西北诸山之胜耳。曰清新亭，面山而宅，其麓在挹翠之后。曰香莲亭，曰射圃，曰玛瑙坡，曰陈朝桧，皆列圃之左右。旧有东坡庵、四照阁、西阁、鉴堂、辟支塔，年深废久，而名不可废也。

注 释

①带职：指不改变原来职务而去参加别的活动。

②薙（tì）：剃去，铲除。

③蠲（juān）洁：清洁。

④清漪：水清澈而有波纹。

⑤祸福立见：是福是祸，立时可证。此处盖指贾似道权势凌人，视仰视其宅者为不敬，必惩治之。

译 文

杭城的西面，有湖叫西湖，原先叫钱塘湖，周围三十余里，从古至今，号称绝景。唐朝白居易任杭州太守时，再筑堤捍湖。宋仁宗庆历年间，将豪民僧寺圈占之地尽皆辟除，以拓广湖面。宋神宗元祐年间，苏东坡任杭州知府，向皇上奏陈说：“西湖就好像人的眉目，怎么能废弃她呢？”于是朝廷拨赐度牒以换钱米，招募民夫开湖，以恢复唐朝时的旧貌。高宗绍兴年间，辇毂驻跸在这里，士大夫纷集，民物繁盛，实在不是昔日可比。临安知府汤鹏举在朝堂申明规划西湖之事宜，朝廷于是增置开湖军兵，委派官吏管领，负责盖造寨屋船只，专一掘湖，使其不致壅塞。又修砌六井和暗洞水口，增置斗门水闸，度量水势，使其通流，没有垢污之患。孝宗乾道年间，临安知府周淙奏请朝廷降旨禁止官民，不得向西湖抛弃粪土，不得在湖中栽植荷菱等物，以致秽污填塞湖港。原先招募军兵专门负责掘湖，近来废置，还仅存三十余名，请求再补名额，仍委派尉司官，和本府壕寨官带主管开湖之职，专门管辖军兵开掘，不让西湖被人户包占。若有抵触者，许人举报，军士逮捕，以违制论罪。此后不时有禁约，西湖才得以不断开辟。理宗淳祐丁未年大旱，西湖水都已干涸，临安知府赵节斋奉朝廷之命开浚，自六井至钱塘、上船亭、西林桥、北山第一桥、苏堤、三塔、南新路、长桥、柳洲寺前等处，凡是栽种菱荷茭荡的地方，全部铲除干净，湖水才得以恢复原貌。度宗咸淳年间，临安知府潜皋墅也向朝廷申请，请求铲除西湖中的菱荷，不使存留，以致秽塞，侵占湖岸之间。有御史鲍度弹劾内臣陈敏贤、刘公正包占水池，盖造屋宇，在西湖濯秽洗马，无所不为。西湖之湖水，其一用来酿酒，以祭飨天地祖宗，如果酒不清洁，所受之福就会亏损。其次一城之黎民百姓，若全都饮用污腻浊水，就会发生疾疫之灾。朝廷于是下令将陈、刘二人降官罢职，令临安府立即拆毁屋宇，开辟水港，拆除湖中所有荡岸，西湖才得以无秽污之患。原先民户包占湖面栽种菱荷，每年应缴纳租金，官府全部免除，账籍也予以销毁，铲除所栽种的菱荷，连根本都除去，不让它再萌生。

湖山之胜景，四时无穷，即使有画工，也不能描摹详尽。如映波桥侧的竹水院，涧松茂盛，密荫清漪，着实令人惬意。西林桥即里湖，其中全是权贵官宦的园圃，凉堂画阁，高台危榭，花木奇秀，灿然可观。有集芳御园，理宗赐给贾秋壑为第宅家庙，往来游玩的舟只，都不敢仰视，否则祸福立见。西泠桥外的孤山路，有两座道观，为四圣延祥观和西太乙宫。御圃在道观旁，乃是林和靖隐居之地，其中有六一泉、金沙井、闲泉、仆夫泉、香月亭，亭侧是山椒，四周种植梅花，亭中大书“疏影横斜水清浅，暗香浮动月黄昏”之句于屏风之上。又有堂，匾额曰“挹翠”，指包揽了西北诸山之胜景。有清新亭，面朝孤山而建，其麓在挹翠堂之后。又有香莲亭、射圃、玛瑙坡、陈朝桧，皆列于御圃左右。原先有东坡庵、四照阁、西阁、鉴堂、辟支塔，年代久远，早已废弃，而名不可废。

原　文

曰苏公堤，元祐年东坡守杭，奏开浚湖水，所积葑草，筑为长堤，故命此名，以表其德云耳。自西迤北，横截湖面，绵亘数里，夹道杂植花柳，置六桥，建九亭，以为游人玩赏驻足之地。咸淳间，朝家给钱，命守臣增筑堤路，沿堤亭榭再一新，补植花木。向东坡尝赋诗云：“六桥横接天汉上，北山始与南屏通。忽惊二十五万丈，老葑席卷苍烟空。”

曰南山第一桥，名映波桥，西偏建堂，匾曰“先贤”。宝历年大资袁京尹韶请于朝，以杭居吴会，为列城冠，湖山清丽，瑞气扶舆，人杰代生，踵武[①]相望，祠祀未建，实为阙文，以公帑求售居民园屋，建堂奉忠臣孝子、善士名流、德行节义、学问功业。自陶唐至宋，本郡人物许箕公[②]以下三十四人，及孝妇孙夫人等五氏，各立碑刻，表世旌哲而祀之。堂之外堤边，有桥名袁公桥，以表而出之。其地前挹平湖，四山环合，景象窈深，惟堂滨湖，入其门，一径萦纡，花木蔽翳，亭馆相望，来者由振衣，历古香，循清风，登山亭，憩流芳，而后至祠下。又徙玉晨道馆于祠之艮隅[3]，以奉洒扫，易匾曰“旌德”，且为门便其往来。直门为堂，匾曰“仰高”。

第二桥名锁澜，桥西建堂，匾曰“湖山”。咸淳间，洪帅焘买民地创建，栋宇雄杰，面势端闳，冈峦奔赴，水光滉漾，四浮图矗四围，如武士相卫，回眸顾盼，由后而望，则芙蕖菰蒲，蔚然相扶，若有逊避其前之意。后二年，帅臣潜皋墅增建水阁六楹，又纵为堂四楹，以达于阁。环之栏槛，辟之户牖，盖迩延远挹，尽纳千山万景，卓然为西湖堂宇之冠，游者争趋焉。

接第三桥，名望山，桥侧有堂，匾曰“三贤”，以奉白乐天、林和靖、苏东坡三先生之祠。袁大资请于朝，切惟三贤道德名节，震耀今古，而祠附于水仙庙东庑，则何以崇教化、励风俗，遂买居民废址，改造堂宇，以奉三贤，实为尊礼名胜之所。正当苏堤之中，前挹湖山，气象清旷，背负长岗，林樾[4]深窈，南北诸峰，岚翠环合，遂与苏堤贯联也。盖堂宇参错，亭馆临堤，种植花竹，以显清概。堂匾“水西”“云北”“月香”“水影”“晴光”“雨色”。

曰北山第二桥，名东浦桥，西建一小矮桥过水，名小新堤，于淳祐年间，赵节斋尹京之时，筑此堤至曲院，接灵隐、三竺梵宫，游玩往来。两岸夹植花柳，至半堤建四面堂，益以三亭于道左，为游人憩息之所，水绿山青，最堪观玩。咸淳再行高筑堤路，凡二百五十余丈，所费俱官给其券工也。

曰北山第一桥，名涵碧桥，过桥出街，东有寺名广化。建竹阁，四面栽竹万竿，青翠森茂，阴晴朝暮，其景可爱，阁下奉乐天之祠焉。曰寿星寺，高山有堂，匾曰“江湖伟观”，盖此堂外江内湖，一览目前。淳祐赵尹京重创广厦危栏，显敞虚旷，旁又为两亭，巍然立于山峰之顶。游人纵步往观，心目为之豁然。

注　释

①踵武：踩着前人的足迹走，比喻效法或继承前人的事业。

②许箕公：即许由，尧时隐士。尧知其贤德，欲禅位于许由，许由听说后，坚辞不就，去颍水洗耳，卒葬箕山之巅。尧封其为“箕山公神”。

③艮隅：东北方。

④林樾：林木。或指林间隙地。

译文

苏公堤，元祐年间苏东坡任杭州知府时，奏请开浚湖水，用所积葑草堆筑为长堤，故命此名，以表彰其功德。苏公堤自西延伸向北，横截湖面，绵延数里，夹道杂种花草柳树，又建置六桥九亭，作为游人玩赏驻足之地。咸淳年间，朝廷拨出钱财，命临安知府增筑堤路，将沿堤亭榭修葺一新，补种花木。从前苏东坡曾赋诗曰："六桥横接天汉上，北山始与南屏通。忽惊二十五万丈，老葑席卷苍烟空。"

南山第一桥，叫作映波桥，西侧建堂，匾额曰"先贤"。理宗宝历年间临安知府袁韶向朝廷请求，认为杭州乃三吴都会，为列城之冠，湖山清丽，瑞气扶舆，人杰代生，接连不断，却未加祭祀，实在是有所缺漏，当以公家钱求购居民园屋，建堂供奉历代忠臣孝子、善士名流、德行节义、学问功业。从陶唐氏至宋朝，本郡人物自许箕公以下三十四人，及孝妇孙夫人等五氏，各立碑刻，表彰于世，旌其贤哲，加以祭祀。堂外苏公堤边，有桥叫作袁公桥，以表扬袁韶之功。其地前挹平湖，四山环合，景象窈深，堂正临湖，进入门中，一径萦回，花木繁盛茂密，亭馆相望，前来游赏之人都会先整好衣服，沉浸于古香，随着清风，登临山亭，在流芳下小睡，然后到达祠下。又将玉晨道馆迁徙到祠堂的东北角，让道士负责洒扫，改匾额曰"旌德"，且设门便于往来，一进门就是堂，匾额曰"仰高"。

第二桥叫作锁澜桥，桥西建堂，匾额曰"湖山"。咸淳年间，临安知府洪焘购买民地创建，栋宇雄杰，面势端闳，山峦起伏，水光荡漾，四座佛塔矗立四周，如武士相卫。回眸顾盼，由后而望，则芙蕖菰蒲，蔚然而相互扶持，似乎有谦虚回避之意。两年后，帅臣潜皋墅增建水阁六楹，又扩建堂四楹，使堂阁相连。四周环绕栏杆，开辟门户，于是将远近千山万景都包纳其中，卓然而为西湖堂宇之冠，游人争相来览。

第三桥叫作望山桥，桥侧有堂，匾额曰"三贤"，以供奉白居易、林和靖、苏东坡三先生之祠。袁韶向朝廷请求说，三位先贤之道德名节震耀今古，却附于水仙庙东庑祭祀，则何以崇尚教化、激励风俗，于是买居民废址，改造堂宇，以供奉三贤，实为尊礼之名胜。三贤堂正当苏堤之中，前挹湖山，气象清旷，背负长岗，林木深窈，南北诸峰，岚翠环合，因此堂而与苏堤相贯联。因堂宇参错，亭馆临堤，种植花竹，以显清概之态。堂有匾额曰"水西""云北""月香""水影""晴光""雨色"。

北山第二桥叫作东浦桥，西面建有一座小矮桥过水，叫作小新堤，在理宗淳祐年间，赵节斋任临安知府时，筑此堤直达曲院，连接灵隐、三天竺的佛寺，游玩往来。两岸夹植花木柳树，至半堤建四面堂，又建三亭于道左，是游人憩息的地方，山清水秀，最值得游赏。咸淳年间又将堤路筑高，共250余丈，所耗费钱财役工都由官府供给。

北山第一桥叫作涵碧桥，过桥出街，东面有寺叫作广化寺。建有竹阁，四面栽竹万竿，青翠森茂，早晚阴晴时的景致，最为可爱，阁下供奉白居易之祠。有寿星寺，居高山而有堂，匾额曰“江湖伟观”，此堂外面是江，里面是湖，两处胜景，眼前尽览。淳祐年间临安知府赵节斋重建广厦危栏，使其更加宽敞虚旷，旁边又造两亭，巍然立于山峰之顶。游人迈步前往观览，心目为之豁然。

原　文

曰孤山桥，名宝祐，旧呼曰断桥，桥里有梵宫，以石刻大佛，金装，名曰“大佛头”，正在秦皇缆舟石[①]山上，游人争睹之。桥外东有森然亭，堂名放生，在石函桥西，昨于真庙朝天禧年间，平章王钦若出判杭州，请于朝建也。次年守臣王随记其事。元祐东坡请浚西湖，谓每岁四月八日，邦人数万，集于湖上，所活羽毛鳞介[②]以百万数，皆西北向稽首祝万岁。绍兴以銮舆驻跸，尤宜涵养，以示渥泽，仍以西湖为放生池，禁勿采捕，遂建堂匾“德生”。有亭二：一以滨湖，为祝网[③]纵鳞之所，亭匾“泳飞”；一以枕山，凡名贤旧刻皆峙焉，又有奎书《戒烹宰文》刻石于堂上。

曰玉莲，又名一清，在钱塘门外菩提寺南沿城，景定间尹京马光祖建，次年魏克愚徙郡治竹山阁改建于此。但堂宇爽闿，花木森森，顾盼湖山，蔚然堪画。

曰丰豫门，外有酒楼，名丰乐，旧名耸翠楼，据西湖之会，千峰连环，一碧万顷，柳汀花坞，历历栏槛间，而游桡画舫，棹讴堤唱，往往会于楼下，为游览最。顾以官酤喧杂，楼亦临水[④]，弗与景称。淳祐年，帅臣赵节斋再撤新创，瑰丽宏特，高接云霄，为湖山壮观，花木亭榭，映带参错，气象尤奇。缙绅士人，乡饮团拜[⑤]，多集于此。更有钱塘门外望湖楼，又名看经楼。大佛头石山后名十三间楼，乃东坡守杭日多游此，今为相严院矣。丰豫门外有望湖亭三处，俱废之久，名贤遗迹，不可无传，故书之使后贤不失其名耳。

曰湖边园圃，如钱塘玉壶、丰豫渔庄、清波聚景、长桥庆乐、大佛、雷峰塔下小湖斋宫、甘园、南山、南屏，皆台榭亭阁，花木奇石，影映湖山。兼之贵宅宦舍，列亭馆于水堤；梵刹琳宫，布殿阁于湖山，周围胜景，言之难尽。东坡诗云："若把西湖比西子，淡妆浓抹总相宜。"正谓是也。近者画家称湖山四时景色最奇者有十：曰苏堤春晓、曲院荷风、平湖秋月、断桥残雪、柳浪闻莺、花港观鱼、雷峰夕照、两峰插云、南屏晚钟、三潭映月。春则花柳争妍，夏则荷榴竞放，秋则桂子飘香，冬则梅花破玉，瑞雪飞瑶。四时之景不同，而赏心乐事者亦与之无穷矣。

注　释

①秦皇缆舟石：相传为秦始皇巡行杭州时用以缆船之石。明田汝成《西湖游览志》："大石佛，旧传为秦始皇缆船石，宋宣和中僧思净者，当儿时见之作念曰：'异日出家，当镌此石为佛。'及长，为僧妙行寺，遂镌此石为佛像。饰以黄金，构殿覆之，遂名为大石佛院。"

②羽毛鳞介：泛指各种动物。介：指有介甲的动物。

③祝网：商汤狩猎，见部下们张网四面并祷告说，上下四方的禽兽尽入网中。即命去其三面，只留一面，并祷告说："愿逃者逃之，不愿逃者入我网中。"后以"祝网"代指帝王施行仁德之政。

④楼亦临水：《咸淳临安志》作"楼亦卑小"。

⑤乡饮：指乡饮酒礼。古代嘉礼之一。团拜：指有喜庆之事，相聚而拜。

译　文

孤山桥，名宝祐，原先叫作断桥，桥里有佛寺，用石刻成的大佛，涂上金装，叫作"大佛头"，正在秦始皇缆舟石山上，游人争相观睹。桥外东面有森然亭，堂叫放生堂，在石函桥西，真宗天禧年间，同平章事王钦若出为杭州通判，向朝廷请求建此堂。次年杭州知府王随记其事。元祐年间苏东坡请求疏浚西湖，称每年四月初八，数万杭州人聚集于西湖上，所放生的动物数以百万计，人们都面向西北稽首遥祝万岁。绍兴年间銮舆驻跸于此，尤其需要涵养包容，以示恩泽，故仍以西湖为放生池，禁止采捕，又建堂，匾额曰"德生"。有两座亭，一座滨湖，为撒网放生鱼类之所；一座枕山，凡是过去名贤的石刻都耸立于此，又有御书《戒烹宰文》刻石置于堂上。

玉莲堂，又叫作一清堂，在钱塘门外菩提寺南沿城，理宗景定年间临安知府马光祖创建，次年魏克愚将府治竹山阁迁徙改建于此。堂宇高大宽敞，花木森然，顾盼湖山之胜，蔚然堪比图画。

丰豫门，外有酒楼，名叫作丰乐，原先叫作耸翠楼，占据西湖之要会，千峰连环，一碧万顷，柳汀花坞，于栏槛间历历可见，而游船画舫，棹歌堤唱，往往会于楼下，为游览之最。但因是官家酒库卖酒之所，喧闹嘈杂，楼亦临水，与胜景不太相称。淳祐年间，临安知府赵节斋撤去旧楼再建新楼，瑰丽宏伟，高接云霄，为湖山壮观。花木亭榭，映带参错，气象尤为奇丽。士大夫们乡饮或团拜，多会集于此。又有钱塘门外望湖楼，又叫看经楼。大佛头石山后面有十三间楼，苏东坡任杭州知府时多到此游览，如今为相严院。丰豫门外有三处望湖亭，都废弃已久，名贤的遗迹，不可无传，故记录下来使后贤不忘其名。

湖边的园圃，如钱塘玉壶、丰豫渔庄、清波聚景、长桥庆乐、大佛、雷峰塔下小湖斋宫、甘园、南山、南屏，皆有台榭亭阁，花木奇石，影映湖山。加上富贵权宦的宅邸，在水堤上设立亭馆；佛寺道观，布列殿阁于湖山之间，周围的胜景，言语难以说尽。苏东坡有诗云："若把西湖比西子，淡妆浓抹总相宜。"形容得非常贴切。近代画家称湖山四季景色有十处最为奇绝的，分别是：苏堤春晓、曲院荷风、平湖秋月、断桥残雪、柳浪闻莺、花港观鱼、雷峰夕照、两峰插云、南屏晚钟、三潭映月。春季则花柳争妍，夏季则荷榴竞放，秋季则桂子飘香，冬季则梅花破玉，瑞雪飞瑶。西湖胜景，四时不同，而赏心乐事者亦与之无穷。

下　湖

原　文

下湖，在钱塘门外，其源出于西湖，一自玉壶水口流出，九曲沿城一带，至余杭门外；一自水磨头石函桥闸流出，入策选锋教场、杨府云洞、北郭税务侧，合为一流，如环带形，自有二斗门潴泄之。淳祐年，两湖水涸，城内诸井亦竭，尹京赵节斋给官钱米，命工自钱塘尉廨北望湖亭下凿渠，引天目山水，自余杭河经张家渡河口达于溜水桥斗门。凡作数坝，用车运水经西湖，庶得流通城中，诸市民赖其利也[①]。林和靖舣舟石函，因过下湖小墅，赋诗曰："平皋望不极，云树远依依。及向扁舟泊，还寻下濑归。青山连石埭，春水入柴扉。多谢提壶鸟，留人到落晖[②]。"

钱塘定山南乡有名湖[③]，刘道真《钱塘记》云："明圣湖，在县南一百步。又仁和东十八里，亦有此湖之名。仁和县东北十八里有湖名曰御息，故老相传，秦始皇东游，暂憩于此，故以名之。”县东长乐乡曰临平湖，前辈夜泛湖赋诗曰：“素彩皓通津，孤舟入清旷。已爱隔帘看，还宜卷帘望。隔帘卷帘当此时，惆怅思君君不知④。”“三月平湖草欲齐，绿杨分映入长堤，田家起处乌龙吠，酒客醒时谢豹啼。山槛正当莲叶渚，水塍新擘稻秧畦。人间谩说多歧路，咫尺神仙洞却迷⑤。”

仁和永和乡有湖者二：曰石桥湖，曰丁山湖。天宗门外曰泛洋湖。仁和长乐乡像光湖，唐时湖中现五色光，掘地得弥勒佛石像，乃建寺及湖，名俱曰像光。仁和桐扣山下名石鼓湖。

注 释

①“凡作数坝”四句：《咸淳临安志》曰：“凡作数坝，用车运水仰注上湖，城内水口由汩流通，人赖其利。”

②“平皋望不极”数句：即林和靖《上湖闲泛，舣舟石函，因过下湖小墅》。平皋：水边平展之地。

③名湖：据下文当作“明圣湖”。《咸淳临安志》曰：“父老相传，湖中尝有金牛见，遂以‘明圣’为名。”

④“素彩皓通津”数句：即唐权德舆《夜泛临平湖有寄》。

⑤“三月平湖草欲齐”数句：即唐张祜《题平湖诗》。乌龙：泛指犬。谢豹：即杜鹃鸟。

译 文

下湖，在钱塘门外，它源出于西湖，其一从玉壶水口流出，经九曲沿城一带，至余杭门外；其二从水磨头石函桥闸流出，入策选锋教场、杨府云洞、北郭税务侧，合为一流，如环带之形，自有二斗门储水泄水。淳祐年间，西湖和下湖都干涸无水，城内诸井也都枯竭，临安知府赵节斋支拨公家钱米，命工人自钱塘县尉官署北面望湖亭下凿渠，引天目山水，自余杭河经张家渡河口到达溜水桥斗门。筑起数座堤坝，用车运水注入西湖，城内水口才得以流通，市民倚其得利。林和靖泛舟经过石函桥，过下湖小墅，赋诗曰：“平湖望不极，云气远依依。及向扁舟泊，还寻下濑归。青山连石埭，春水入柴扉。多谢提壶鸟，留人到落晖。”

钱塘县定山南乡有名湖，刘道真《钱塘记》载曰：“明圣湖，在县南一百步。仁和县东十八里，也有一个明圣湖。仁和县东北十八里有御息湖，故老相传，秦始皇东游时，在此停歇，故名‘御息’。”县东长乐乡有临平湖，前辈夜泛湖赋诗曰：“素彩皓通津，孤舟入清旷。已爱隔帘看，还宜卷帘望。隔帘卷帘当此时，惆怅思君君不知。”又有诗曰：“三月平湖草欲齐，绿杨分映入长堤，田家起处乌龙吠，酒客醒时谢豹啼。山槛正当莲叶渚，水塍新擘稻秧畦。人间谩说多歧路，咫尺神仙洞却迷。”

仁和永和乡有两座湖，为石桥湖、丁山湖。天宗门外有泛洋湖。仁和县长乐乡有像光湖，唐朝时湖中现出五色光，掘地获得弥勒佛石像，于是建寺和湖，都叫作像光。仁和桐扣山下有石鼓湖。

浙 江

原 文

浙江，在杭城东南，谓之钱塘江。内有浙山，正居江中，潮水投山下，曲折而行，有若反涛水势者。韦昭以钱塘、松江、浦阳为三，而不知浦阳在何地。今富阳即钱塘江[①]，其江自古曰浙河，见于庄子书中，其为东南巨浸，昭昭也。按《吴越春秋内传》云：“吴王赐子胥死，乃取其尸，盛以鸱夷[②]之革，浮之江中。子胥因随流扬波，依潮来往，荡激堤岸。”又按《越王外传》云：“越王赐大夫种死，葬于西山之下。一年，子胥从海上穿山胁而持种去，与之俱浮于海。故前潮水潘侯者[③]，伍子胥也；后重水者，大夫种也。”恐此说荒诞无稽，不敢信。以《忠清庙记》言之，非诞也。

然诸家所说甚多，或谓天河激涌[④]，亦云地机翕张[⑤]。又以日激水而潮生[⑥]，月周天而潮应[⑦]。或以挺空入汉，山涌而涛随；析木大梁，月行而水大[⑧]。源殊派异，无所适从，索隐探微，宜伸确论。大率元气嘘吸，天随气而张敛；溟渤[⑨]往来，潮随天而进退者也。盖日者重阳之母，阴生于阳，故潮附之于日也。月者，太阴之精，水属阴，故潮依之于月也。是故随日而应月，依阴而附阳，盈于朔望，消于朏魄[⑩]，虚于上下弦[⑪]，息于辉朒[⑫]，故潮有大小焉。但月朔夜半子，昼则午刻，潮平于地。次日潮信稍迟一二刻。至望日，则潮亦如月朔信，复会于子午位[⑬]。若以每月初五、二十日，此四日则下岸，其潮自此日则渐渐小矣。以初十、二十五日，其潮交泽起水，则潮渐渐大矣。初一至初三、十五至十八，六日之潮最大，银涛沃日，雪浪吞天，声若雷霆，势不可御。进退盈虚，终不失期。且海门在江之东

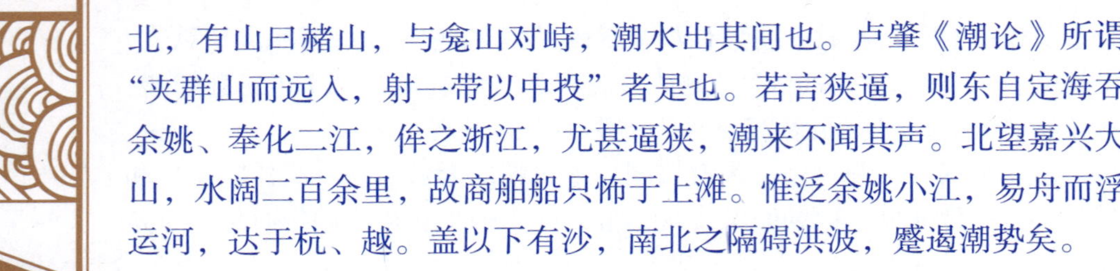
北，有山曰赭山，与龛山对峙，潮水出其间也。卢肇《潮论》所谓“夹群山而远入，射一带以中投”者是也。若言狭逼，则东自定海吞余姚、奉化二江，侔之浙江，尤甚逼狭，潮来不闻其声。北望嘉兴大山，水阔二百余里，故商舶船只怖于上滩。惟泛余姚小江，易舟而浮运河，达于杭、越。盖以下有沙，南北之隔碍洪波，蹙遏潮势矣。

注释

①富阳即钱塘江：现在习惯称浙江富阳段为富春江，下游杭州段为钱塘江。

②鸱（chī）夷：革囊。

③潘：通“蟠”，水旋流。侯：伺望，迎候。

④天河激涌：晋葛洪《抱朴子·外佚文》：“天河从西北极分为两头，至于南极……河者天之水也。随天而转入地下过，而与下水相得，又与海水合，三水相荡，而天转排之，故激涌而成潮水。”

⑤翕（xī）张：敛缩舒张。

⑥日激水而潮生：唐卢肇《海潮赋》：“日激水而潮生，月离日而潮大。”

⑦月周天而潮应：唐封演《说潮》：“凡一月旋转一匝，周而复始，虽月有大小，魄有盈亏，而潮常应之，无毫厘之失。月阴精也，水阴气也，潜相感致，体于盈缩也。”

⑧“析木大梁”二句：唐窦叔蒙《海涛志》：“二月，月临析木。八月，月临大梁。日差月移，一年涨涛之期也。”析木、大梁：星次名称。

⑨溟渤：溟海和渤海。多泛指大海。

⑩朏（fěi）魄：新月的月光，多代指农历每月初三。

⑪上下弦：上弦时月地日构成直角三角形，月呈半圆形。在农历每月初七、初八出现。下弦时月地日构成直角三角形，月呈半圆形。在农历每月二十二、二十三出现。

⑫朒（nǜ）：农历月初时的月相。《说文·月部》：“朔而月见东方曰朒。”

⑬“但月朔夜半子”数句：此处记载不全。按宋燕肃《海潮论》曰：“今起月朔夜半子时，潮平于地之子位四刻一十六分半，月离于日，在地之辰，次日移三刻七十二分。对月到之位，以日临之次，潮必应之。过月望复东行，潮附日而西应之。至后朔子时四刻一十六分半，日月潮水俱复会于子位，是知潮当附日而右旋，以月临子午，潮必平矣；月在卯酉，汐必尽矣，或迟速消息之小异，而进退盈虚终不失于时期也。”

译文

浙江，在杭城东南，又叫作钱塘江。江内有浙山，正居江中，潮水投于山下，曲折而行，犹如与江涛逆反的水势。韦昭以钱塘江、松江、浦阳江为三江，而不知浦阳江在何地。如今富阳江段即钱塘江，此江自古称浙河，见于庄子书中，作为东南一带的大江，记载得很显著。据说《吴越春秋内传》记载：“吴王夫差赐死伍子胥，又取来他的尸体，装在皮袋子里，抛到江中。伍子胥的尸体随着流水兴起波浪，跟着潮汐来去，动荡冲击使江岸崩塌。”又据说《越王外传》记载：“越王勾践赐死大夫文种，葬于西山之下。一年后，伍子胥从海上过来，凿通山胸而挟持文种离去，和他一起漂浮在海上。所以前面的潮水盘旋地前来伺望迎候的，就是伍子胥；后面那层层重叠而来的波浪，就是大夫文种。”恐怕这种说法荒诞无稽，不敢轻信。但《忠清庙记》也这样记载，认为它并非虚诞。

关于钱塘江潮，各家的说法甚多，有的说天河激荡而形成潮，也有的说地机翕张而形成潮。有的说太阳落到海里激发海水形成潮，也有的说月行一周与太阳相会时潮与之感应。有的说山势涌动，耸入霄汉，江涛也会相随，也有的说月运行至析木和大梁时，潮水就会盛大。各派说法差距很大，无所适从，当索隐探微，得出一个确切的观点。大致是元气嘘吸，天也随着气或张或敛；海水往复，潮也随着天而或进或退。太阳，乃是众阳之母，阴生于阳，所以潮水依附于太阳。月亮是太阴之精，而水属阴，所以潮水也依附于月亮。因此潮水随应日月，依附阴阳，朔望日时盛大，朏魄时始消，上下弦时弱小，辉朒时止息，所以潮水有大有小。潮水起于月朔夜半子时，白天午时，潮水平于地。次日潮信稍微推迟一二刻。到望日，潮信也如月朔时，复会于子午位。每月初五、二十下岸，因潮水自此日后渐渐变小。每月初十、二十五，其潮交泽起水，潮水渐渐变大。初一至初三、十五至十八，这六日江潮最大，银涛沃日，雪浪吞天，声若雷霆，势不可挡。进退盈虚，都很准时。海门在钱塘江的东北，有山叫赭山，与龛山对峙，潮水出于其间。卢肇《潮论》所谓“夹群山而远入，射一带以中投”，说的就是这里。若论狭逼处，则东自定海吞余姚、奉化二江，与浙江相比，更是逼狭，潮来都听不见声音。浙江北望嘉兴大山，水阔二百余里，所以商舶船只都不敢上滩，改道余姚小江，换船从运河走，以到达杭州、越州。因其水下有沙，南北隔碍洪波，遏制潮势。

城内外河

原　文

茅山河，东自保安水门向西，过榷货务桥转北，过通江桥，一直至梅家桥旧德寿宫之东。今宗阳宫有茅山河，因展拓宫基填塞，及民户包占，虽存去水大渠，流至蒲桥后，被修内司营填塞，所不及故道，今废之久矣[①]。盐桥运河，南自碧波亭州桥，与保安水门里横河合，过望仙桥，直北至梅家桥，出天宗水门。一派自仁和仓后葛家桥、天水院桥、淳祐仓前出余杭水门水道。市河，俗呼小河，东自清冷桥西，流至南瓦横河转北，由金波桥直北至仁和仓桥转东，与茅山水合，由天水院桥转北，过便桥出余杭水门。清湖河，西自府治前净因桥，过闸转北，由楼店务桥至转运司桥转东，由渡子桥合涌金池水流至金文库，与三桥水相合。南至五显庙后，普济桥水相合，直北由军将桥至清湖桥投北，由石灰桥至众安桥，又投北与市河相合，入鹅鸭桥转西。一派自洗麸桥至纪家桥转北，由车桥至便桥，出余杭水门。

城外运河，南自浙江跨浦桥，北自浑水闸、萧公桥、清水闸、众惠桥、樱木桥、朱家桥转西，由保安寨至保安水门入城。土人呼城外河曰贴沙河，一名里沙河。龙山河，南自龙山浑山闸，由朱桥至南水门，淤塞年深，不通舟楫。外沙河，南自竹车门北去绕城，东过红亭税务前务已废圮螺蛳桥，东至蔡湖桥，与殿司前军寨内河相合，转西过游弈寨前军寨桥，至无星桥、坝子桥河相合，入艮山河，沿城入泛洋湖水，转北至德胜桥与运河相合。菜市河，南自新门外，北沿城景隆观后，至章家桥、菜市桥、坝子桥，入泛洋湖转北，至德胜桥与运河合流。下塘河，南自天宗水门，接盐桥运河，余杭水门接城中小河、清湖河，两河合于北郭税务前。由清湖堰闸至德胜桥，与城东外沙河、菜市河、泛洋湖相合。分为两派：一由东北上塘过东仓新桥，入大运河，至长安闸，入嘉兴路运河；一由西北过德胜桥，上北城堰，过江涨桥、喻家桥、北新桥以北，入安吉州界下塘河。

注释

①“今宗阳宫有茅山河”数句：《咸淳临安志》：“德寿宫之东元有茅山河，因展拓宫基，填塞积渐，民户包占，惟存去水大沟，至蒲桥，修内司营填塞，所不及者故道。尚存自后军东桥至梅家桥河。”

译文

茅山河，东自保安水门向西，过了榷货务桥再转向北，流经通江桥，一直到梅家桥原德寿宫的东面。如今宗阳宫有茅山河，因拓展宫基，填塞河道，以及民户包占，虽然去水大渠还留存，流至蒲桥后，但被修内司营填塞，与故道相比，已完全比不上，如今已废弃很久了。盐桥运河，南自碧波亭州桥，与保安水门里的横河汇合，流经望仙桥，直北至梅家桥，出天宗水门。又一派自仁和仓后葛家桥、天水院桥、淳祐仓前出余杭水门水道。市河，俗称小河，东自清冷桥西，流至南瓦横河转向北，由金波桥直向北至仁和仓桥再转向东，水院桥再转向北，过便桥出余杭水门。清湖河，西自府治前净因桥，过闸后转向北，由楼店务桥至转运司桥转向东，由渡子桥汇合涌金池水流至金文库，与三桥水相汇合。南至五显庙后，与普济桥水相合，直向北由军将桥至清湖桥再投向北，由石灰桥至众安桥，又投向北与市河相汇合，入鹅鸭桥转向西。又一派自洗麸桥至纪家桥转向北，由车桥至便桥，出余杭水门。

城外运河，南自浙江跨浦桥，北自浑水闸、萧公桥、清水闸、众惠桥、樱木桥、朱家桥转向西，由保安寨至保安水门入城。当地人称城外河为贴沙河，又叫作里沙河。龙山河，南自龙山浑山闸，由朱桥流经南水门，长年淤积堵塞，不通舟船。外沙河，南自竹车门北去环绕杭城，东面经过红亭税务前此务已经废圮螺蛳桥，东至蔡湖桥，与殿前司前军寨内河相汇合，转向西经过游弈寨前军寨桥，至无星桥与坝子桥河相合，入艮山河。沿城汇入泛洋湖水，转向北至德胜桥再与运河相汇合。菜市河，南自新门外，北面沿城至景隆观后，至章家桥、菜市桥、坝子桥，汇入泛洋湖再转向北，至德胜桥与运河合流。下塘河，南自天宗水门，接盐桥运河，余杭水门接城中小河、清湖河，两条河在北郭税务前汇合。由清湖堰闸至德胜桥，与城东外沙河、菜市河、泛洋湖相汇合。再分为两派：一派由东北上塘过东仓新桥，汇入大运河，至长安闸，流入嘉兴路运河；一派由西北过德胜桥，上北城堰，过江涨桥、喻家桥、北新桥以北，汇入安吉州界下塘河。

原 文

新开运河，在余杭门外北新桥北，通苏、湖、常、秀、润等河①。凡诸路纲运及贩米客舟，皆由此达于杭都。下湖河，在溜水桥柴场北，自策选马军寨墙、八字桥，沿东西马塍、羊角埂、上泥、下泥桥，直抵步司中军寨墙北。一派自打水楼南折入左家桥河，入江涨桥河。一派自八字桥、西策选军寨、神勇寨、步人桥，至石塘桥下，折入余杭塘河。一派自西堰桥、西溪山一带至饮马山，亦折入余杭塘河。子塘河，自北郭税务驿亭下直抵左家桥，系下湖泄水去处。余杭塘河，在余杭门外江涨桥，投西路至余杭县。奉口河，自北新桥至奉口大溪。

前沙河，在菜市门外太平桥，外沙河北水陆寺前入港，可通汤镇、赭山、岩门盐场。东坡尝雨中督役开汤村运盐河，赋诗曰："居官不任事，萧散羡长卿[2]。胡不归去来，滞留愧渊明[3]。盐事星火急，谁能恤家耕。咚咚晓鼓动，万指罗沟坑。天雨助官政，泫然[4]淋衣缨。人如鸭与猪，投泥相溅惊。下马荒堤上，四顾但湖泓，线路不容足，又与牛羊争。归田虽贱辱，岂失泥中行。寄语故山友，切勿厌藜羹。"后沙河，在艮山门外坝子桥北。宦塘河，在余杭门外板桥西。蔡官人塘河，在艮山门外九里松塘姚斗门，通河衙店、汤镇、赭山。施何村河，在桐扣山水堰东，自运河入，通里外沙河。赤岸河，在赤岸，自运河入，通高塘、横塘诸河。方兴河，在临平镇东，自运河入，通像光湖、赭山、汤镇。

注 释

①秀：古州名，包括今浙江嘉兴和上海部分地区。润：古州名，即今江苏镇江。

②萧散：潇洒。长卿：当指西汉辞赋家司马相如，字长卿。

③"胡不归去来"两句：东晋诗人陶渊明脱离仕途回归田园，作《归去来兮辞》。

④泫然：水流动貌。

译 文

新开运河，在余杭门外北新桥的北面，通向苏州、湖州、常州、秀州、润州等地的河流。凡是诸路的纲运以及贩米的客船，都由此到达杭州。下湖河，在溜水桥柴场的北面，自策选马军寨墙、八字桥，沿着东西马塍、羊角埂、上泥、下泥桥，直抵步司中军寨墙北面。又一派自打水楼往南折入左家桥河，汇入江涨桥河。又一派自八字桥、西策选军寨、神勇寨、步人桥，至石塘桥下，转入余杭塘河。又一派自西堰桥、西溪山一带至饮马山，也转入余杭塘河。子塘河，自北郭税务驿亭下直抵左家桥，乃是下湖泄水的去处。余杭塘河，在余杭门外江涨桥，转向西到达余杭县。奉口河，自北新桥至奉口大溪。前沙河，在菜市门外太平桥，于外沙河北水陆寺前入港，可通望汤镇、赭山、岩门的盐场。苏东坡曾在雨中督役开通汤村运盐河，赋诗曰："居官不任事，萧散羡长卿。胡不归去来，滞留愧渊明。盐事星火急，谁能恤家耕。冬冬晓鼓动，万指罗沟坑。天雨助官政，泫然淋衣缨。人如鸭与猪，投泥相溅惊。下马荒堤上，四顾但湖泓，线路不容足，又与牛羊争。归田虽贱辱，岂失泥中行。寄语故山友，切勿厌藜羹。"后沙河，在艮山门外坝子桥北面。宦塘河，在余杭门外板桥西面。蔡官人塘河，在艮山门外九里松塘姚斗门，通往河衖店、汤镇、赭山。施何村河，在桐扣山水堰东面，自运河人，通往里外沙河。赤岸河，在赤岸，自运河流入，通往高塘、横塘诸河。方兴河，在临平镇东面，自运河流入，通往像光湖、赭山、汤镇。

湖船

原文

杭州左江右湖，最为奇特，湖中大小船只，不下数百舫。有一千料[①]者，约长二十余丈，可容百人。五百料者，约长十余丈，亦可容三五十人。亦有二三百料者，亦长数丈，可容三二十人。皆精巧创造，雕栏画栋，行如平地。各有其名，曰百花、十样锦、七宝、戗金、金狮子、何船、劣马儿、罗船、金胜、黄船、董船、刘船，其名甚多，姑言一二。更有贾秋壑府车船，船棚上无人撑驾，但用车轮脚踏而行，其速如飞。又有御舟，安顿小湖园水次，其船皆是精巧雕刻创造，俱用香楠木为之。只是周汉国公主游玩，曾一用耳。灵芝寺前水次，有赵节斋所造湖舫，名曰乌龙，凡遇撑驾，即风波大作，坐者不安，多不敢撑出，以为弃物。湖中南北搬载小船甚伙，如撑船卖买羹汤、时果，掇酒瓶如青碧香、思堂春、宣赐、小思、龙游新煮酒俱有[②]。及供菜蔬、水果、船扑、时花带朵、糖狮儿、诸色千千[③]、小段儿、糖小儿、家事儿等船。更有卖鸡儿、湖灢、海蛰、螺头，及点茶、供茶果、婆嫂船[④]、点花茶、拨糊盆、拨水棍小船、渔庄岸小钓鱼船。湖中有撇网鸣榔打鱼船，湖中有放生龟鳖螺蚌船，并是瓜皮船也。又有小脚船，专载贾客妓女、荒鼓板、烧香婆嫂、扑青器、唱耍令缠曲[⑤]，及投壶打弹百艺等船，多不呼而自来，须是出着发放支犒，不被哂笑。若四时游玩，大小船支，雇价无虚日。遇大雪亦有富家玩雪船。如二月八及寒食清明，须先指挥船户，雇定船只。若此日分[⑥]舫船，非二三百券不可雇赁。至日，虽小脚船亦无空闲者。船中动用器具，不必带往，但指挥船主一一周备。盖早出登舟，不劳为力，惟支犒钱耳。更有豪家富宅，自造船支游嬉，及贵官内侍，多造采莲船，用青布幕撑起，容一二客坐，装饰尤其精致。

注　释

①料：宋人对船舰的计量单位，一料是十立方尺(宋或明尺)。而一料容积的载重，则依货物的比重而定。

②掇酒瓶：当指促销新酒。青碧香、思堂春、宣赐、小思、龙游：皆酒名。宋周密《武林旧事》载有酒名思堂春。宋西湖老人《西湖老人繁胜录》载有酒名宣赐碧香、龙游。

③千千：宋代儿童玩具名。明方以智《通雅·戏具》："《南宋市肆记》载京瓦儿戏之场，有惜千千，盖如京师之放空钟，抽陀螺乎！形扁丸，有脐，以绳卷而放之，其转不已。谓之'千千'，或其遗称。"

④婆嫂船：出售茶点果品等食物的小船。

⑤青器：指瓷器。耍令：唐宋时一种说唱或兼伴舞的民间伎艺。

⑥日分：日期。

译　文

杭州左边是江，右边是湖，最为奇特，湖中的大小船只，不下数百种。有一千料的，长约二十余丈，可容纳百人。有五百料的，长约十余丈，也可容纳三五十人。也有二三百料的，也长达数丈，可容纳二三十人。这些船都精巧创造，雕栏画栋，行走船上如履平地。这些船各有名称，叫百花、十样锦、七宝、戗金、金狮子、何船、劣马儿、罗船、金胜、黄船、董船、刘船。名称特别多，这里姑且说一些。更有贾秋壑府的车船，船棚上无人撑驾，只用车轮脚踏，船就能行走，速度飞快。又有御舟，安顿在小湖园水旁，这些船都是精巧雕刻制造而成，都是用香楠木制成的。只是周汉国公主游玩时，曾用过一次。灵芝寺前水旁，有赵节斋所造的湖舫，名叫乌龙，但一旦撑驾，即风波大作，坐在船里的人会感到不安，所以多不敢撑出，视为弃物。湖中南北有许多用作搬载的小船，有撑船卖买羹汤、时果的;也有撑船促销新酒的，青碧香、思堂春、宣赐、小思、龙游等新煮酒一应俱有。以及供应菜蔬、水果、船扑、时花带朵、糖狮儿、诸色千千、小段儿、糖小儿、家事儿等物的船。更有卖鸡儿、湖齑、海蛰、螺头等食物的船，以及点茶船、供茶果船、婆嫂船、点花茶船、拨糊盆船、拨水棍小船、渔庄岸小钓鱼船。湖中有撒网鸣榔打鱼船，也有放生龟鳖螺蚌船，都是瓜皮船。又有小脚船，专载商贾妓女、荒鼓板艺人、烧香婆嫂、扑青器主顾、唱耍令缠曲艺人，以及投壶打弹百艺等船，大多不呼自来，必须出手发放犒赏，才不会被哂笑。像四时游玩，大小船只，都被雇佣，没有一天闲着。遇大雪时也有富家乘船赏玩雪景。如二月初八及寒食节、清明节，必须先行指挥船户，雇好船只。这段时期的船只，没有二三百钱不可雇赁。节日当天，即使是小脚船也没有空闲的。而船中所需要的器物，游人不需携带，只需派船主一一备办周全。游人早晨登船出发，傍晚归家，期间不须劳累费力，只要支付犒钱就行。还有富贵之家自行建造船只嬉游，以及贵官内侍，多造采莲船，用青布幕撑起，容纳一两个客人坐下，装饰尤其精致。

江海船舰

原　文

浙江乃通江渡海之津道，且如海商之舰，大小不等，大者五千料，可载五六百人；中等二千料至一千料，亦可载二三百人；余者谓之“钻风”，大小八橹或六橹，每船可载百余人。此网鱼买卖，亦有名“三板船”，不论此等船，且论舶商之船。自入海门，便是海洋，茫无畔岸，其势诚险。盖神龙怪蜃之所宅，风雨晦冥时，惟凭针盘而行，乃火长[①]掌之，毫厘不敢差误，盖一舟人命所系也。愚屡见大商贾人，言此甚详悉。若欲船泛外国买卖，则是泉州便可出洋，迤逦七洲洋，舟中测水，约有七十余丈。若经昆仑、沙漠、蛇龙、乌猪等洋，神物多于此中行雨，上略起朵云，便见龙现全身，目光如电，爪角宛然，独不见尾耳。顷刻大雨如注，风浪掀天，可畏尤甚。但海洋近山礁则水浅，撞礁必坏船。全凭南针，或有少差，即葬鱼腹。自古舟人云：“去怕七洲，回怕昆仑。”亦深五十余丈。又论舟师观海洋中日出日入，则知阴阳；验云气则知风色顺逆，毫发无差。远见浪花，则知风自彼来；见巨涛拍岸，则知次日当起南风；见电光则云夏风对闪。如此之类，略无少差。相水之清浑，便知山之近远。大洋之水，碧黑如淀；有山之水，碧而绿；傍山之水，浑而白矣。有鱼所聚，必多礁石，盖石中多藻苔，则鱼所依耳。每月十四、二十八日，谓之“大等日分”，此两日若风雨不当，则知一旬之内多有风雨。凡测水之时，必视其底，知是何等沙泥，所以知近山有港。若商贾止到台、温、泉、福买卖，未尝过七洲、昆仑等大洋。若有出洋，即从泉州港口至岱屿门，便可放洋过海，泛往外国也。其浙江船只，虽海舰多有往来，则严、婺、衢、徽等船[2]，多尝通津买卖往来，谓之“长船等只”。如杭城柴炭、木植、柑橘、干湿果子等物，多产于此数州耳。明、越、温、台海鲜鱼蟹鲞腊等货，亦上滩通于江、浙。但往来严、婺、衢、徽州诸船，下则易，上则难，盖滩高水逆故也。江岸之船甚伙，初非一色。海舶、大舰、网艇、大小船只、公私浙江渔浦[3]等渡船、买卖客船，皆泊于江岸。盖杭城众大之区，客贩最多，兼仕宦往来，皆聚于此耳。

注释

①火长：又称“舟师”，古代航海技术人员，负责海船航行，类似于今日民船上的船长和军舰上的舰长。

②严：州名，在今浙江西部，今为浙江杭州桐庐县、淳安县、建德市。婺：州名，即今浙江金华。徽：州名，今安徽黄山。

③渔浦：江河边打鱼的出入口处。

译文

钱塘江乃是通渡江海之重要水道，像海商的船舰，大小不等，大的五千料，可载五六百人；中等的二千料至一千料，也可载二三百人；其余的叫作“钻风”，大小有八橹或六橹，每船可载百余人。也有网鱼买卖的船，叫作“三板船”，这里不讨论这种船，只讨论海商之船。一入海门，就是海洋，茫茫然看不见边岸，形势着实危险。海洋是神龙怪蜃所居住的地方，风雨晦冥之时，船舰只能靠罗盘航行，此由火长执掌，毫厘都不敢差误，这关系到一船人的性命。我多次见到大商贾，非常详细地说及此事。如果想用船运货物到外国做买卖，那泉州就可出洋，经过七洲洋，船中测水，深约七十余丈。若经过昆仑、沙漠、蛇龙、乌猪等洋，神物多在这些洋中行雨，上面掀起云朵，便可见龙现出全身，目光如豆，爪和角清晰可见，唯独看不见尾巴。顷刻间大雨如注，风浪滔天，尤其使人畏惧。但靠近山礁的海洋则水浅，船一旦撞礁必定毁坏。全凭指南针航行，稍有偏差，一船人都葬身鱼腹。从古至今船夫就说：“出海怕过七洲洋，返航怕过昆仑洋。”也深达五十余丈。又论及舟师观察海洋中的日出日落，则可判断未来是晴天还是阴天；根据云气，则可判断风向顺逆，丝毫无差。远远看见浪花，则可知风从哪边过来；看见巨涛拍岸，则可知次日当起南风；看见电光，则可知夏风中伴着闪电。诸如此类，几乎没有偏差。察看水的清浊，便可知海中山的远近。大洋中的水，碧黑如靛；有山处的水，碧且绿；靠山处的水，浑浊且白。有鱼聚集的地方，必定多礁石，因石中多藻苔，鱼所依存。每月十四、二十八，叫作大等日分，如果这两日风雨不当，就可知一旬之内多有风雨。凡测水的时候，必定要察看水底，知道是何种沙泥，以此判断是否近山有港。

若商贾只到台州、温州、泉州、福州做买卖，不需要经过七洲、昆仑等大洋。若需出洋，则从泉州港口至岱屿门，便可漂洋过海，航行至外国。浙江中的船只，即使是海舰也多有往来，严州、婺州、衢州、徽州等地的船只，多由此通行，往来买卖，叫作“长船等只”。杭州所需的柴炭、木植、柑橘、干湿果子等物，多产于这几个州。明州、越州、温州、台州的海鲜鱼蟹鲞腊等货，也上滩通往江、浙。但往来的严州、婺州、衢州、徽州诸船，下滩容易，上滩则很难，因滩高且水逆流的缘故。江岸的船只甚多，本就不止一种。海舶、大舰、网艇、大小船只、公家和私家在浙江渔浦的渡船、客船，都停泊在江岸。因杭州是人口繁盛的大区，客人商贩最多，再加上仕宦往来，都聚集于此。

河　舟

原　文

杭州里河船只，皆是落脚头船，为载往来士贾诸色等人，及搬载香货杂色物件等。又有大滩船，系湖州市搬载诸铺米及跨浦桥柴炭、下塘砖瓦灰泥等物，及运盐袋船只。盖水路皆便，多用船只。如无水路，以人力运之。向者汴京用车乘驾运物。盖杭城皆石版街道，非泥沙比，车轮难行，所以用舟只及人力耳。若士庶欲往苏、湖、常、秀、江、淮等州，多雇舸[①]船、舫船、航船、飞篷船等。或宅舍府第庄舍，亦自创造船只，从便撑驾往来，则无官府捉拿差拨之患。若州县欲差船只，多给官钱和雇，以应用度。杭城乃辇毂之地，有上供米斛，皆办于浙右诸郡县，隶司农寺所辖。本寺所委官吏，专率督催米斛，解发朝廷，以应上供支用。搬运自有纲船装载，纲头管领，所载之船不下运千余石或六七百石。官司亦支耗券雇稍船米与之。到岸则有农寺排岸司掌拘卸、检察、搜空。又有下塘等处，及诸郡米客船只，多是铁头舟，亦可载五六百石者，大小不同。其老小悉居船中，往来兴贩耳。寺观庵舍船只，皆用红油滩舸，大小船只往来河中，搬运斋粮柴薪。更有载垃圾粪土之船，成群搬运而去。北新桥外赵十四相公府侧，有殿前司红坐船，于水次管船。军士专造红酝，在船私沽。官司宽大，并无捉捕之忧。论之杭城辐辏[②]之地，下塘、官塘、中塘三处船只，及航船、鱼舟、钓艇之类，每日往返，曾无虚日。缘此是行都士贵官员往来，商贾买卖骈集，公私船只，泊于城北者伙矣。

注释

①舸：一种木船。

②辐辏：形容人或物聚集像车辐集中于车毂。也作“辐凑”。

译文

杭州里河的船只，都是落脚头船，为载往来的士人商贾及各色人等，以及搬载香货杂色物件等。又有大滩船，是湖州市搬载诸铺米及跨浦桥柴炭、下塘砖瓦灰泥等物，及运盐袋的船只。因水路都很方便，所以多用船只运载。如果没有水路，则以人力运输。过去汴京则用车乘运载货物。因杭城都是石板街道，非泥沙路可比，车轮难行，所以用舟船和人力运输。若士庶想要前往苏州、湖州、常州、秀州及江、淮等地，多雇舸船、舫船、航船、飞篷船等。有的宅舍府第庄舍，也自行制造船只，方便撑驾往来，官府也不用操心捉拿不法分子和差拨船只。若州县想差拨船只，多使用官钱雇船，以此作为用度。杭城乃辇毂驻跸之地，上供的米斛，都由浙西诸郡县置办，隶属司农寺管理。司农寺所委派的官吏，专门负责督催米斛，解送至朝廷，以应上供支用。自有纲船装载，由纲头管领，所载之船的容量不下于千余石或六七百石。诸官司也支耗钱财雇佣稍船运米。到岸则有司农寺排岸司负责卸货、检察、搜空。又有下塘等处，停靠诸郡运米、载客的船只，多是铁头舟，也可装载五六百石者，大小不同。船家老小都居住在船中，往来贩卖。寺观庵舍的船只，都用红油滩舸，大小船只往来于河中，搬运斋粮柴薪。更有运载垃圾粪土的船只，成群搬运而去。北新桥外赵十四相公府旁，有殿前司的红坐船停靠在水边。管船军士专门酿造红酝，在船上私自卖酒。官司宽大，竟没有被捉捕之忧。杭城辐辏之地，下塘、官塘、中塘三处的船只，以及航船、鱼舟、钓艇之类，每日往返，几乎没有一日空闲。因为行都士人权贵官员往来频繁，商贾买卖骈集，停泊在城北的公私船只特别多。

卷十三

两赤县市镇

原　文

杭州有县者九，独钱塘、仁和附郭①，名曰赤县②，而赤县所管镇市者一十有五，且如嘉会门外名浙江市，北关门外名北郭市、江涨东市、湖州市、江涨西市、半道红市，西溪谓之西溪市，惠因寺北教场南曰赤山市，江儿头名龙山市，安溪镇前曰安溪市，艮山门外名范浦镇市，汤村曰汤村镇市，临平镇名临平市，城东崇新门外名南土门市，东青门外北土门市。今诸镇市，盖因南渡以来，杭为行都二百余年，户口蕃盛，商贾买卖者十倍于昔，往来辐辏，非他郡比也。

注　释

①附郭：古代行政区划用语，指县治所与州、府、省等上级政府机构治所设置于同一城池内。

②赤县：唐宋县的最高等级。

译　文

杭州辖有九县，唯独钱塘县和仁和县同在城内，叫作赤县，而赤县所管辖的镇市有十五个，如嘉会门有浙江市，北关门外有北郭市、江涨东市、湖州市、江涨西市、半道红市，西溪有西溪市，惠因寺北面教场南面有赤山市，江儿头有龙山市，安溪镇前有安溪市，艮山门外有范浦镇市，汤村有汤村镇市，临平镇有临平市，城东崇新门外有南土门市，东青门外有北土门市。如今诸镇市，自南渡以来，杭州作为行都已二百余年，户口蕃盛，从事商业买卖的人是以前的十倍，往来聚集，不是其他郡城可比的。

都市钱会

原　文

铜钱乃历代所用之宝，汉唐以来，天下通行。宋朝开宝中，其钱文曰“宋通元宝”，至宝元间则曰“皇宋通宝”，近世钱文皆著年号，景定年铸文曰“景定元宝”。朝省因钱法不通，杭城增造镴牌[①]，以便行用。元都市钱陌用七十七陌，近来民间减作五十陌行市通使。官司又印造会子[②]，自十五界至十八界[③]行使。至咸淳年间，贾秋壑为相日，变法增造金银关子[④]，以十八界三贯准一贯关子，天下通行。自因颁行之后，诸行百市，物货涌贵，钱陌消折矣。

注　释

①镴（là）牌：即钱牌。南宋非常时期所铸的一种大面额币种，呈条形，上端有圆穿。镴：铅和锡的合金，可以焊接金属，亦可制造器物。

②会子：宋朝发行的纸币。宋高宗绍兴三十一年（1161）二月，正式成立行在会子务，仿照四川发行钱引的办法发行会子，分一贯、二贯、三贯，在东南各路流通，又称“东南会子”。

③界：会子发行有分界，三年为一界，旧会子收回，但未严格执行。理宗淳祐七年（1247）规定第十七、十八界会子永远行使，取消了分界发行办法。

④金银关子：又称“见钱关子”，是南宋末年通货膨胀极其严重时发行的一种新币种，每贯关子折合铜钱七百七十文，十八界会子三贯。

译　文

铜钱乃是历代所用的货币，汉唐以来，天下通行。宋朝开宝年间，钱币上的文字是“宋通元宝”，至宝元年间，钱币上的文字则是“皇宋通宝”，近代钱币上的文字都著年号，如景定年间铸造的铜钱上，文字是“景定元宝”。朝廷因钱法不通，杭州增造镴牌，以便流通使用。原先都市以七十七文钱为一陌，近来民间减作五十文钱为一陌，在市场流通使用。官府又印造会子，自十五界至十八界行使。到咸淳年间，贾秋壑为相时，变法增造金银关子，以三贯十八界会子等同于一贯关子，天下通行。自此法颁行之后，诸行百市的物货价格猛涨，钱陌也因此消减。

团　行

原　文

市肆谓之“团行”者，盖因官府回买而立此名[①]，不以物之大小，皆置为团行。虽医卜工役，亦有差使，则与当行同也。然虽差役，如官司和雇支给钱米，反胜于民间雇倩工钱，而工役之辈，则欢乐而往也。其中亦有不当行者，如酒行、食饭行，而借此名。

有名为“团”者，如城西花团、泥路青果团、后市街柑子团、浑水闸鲞团。又有名为“行”者，如官巷方梳行、销金行、冠子行、城北鱼行、城东蟹行、姜行、菱行、北猪行、候潮门外南猪行、南土北土门菜行、坝子桥鲜鱼行、横河头布行、鸡鹅行。更有名为“市”者，如炭桥药市、官巷花市、融和市南坊珠子市、修义坊肉市、城北米市。且如橘园亭书房、盐桥生帛、五间楼泉福糖蜜，及荔枝圆眼汤等物。

其他工役之人，或名为“作分”者，如碾玉作、钻卷作、篦刀作、腰带作、金银打钑作、裹贴作、铺翠作、裱褙作、装銮作、油作、木作、砖瓦作、泥水作、石作、竹作、漆作、钉铰作、箍桶作、裁缝作、修香浇烛作、打纸作、冥器等作分[②]。又有异名“行”者，如买卖七宝者谓之骨董行[③]，钻珠子者名曰散儿行，做靴鞋者名双线行，开浴堂者名曰香水行。

大抵杭城是行都之处，万物所聚，诸行百市，自和宁门杈子外至观桥下，无一家不买卖者，行分最多，且言其一二。最是官巷花作，所聚奇异飞鸾走凤，七宝珠翠，首饰花朵，冠梳及锦绣罗帛，销金衣裙[④]，描画领抹，极其工巧，前所罕有者悉皆有之。更有儿童戏耍物件，亦有上行之所，每日街市，不知货几何也。

注释

①盖因官府回买而立此名：《都城纪胜·诸行》作：“因官府科索而得此名”。科索，即科配，指官府摊派正项赋税外的临时加税。古代政府规定商人必须依经营类型组成行会，相关从业人员必须加入行会，并登记在册。一旦加入行会，就名列“行籍”，不经官府同意不能随意退出。

②篦刀：形如篦的刀。裱褙：用纸或丝织品做衬托，来装潢或修补字画书籍，使之美观耐久。装銮：在梁栋枓栱或什物塑像上施以彩绘。钉铰：指洗镜、补锅、锔碗等。

③七宝：佛教中指的七种珍宝，具体所指说法各异，一般以为是金、银、琉璃、水晶、砗磲、珊瑚、琥珀。骨董：即古董。

④销金衣裙：镶嵌有金色丝线的衣服裙子。

译文

集市店铺被称为“团行”的，都是因为官府科配需要而得此名，不论商品的大小，都设置为团行，即使是从医人员、从事占卜的人员、受雇替人打工的人员，也各有职责，与入团行的市中店铺相同。然而虽然有差役，官府雇佣所支给的钱米，反而比民间雇佣所给的工钱要高，因此受雇替人打工的人，都很高兴前往。其中也有不入行的，如酒行、食饭行，只是借称为“行”。

有叫作“团”的，如城西花团、泥路青果团、后市街柑子团、浑水闸鲞团。又有叫作“行”的，如官巷方梳行、销金行、冠子行、城北鱼行、城东蟹行、姜行、菱行、北猪行、候潮门外南猪行、南土北土门菜行、坝子桥鲜鱼行、横河头布行、鸡鹅行。又有叫作“市”的，如炭桥药市、官巷花市、融和市南坊珠子市、修义坊肉市、城北米市。就如橘园亭主卖书籍纸笔、盐桥主卖生帛，五间楼主卖泉福糖蜜，及荔枝圆眼汤等物。

其他工役之人，也有叫作“作分”的，如碾玉作、钻卷作、篦刀作、腰带作、金银打钑作、裹贴作、铺翠作、裱褙作、装銮作、油作、木作、砖瓦作、泥水作、石作、竹作、漆作、钉铰作、箍桶作、裁缝作、修香浇烛作、打纸作、冥器等作分。又有异名为“行”的，如买卖七宝者叫作骨董行，钻珠子者叫作散儿行，做靴鞋者叫作双线行，开浴堂者叫作香水行。

大抵杭城是行都之处，万物汇聚，诸行百市，从和宁门杈子外到观桥下，没有一家不做买卖，行分最多，暂且言之一二。其中官巷花作最为繁盛，所聚集的奇异飞鸾走凤，七宝珠翠，首饰花朵，冠梳及锦绣罗帛，销金衣裙，描画领抹，极其工巧，前代所罕见的奇物，这里都有。更有儿童戏耍物件，也有称行之所，每日街市里，不知有多少货物。

铺　席

原　文

杭州大街，自和宁门杈子外，一直至朝天门外清和坊，南至南瓦子北，谓之“界北”。中瓦子前，谓之“五花儿中心”。自五间楼北，至官巷南街，两行多是金银盐钞引交易，铺前列金银器皿及见钱，谓之“看垛钱”，此钱备准榷货务算请[①]盐钞引。并诸作分打钑炉鞴[②]，纷纭无数。自融和坊北，至市南坊，谓之“珠子市”，如遇买卖，动以万数。又有府第富豪之家质库，城内外不下数十处，收解以千万计。

向者杭城市肆名家，有名者如中瓦前皂儿水[③]，杂货场前甘豆汤，戈家蜜枣儿，官巷口光家羹，大瓦子水果子，寿慈宫前熟肉，钱塘门外宋五嫂鱼羹，涌金门灌肺，中瓦前职家羊饭，彭家油靴，南瓦子宣家台衣，张家元子，候潮门顾四笛，大瓦子邱家筚篥[④]。

自淳祐年，有名相传者如猫儿桥魏大刀熟肉，潘节干熟药铺，坝头榜亭安抚司惠民坊熟药局，市西坊南和剂惠民药局，局前沈家、张家金银交引铺，刘家、吕家、陈家彩帛铺，舒家纸札铺。五间楼前周五郎蜜煎铺，童家柏烛[⑤]铺，张家生药铺，狮子巷口徐家纸札铺，凌家刷牙铺，观复丹室。保佑坊前孔家头巾铺，张卖食面店，张官人诸史子文籍铺，讷庵丹砂熟药铺，俞家七宝铺，张家元子铺。中瓦子前徐茂之家扇子铺，陈直翁药铺，梁道实药铺，张家豆儿水，钱家干果铺。金子巷口陈花脚面食店，傅官人刷牙铺，杨将领药铺。市南坊沈家白衣铺，徐官人幞头铺，钮家腰带铺。市西坊北钮家彩帛铺，张家铁器铺。修义坊北张古老胭脂铺。水巷口戚百乙郎颜色铺，徐家绒线铺，阮家京果铺，俞家冠子铺。官巷前仁爱堂熟药铺，修义坊三不欺药铺。官巷北金药臼楼太丞药铺，胡家、冯家粉心铺，染红王家胭脂铺，淮岭倾锡铺。清河坊顾家彩帛铺，蒋检阅茶汤铺。升阳宫前仲家光牌铺，季家云梯丝鞋铺。太平坊南倪没门面食店；南瓦子北卓道王卖面店；腰棚前菜面店；熙春楼下双条儿划子店；太平坊大街东南角虾蟆眼酒店；漆器墙下李官人双行解毒丸；抱剑营街吴家、夏家、马家香烛裹头铺；李家丝鞋铺；许家槐简铺。沙皮巷孔八郎头巾铺，陈家绦结铺。朝天门戴家鏖肉铺，外沙皮巷口双葫芦眼药铺，朝天门里大石版朱家裱褙铺、朱家元子糖蜜糕铺。太庙前尹家文字铺，陈妈妈泥面具风药铺。大佛寺疳药铺，保和大师乌梅药铺。三桥街毛家生药铺，柴家绒线铺，姚家海鲜铺。坝桥榜亭侧朱家馒头铺，石榴园倪家鈀鲊铺、张省干金马杓小儿药铺。三桥河下杨三郎头巾铺，清湖河下戚家犀皮铺。里仁坊口游家漆铺，李博士桥邓家金银铺、汪家金纸铺，炭桥河下青篦扇子铺，水巷桥河下针铺、彭家温州漆器铺。沿桥下生帛铺、郭医产药铺，住大树下橘园亭文籍书房。平津桥沿河布铺、黄草铺、温州漆器、青白磁器。铁线巷笼子铺，生绢一红铺。荐桥新开巷元子铺，官巷内飞家牙梳铺，齐家、归家花朵铺，盛家珠子铺、刘家翠铺，马家、宋家领抹销金铺，沈家枕冠铺。小市里舒家体真头面铺，周家折叠扇铺，陈家画团扇铺。

注 释

①算请：指缴纳现钱申请钞引。

②钑（sà）：用金银在器物上嵌饰花纹。炉鞴（bèi）：火炉和风箱。

③皂儿水：以皂荚仁为原料制成的饮料。

④笙篥：即觱篥，也称“管子”，古代管乐器，多用于军中和民间音乐。

⑤柏烛：用柏脂做成的蜡烛。

译 文

杭州大街，从和宁门杈子外，一直到朝天门外清和坊，南至南瓦子北，叫作“界北”。中瓦子前，叫作“五花儿中心”。从五间楼北，到官巷南街，两边多是上金银钞引交易的铺子，铺前陈列金银器皿和现钱，叫作“看垛钱”，此钱备榷货务入纳算请钞引。还有诸作分的打物钑物用的炉鞴，多得不可计数。从融和坊北到市南坊，叫作“珠子市”，如遇买卖，动辄数以万计。又有府第富户的质库，城内外不下十多处，其收入抵押物品的价值，数以千万计。

……

原 文

自大街及诸坊巷，大小铺席，连门俱是，即无虚空之屋。每日清晨，两街巷门浮铺[①]，上行百市买卖热闹，至饭前市罢而收。盖杭城乃四方辐辏之地，即与外郡不同，所以客贩往来，旁午[②]于道，曾无虚日。至于故楮、羽毛，皆有铺席发客，其他铺可知矣。其余坊巷桥道，院落纵横，城内外数十万户口，莫知其数。处处各有茶坊、酒肆、面店、果子、彩帛、绒线、香烛、油酱、食米、下饭鱼肉鲞腊[③]等铺。盖经纪[④]市井之家，往往多于店舍，旋买见成饮食，此为快便耳。

注 释

①浮铺：不定点的铺子。

②旁午：四面八方，到处。

③鲞（xiǎng）腊：腌制或风干的鱼肉食品。

④经纪：此指做生意。

自大街至诸坊巷，布满大大小小铺席，连门都是，没有一间空屋。每日清晨，两街巷门的各种铺子，上市百货进行买卖，非常热闹，到饭前市罢才收铺。因为杭城是四方辐辏之地，集市的规模与外郡大不相同，所以客人商贩往来，到处买卖，几乎没有空闲之日。至于故楮、羽毛这样的商品，也都有行铺席供客选买，其他铺席可想而知。其余坊巷桥道，院落纵横，城内外有数十万户人家，不知道其确切的数目。处处各有茶坊、酒肆、面店、果子、彩帛、绒线、香烛、油酱、食米、下饭鱼肉鲞腊等铺席。市井里做生意的人家，往往多于旅店，购买现成的饮食，尤其快捷方便。

天晓诸人出市

原　文

每日交四更，诸山寺观已鸣钟，庵舍行者头陀[①]，打铁板儿或木鱼儿沿街报晓，各分地方。若晴则曰“天色晴明”，或报“大参”，或报“四参”，或报“常朝”，或言“后殿坐”；阴则曰“天色阴晦”；雨则“言雨”。盖报令诸百官、听公、上番、虞候、上名、衙兵等人，及诸司上番人[②]知之，赶趁往诸处服役耳。虽风雨霜雪，不敢缺此。每月朔望及遇节序，则沿门求乞斋粮。最是大街一两处面食店及市西坊西食面店，通宵买卖，交晓不绝。缘金吾[③]不禁，公私营干，夜食于此故也。

御街铺店，闻钟而起，卖早市点心，如煎白肠、羊鹅事件[④]、糕、粥、血脏羹、羊血、粉羹之类。冬天卖五味肉粥、七宝素粥，夏月卖义粥、馓子、豆子粥。又有浴堂门卖面汤者，有浮铺早卖汤药二陈汤，及调气降气并丸剂安养元气者。有卖烧饼、蒸饼、糍糕、雪糕等点心者。以赶早市，直至饭前方罢。及诸行铺席，皆往都处，侵晨行贩。和宁门红杈子前买卖细色异品菜蔬，诸般下饭，及酒醋、时新果子，进纳海鲜品件等物，填塞街市，吟叫百端，如汴京气象，殊可人意。孝仁坊口，水晶红白烧酒，曾经宣唤，其味香软，入口便消。六部前丁香馄饨，此味精细尤佳。早市供膳诸色物件甚多，不能尽举。自内后门至观桥下，大街小巷，在在有之，不论晴雨霜雪皆然也。

注释

①行者：佛寺中服杂役而未剃发出家者的通称。头陀：行脚乞食的僧人。

②上番人：轮流值班的人。

③金吾：汉代掌管京师治安的长官称“执金吾”。此指京城的守卫军士。

④事件：家禽家畜的内脏。

译文

每日四更时分，各个寺庙道观已经鸣钟，庵舍里的行者头陀，敲打着铁板儿或木鱼儿沿街报晓，各分地段。如果是晴天就报“天色晴明”，或报“大参”，或报“四参”，或报“常朝”，或言“后殿坐”；如果是阴天就报告“天色阴晦”；如果是雨天就报“雨”。报晓是为了让诸百官、听公、上番、虞候、上名、衙兵等人，以及诸司的上番人知道，赶紧前往诸处服役。即使是风雨霜雪天气，报晓人也从不缺席。每月朔日、望日及节日时，行者头陀则挨家挨户求乞斋粮。大街一两处面食店及市西坊西食面店最为热闹，通宵买卖，直到天亮仍顾客络绎不绝。因金吾不加禁止，公私营干的人，夜里都在这里吃饭。

御街上的店铺，听到钟声立刻开张，卖早市点心，如煎白肠、羊鹅事件、糕、粥、血脏羹、羊血、粉羹之类。冬天就卖五味肉粥、七宝素粥，夏天就卖义粥、馓子、豆子粥。又有浴堂门卖面汤的，有浮铺早晨卖汤药二陈汤，以及调气降气和安养元气的丸剂的。有卖烧饼、蒸饼、糍糕、雪糕等点心的。各自赶早市做买卖，直到饭前才收摊。诸行的铺席，都往杭城各处，在清晨流动做生意。和宁门红杈子前买卖细色异品菜蔬，各种下饭，以及酒醋和时新果子，进纳海鲜品件等物，填塞街市，叫卖声各种各样，如当年汴京御街气象，着实令人快意。孝仁坊口卖的水晶红白烧酒，我曾经宣唤，其味香软，入口便消。六部前卖的丁香馄饨，口味精细，特别好吃。早市所售卖的各种食物非常多，不能全部列举。从内后门到观桥下，大街小巷，到处都有铺席，无论晴雨霜雪，都是如此。

夜 市

原 文

杭城大街，买卖昼夜不绝，夜交三四鼓，游人始稀。五鼓钟鸣，卖早市者又开店矣。大街关扑，如糖蜜糕、灌藕、时新果子、像生花果、鱼鲜、猪羊蹄肉，及细画绢扇、细色纸扇、漏尘扇柄、异色影花扇、销金裙缎、背心缎、小儿销金帽儿、逍遥巾、四时玩具、沙戏儿。春冬扑卖玉栅小球灯、奇巧玉栅屏风、捧灯球、快行胡女儿沙戏、走马灯、闹蛾儿、玉梅花、元子、䭔拍、金橘数珠、糖水、鱼龙船儿、梭球、香鼓儿等物[①]。夏秋多扑青纱、黄草帐子、挑金纱、异巧香袋儿、木犀香数珠、梧桐数珠、藏香、细扇、茉莉盛盆儿、带朵茉莉花朵、挑纱荷花、满池娇、背心儿、细巧笼仗、促织笼儿、金桃、陈公梨、炒栗子、诸般果子及四时景物，预行扑卖[②]，以为赏心乐事之需耳。衣市有李济卖酸文，崔官人相字摊，梅竹扇面儿，张人画山水扇，并在五间楼前。

注 释

①闹蛾儿：古代妇女的一种头饰，用丝绸或乌金纸为花或草虫之形，然后用色彩画上须子、翅纹而成。䭔拍：饼类食品。

②预行扑卖：指进入市场以关扑的形式售卖。

译 文

略。

原 文

大街坐铺中瓦前，有带三朵花点茶婆婆，敲响盏[①]，掇头儿拍板，大街玩游人看了，无不哂笑。又有虾须卖糖，福公公背张婆卖糖，洪进唱曲儿卖糖。又有担水斛儿，内鱼龟顶傀儡面儿舞卖糖。有白须老儿看亲箭掖闹盘[②]卖糖。有标竿十般卖糖，效学京师古本十般糖。赏新楼前仙姑卖食药。又有经纪人担瑜石钉铰金装架儿，共十架，在孝仁坊红杈子卖皂儿膏、澄沙团子、乳糖浇。寿安坊卖十色沙团。众安桥卖澄沙膏、十色花花糖。市西坊卖蚫螺滴酥[③]，观桥大街卖豆儿糕一作膏、轻饧。太平坊卖麝香糖、蜜糕、金铤裹蒸儿[④]。庙巷口卖杨梅糖、杏仁膏、薄荷膏、十般膏子糖。内前杈子里卖五色法豆，使五色纸袋儿盛之。通江桥卖雪泡豆儿、水荔枝膏。中瓦子前卖十色糖。更有瑜石车子卖糖糜乳糕浇，亦俱曾经宣唤，皆效京师叫声。日市亦买卖。

又有夜市物件，中瓦前车子卖香茶异汤，狮子巷口煎要鱼、罐里熬鸡丝粉、七宝科头[⑤]。中瓦子武林园前煎白肠、熓[⑥]肠。灌肺岭卖轻饧，五间楼前卖余甘子、新荔枝。木檐市西坊卖焦酸馅[⑦]、千层儿。又有沿街头盘叫卖姜豉膘皮牒子[⑧]、炙椒酸犯儿、羊脂韭饼、糟羊蹄、糟蟹。又有担架子卖香辣罐肺、香辣素粉羹、撺肉、细粉科头、姜虾、海蜇鲊、清汁田螺羹、羊血汤、胡瀣、海蜇、螺头瀣、馉饳儿[⑨]、瀣面等，各有叫声。大街更有夜市卖卦，蒋星堂、玉莲相、花字青、霄三命、玉壶五星、草窗五星、沈南天五星、简堂石鼓、野庵五星、泰来心、鉴三命。中瓦子浮铺有西山神女卖卦，灌肺岭曹德明易课。又有盘街[⑩]卖卦人，如心鉴及甘罗沙、北算子者。更有叫"时运来时，买庄田，取老婆"卖卦者。有在新街融和坊卖卦，名"桃花三月放"者。

注　释

①响盏：一种敲击类乐器，因盏中盛水，又称"水盏"。宋时集市商贩揽客，多演奏乐器，表演技艺，以吸引眼球。以下各种卖糖者皆如是。

②看亲箭掖闹盘：未知何义。疑指表演射箭和敲打闹盘。

③蚫螺滴酥：一种精制的形似蚫螺的糕点。以醍醐、少许羊脂，和以蜜，滴旋水中而制成。因状似蚫螺，故名。

④金铤裹蒸儿：金块状的类似粽子的食物。

⑤科头：蝌蚪形状，圆头尖尾的一种米粉，类似今天的凉虾。

⑥熓（wǔ）：煮。

⑦酸馅：以蔬菜、果仁等为馅的素包子。

⑧膘皮：肥肉皮。牒子：薄切细切。

⑨馉饳（gǔ duò）儿：一种面食，有馅。一说即"馄饨"。

⑩盘街：走街窜巷。

大街坐铺中瓦前，有头戴三朵花的点茶婆婆，她敲着响盏，掇头儿拍板在揽客，大街上游玩的人见了她，无不哂笑。又有卖虾须形状糖的，福公公背着张婆婆卖糖，洪进唱着曲子卖糖。又有担着水斛的，斛内的鱼龟顶着傀儡面儿跳舞，以此吸引顾客来买糖。有白须老儿看亲箭擻闹盘卖糖。有标杆上插着十种形态的糖售卖的，效仿汴京的古本十般糖。赏新楼前仙姑卖食药。又有生意人挑着钉铰着玉石的金装货架，共十架，在孝仁坊红杈子前卖皂儿膏、澄沙团子、乳糖浇。寿安坊卖十色沙团。众安桥卖澄沙膏、十色花花糖。市西坊卖鲍螺滴酥，观桥大街卖豆儿糕一作膏、轻饧。太平坊卖麝香糖、蜜糕、金铤裹蒸儿。庙巷口卖杨梅糖、杏仁膏、薄荷膏、十般膏子糖。内前杈子里卖五色法豆，用五色纸袋儿盛装。通江桥卖雪泡豆儿、水荔枝膏。中瓦子前卖十色糖。更有钉铰着玉石的车子卖糖糜乳糕浇，这些我都曾宣唤购买，卖家都效仿汴京的叫卖声。这些商品白天也有买卖。

……

原 文

其余桥道坊巷，亦有夜市扑卖果子糖等物，亦有卖卦人盘街叫卖，如顶盘担架卖市食，至三更不绝。冬月虽大雨雪，亦有夜市盘卖。至三更后，方有提瓶卖茶。冬间，担架子卖茶、馓子[①]、慈茶始过。盖都人公私营干，深夜方归故也。

注 释

①馓子：将面粉扭成环状下油炸制，口感酥脆。

译 文

其余的桥道坊巷，也有夜市扑卖果子糖等物，还有卖卦人走街窜巷叫卖，如顶着盘子挑着单子卖吃食的，至三更时分仍不断绝。冬季即使有大雨雪，也有夜市走街窜巷叫卖。三更以后，才有提着热水瓶卖茶的。冬天挑着架子卖茶，还有馓子和慈茶。这是京城公私营干人员深夜才归家的缘故。

诸色杂货

原　文

凡宅舍养马，则每日有人供草料；养犬，则供饧糠；养猫，则供鱼鳅；养鱼，则供虮虾儿[①]。若欲唤锢路钉铰、修补锅铫、箍桶、修鞋、修幞头帽子、补修魫冠、接梳儿、染红绿牙梳、穿结珠子、修洗鹿胎冠子、修磨刀剪、磨镜[②]，时时有盘街者，便可唤之。且如供香印盘者，各管定铺席人家，每日印香而去，遇月支请香钱而已。供人家食用水者，各有主顾供之。亦有每日扫街盘垃圾者，每支钱犒之。

注　释

①虮虾儿：即水蚤。

②锢路：用熔化的金属堵塞金属物品的漏洞。铫（tiáo）：一种有嘴带柄的小锅。魫（shěn）冠：古时以鱼枕骨为饰的冠。

译　文

凡旅店养马，就会每日有人供应草料；养犬，就会供应饧糠；养猫，就会供应鱼鳅；养鱼，就会供应天虮虾儿。如果想叫人锢路钉铰、修补锅铫、箍桶、修鞋、修幞头帽子、补修魫冠、接梳儿、染红绿牙梳、穿结珠子、修洗鹿胎冠子、修磨刀剪、磨镜，则时时有走街窜巷的工匠，可以叫唤。就像供应印盘香的人，各自管定铺席人家，每日印香后就走，主顾每月支付香钱即可。供应人家饮用水的人，也各有主顾供之。每日在街面打扫垃圾的人，自有人按时付钱犒赏。

原　文

其巷陌街市，常有使漆修旧人，荷大斧斫柴，早间修扇子，打镴器，修灶，提漏[①]，供香饼炭墼[②]，并挑担卖油，卖油苕、扫帚、竹帚、筅帚[③]、鸡笼担、圣堂拂子、竹柴、茹纸、生姜、姜芽、新姜、瓜茄、菜蔬等物。卖泥风炉、小缸灶儿、天窗砧头、马杓。铜铁器如铜铫、汤饼、铜罐、熨斗、火锹、火箸、火夹、铁物、漏杓、铜沙锣、铜匙箸、铜瓶、香炉、铜火炉、帘钩。镴器如樽榼、果盆、果盒、酒盏、注子、偏提、盘、盂、杓[④]。酒市急需马盂、屈卮、滓斗、箸瓶[⑤]。

家生动事如桌、凳、凉床、交椅、兀子、长朓、绳床、竹椅、柎笄、裙厨、衣架、棋盘、面桶、项桶、脚桶、浴桶、大小提桶、马子、桶架、木杓、研槌、食托、青白瓷器、瓯、碗、碟、茶盏、菜盆、油杆杖、榾辘、鞋楦、棒槌、烘盘、鸡笼、虫蚁笼、竹笊篱、蒸笼、粪箕、甑箪、红帘、斑竹帘、酒络、酒笼、筲箕、瓷甏、炒铧、砂盆、水缸、乌盆、三脚罐、枕头、豆袋、竹夫人、懒架、凉簟、藁荐、蒲合、席子[⑥]。及文具物件如砚子、笔、墨、书架、书攀、裁刀、书剪、簿子、连纸。又有镜子、木梳、篦子、刷子、刷牙子、减装、墨洗[⑦]、漱盂子、冠梳、领抹、针线，与各色麻线、鞋面、领子、脚带、粉心、合粉、胭脂、胶煤、托叶、坠纸等物。

又有挑担抬盘架，买卖江鱼、石首、鲩鱼、鲥鱼、鲳鱼、鳗鱼、鲚鱼、鲫鱼、白鳜鱼、白蟹、河蟹、河虾、田鸡等物[⑧]。及生熟猪羊肉、鸡、鹅、鸭，及下饭海腊、鲞鳔、鸭子、炙鳅、糟藏大鱼鲊、干菜、干萝卜、菜蔬、葱姜等物。又有早间卖煎二陈汤，饭了提瓶点茶，饭前有卖馓子、小蒸糕，日午卖糖粥、烧饼、炙焦馒头、炊饼、辣菜饼、春饼、点心之属。

四时有扑带朵花，亦有卖成窠时花，插瓶把花、柏桂、罗汉叶。春扑带朵桃花、四香、瑞香、木香等花，夏扑金灯花、茉莉、葵花、榴花、栀子花，秋则扑茉莉、兰花、木樨、秋茶花，冬则扑木春花、梅花、瑞香、兰花、水仙花、蜡梅花。更有罗帛脱蜡像生四时小枝花朵[⑨]，沿街市吟叫扑卖。及买卖品物最多，不能尽述。

及小儿戏耍家事儿，如戏剧糖果之类：行娇惜、宜娘子、秋千稠糖、葫芦火斋郎果子、吹糖麻婆子孩儿等[⑩]。糕粉孩儿鸟兽、像生花朵、风糖饼、十般糖、花花糖、荔枝膏、缩砂糖、五色糖、线天戏耍孩儿，鸡头担儿、罐儿、碟儿、镴小酒器、鼓儿、板儿、锣儿、刀儿、枪儿、旗儿、马儿、闹竿儿、花篮、龙船、黄胖儿、麻婆子、桥儿、棒槌儿，及影戏线索傀儡儿、狮子、猫儿。又沿街叫卖小儿诸般食件：麻粮、锤子粮、鼓儿饧、铁麻糖、芝麻糠、小麻糖、破麻酥、沙团、箕豆、法豆、山黄、褐青豆、盐豆儿、豆儿黄糖、杨梅糖、荆芥糖、榧子、蒸梨儿、枣儿、米食羊儿、狗儿、蹄儿、茧儿、栗粽、豆团、糍糕、麻团、汤团、水团、汤丸、馉饳儿、炊饼、槌栗、炒槌、山里枣、山里果子、莲肉、数珠、苦槌、荻蔗、甘蔗、茅洋、跳山婆、栗茅、蜜屈律[11]等物，并于小街后巷叫卖。

注 释

①提漏：打酒、油、酱油等液体的器具。

②炭墼（jī）：用炭末捣制成的圆柱状燃料。制法似土墼，故名。

③筅（xiǎn）帚：用竹丝做的炊帚、刷锅帚。

④樽榼（kē）：盛酒器。注子：即酒壶。由金属或瓷制成。偏提：也是酒壶。唐李匡义《资暇集·注子偏提》："元和初，酌酒犹用樽杓……居无何，稍用注子，其形若罃，而盖、嘴、柄皆具。大和九年，后中贵人恶其名同"郑注"，乃去柄安系，若茗瓶而小异，目之曰'偏提'。"

⑤马盂：指大型的盂。屈卮：有曲柄的酒杯。箸瓶：一种瘦长的小瓶。

⑥鞋楦：用木材制成的鞋的模型。甑箄：覆盖甑的竹箄。筲（shāo）箕：盛米、淘米的扁形竹筐。甏（bèng）：瓮一类的器皿。藁（gǎo）荐：草席。

⑦墨洗：洗毛笔用的盛水用具。

⑧石首：鱼名，又名"黄花鱼"，此鱼出水能叫，夜间发光，头中有像棋子的石头，故称石首鱼。

⑨罗帛脱蜡像生四时小枝花朵：用罗帛制成的脱蜡像真的一样的四季小枝花朵。像生：仿天然产物制作的花果人物等工艺品，因形态逼真如生，故称。

⑩行娇惜：一种儿童玩具，类似于今天的陀螺。娇惜：宋时女子常用名。宜娘：相传为北宋名将杨文广之妹，乃杨门女将。

⑪蜜屈律：枳椇的别名，也叫作拐枣、鸡爪子等。

译 文

略。

原 文

遇新春，街道巷陌，官府差顾淘渠人沿门通渠，道路污泥，差顾船只，搬载乡落空闲处。人家有泔浆[1]，自有日掠者来讨去。杭城户口繁伙，街巷小民之家，多无坑厕，只用马桶，每日自有出粪人瀽去，谓之"倾脚头"。各有主顾，不敢侵夺，或有侵夺，粪主必与之争，甚者经府大讼，胜而后已。

注　释

①泔浆：指吃剩的饭菜。

译　文

遇到新春，官府差雇淘渠人到街道巷陌挨家挨户疏通渠道，如果道路泥污，就差雇船只，搬到乡村空闲处暂住。各家都有泔水，自会有人每日讨去。杭城户口繁多，街巷小民之家，大多没有厕所，只用马桶，每日自会有出粪人负责倒马桶，叫作“倾脚头”。这些倾脚头各有主顾，不敢侵夺，如果有侵夺，粪主必定与之相争，严重的会闹到府衙大讼，一定要胜诉了才罢休。

卷十四

祠　祭

原　文

天子祭天地，诸侯祭社稷，大夫祭五祀[①]，上得以兼下，下不得以僭上，古之制也。宋朝自郊祀宗庙、社稷，与大、中、小三祠，及土域山海江湖之神，先贤名哲道德之士，御灾捍患以死勤事功烈之臣，皆宠以爵命，列于祀典，奉常有司岁时荐飨焉。

郊祀在嘉会门外三里净明院左右，春首、上辛、祈谷、四月、夏雩[②]、冬至、冬报，皆郊坛行礼。惟九月秋飨，不坛而屋，设位于净明斋宫。春夏冬遇雨，亦望祭于斋宫，差宰执充献官行事。明堂，郊祀岁则不重，举飨报之礼也。正月上辛，祀感生帝于宗阳宫斋殿。四立日，祀十神太乙，祀于东西太乙宫。惠昭、昭庆斋宫，在净慈寺。对惠昭有坛殿及燎坛。夏至日，祭后土皇地祇。立夏日，祭荧惑。立秋日，祭白帝。昭庆有望祭殿，立夏祭南方岳渎，立秋祭西方岳渎[③]。大社大稷坛在观桥东，以春秋二仲、腊前一日祭皇地祇。九宫贵神坛，在东青门外，以春秋二仲坛祭感生帝及九宫贵神。北太乙，西南摄提，正东轩辕，东南招摇，中央天符，西北青龙，正西咸池，东北太阴，正南天一之版位也。藉田先农坛，在玉津园南，祀神农氏，配以后稷氏[④]，以岁时祀之。高禖[⑤]坛，在郊坛东。坛祭设青帝神位于坛上南向，配伏羲帝、高辛帝于西向北，又设从祀简狄、姜嫄位于坛下卯陛南西向北[⑥]。每岁春分日，遣官致祭毕，收彻二从祀馔弓韣[⑦]弓矢入禁中，后妃以次行礼。海神坛，在东青门外太平桥东，祭江海神，为太祀，以春秋二仲遣从官行望祭礼。太学，春秋二仲上丁日，祭先圣文宣王，配先贤兖国公、邹国公、沂国公、郕国公及十哲先贤[⑧]，从祀七十二贤、历代贤哲忠孝公卿。武学祀昭烈武成王[⑨]，配留侯[⑩]、历代忠烈臣子。

注　释

①五祀：祭祀住宅内外的五种神，即门神、户神、井神、灶神、中溜（土地神和宅神）。

②夏雩：夏季为求雨而举行的祭祀。

③岳渎：五岳和四渎。

④后稷氏：姬姓，名弃，周人始祖，尧舜时期掌管农业之官。

⑤高禖（méi）：管理婚姻和生育之神。

⑥简狄：商人始祖契之母。姜嫄：后稷之母。卯陛：即东陛。祭坛有十二陛（上坛的阶道），呈十二辰均匀地分布在圆坛四周，为子陛、丑陛、寅陛、卯陛、辰陛、巳陛、午陛、未陛、申陛、酉陛、戌陛、亥陛。

⑦韣（dú）：弓袋。

⑧兖国公：即孔子弟子颜回。邹国公：即孟子。沂国公：即孔子之孙孔伋。郕国公：即孔子弟子曾子。

⑨昭烈武成王：即姜尚，字子牙，俗称姜太公，辅佐周文王、周武王灭商。

⑩留侯：即张良，字子房，辅佐刘邦建立汉朝，为汉初三杰（萧何、韩信、张良）之一。

译文

天子祭天地，诸侯祭社稷，大夫祭五祀，上可以兼祭下，下不可僭越上，这是自古以来的制度。宋朝施行郊祀，又祭祀宗庙、社稷，与大、中、小三祠，以及国境内的山海江湖之神，其他先贤名哲道德之士，御灾捍患、尽心尽职而死的功烈之臣，也都赐以爵命，列于祀典，命相关部门供奉，岁时荐飨。

郊祀在嘉会门外三里处的净明院左右，春首、上辛、祈谷、四月、夏雩、冬至、冬报，都往郊外祭坛行礼。唯有九月秋飨，不去祭坛而在室内，设神位于净明斋宫祭祀。春夏冬三季遇雨，也在斋宫遥望而祭，差派宰执充任献官行祭祀事。明堂大祀，郊祀当年则不再重复举行，只举行飨报之礼。正月上辛日，在宗阳宫斋殿祭祀感生帝。立春、立夏、立秋、立冬四立日，在东西太乙宫祭祀十神太乙。惠昭、昭庆斋宫，在净慈寺。惠昭斋宫对面有坛殿和燎坛。夏至日，祭祀后土皇地祇。立夏日，祭祀荧惑。立秋日，祭祀白帝。昭庆斋宫有望祭殿，立夏祭祀南方山川神，立秋祭祀西方岳山川神。大社大稷坛在观桥东面，在春秋二仲月、腊日前一天祭祀皇地祇。九宫贵神坛在东青门外，在春秋二仲月坛祭感生帝和九宫贵神。其版位是：正北是太乙，西南是摄提，正东是轩辕，东南是招摇，中央是天符，西北是青龙，正西是咸池，东北是太阴，正南是天一。藉田先农坛，在玉津园南面，祭祀神农氏，以后稷氏配飨，岁时祭祀。高禖坛，在郊坛东面。坛祭时于坛上南向设青帝神位，以伏羲帝、高辛帝配飨于西向北，又设从祀的简狄、姜嫄版位于祭坛下卯陛南西向北。每年春分日，派遣官员完成祭祀，收撤二从祀祭食、弓袋、弓矢入宫中，后妃按照次序行礼。

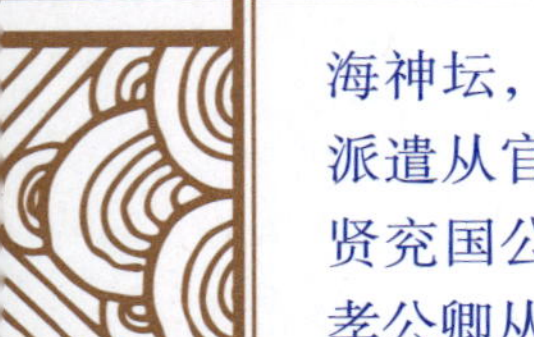

海神坛，在东青门外太平桥东面，祭江海神，为太祀，皇上于春秋二仲月派遣从官行望祭礼。春秋二仲月的上丁日，太学祭先圣文宣王孔子，以先贤兖国公、邹国公、沂国公、郕国公及十哲配飨，七十二贤、历代贤哲忠孝公卿从祀。武学则祭祀昭烈武成王姜尚，以留侯和历代忠烈臣子配飨。

山川神

原　文

城隍庙，在吴山，赐额“永固”。岁之丰凶水旱，民之疾病祸福，祈而必应。朝廷累加美号，曰“辅正康济明德广圣王”。昭济庙，在候潮门外浑水闸西，相传为吴王夫差庙，加封曰“善应安济孚祐显卫侯”。忠清庙，在吴山，其神姓伍名员，乃楚大夫奢之子。自唐立祠，至宋亦祀之。每岁海潮大溢，冲激州城。春秋醮祭[①]，诏命学士院撰青词[②]以祈国泰民安，累赐美号曰“忠武英烈显圣福安王”。有行祠在仁和县治东南隅。吴越钱武肃王庙，在方家峪宝藏寺，及龙山武功堂，为钱文穆王庙，五王俱祀焉。

平济王庙，在浙江广子湾，累封曰“显烈广顺王”。顺济庙，元浙江里人冯氏，自侯加至王爵，曰“英烈王”。王次子封助灵佐顺侯。英显通应公庙，即庙子头杨村龙王庙是也。平波祠，赐额善顺庙。钱塘顺济龙王，赐额“昭应庙”，并在白塔岭之原。孚应庙，在磨刀坑。广顺庙，在龙山。惠顺庙，在江塘。顺济龙王庙，在汤村顺济宫，三侯加王爵，美号曰“广泽灵应”，曰“顺泽昭应”，曰“敷泽嘉应”。自平济至顺济十庙[③]，俱司江涛神也。

嘉泽庙，在钱塘门外二里，钱武肃曾封王爵，今改封曰“渊灵普济侯”。水仙王庙，在西湖第三桥。会灵庙，在柳洲。五龙王庙，在涌金门外上船亭。龙井惠济庙，在风篁岭，王爵，美号曰“嘉应广济孚惠王”。南高峰龙王祠，在荣国寺后钵盂潭，累封曰“孚应昭顺侯”。玉泉龙王祠，在青芝坞净空寺内，其神加封美号曰“嘉应普泽公”。

注　释

①醮祭：设坛祈祷、祭奠。

②青词：又称“绿章”，是道教举行斋醮时献给上天的奏章祝文。一般为骈俪体，用红色颜料写在青藤纸上。要求形式工整且文字华丽。

③自平济至顺济十庙：文中所述，仅九庙。据《咸淳临安志》，当补“汤村龙王堂”。

译　文

城隍庙在吴山，赐庙额曰“永固”。每年的丰凶水旱，百姓的疾病祸福，向其祈求必有灵应。朝廷多次加封美号，曰“辅正康济明德广圣王”。昭济庙在候潮门外浑水闸西面，相传为吴王夫差庙，加封曰“善应安济孚祐显卫侯”。忠清庙在吴山，其神姓伍名员，乃是春秋时期楚国大夫伍奢之子。自唐时立祠，至宋朝也祭祀之。相传每年江潮大溢，冲激州城，就是因他而起。春秋两季醮祭，诏命学士院撰写青词以祈祷国泰民安，累赐美号曰“忠武英烈显圣福安王”。有行祠在仁和县治东南隅。吴越钱武肃王庙在方家峪宝藏寺。龙山武功堂，为钱文穆王庙，吴越国五代国王都有庙祭祀。

平济王庙在浙江广子湾，累封曰“显烈广顺王”。顺济庙，其神原是浙江里民冯氏，自侯爵加封至王爵，曰“英烈王”。皇上又封其次子为助灵佐顺侯。英显通应公庙，即庙子头杨村龙王庙。平波祠，赐匾额曰“善顺庙”。钱塘顺济龙王庙，赐庙额曰“昭应庙”，都在白塔岭。孚应庙在磨刀坑。广顺庙在龙山。惠顺庙在江塘。顺济龙王庙，在汤村顺济宫，三神由侯爵加封至王爵，美号曰“广泽灵应”，曰“顺泽昭应”，曰“敷泽嘉应”。自平济王庙至顺济龙王庙十庙，供奉的都是江涛之神。

嘉泽庙在钱塘门外二里，钱武肃王曾封其神为王爵，如今改封曰“渊灵普济侯”。水仙王庙在西湖第三桥。会灵庙在柳洲。五龙王庙，在涌金门外上船亭。龙井惠济庙，在风篁岭，其神受封王爵，美号曰“嘉应广济孚惠王”。南高峰龙王祠，在荣国寺后钵盂潭，累封曰“孚应昭顺侯”。玉泉龙王祠，在青芝坞净空寺内，其神加封美号曰“嘉应普泽公”。

忠节祠

原　文

旌忠庙，在丰乐桥，元在德寿宫基，因建宫徙于此，俗呼三圣

庙。按，神姓高名永能，绥州人；姓景名崇仪，字思谊，晋州人；姓程名阁使，字博古，河南人。元丰年间，因统军战殁，庙食于凤翔府和尚原。后方腊寇睦，祷于神，凯奏而还，始封侯爵，后屡有功，赐庙额，加号王爵，曰“忠显灵应孚泽昭祐王”“忠显昭应孚济广祐王”“忠惠顺应孚祐善利王”。以旌忠观洒净，主其朝夕香灯之供。

祚德庙，在车桥西青莲寺南，其神忠义，有祠墓俱在绛州太平县赵村，因以本州沦陷之久，庙庭存废不可知。降旨就杭建庙，赐额加美号，升三侯为王爵，以表忠节。程婴[①]封忠济王，杵臼封忠祐王，韩厥封忠利王。

灵卫庙，在钱塘门侧，其神因完颜宗弼犯境，守臣退保赭山，钱塘县令朱跸领卫司十将金胜、祝威[②]，率民兵战击，以寡制众，殁于王事。乡民感其忠义，葬于近郊，立祠以表死节。乡民陈于朝省，赐庙额各加侯爵，曰朱宰，封显忠侯；金胜，封忠佐侯；祝威，封忠祐侯，以旌忠烈之士。

忠勇庙，在行春桥寨中，其神姓张名玘，系亲卫大夫、果州团练使、御营宿卫前军统制，因解海州围，战殁于阵中，得旨赠容州观察使，建庙赐额，海州仍立庙本寨。

注释

①程婴：春秋时期晋国义士。晋景公时，大夫屠岸贾杀灭赵氏之族，程婴与公孙杵臼、韩厥设计保全赵氏孤儿，使赵氏得以报仇复兴。

②卫司：即尉曹。十将：宋朝军队低级指挥员。

译文

旌忠庙在丰乐桥，原先在德寿宫地基上，因建宫，所以迁徙于此，俗称三圣庙。按，神姓高名永能，绥州人；姓景名崇仪，字思谊，晋州人；姓程名阁使，字博古，河南人。神宗元丰年间，三人因统军与西夏军作战，不幸战死，在凤翔府和尚原享受祭飨。后来方腊在睦州作乱，受命讨伐之将向三神祈祷，之后凯旋而归，于是朝廷始封三神为侯爵，后来屡有功，又赐庙额，加封王爵，曰“忠显灵应孚泽昭祐王”“忠显昭应孚济广祐王”“忠惠顺应孚祐善利王”。以旌忠观洒净，负责朝夕烧香供灯。

祚德庙在车桥西青莲寺南面，庙中供奉之神忠义，有祠墓都在绛州太平县赵村，因本州沦陷已久，庙庭存废不可知晓。于是朝廷降旨在杭州重建庙宇，赐庙额加美号，三神由侯爵加封至王爵，来表彰忠节。程婴封忠济王，杵臼封忠祐王，韩厥封忠利王。

灵卫庙在钱塘门旁。因完颜宗弼犯境，守臣退保赭山，钱塘县令朱跸率领卫司十将金胜、祝威，率民兵抗击，以寡敌众，最终战死。乡民感念其忠义，将其葬于近郊，立祠以表死节。乡民又向朝廷陈述他们的事迹，于是朝廷赐庙额各加封侯爵，县令朱跸封显忠侯，金胜封忠佐侯，祝威封忠祐侯，以表彰忠烈之士。

忠勇庙在行春桥寨中，庙中供奉之神姓张名玘，乃是亲卫大夫、果州团练使、御营宿卫前军统制，因解海州之围，战死于阵中，朝廷下旨赠容州观察使，建庙赐额，又在海州本寨立庙。

原　文

昭节庙，在保民坊庙巷东三班营。按，二神一姓乔名亢，字伯仁；一姓陆名轨，字仲模，皆襄汉人，在周时同为殿侍。初宋太祖受禅，驾自宣祐门入，守关者施弓箭相向弗纳，移步趋他门而入。既受朝贺毕，顾近侍曰："适移门守者何人？"奏曰："散直班。"传旨降充下班。又问："宣祐守者何人？"答奏曰："东三班。"传旨令宣引。时本班之众，知天命所归，皆引义自殒。太祖大惊，趣驾临幸慰问，仍命排阵使党彦进前往救数十人，问得二人不死者，即乔、陆二神。召诘其故，答曰："臣止事一主，所以乞死。"上尉劳再四，谓："汝等忠孝，其班不废。"且赐名曰"长入祗候"。从其请。所幸临为前引，仍赐青红二色帛为帽饰，满三年，授保义郎[①]之职。二神既受誓而退，寻复效死。上悯其忠节，厚加赙恤[②]，听本班庙祀。南渡初，吴山居民不戒于火，杨殿岩观绯绿二旗现于空中，隐隐见乔、陆二字，其火遂熄，皆神之力也。孝庙曾观本班宿房，以黄罗扑门概，遂宣问何所始。左右备奏始末，上嘉叹忠孝节义如此。乙卯岁，赐庙额。庚申岁，封侯爵。甲子岁，加大字号，曰乔封忠义威福英惠侯，陆封忠烈威德英祐侯。

显功庙，在保俶塔下，神姓岳，名仲琚，世居霍山，为临安府吏。因兀术[③]犯境，输家资募勇士，推尉司金、祝二十将充首将，领兵迎敌，战死。合境怀其忠义，祠于延祥四圣观，号为保稷山王。乡民申明于朝，赐庙额显功，封爵曰忠翊侯，以褒忠节。

注释

①保义郎：宋代武职官阶，位列武职五十二阶中第五十。

②赙（fù）恤：抚恤助丧。

③兀术：即金将完颜宗弼，多次率军南侵。

译文

昭节庙在保民坊庙巷东三班营。按，二神一姓乔名亢，字伯仁；一姓陆名轨，字仲模，都是襄汉人，在后周时同为殿侍。当年宋太祖受禅，御驾自宣祐门入城，守关者向其射箭，拒绝接纳，于是太祖转向其他门入城。太祖登基，受朝贺后，对近侍说："刚才放弃守门的是什么人？"答奏道："散直班。"于是传旨将散直班降为下班。太祖又问："守宣祐门者什么人？"答奏道："东三班。"于是传旨宣召。当时东三班众军士知天命已归，都为持守道义而自杀。太祖听说后大惊，亲自前往慰问，又命排阵使党彦进前往救数十人，找到两个没死的人，就是乔亢、陆轨二神。宣召二人，问他们为什么自杀，回答说："臣只事奉一位主君，所以求死。"太祖多加慰劳，并对他们说："你们如此忠孝，东三班不废。"并赐名为"长入祗候"。二人听从。其后太祖临幸东三班，就命二人在前引导，赐青红二色帛为帽饰，三年后，授保义郎。二人于是接受封赐然后退下，不久为国报效而死。太祖怜悯他们的忠义厚加赏赐抚恤，命本班建庙祭祀。宋室南渡之初，吴山居民不慎引起火灾，殿帅杨存中看到有绯色、绿色两面旗出现在空中，隐约可见乔、陆二字，大火不久熄灭，都是神仙之力。孝宗曾视察乔、陆本班营房，看到有黄罗盖门，于是宣问为何如此。左右详细述说二神事迹，孝宗嘉叹他们这般忠孝节义。乙卯年赐庙额，庚申年封侯爵，甲子年加美号，乔亢曰忠义威福英惠侯，陆轨曰忠烈威德英祐侯。

显功庙在保俶塔下，庙中供奉之神姓岳名仲琚，世代居住在霍山，为临安府吏。因金兀术犯境，捐出家产招募勇士，推举尉司金胜、祝威两位十将为首将，领兵迎敌，战死。全境百姓感念其忠义，于延祥四圣观祭祀他，号为保稷山王。乡民又向朝廷申明他的事迹，于是朝廷赐庙额曰显功，封爵曰忠翊侯，以褒扬忠节。

仕贤祠

原　文

灵惠庙，在江涨桥化度寺。按，神姓陈名顼，字行嵩，会稽人，仕于东晋，使虏羁留三年，仗节不屈，拔剑斫臂，复命于朝，历四州刺史，食邑钱塘、海盐、盐官三县之禄，死葬于皋亭山。梁朝封王爵，号崇善。宋朝赐庙额，以祷雨而应，初封侯爵，累加美号，进王爵曰“慈佑福善昭应王”。且神生则忠于国，死则佑于民，正谓之武功忠孝，节义昭著，有行祠凡四十余处矣。

嘉泽庙，在涌金门西井城下，其神姓李名泌，字长源，唐朝相国邺侯，曾守杭，有风绩。郡城苦于海汲，民食咸水，侯凿六井，引西湖清水入城中，郡民始得饮清水。郡人德之，立祠，奉有香火。宋朝赐庙额，以褒其德。又三贤堂，在西湖苏堤，奉白乐天、林和靖、苏东坡三先生之祠。

显庆庙，在龙井衍庆寺侧，神姓胡名则，婺之永康人，两曾尹杭，有惠政，在郡无江潮之患疾。告于朝，以兵部侍郎致仕，葬龙井山。其本里方岩山有方寇聚众，夜梦紫袍金带神人现赤帜于空中，随即剿灭。朝省褒嘉建庙，赐额封爵显灵侯，仍赐坟额“显应”。神之赫灵①，乡民著于方岩矣。

昭贶庙，在浑水闸东江塘上。神姓张名夏，雍丘人，宋授司封郎官，为浙漕。时因江潮为患，故堤累行修筑，不过三年辄损，重劳民力，遂作石堤，得以无虞。民感其功，立祠于江塘上，朝省褒赠太常少卿，累封公侯之爵。次赐以王爵，加美号曰“灵济显佑威烈安顺王”。祠之左右，奉十潮神。又有行祠在马婆巷，名安济庙。

注　释

①赫灵：指神明显灵。按，1162年，宋高宗应百姓请求，御书“赫灵”二字作为胡则庙额。

灵惠庙在江涨桥化度寺。按，庙中供奉之神姓陈名顼，字行嵩，会稽人，仕于东晋，出使北朝，被羁留三年，他仗节不屈，拔剑砍断自己的手臂，后回到东晋复命，历任四州刺史，食邑钱塘、海盐、盐官三县之禄，死后葬于皋亭山。梁朝封其王爵，号崇善王。宋朝赐庙额曰“灵惠”，向其祈雨而有灵验，原先封侯爵，多次加美号，进王爵曰“慈佑福善昭应王”。陈顼生时忠于国家，死后保佑万民，正所谓武功忠孝，节义昭著，有行祠共四十余处。

嘉泽庙在涌金门西井城下，庙中供奉之神姓李名泌，字长源，乃唐朝相国，封邺侯，曾任杭州刺史，颇有政绩。原先杭城百姓吃的都是从江海汲取的咸水，深以为苦，李泌凿六井，引西湖清水入城中，杭城百姓才得以吃上清水。杭州百姓感念他的功德，为他立祠，供奉香火。宋朝赐庙额，以褒扬其功德。又有三贤堂，在西湖苏堤，供奉白乐天、林和靖、苏东坡三先生之祠。

显庆庙，在龙井衍庆寺侧，庙中供奉之神姓胡名则，婺州永康人，曾两次出任杭州知府，有惠政，在任时杭州未遭江潮之患。向朝廷告老，以兵部侍郎致仕，死后葬于龙井山。胡则老家永康方岩山有方腊反贼聚众作乱，讨伐将领夜里梦见一位身穿紫袍佩带金带的神人现出一面赤色旗帜于空中，随即剿灭贼寇。朝廷褒奖其功，为胡则建庙，赐庙额，封爵显灵侯，又赐龙井坟额曰“显应”。神的显灵事迹，乡民在方岩山广为传扬。

昭贶庙在浑水闸东江塘上。庙中供奉之神姓张名夏，雍丘人，宋仁宗时授司封郎官，出任两浙漕使。当时杭州因江潮为患，旧堤多次加以修筑，但不过三年就又损毁，重复耗费民力，于是张夏建筑石堤，从此得以无忧。百姓感念他的功劳，为他在江堤上立庙。朝廷褒赠他太常少卿，累封公侯之爵。后又赐封王爵，加美号曰“灵济显佑威烈安顺王”。其庙左右供奉十潮神。又有行祠在马婆巷，叫作安济庙。

原文

先贤堂，在西湖苏堤南山第一桥，奉陶唐许箕公、汉严先生、吴将军凌公、晋文正范公、中尉褚公、宋龙骧将军、卜庄侯范先生、齐褚先生、顾先生、杜先生、梁太中大夫范公、范先生、记室褚公、唐太常卿康公、太尉褚公、礼部尚书褚文公、荆州大都督许公、张先生、后梁吴越武肃钱王、给事中罗公、宋秦王忠懿钱公、吏部侍郎郎公、知制诰谢公、谏院钱公、和靖先生林公、翰林学士沈公、大中大夫钱公、龙图学士陆钱虞三先生、秘阁吴公、八行崔先生、太师崇国张文忠公、孝节妇定夫人孙氏、夫人虞氏、孝女冯氏、节妇何氏、孝妇盛氏[①]。祠侧以道馆，扁旌德，专奉洒扫。潘逍遥祠，在潘阆巷，以宅基建祠祀之[②]。

注释

①汉严先生：东汉初隐士严光，字子陵，隐居富春山。吴将军凌公：三国时东吴大将凌统，字公绩，吴郡余杭（今浙江余杭）人。晋文正范公：宋范仲淹曾任杭州知州，谥文正。此言晋人，未知所指。荆州大都督许公：指许远，唐朝名臣，杭州新城（今杭州富阳）人。安史之乱时，与张巡死守睢阳，不屈而死。下"张先生"当指张巡。太师崇国张文忠公：张九成，字子韶。

②以宅基建祠祀之：指在潘阆居宅原址建庙祭祀。

译文

略。

古神祠

原文

夏禹王庙，在钱湖门城侧。汉留侯[①]祠，在吴山。灵护庙即汉萧相国祠，在定民坊，（一在）艮山门外。显忠庙，在长生老人桥，俗呼霍使君庙，加封美号曰"忠烈顺济昭应王"。周赧王[②]庙，在钱塘崇化观山。防风氏[③]庙，在廉德朱奥。申将军[④]庙，在临平斗门桥北。周绛侯庙，即绛侯周勃也，祠在临平镇。福德衍庆真君庙，在肇元升平里，吴下世传吴吕蒙也。曹王庙，在长乐像光湖南金奥村，相传曹子建也。

注释

①留侯：西汉张良。

②周赧王：姓姬名延，东周末代之君。

③防风氏：与禹同时的部落领袖。禹召集诸部落首领于会稽山，防风氏后至，被杀。

④申将军：据《舆地纪胜》卷四十五记载，战国时期，楚国白公作乱，楚王以申明为将军讨伐。白公执申明之父，逼其退兵。申明移孝为忠，追击打败了白公，白公怒杀其父。楚王欲赏申明，申明说："我虽有定国之功劳，却有害父之耻辱。"于是自刎，后人为其父子立庙。

译　文

夏禹王庙，在钱湖门城侧。汉留侯张良祠，在吴山。灵护庙即汉相国萧何祠，在定民坊，又一在艮山门外。显忠庙，在长生老人桥，俗称霍使君庙，朝廷加封美号曰"忠烈顺济昭应王"。周赧王庙，在钱塘县崇化乡观山。防风氏庙，在廉德乡朱奥村。申将军庙，在临平斗门桥北。周绛侯庙，庙中供奉之神即汉朝绛侯周勃，祠在临平镇。福德衍庆真君庙，在肇元乡升平里，庙中供奉之神即吴下世传的东吴大将吕蒙。曹王庙，在长乐乡像光湖南面金奥村，相传庙中供奉之神为三国曹魏文学家曹子建。

土俗祠

原　文

显应庙，在临安府治，即净因尼寺土地，赐庙额封爵曰"正佑安福使"。翼灵庙，在府治，相传为永福镇安王。旌忠庙，在天庆坊，其神姓赵名延翰，姓马名仁禹，并殿前指挥使左右班，艺祖开基，翊卫[①]有功，授节钺，赠侍中，莫知庙食于杭自何而始。金华将军庙，在涌金门里水池上，神姓曹名杲，真定人，后唐为金华令，仕于钱王，尝于城隅浚三池，建门名涌金，邦人德之，为立祠。广福庙，在盐桥，神姓蒋，世为杭人，乐于赈施，每岁秋成之际粜谷，如春夏价增时，以谷如元价出粜，不图利源。如岁歉，则捐谷以予饥者。神死之日，嘱其二弟曰："须存仁心，力行好事。"二弟谨遵兄训，恪守不违。里人立祠表其德，凡朝家祈祷，无不感应，遂赐庙额，封爵。及其二弟并进侯位，曰"孚顺""孚惠""孚祐"之美号也。

注　释

①翊卫：弼辅护卫。

译　文

显应庙在临安府治，在净因尼寺地基上建，赐庙额，封爵曰“正佑安福使”。翼灵庙在府治，相传庙中供奉之神为永福镇安王。旌忠庙在天庆坊，庙中供奉之神姓赵名延翰，姓马名仁禹，都是殿前指挥使左右班军将，太祖开创基业，他俩护卫有功，授予节钺，赠侍中，但不知他们何时开始在杭州享受祭飨。金华将军庙在涌金门里水池上，庙中供奉之神姓曹名杲，真定人，后唐时为金华令，仕于吴越钱王，曾在城隅疏浚三池，建城门名叫涌金门。城民感念其德，为其立祠。广福庙在盐桥，庙中供奉之神姓蒋，世代为杭州人，乐于赈济施舍，每年秋季粮食收获时买米，收购价如春夏季粮价上涨时；到粮价上涨时，再以原价卖米，不求利润。荒年歉收，则捐出粮食赈济饥民。他临死时嘱咐两位弟弟说：“必须存有仁心，尽力做善事。”两位弟弟谨遵兄长的训诫，恪守不违背。乡里人立祠表彰其功德，凡朝廷祈祷，无不感应，于是赐庙额，封爵。两位弟弟也一起进封侯位，美号曰“孚顺”“孚惠”“孚祐”。

原　文

三将军庙，在潘阆巷。嘉应公祠，在秀义坊。通应侯庙，在开道坊。护国天王庙、白马神祠，在寿域坊，今迁粮料院巷口故基。玉仙堂，在大隐坊内。石姥祠，在芳林乡。吴客三真君①庙，在石榴园巷。义勇武安王及清源真君庙，在西溪法华山，一在半道红街。华严菩萨庙，在林潭。半逻老人庙，在县东北。霸王庙，在芳林乡。会灵护国祠，在端平桥东土塘上。灵休庙，在城南厢江岸。真圣庙，在白塔岭半山。七娘子庙，在皋亭山，旧传崇善王妹也。苏将军庙，其神东晋骠骑将军。灵应庙，按神称杨都督，并崇善王位下神也。义桥崔总管庙、尚将军庙，四庙②俱在肇元乡。秦王庙，在天云乡，故老相传晋毛宝庙也。济惠、福济二王庙，在像光湖西。济惠义祠，在北葛沈村。白龙王庙，在临平东山之中。又有龙祠，在洞侧。通灵庙，即黑龙王祠，在超山，赵忠献为邑宰时，祷雨有感，累申朝省封加美号曰“通灵惠应宣济昭惠侯”。

注　释

①三真君：即三元真君，为上元道化唐真君、中元护正葛真君、下元定志

周真君。

②四庙：指苏将军庙、尚将军庙、义桥崔总管庙、灵应庙。

译　文

略。

东都随朝祠

原　文

惠应庙，即东都皮场庙，自南渡时，有直庙人商立者，携其神像随朝至杭，遂于吴山至德观右立祖庙，又于万松岭、侍郎桥巷、元贞桥立行祠者三。按《会要》云："神在东京显仁坊，名曰皮场土地祠。政和年间赐庙额，封王爵。中兴，随朝到杭，累加号曰'明灵昭惠慈佑王'，神妃封曰'灵婉嘉德夫人''灵淑嘉靖夫人'。"按庙刻云："其神乃古神农，于三王时都曲阜，世人食腥膻者，率致物故[①]，因集天下孝义勇烈之士二十四人，分十二分野，播种采药，至今于世极有神功。两庑奉二十四仙医使者是也。自汉唐至今，歼寇助顺，其有圣迹，不可殚纪。"二郎神，即清源真君，在官巷，绍兴建祠。旧志云："东京有祠，随朝立之。"

注　释

①物故：亡故，去世。

译　文

惠应庙即原东都汴京的皮场庙，宋室南渡之时，有一位名叫商立的值庙人携带庙中神像随朝廷至杭州，于是在吴山至德观右面立祖庙，又在万松岭、侍郎桥巷、元贞桥立三处行祠。据《宋会要》载："庙中供奉之神在东京显仁坊，名叫皮场土地祠。政和年间赐庙额，封王爵。中兴时随朝廷到杭州，累加号曰'明灵昭惠慈佑王'，神妃封曰'灵婉嘉德夫人''灵淑嘉靖夫人'。"又据庙中石刻曰："庙中供奉之神乃上古神农氏，三王时期在曲阜建都，当时世人多食腥膻，常常导致生病或亡故，于是神农氏召集天下孝义勇烈之士二十四人，分十二分野，播种采药，对当今之世也极有神功。两庑供奉二十四位仙医使者。自汉唐至今，其神歼灭贼寇，助顺圣朝，它的圣迹，不可一一记载。”二郎神，即清源真君，其祠在官巷，绍兴年间建。旧志上说：“东京有二郎祠，随朝南渡，又立之。”

外郡行祠

原　文

东岳行宫有五：曰吴山，曰西溪法华山，曰临平景星观，曰汤镇顺济宫，曰杨村坛山梵刹，俱奉东岳天齐仁圣帝香火。广惠行宫有三：曰钱塘门外霍山，曰在城金地山，曰千顷寺。按《会要》：“真君姓张名渤，血食广德军之祠山，始封灵济王，累加美号曰‘昭烈大帝’，后改封昌福真君，今加宝号曰‘正佑圣烈昭德昌福崇仁真君’。自祖父祖母以下，若圣妃、若诸弟、诸子、诸妇及女，俱锡宋朝上爵封之，然都人士庶奉礼者，有祷必应，如响斯答。”

仰山二王庙，在观桥东马军司西营。按《宜春志》：“二神俱姓萧，自汉显灵，世列祀典。至宋功烈尤著，锡以王爵。王之祖父母、若妻、若子、若妇，皆赐爵号。开庆衡潭有变，临瑞至太平皆不能前，神之阴相默助居多，陈于朝，褒其功，改赐号曰‘显德仁圣忠佑灵济王’‘福德仁圣忠卫康济王’。其王祖父母以下及左右佐神，并沩、仰二祖师，凡列祠者，咸加赉焉。”

显佑庙，在仁和百万新仓西。按神姓陈名仁果，常之晋陵人也，仕于隋，历司徒。有叛臣沈法兴谋叛，忌司徒威声，以食毒之而毙，其神忠愤赫灵，以神矢中法兴死之。唐武德嘉其功，庙祀焉，封爵忠烈公。梁加封福顺忠烈王。至后周封帝号。宋政和赐庙常州，以帝号非礼，易以王爵，曰“福顺武烈显应昭德王”。仍奉诏书驰驿赐忠佑庙，傅以帛版，而别为文告示于行祠。因咸淳二年十二月，将郊祀天地，命京尹潜皋墅祈雪，祥祷于庙，即降大雪。蒇事[①]之际，明星有烂，三灵顾歆[②]，由是岁丰，四方无虞。皋墅识于行祠壁，以昭灵贶[③]，申朝赐爵，遣使缄词驰送忠佑庙，及别告于显佑行祠，以表大神之显灵也如此。

注释

①蒇（chǎn）事：事情办成。

②三灵：指日、月、星。歆：祭祀时神灵享受祭品、香火。

③灵贶：神灵赐福。

译文

东岳大帝的行宫有五处，在吴山、西溪法华山、临平景星观、汤镇顺济宫、杨村坛山梵刹，都供奉东岳天齐仁圣帝香火。广惠行宫有三处，在钱塘门外霍山、在城金地山、千顷寺。据《宋会要》记载："真君姓张名渤，原在广德军之祠山享受祭飨，始封灵济王，累加美号曰'昭烈大帝'，后改封昌福真君，如今加宝号曰'正佑圣烈昭德昌福崇仁真君'。自祖父祖母以下，圣妃、诸弟、诸子、妇及女，宋朝都赐封上爵。都中士人百姓奉礼者，有祷必应，如声音之回响。"

仰山二王庙，在观桥东马军司西营。据《宜春志》记载："二神都姓萧，自汉朝时显灵，世代列入祀典。到宋朝时功勋尤其显著，赐以王爵。王的祖父母、妻、子、妇，都赐爵号。理宗开庆年间，衡潭有变，景定年间又迫临瑞至太平市，马都不能前行，二神暗中帮了很多忙，这事被上报于朝廷，褒奖其功，改赐号曰'显德仁圣忠佑灵济王''福德仁圣忠卫康济王'，王祖父母以下及左右佐神，并沩、仰二祖师，凡是列祠者，都加以封赐。"

显佑庙在仁和县百万新仓西。庙中供奉之神姓陈名仁果，常州晋陵人，仕于隋朝，历任司徒。有叛臣沈法兴谋叛，忌惮司徒的威名，便以食物毒死司徒，其神忠愤赫灵，以神箭射死沈法兴。唐武德年间，为表彰其功，立庙祭祀，封爵忠烈公。后梁加封其为福顺忠烈王。至后周时加封帝号。宋政和年间赐庙常州，因帝号不合礼制，改以王爵，曰"福顺武烈显应昭德王"。又派使者奉诏书驰马疾行至常州，赐忠佑庙，诏书写在帛版，而另作文告示于行祠。咸淳二年十二月，将郊祀天地，命临安知府潜皋墅祈雪。潜皋墅在显佑庙中祥祷，随即天降大雪。事成之际，天上明星灿烂，三灵享受祭品，由此岁丰，四方无忧。潜皋墅将此事记录在行祠壁上，以昭神灵赐福之事，又申请朝廷赐爵，于是遣使缄词驰送常州忠佑庙，又别告于显佑行祠，以表大神之显灵。

原文

灵顺庙，即徽州婺源灵祠[①]，余杭立行祠者七：一在南高峰顶荣国寺，有华光楼，傍为射亭，有角台，又辟山径而夷之，以便登陟；

一在北高峰，为景德灵隐寺后山塔庙；一在钱塘门外九曲城下；一在钱塘县调露乡灵感寺；一在候潮门外瓶场湾；一在候潮门外普济桥东楞木教场侧普济寺；一在钱塘县六和塔寺南徐村新石塘。宋朝赐五王美号曰“显聪昭圣孚仁福善王”“显明昭圣孚义福顺王”“显正昭圣孚智福应王”“显直昭圣孚信福佑王”“显德昭圣孚爱福惠王”。每岁都人瓣香[②]致敬者，纷纷咸趋焉。

顺济圣妃庙，在艮山门外，又行祠在城南萧公桥及候潮门外瓶场河下市舶司侧。按庙记：“妃姓林，莆田人氏，素著灵异，立祠莆之圣堆。宣和赐庙额，累加夫人美号，后封妃，加号曰‘灵惠协应嘉顺善庆圣妃’。其妃之灵著，多于海洋之中，佑护船舶，其功甚大，民之疾苦，悉赖帡幪[③]。”

广灵庙，在石塘坝，奉东岳温将军[④]，请于朝，赐庙额封爵，自温将军以下九神皆锡侯爵，曰温封正佑，李封孚佑，钱封灵佑，刘封显佑，杨封顺佑，康封安佑，张封广佑，岳封协佑，孟封昭佑，韦封威佑。

梓潼帝君庙，在吴山承天观，此蜀中神，专掌注禄籍[⑤]，凡四方士子求名赴选者悉祷之。封王爵曰惠文忠武孝德仁圣王，王之父母及妃，及弟、若子、若孙、若妇、若女，俱褒赐显爵美号，建嘉庆楼，奉香灯。

注　释

①灵祠：《咸淳临安志》作“五显神祠”。

②瓣香：佛教语，指点燃一炷香表达心中的虔诚。

③帡幪（píng méng）：古代帐幕之类的物品。引申为覆盖。此指庇护。

④东岳温将军：与下文九神合称“东岳十太保”，又称“东岳十元帅”，乃东岳大帝麾下神。

⑤禄籍：为官食禄的簿籍。

译　文

灵顺庙即徽州婺源灵祠，余杭立有七处行祠，一处在南高峰顶荣国寺，有华光楼，旁边为射亭，有角台，又开辟山径使其平顺，以便攀登；一处在北高峰，为景德灵隐寺后山塔庙；一处在钱塘门外九曲城下；一处在钱塘县调露乡灵感寺；一处在候潮门外瓶场湾；一处在候潮门外普济桥东、楞木教场侧普济寺；一处在钱塘县六和塔寺南面的徐村新石塘。宋朝赐五王美号曰“显聪昭圣孚仁福善王”“显明昭圣孚义福顺王”“显正昭圣孚智福应王”“显直昭圣孚信福佑王”“显德昭圣孚爱福惠王”。每年杭州人瓣香致敬，纷纷前往灵顺庙。

顺济圣妃庙在艮山门外，又有行祠在城南萧公桥及候潮门外瓶场河下、市舶司侧。据庙记曰：“圣妃姓林，莆田人氏，多次彰显灵异，于莆田圣堆立祠。宣和年间赐庙额，多次加夫人美号，后又封妃，加美号曰‘灵惠协应嘉顺善庆圣妃’。圣妃显灵多在海洋之中，佑护船舶，功劳甚大，百姓疾苦，都靠其庇佑。”

广灵庙在石塘坝，供奉东岳温将军，请于朝廷，赐庙额封爵，自温将军以下九神都赐侯爵，曰温元帅封正佑侯，李元帅封孚佑侯，钱元帅封灵佑侯，刘元帅封显佑侯，杨元帅封顺佑侯，康元帅封安佑侯，张封元帅广佑侯，岳封元帅协佑侯，孟封元帅昭佑侯，韦元帅封威佑侯。

梓潼帝君庙在吴山承天观，这是蜀中的神，专门职掌人间禄籍，凡四方士子求名参加科举者，都向其祷告。封王爵曰“惠文忠武孝德仁圣王”，王的父母及妃，及弟、子、孙、妇、女，都褒赐显爵美号，建嘉庆楼，供奉香灯。

卷十五

学 校

原 文

古者天子有学，谓之“成均”，又谓之“上庠”，亦谓之“璧水”，所以养育作成天下之士，类非州县学比也。高宗南渡以来，复建太、武、宗三学于杭都。太学在纪家桥东，以岳鄂王第为之，规模宏阔，舍宇壮丽。学之西偏建大成殿，殿门外立二十四戟，大成殿以奉至圣文宣王，十哲配享，两庑彩画七十二贤，前朝贤士公卿诸像皆从祀。每岁春秋二丁，行释奠礼，命太常乐工数辈，用宫架乐歌《宣圣御赞》，赞曰：“大哉宣圣，斯文在兹。帝王之式，今古之师。志则《春秋》，道由忠恕[①]。贤于尧、舜，日月共誉。惟时载雍，戢此武功。肃昭盛仪，海宇聿崇。”

置学官，自祭酒、司业、丞、簿、正、录等共十四五员。学有崇化堂、首善阁、光尧石经之阁，奉高、孝二帝宸书御制札。石刻于阁下，以墨本[②]置于上堂之后。东西为学官位。主上登极，则临幸学宫，奠谒宣圣，及赐诸生束帛。学官斋长，谕俱沾恩霈。高宗朝幸学之时，曾幸养正、持志二斋，两斋长谕：已免解人，特与免省；未免解人，与免解。恩例：其两斋生，并免将来文解一次。

太学有二十斋，匾曰“服膺”“禔身”“习是”“守约”“存心”“允蹈”“养正”“持志”“节性”“率履”“明善”“经德”“循理”“时中”“笃信”“果行”“务本”“贯道”“观化”“立礼”。十七斋匾，俱米友仁[③]书，余“节性”“经德”“立礼”斋匾，张孝祥[④]书。各斋有楼，揭题名于东西壁。厅之左右，为东西序，对列位。后为炉亭，又有亭宇，揭以嘉名甚伙。绍兴年间，太学生员额三百人，后增置一千员，今为额一千七百一十有六员，以上舍额三十人，内舍额二百单六人，外舍额一千四百人，国子生员八十人。诸生衫帽出入，规矩森严，朝家所给学廪，动以万计，日供饮膳，为礼甚丰。月书季考，由外舍而升内舍，由内舍而升上舍，或释褐[⑤]及第，或过省赴殿，恩例最优。于此见朝廷待士之厚，而平日教养之功，所以为他日大用之地也。

太学内东南隅，设庙廷，奉后土神祇，即土地神，朝家敕封号曰“正显昭德孚忠英济侯”。按赞书，相传为中兴名将，其英灵未泯，而应响甚著，盖其故居也。理或然欤？自是遂明指为岳忠武鄂王，况鄂国已极于隆名，宜庙食增崇于命祀[6]，谨疏侯爵，未正王封，仍改庙额曰“忠显”。神之父母妻子，下逮将佐，皆有命秩，华以徽号。

注　释

①忠恕：儒家的一种道德规范。忠：谓尽心为人。恕：谓推己及人。

②墨本：碑帖的拓本。

③米友仁：书画家米芾长子，字元晖，亦有书画造诣，深得高宗赏识。

④张孝祥：字安国，南宋词人、书法家。绍兴年间状元及第。

⑤释褐：脱去平民衣服。喻始任官职。

⑥命祀：遵天子之命所进行的祭祀。

译　文

古代天子建有学校，叫作“成均”，又叫作“上庠”，也叫作“璧水”，是用来养育造就天下之士的地方，非州县学校可比。高宗南渡以来，在杭州重建太学、武学、宗学三学。太学在纪家桥东，以鄂王岳飞的旧第创建，规模宏阔，舍宇壮丽。太学西偏建大成殿，殿门外立有二十四戟，大成殿供奉至圣文宣王孔子，以十哲配享，两庑有彩画七十二贤和前朝贤士公卿的画像一起从祀。每年春秋二丁日，太学行释奠礼，命太常乐工数人，用宫廷乐歌唱《宣圣御赞》，赞曰：“大哉宣圣，斯文在兹。帝王之式，今古之师。志则《春秋》，道由忠恕。贤于尧、舜，日月共誉。惟时载雍，戢此武功。肃昭盛仪，海宇聿崇。”

太学设置学官，自祭酒、司业、监丞、主簿、学正、学录等共十四五员。太学有崇化堂、首善阁、光尧石经之阁，供奉高宗、孝宗二帝的御制书文信札。石刻置于阁下，墨本置于上堂之后。东西为学官之位。皇上登基，则临幸太学，祭奠拜谒至圣文宣王，以及赐诸生束帛。众学官即斋长，都承蒙恩霈。高宗朝临幸太学之时，曾到养正、持志二斋，谕两斋长曰：已经免除解试的，特予免除省试；没有免除解试的，都免除解试。于是颁布恩例：两斋生员，都免除将来文解一次。

太学有二十斋，匾额曰“服膺”“禔身”“习是”“守约”“存心”“允蹈”“养正”“持志”“节性”“率履”“明善”“经德”“循理”“时中”“笃信”“果行”“务本”“贯道”“观化”“立礼”。其中十七斋的匾额，都是米友仁所书，剩下“节性”“经德”“立礼”三斋匾额，都是张孝祥所书。各斋有楼，

都题名于东西壁。厅之左右，为东西序，列位相对。后面是炉亭，又有亭宇，题了许多嘉名。绍兴年间，太学生员额300人，后增置1000员，如今员额1716人，其中上舍额30人，内舍额206人，外舍额1400人，国子生员80人。诸生穿戴衫帽出入，规矩非常严格，朝廷所给的经费，动以万计，每日提供饮膳，礼节非常丰厚。每月每季都有考核，生员由外舍而升内舍，由内舍而升上舍，或做官及第，或参加省试殿试，恩例非常优渥。由此可见朝廷待士之厚，而平日教养之功，都是为了他日能够有大用。

太学内东南隅设有庙廷，供奉后土神祇，即土地神，朝廷敕封号曰“正显昭德孚忠英济侯”。据赞书曰，相传其神为中兴名将，其英灵未泯，感应很灵验，是因为这里是他的故居。不一定是这样的吧？由此则明指是其神是忠武鄂王岳飞，况且鄂王声名极其隆盛，当于命祀时享受尊崇和祭飨，但此处仅记侯爵，未正所封王号，又改庙额曰“忠显”。神的父母妻子，下至将佐，皆有官爵，加以美号。

原 文

宗学，在睦亲坊。按国朝宗子分为六宅，宅各有学，学各有训导之官。中兴后，惟睦亲一宅，置诸王宫大小学教授，专以训迪南班子弟①。嘉定岁，始改宫学为宗学，凡有籍者，宗子以三载一试，补入为生员，如太学法。置教授、博士、宗谕，立讲课，隶宗正寺掌之。学立大成殿、御书阁、明伦堂、立教堂、汲古堂。斋舍有六，匾曰“贵仁”“立爱”“大雅”“明贤”“怀德”“升俊”。

武学，在太学之侧前洋街。建武成殿，祀太公，曰昭烈武成王，以留侯张良、武侯诸葛亮配，累朝诸名将从祀。学规依太学例试补，月考课升名。然教养之法未备，下礼兵部措置，立养士额，置武博、武谕各一员。淳熙、嘉泰，主上临幸武学，谒武成王，行肃揖②礼。学建立武堂。斋舍有六，匾曰“受成”“贵谋”“辅文”“中吉”“经远”“阅礼”。宗武学，俱有学廪、膳供、舍选、释褐，一如太学例。

注 释

①训迪：教诲开导。南班子弟：宋仁宗于南郊大祀时赐皇族子弟官爵，谓之“南班”。故以“南班”代指皇族子弟。

②肃揖：恭敬地拱手行礼。

译文

宗学在睦亲坊。本朝宗子分为六宅，每宅各有学校，学校各有训导之官。中兴后，仅有睦亲一宅，始置诸王宫大小学教授，专门训导宗室子弟。嘉定年间，始改宫学为宗学，凡有宗籍者，宗子三年参加一次考试，补入为生员，如太学之法。置教授、博士、宗谕，立讲课人员，隶属宗正寺掌管。宗学立有大成殿、御书阁、明伦堂、立教堂、汲古堂。有六处斋舍，匾额曰“贵仁”“立爱”“大雅”“明贤”“怀德”“升俊”。

武学在太学旁边的前洋街。建有武成殿，祭祀姜太公，曰昭烈武成王，以留侯张良、武侯诸葛亮配飨，历代诸名将从祀。学规依太学例，定期考试补入生员。但教育培养学生的方法并不全备，下属礼部兵部负责，立养士额，置武博、武谕各一员。淳熙、嘉泰年间，主上临幸武学，拜谒武成王，行肃揖礼。武学建有立武堂。有六处斋舍，匾额曰“受成”“贵谋”“辅文”“中吉”“经远”“阅礼”。宗学和武学，都有学费、膳供、舍选、释褐，一切都如太学之例。

原文

杭州府学，在凌家桥西。士夫嫌其湫隘[①]，故帅臣累增辟规模，广其斋舍，总为十斋，匾曰“进德”“兴能”“登俊”“宾贤”“持正”“崇礼”“致道”“尚志”“率性”“养心”。又有小学斋舍，在登俊后。以东西二教掌其教训之职。次有前廊、录正等生员。各斋有长谕。月书季考，供膳亦厚，学廪不下数千，出纳、学正领其职。

仁和、钱塘二县学，在县左，建庙学养士。仁和学有斋舍四，匾曰“教文”“教行”“教忠”“教信”。钱塘学有斋舍六，曰“友善”“辨志”“教行”“教信”“教文”“教忠”。诸县学亦如之。各县有学官，次有学职。生员日供饮膳，月修课考，悉如州学。州学廪，各县学不下数百，以为养士之供。

医学，在通江桥北，又名太医局，建殿匾曰“神应”，奉医师神应王[②]，以岐伯[③]善济公配祀。讲堂匾曰“正纪”。朝家以御诊长听充判局职。本学以医官充教授四员，领斋生二百五十人。月季教课，出入冠带，如上学[④]礼。学廪饮膳，丰厚不苟，大约视学校规式严肃。局有斋舍者八，匾曰“守一”“全冲”“精微”“立本”“慈用”“致用”“深明”“稽疾”。

注　释

①湫隘：低下狭小。

②医师神应王：指先秦时期名医扁鹊，本名秦缓，字越人，因医术高超，时人以上古黄帝时神医扁鹊之名称之。

③岐伯：上古时期医学家，被尊为“华夏中医始祖”。

④上学：指上文所述太学、宗学、武学等学校。

译　文

杭州府学在凌家桥西。士大夫嫌它低矮狭小，所以临安知府多次拓展其规模，增建斋舍，一共有十斋，匾额曰“进德”“兴能”“登俊”“宾贤”“持正”“崇礼”“致道”“尚志”“率性”“养心”。又有小学斋舍，在登俊斋后。以东西二教谕职掌教育训导之职。其次有前廊、录正等生员。各斋都设长谕。每月每季都有考核，管家供膳也很丰厚，学费不下数千，由出纳、学正职掌其事。

仁和、钱塘二县学，在县治左面建庙学养士。仁和县学有四处斋舍，匾额曰“教文”“教行”“教忠”“教信”。钱塘县学有六处斋舍，匾额曰“友善”“辨志”“教行”“教信”“教文”“教忠”。诸县学也是如此。各县设有学官，其次有学职。每日供给生员饮膳，每月进行考核，都和府学一样。各县学的学费不下数百，作为培养士人的资奉。

医学在通江桥北，又叫太医局，建殿，匾额曰“神应”，供奉医师神应王，以岐伯善济公配祀。讲堂匾额曰“正纪”。朝廷以御诊长担任局职。本学以四员医官充教授，领斋生250人。月季教课，出入须着冠带，如上学之礼。学费饮膳，丰厚不薄，大致如学校一般，规矩十分严格。太医局有八处斋舍，匾额曰“守一”“全冲”“精微”“立本”“慈用”“致用”“深明”“稽疾”。

贡　院

原　文

礼部贡院，在观桥西。中兴纪年，诸郡贡生，类试[1]于各路转运所在州府就试。绍兴十年，诸州依条发解，将省殿试展一年，向后科场，自十二年省试为准。至十四年，诸州发解[2]如故，三年一次，降诏自是为定制。贡院置大中门，大门里置弥封誊录所及诸司官，中门内两廊各千余间廊屋，为士子试处。厅之两厢，列进士题名石刻，堂上列省试赐知贡举御札，及殿试赐详定官御札，并闻喜宴赐进士御诗石刻。别试院在大理寺之西，专以待贡士之避亲嫌者。本州贡院，在钱塘门外王家桥，以待本州九县士人发解之处。两浙漕司贡院，在北关门外沈家桥，以待两浙路寓士及有官人、宗女夫等发解之处。

注 释

①类试：当指非常时期举行的一种类似于省试的考试。

②发解：唐宋时，应贡举合格者，谓之“选人”，由所在州郡发遣解送至经常参与礼部省试，称“发解”。

译 文

礼部贡院在观桥西。中兴初年，诸郡的贡生于各路转运所在州府参加类试。绍兴十年，诸州依照条文发解，省试、殿试延迟一年，此后的科举，以绍兴十二年省试为准。至十四年，诸州像旧日一样发解，三年一次，朝廷降下诏书，自此为定制。贡院置大门和中门，大门里置弥封所、誊录所以及诸司官，中门内两廊各有千余间廊屋，为士子考试之处。厅的两厢，列进士题名石刻，堂上列省试时朝廷赐给知贡举的御札，以及殿试时赐给详定官的御札，还有闻喜宴时赐给进士的御诗石刻。别试院在大理寺西面，专门供避亲嫌的贡士在此考试。本州贡院在钱塘门外王家桥，是本州九县士人发解之处。两浙漕司贡院在北关门外沈家桥，是寓居两浙路的士人，以及有官人、宗女之夫等发解之处。

城内外诸宫观

原 文

释老之教遍天下，而杭郡为甚。然二教之中，莫盛于释，故老氏之庐，十不及一。但老氏之教，有君臣之分，尊严难犯，报应甚捷，故奉老氏者，倍加恭敬，不敢亵渎，此释氏之所不如也。且在城宫观，则以太乙、万寿为首，余杭洞霄次之。其他外郡，如醴泉、佑神、集禧、崇禧等观又次焉。此朝廷以待老宰臣执政闲居，侍从卿监除提举主事之职，优宠也。

今摭宫观在杭者，除御前十宫观外，编次于后。天庆观，在天庆坊，以奉圣祖保生天尊大帝[①]香火。郡家官僚，朔望到任，俱朝谒于此。报恩观，在观桥南报恩坊。元贞观，在贡院西巷。旌忠观，在丰乐桥东北，以奉凤翔府和尚原三圣庙香火。中兴观，即伍相公庙后，天明、承天即梓潼庙、天庆、灵应、至德、崇应六宫观[②]，俱在吴山之左右。鹤林观，在俞家园。景隆观，在新门外水府。净鉴观，在清水闸。玉虚观，奉三官。表忠观，奉钱王五庙香灯，在龙山左右。贞武观，在太和寺后。玉清宫，在葛岭下。旌德观，在苏堤先贤堂后。云涛、上清两宫观，俱在雷峰塔寺之右。冲虚观，在履泰乡。太清观，在龙井山。景星观，在临平岳祠之侧。顺济宫，在汤镇岳宫之左右。外有在城及附郭女冠宫观者九：曰福田、新兴、明真、神仙、承天、西靖、灵耀、长清等宫[③]。

注释

①圣祖保生天尊大帝：即财神赵公明，宋朝建立之后，追封赵公明为圣祖皇帝。

②六宫观：文中所指不清，据《咸淳临安志》，在吴山六宫观为中兴观、天明宫、承天灵应观、至德观、清源崇应观。

③女冠：指女道士。唐代女道士皆戴黄冠，因俗女子本无冠，唯女道士有冠，故名。据《咸淳临安志》，九处女冠宫观为新兴宫、福田宫、明真宫、神仙宫、承天宫、西靖宫、天清宫、灵耀宫、常清宫。

译文

佛教和道教信徒遍布天下，而杭州最多。但二教之中，佛教更加兴盛，所以道教宫观，不及佛寺十分之一。但道教有君臣之分，尊严难犯，报应甚快，所以信奉道教者，倍加恭敬，不敢亵渎，这是佛教所不如的。在杭州城内的宫观，以太乙宫、万寿观为首，余杭县的洞霄宫次之。其他外郡，如醴泉、佑神、集禧、崇禧等观又次之。这些道观是朝廷供老宰臣执政闲居之所，侍从卿监担任主事之职，以示恩宠。

如今选取除御前十宫观之外的在杭州城内的宫观，并经过编辑整理。天庆观在天庆坊，供奉圣祖保生天尊大帝香火。朝廷官僚，朔望到任，都到这里朝谒。报恩观在观桥南报恩坊。元贞观在贡院西巷。旌忠观在丰乐桥东北，供奉凤翔府和尚原三圣庙香火。中兴观在伍相公庙后，天明宫、承天宫即梓潼庙、天庆观、灵应观、至德观、崇应观六宫观，都在吴山附近。鹤林观在俞家园。景隆观在新门外。水府净鉴观在清水闸。玉虚观供奉天地水三官。表忠观供奉钱王五庙香灯，在龙山附近。贞武观在太和寺后。玉清宫在葛岭下。旌德观在苏堤先贤堂后。云涛、上清两宫观，都在雷峰塔寺右面。冲虚观在履泰乡。太清观在龙井山。景星观在临平岳祠旁边。顺济宫在汤镇岳宫附近。另外还有九处在城及附郭的女冠宫观，为福田宫、新兴宫、明真宫、神仙宫、承天宫、西靖宫、灵耀宫、长清宫等宫。

原文

余外七县，首以余杭大涤洞天，即洞霄宫也。以下宫观，二十有三，如洞霄宫者。按诸志书云："自汉武帝迄唐五代，至宋一千九百余年，元名'天柱'，宋大中祥符年赐观额'洞霄'。"按《真境录》云："宫有五洞交扃[①]，九峰回挹，千岩万谷，秀聚其中，或泉飞彤厦之檐，云锁碧坛之角，祥光神异[②]，兼木返于春枝[③]，抚掌泉灵[④]，更丹藏于翠箬[⑤]。"又有亭馆者七，匾曰"漱玉""超然""税驾""翠蛟""飞玉""宜霜""聚仙""贞挹"是也。自晋宋以来，得道之士，许迈[⑥]而下，凡二十有四人焉。更有神异捣药禽，盖山中异鸟最多，仅有其一，昼隐夜鸣，莫得而见，声音清亮，彻旦不绝，类如杵药之声。曰五色云气，出于洞中。高庙脱屣[⑦]万几，颐神物表，遂于乾道二年，自德寿宫行幸山中，驻跸累日，敕大官进蔬膳，御翰《度人经》以赐。自有天地，即有此山，殊尤之迹胜矣。苏文忠公诗："上帝高居悯世顽，故留琼馆在凡间。青山九锁不易到，作者七人相对闲。庭下流泉翠蛟舞，洞中飞鼠白鸦翻。长松怪石宜霜鬓，不用金丹苦驻颜。"又方干诗："早识吾师频到此，芝童药犬亦相迎。师今一去无消息，花洞石泉空月明。"其余名贤赋咏，不尽详述。

又有道堂者，如西湖崇真道院、灵应希真道堂以下，城内外约有二十余处，皆舍俗三清道友，及接待外路名山洞府往来云水高人，时有神仙应缘现迹，详于志传。

注释

①交扃（jiōng）：此指彼此交互环绕。

②祥光神异：指洞霄宫神异五色云。《咸淳临安志》曰："祥光亭在大涤洞口，钱武肃微时尝卧巨石之上，指洞而言曰：'异时或富贵，当建亭覆此石。'及衣锦回，营饰颇盛，其石今瘗亭下。祥符五年，中使及漕臣州佐邑令偕集于此，忽五色云出洞中，数刻方散，因名亭曰'祥光'。"

③木返于春枝：指洞霄宫神异重荣木。《咸淳临安志》曰："宫外有栎木一本，其大五围，旧传唐咸通二年吴天师种，久之枯悴。大中祥符五年忽尔重荣。"

④抚掌泉灵：指洞霄宫神异地涌泉。《咸淳临安志》曰："抚掌泉在洞霄宫殿阶之西，深可三尺许，清冷可鉴。旧传钱武肃王至宫有双鹤飞舞其上，因抚掌招之，鹤堕而泉涌，故号'抚掌'。或言旧名'涌泉'，漕使陈公尧佐因按察至焉，问羽士此何水，答曰'涌泉'，昔仙人抚掌而泉涌。公于是抚掌，果如其言。"

⑤丹藏于翠箬：指洞霄宫神异无骨箬。《咸淳临安志》曰："峰之下多生绀箬，昔许先生迈语弟子曰：吾有金丹，藏无骨箬下，他日有缘者遇樵者采箬而归，率不见所谓无骨者，及爨则数得之。"

⑥许迈：字叔玄，晋代文人、道士。

⑦脱屣：比喻看得很轻，无所顾恋，犹如脱掉鞋子。此指高宗退位。

译文

其他七县，规模以余杭县的大涤洞天为首，就是洞霄宫。以下还有23个如洞霄宫那样的宫观。根据诸志书记载："自汉武帝至唐五代，再到宋朝共1900余年，原称'天柱'，宋大中祥符年间赐观额曰'洞霄'。"又据《真境录》云："洞霄宫有五洞交扃，九峰回抱，千岩万谷，秀聚其中，泉水飞溅如飞出彤厦之檐，云深雾绕若锁于碧坛之角，祥光神异，木返于春枝，抚掌泉灵，丹藏于翠箬。"又有七处亭馆，匾额曰"漱玉""超然""税驾""翠蛟""飞玉""宜霜""聚仙""贞抱"是也。自晋宋以来，得道之士，许迈以下，共有24人。更有神异捣药禽，山中异鸟最多，如此神异者仅有其一，它白天隐伏，夜间鸣叫，看不到它的身影，叫声清脆嘹亮，彻夜不绝，类似杵药。还有五色云气，从洞中飘出。高宗抛弃世俗，颐神养性，于乾道二年自德寿宫行幸山中，驻跸多日，命大官进蔬膳，并御书《度人经》赐予洞霄宫。自开天辟地以来，就有此山，实在是绝佳胜迹。苏文忠公有诗咏洞霄宫曰："上帝高居悯世顽，故留琼馆在凡间。青山九锁不易到，作者七人相对闲。庭下流泉翠蛟舞，洞中飞鼠白鸦翻。长松怪石宜霜鬓，不用金丹苦驻颜。"又有方干诗曰："早识吾师频到此，芝童药犬亦相迎。师今一去无消息，花洞石泉空月明。"其余名贤所作赋咏，不能一一详细叙述。

又有如西湖崇真道院、灵应希真道堂以下的道堂城内外约有20余处，居住的都是抛弃世俗的三清道友，以及接待外地名山洞府往来云水的高人，不是有神仙应缘现迹，详载于志书传书。

城内外寺院

原　文

明庆寺，在木子巷，凡朝家祈祷，及宰执文武官僚建启圣节道场咸在焉。仙林慈恩普济教寺，在盐桥东。寺有万善大乘戒坛，僧尼受戒法之地。太平兴国传法寺，在佑圣观东。千顷广化院，在木子巷北，系群臣僚佐建启圣节道场及祈祷去处。

城内寺院，如自七宝山开宝仁王寺以下，大小寺院五十有七。倚郭尼寺，自妙净福全慈光地藏寺以下，三十有一。又两赤县大小梵宫，自景德灵隐禅寺、三天竺、演福上下、圆觉、净慈、光孝、报恩禅寺以下，寺院凡三百八十有五。更七县寺院，自余杭县径山能仁禅寺以下，一百八十有五。都城内外庵舍，自保宁庵之次，共一十有三。诸录官下僧庵，及白衣社会①道场奉佛，不可胜纪。或僧行欲建道场殿宇，则持钵游于四方，能事者干缘，不日可以成就，惟道坚志愿无二心耳。

注　释

①白衣社会：当指信奉佛教的民间组织。

译　文

明庆寺在木子巷，凡朝廷祈祷及宰执文武官僚建启圣节道场，都在此寺。仙林慈恩普济教寺，在盐桥东。寺中有万善大乘戒坛，是僧尼受戒法的地方。太平兴国传法寺，在佑圣观东。千顷广化院，在木子巷北，是百官臣僚佐建启圣节道场及祈祷的去处。

城内寺院，如自七宝山开宝仁王寺以下，有大小寺院57处。城内尼寺，自妙净福全慈光地藏寺以下，有31处。两个赤县的大小寺院，自景德灵隐禅寺、上中下三天竺寺、上下演福寺、圆觉寺、净慈寺、光孝寺、报恩禅寺以下，共有寺院385处。其他七县寺院，自余杭县径山能仁禅寺以下，共有寺院185处。都城内外的庵舍，自保宁庵之后，共有10处。诸记录在官府籍册的僧庵，以及奉佛的白衣社会道场，不可胜纪。或有僧人想要欲建道场殿宇，就持钵云游四方，向有能力的人化缘，不日就可以达成目标，只要意志坚定没有二心即可。

僧塔寺塔

原 文

杭城有古僧塔者，如上竺寺有隋朝僧贞观法师东冈塔，竹阁有唐朝鸟窠禅师塔，四圣观御园玛瑙坡高僧塔，放马场栖真院赞宁塔，宝胜寺后山法慧大师塔，龙井寿圣寺辨才和尚塔，塔前有双株海棠。

其寺塔者，如六和慈恩开化寺曰六和塔，荣国寺曰南高峰塔，景德灵隐寺曰北高峰庙塔，崇寿寺曰保叔塔，又显严院寺曰雷峰塔，曰圣果寺塔，定民坊曰佛牙塔，广化寺曰辟支塔，南山延寿法显院曰华严塔，净因寺曰双石塔。大中祥符开元寺广九里，自南渡初，斥西北[①]充军器所、作院及民居，寺元有铁塔石塔者五。又有法华塔，在端拱年僧文定建千顷广化院。有慈化大佛塔，即了性塔。景德、灵隐、净慈、报恩、光孝寺，各有铁塔，乃吴越钱王所造。

街市有塔者，如阁门里杨府前有砖塔，巷名曰塔儿头。龙山儿头岭名白塔岭，岭有石塔存焉。儿门北有军寨门，立双塔，呼为双塔寨。荐桥门外观音寺对有砖塔，年深矣。北关门外二郎庙，庙前亦有砖塔。三桥北杨三郎头巾铺，河岸相对，有砖塔，塔在度子桥南。两浙运司衙桥南光相寺亦有双塔，立于寺前。西湖三潭，立三塔以镇之。余外有僧庵所建塔院及街市砖塔，近年者不赘详。

注 释

①斥西北：指辟出西北之地。

译 文

略。

古今忠烈孝义贤士墓

原　文

夏后氏之墓[1]，见于晚周。女娲坟，考之自唐明皇朝天宝年，至今几四百有余年尚存也。夫陵谷变迁，高深易位，彼何能若是之久哉？盖圣帝明皇，天相神护，以至于斯耳。今摭钱塘、仁和两县之古冢，备录于后。

唐杜牧墓，在南山东南，与佛日山夹境，名杜牧坞是也。吴越文穆忠献王墓，在龙山之南。吴越孝献世子墓，在天竺前山。吴越忠懿妻贤德顺睦妃孙氏墓，在石人岭下。吴越王妃仰氏墓，在龙井山放马场。按表忠观碑刻载，钱氏墓在钱塘者凡二十有六墓焉。吴越太尉开国薛公墓，在灵石山。吴越给事罗隐墓，在钱塘定山乡。和靖先生林处士墓，在孤山。杭守胡则侍郎墓，在龙井广福寺之麓。都尉周邠、待制周邦彦、少师元绛三墓，俱在南荡山。文宪强渊明、襄恪赵密等墓，并在西溪钦贤乡。少宰刘正夫墓，在真珠岭。枢密章楶墓，在宝石山。寺丞陈刚中墓，在龙井岭上沙盆坞。

注　释

①夏后氏之墓：当指夏后皋墓，夏朝君主皋之墓。

译　文

夏后氏之墓，后周时被发现。女娲坟，据考证发现于唐玄宗天宝年间，至今将近四百多年，此坟还存在。山谷变迁，高深易位，这些坟墓怎能如此长久呢？大约是因为圣帝明皇有天神相护，才得以遗存至今日。现在选取钱塘、仁和两县的古墓，备录于后。

……

原　文

恭孝仪王赵仲湜墓，在西湖显明寺。王生时，有紫光照室，视之则肉块，以刃剖开，婴儿在内。靖康时，诸军欲推而立之，仗剑以晓谕诸军曰："自有真王。"其军犹未退，遂自拔剑欲刺，六军方退。约以逾月真王出，众喏[①]，言若真王不出，则王当立矣。王阳许之，而阴实缓其期。未几，高庙即位于应天，王间关[②]而南。上屡嘉叹。王尝自赞其像曰："惟忠惟孝，不污不苟。皓月清风，良朋益友。湛然灵台，确乎不朽。"

浙西提刑龙图周格墓，在独角门步司前军寨。前殿撰周杞墓，在徐、范村之间。忠毅毕再遇墓，在西溪秘阁。朱弁墓，在西湖。丞相李文靖墓，在小隐山。紫芝赵师秀墓，在葛岭。花翁孙季蕃墓，在水仙庙侧。淳固先生宋斌墓，在资国寺之右。忠武岳鄂王墓，在栖霞岭下。

注　释

①喏：通"诺"，应允。

②间关：形容旅途的艰辛，崎岖、辗转。

译　文

恭孝仪王赵仲湜墓，在西湖显明寺。仪王出生时，有紫光照耀室内，其母分娩，一看竟是肉块，用刀剖开，有个婴儿在里面。靖康年间，诸军想要推立仪王为帝，仪王仗剑晓谕诸军说："自有真王。"诸军还不退去，仪王于是拔剑想要刺去，六军才退。诸军约定，一月后有真王出现，众人就拥护，如果真王不出现，就还立仪王。仪王表面答应，其实是延缓时日。不久，高宗在应天即位，仪王跋涉向南投靠。对此事，皇上屡次嘉叹。仪王曾为自己的画像作赞曰："惟忠惟孝，不污不苟。皓月清风，良朋益友。湛然灵台，确乎不朽。"

……

历代古墓

原　文

晋杜子恭墓，在钱塘。唐马三宝墓，在行春桥水竹坞教场内，其墓于绍兴末因增广教场，惟此冢独高大，寨卒欲去之，方举锸[①]间，墓中有黑蜂数百飞出着人，不可向而止。是夕步帅感梦，有一衣黄服之人曰："吾前王之子，葬此已久，祈勿毁。"辞语甚切。次早，有本军申至应梦，遂辍其役。

丁兰母冢，故居在艮山门外三十六里丁桥之右。母死，刻木事之如生，冢在姥山之东。唐孝女墓，在钱塘孝女南乡。故老相传，昔有唐愧娘，年十二三，母病，曾刲腹取肝，和粥以进母。母病愈而愧娘以疮破入风而死，里人葬于此，美其孝，故名曰唐孝女墓，记之。亚父冢，在皋亭山。木娘墓，在艮山门太平乡华林里蔡塘东，昔蔡汝拨之庶母沈氏死，汝拨尚幼，父用火葬，汝拨伤母无松楸之地[②]，尝言之辄泣。自后长成，以木刻母形，以衣衾棺椁择地葬之，仍置田亩，造庵舍，命僧以奉晨香夕灯，乡人遂称为木娘墓。苏小小墓，在西湖上，有"湖堤步游客"之句，此即题苏氏之墓也。

注 释

①锸（chā）：铁锹。

②松楸之地：指坟墓。因墓地多植松树和楸树，故称。

译 文

晋代杜子恭墓，在钱塘县。唐代马三宝墓，在行春桥水竹坞教场内。绍兴末年步军司前军增扩教场，唯独此墓最为高大，所以寨卒想将其铲平，正举锸间，墓中突然飞出数百只黑蜂蜇人，无法再铲，于是停止。这夜步帅做梦，有一个身穿黄衣服的人说："我是前王之子，葬在这里已经很久了，求你不要铲毁。"言辞非常恳切。次日早晨，步帅向朝廷申说此梦，于是停止铲墓。

丁兰母墓，在姥山之东。丁兰故居在艮山门外三十六里丁桥右面，母亲死后，丁兰以木刻母之形，像生前一样侍奉。唐孝女墓，在钱塘县孝女南乡。故老相传，从前有唐愧娘，十二三岁，其母生病，唐愧娘就剖腹取肝，和在粥里进呈给母亲吃。后来母亲痊愈，唐娘却因疮破入风而死，乡里人将她葬于此地，赞美她的孝行，所以叫唐孝女墓，以作纪念。亚父冢在皋亭山。木娘墓在艮山门太平乡华林里蔡塘东。从前，蔡汝拨的庶母沈氏去世，汝拨还年幼，父亲火葬其母，汝拨感伤母亲没有坟墓，曾为之哭泣。长大之后，蔡汝拨用木头刻出母亲形态，并置衣衾棺椁，择地安葬，又置田亩，造庵舍，命僧人早晨烧香，夜晚掌灯，乡人于是称此墓为木娘墓。苏小小墓在西湖上，有"湖堤步游客"句，就题在苏氏墓上。

卷十六

茶肆

原文

汴京熟食店，张挂名画，所以勾引观者，留连食客。今杭城茶肆亦如之，插四时花，挂名人画，装点店面。四时卖奇茶异汤，冬月添卖七宝擂茶①、馓子、葱茶，或卖盐豉汤，暑天添卖雪泡梅花酒，或缩脾饮②、暑药之属。向绍兴年间，卖梅花酒之肆，以鼓乐吹《梅花引》曲破卖之。用银盂杓盏子，亦如酒肆论一角二角③。今之茶肆，列花架，安顿奇松异桧等物于其上，装饰店面，敲打响盏歌卖，止用瓷盏、漆托供卖，则无银盂物也。夜市于大街有车担设浮铺，点茶汤以便游观之人。

大凡茶楼多有富室子弟、诸司下直④等人会聚，习学乐器、上教曲赚之类，谓之“挂牌儿”。人情茶肆，本非以点茶汤为业，但将此为由，多觅茶金耳。又有茶肆专是五奴⑤打聚处，亦有诸行借工卖伎人会聚行老⑥，谓之“市头”。大街有三五家开茶肆，楼上专安着妓女，名曰“花茶坊”，如市西坊南潘节干、俞七郎茶坊，保佑坊北朱骷髅茶坊，太平坊郭四郎茶坊，太平坊北首张七相干茶坊，盖此五处多有吵闹，非君子驻足之地也。更有张卖面店隔壁黄尖嘴蹴球茶坊，又中瓦内王妈妈家茶肆，名一窟鬼茶坊，大街车儿茶肆、蒋检阅茶肆，皆士大夫期朋约友会聚之处。巷陌街坊，自有提茶瓶沿门点茶，或朔望日，如遇吉凶二事，点送邻里茶水，倩其往来传语。又有一等街司衙兵百司人，以茶水点送门面铺席，乞觅钱物，谓之“龊茶”。僧道头陀欲行题注，先以茶水沿门点送，以为进身之阶。

注释

①擂茶：一种将茶叶、芝麻、花生等原料放进擂钵里研磨后冲开水喝的养生茶饮。

②缩脾饮：一种主治清暑气，除烦渴，止吐泻霍乱，及暑月酒食所伤等症状的药饮。

③角：古代量器，酒的计量单位。

④下直：指当值结束，下班。

⑤五奴：宋元时对妓院龟奴的称呼，又叫“娼妓弟兄”。

⑥行老：指各行的头儿，兼为人介绍职业。

译　文

汴京的熟食店，张挂名画，来招引观者，留住食客。如今杭州的茶肆也是如此，插四时花，挂名人画，以装点店面。四季售卖奇茶异汤，冬月添卖七宝擂茶、馓子、葱茶，或卖盐豉汤，暑天添卖雪泡梅花酒，或缩脾饮、暑药之类。过去绍兴年间，卖梅花酒的茶肆里，以鼓乐吹《梅花引》曲来促销。使用银盂、杓子、盏子，也像酒肆卖酒一样论角卖茶汤。如今的茶肆，陈列花架，安放奇松异桧等物于架上，装饰店面，敲打响盏唱着歌叫卖，只用瓷盏、漆托供卖，已无银盂了。夜市大街上，有车担设浮铺，点茶汤以便游观之人饮用。

大凡茶楼多有富家子弟、诸司下直等人在此会聚，习学乐器，或教练歌唱之类，叫作“挂牌儿”。茶肆中讲的是人情，本来就不是以点茶汤为业，只是以此为由，多赚茶钱。还有一种茶肆专是娼妓弟兄聚会之处，也有茶肆专是各行借工卖伎人会聚行业头领之处，叫作“市头”。大街上有三五家茶肆，楼上专安着妓女，叫作“花茶坊”，如市西坊南潘节干、俞七郎茶坊，保佑坊北朱骷髅茶坊，太平坊郭四郎茶坊，太平坊北首张七相干茶坊，这五个地方最为吵闹，不是君子驻足之地。更有张卖面店隔壁的黄尖嘴蹴球茶坊，又有中瓦内王妈妈家茶肆，叫作一窟鬼茶坊，大街车儿茶肆、蒋检阅茶肆，都是士大夫期朋约友会聚之处。巷陌街坊中，有提着茶瓶沿门点茶的，或朔日望日，如遇吉凶二事，点送邻里茶水，请其往来传话。还有一种是街道司的衙兵，以茶水点送门面铺席，讨要钱物，叫作“龊茶”。僧道头陀想要进见，则先以茶水沿门点送，作为进身之阶。

酒　肆

原　文

中瓦子前武林园，向是三元楼，康、沈家在此开沽，店门首彩画欢门[①]，设红绿杈子，绯绿帘幕，贴金红纱栀子灯，装饰厅院廊庑，花木森茂，酒座潇洒。但此店入其门，一直主廊，约一二十步，分南北两廊，皆济楚阁儿[②]，稳便坐席。向晚灯烛荧煌，上下相照，浓妆妓女数十，聚于主廊槏面[③]上，以待酒客呼唤，望之宛如神仙。

次有南瓦子熙春楼王厨开沽，新街巷口花月楼施厨开沽，融和坊嘉庆楼、聚景楼俱康、沈脚店[④]，金波桥风月楼严厨开沽，灵椒巷口赏新楼沈厨开沽，坝头西市坊双凤楼施厨开沽，下瓦子前日新楼郑厨开沽，俱有妓女，以待风流才子买笑追欢耳。如酒肆门首，排设杈子及栀子灯等，盖因五代时郭高祖游幸汴京，茶楼酒肆俱如此装饰，故至今店家仿效成俗也。

大抵酒肆除官库、子库、脚店之外，其余谓之“拍户”，兼卖诸般下酒，食次随意索唤。酒家亦自有食牌，从便点供。更有包子酒店，专卖灌浆馒头、薄皮春茧包子、虾肉包子、鱼兜杂合粉、灌煎大骨之类。又有肥羊酒店，如丰豫门归家、省马院前莫家、后市街口施家、马婆巷双羊店等铺，零卖软羊、大骨龟背、烂蒸大片、羊杂焐[⑤]四软、羊撺四件。有一等直卖店，不卖食次下酒，谓之“角球店”，零沽散卖，或百单四、七十七、五十二、三十八者是也。又有挂草葫芦、银马杓、银大碗，亦有挂银裹直卖牌，多是竹栅布幕，谓之“打碗头”，只三二碗便行。更有酒店兼卖血脏、豆腐羹、熬螺蛳、煎豆腐、蛤蜊肉之属，乃小辈去处。若酒力高美者，牌额卖过山之名[⑥]，其言一山、二山、三山之类是也。

大凡入店不可轻易登楼，恐饮宴短浅。如买酒不多，只坐楼下散坐，谓之“门床马道”。初坐定，酒家人先下看菜[⑦]，问酒多寡，然后别换好菜蔬。有一等外郡士夫，未曾谙识者，便下箸吃，被酒家人哂笑。然店肆饮酒，在人出著，且如下酒品件，其钱数不多，谓之分茶、小分下酒。或命妓者，被此辈索唤珍品、下细食次，使其高抬价数，惟经惯者不堕其计。曩者东京杨楼、白矾、八仙楼等处酒楼，盛于今日，其富贵又可知矣。且杭都如康、沈、施厨等酒楼店，及荐桥丰禾坊王家酒店、暗门外郑厨分茶酒肆，俱用全桌银器皿沽卖。更有碗头店一二处，亦有银台碗沽卖，于他郡却无之。

注　释

①欢门：两宋时期酒肆、食肆常用的店面装饰。

②济楚阁儿：类似于今天的包厢。

③槏面：即走廊两侧靠墙的显著位置。槏（qián）：窗户两边的柱子。

④脚店：小零卖的酒店。

⑤焐：用微火煮。

⑥牌额卖过山之名：《都城纪胜·酒肆》："酒阁名为厅院，若楼上则又或名为山，一山、二山、三山之类。牌额写过山，非特有山，谓酒力高远也。"

⑦看菜：指仅供陈设的菜肴。

译文

中瓦子前武林园，原先是三元楼，康、沈家在此开店卖酒，店门首是彩饰的欢门，设红绿杈子，垂绯绿帘幕，挂贴金红纱栀子灯，装饰厅院廊庑，花木森然茂密，酒座宽敞幽雅。进入此店大门，是一条直直的主廊，约一二十步处，分南北两廊，都是济楚阁儿，稳便坐席。到了晚上，灯火辉煌，上下照耀，有数十个浓妆艳抹的妓女，聚集在主廊的廊檐下，等待酒客的呼唤，远远望去，就好像仙女。其次有南瓦子熙春楼王厨卖酒，新街巷口花月楼施厨卖酒，融和坊嘉庆楼、聚景楼都是康、沈家的脚店，金波桥风月楼严厨卖酒，灵椒巷口赏新楼沈厨卖酒，坝头西市坊双凤楼施厨卖酒，下瓦子前日新楼郑厨卖酒，酒店里都有妓女，以待风流才子买笑追欢。凡酒肆门首，都排设杈子及栀子灯等，因五代时后周高祖郭威曾游幸汴京，当时的茶楼酒肆都是如此装饰，所以至今店家仿效成俗。

大抵酒肆除了官库、子库、脚店之外，其余的叫作"拍户"，兼卖各种下酒菜，饭食凭客人随意索唤。酒家也备有菜单，方便客人点菜。还有包子酒店，专卖灌浆馒头、薄皮春茧包子、虾肉包子、鱼兜杂合粉、灌煎大骨之类。又有肥羊酒店，如丰豫门归家、省马院前莫家、后市街口施家、马婆巷双羊店等铺，零卖软羊、大骨龟背、烂蒸大片、羊杂熓四软、羊撺四件。有一种直卖店，不卖饭食和下酒菜，叫作"角球店"，只是零散卖酒，价格在104、77、52、38不等。又有挂草葫芦、银马杓、银大碗卖酒的，也有挂银裹直卖牌卖酒的，多是竹栅布幕，叫作"打碗头"，只三二碗便行。更有酒店兼卖血脏、豆腐羹、熬螺蛳、煎豆腐、蛤蜊肉之类，乃是年轻人常去的地方。像那些酒力高美之人，则往楼上牌额为过山的酒阁卖酒，如一山、二山、三山之类。

大凡进入酒店，不可轻易登楼，担心饮宴消费太少，被人笑话。如买酒不多，则只在楼下散坐，称之为"门床马道"。刚坐定，酒家人先端上看菜，询问买酒多少，然后再换别的菜蔬。有些外郡士大夫，未曾见过看菜，就动筷子来吃，被酒家人嘲笑。然而在酒肆饮酒，在于人出手如何，像下酒的小菜，其价格不高，叫作分茶、小分下酒。有些唤妓女作陪的，被这些妓女索唤珍品、细食，高抬价格，唯有有经验的人才不会落入她们的圈套。过去汴京的杨楼、白矾楼、八仙楼等酒楼，盛于今日，其富贵又可想而知了。杭州如康、沈、施厨等酒楼店，以及荐桥丰禾坊王家酒店、暗门外郑厨分茶酒肆，卖酒时都用全桌的银器皿。还有一二处碗头店，也用银台碗卖酒，这是外郡所没有的。

分茶酒店

原　文

凡分茶酒肆，卖下酒食品，厨子谓之“量酒博士、师公”，店中小儿，谓之“大伯”。更有百姓入酒肆，见富家子弟等人饮酒，近前唱喏[1]，小心供过，使人买物命妓，谓之“闲汉”。又有向前换汤斟酒，歌唱献果，烧香香药，谓之“厮波”。有一等下贱妓女，不呼自来，筵前袛应，临时以些少钱会赠之，名“打酒座”，亦名“礼客”。有卖食药、香药、果子等物，不问要与不要，散与坐客，名之“撒暂”。如此等类，处处有之。杭城食店，多是效学京师[2]人，开张亦效御厨体式，贵官家品件。凡点索茶食，大要及时，如欲速饱，先重后轻。

注　释

①唱喏：古代的一种交际礼俗。指男子作揖，并口道颂词。宋代已流行。用于下属对上级、晚辈对长辈。

②京师：此处指北宋首都开封。

译　文

凡是分茶酒肆，卖下酒菜肴，厨子叫作“量酒博士、师公”，店里跑腿的小儿，叫作“大伯”。更有百姓进入酒肆，看见富家子弟等人饮酒，就到跟前唱喏，小心侍候，给他们买东西、招妓女，叫作“闲汉”。又有主动上前为客人换汤斟酒，歌唱小曲，献上果子、香药之类，叫作“厮波”。还有一种下贱妓女，不经招唤就自己前来，在酒席前服侍，酒客临时给她少许钱会，叫作“打酒座”，也叫“作礼客”。也有卖食药、香药、果子等物的，不管酒客买与不买，直接散给座中酒客，叫作“撒暂”。像这些人，到处都有。杭州的食店，多是效仿京师，开张也效仿御厨体式，贵族官家的品件。凡点索茶食，关键要及时，如果想快点吃饱，就先点大菜，再点小菜。

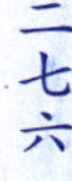

原　文

兼之食次名件甚多，姑以述于后：曰百味羹、锦丝头羹、十色头羹、间细头羹、海鲜头食、酥没辣、象眼头食、莲子头羹、百味韵羹、杂彩羹、枕叶头羹、五软羹、四软羹、三软羹、集脆羹、三脆羹、双脆羹、群鲜羹、落索儿、焙腰子、盐酒腰子、脂蒸腰子、酿腰子、荔枝焙腰子、腰子假炒肺、鸡丝签、鸡元鱼、鸡脆丝、笋鸡鹅、柰香新法鸡、酒蒸鸡、炒鸡蕈、五味焙鸡、鹅粉签、鸡夺真、五味杏酪鹅、绣吹鹅、间笋蒸鹅、鹅排吹羊大骨、蒸软羊、鼎煮羊、羊四软、酒蒸羊、绣吹羊、五味杏酪羊、千里羊、羊鸡炼、羊头元鱼、羊蹄笋、细抹羊生脍、改汁羊撺粉、细点羊头、三色肚丝羹、银丝肚、肚丝签、双丝签、荤素签、大片羊粉、大官粉、三色团圆粉、转官粉、三鲜粉、二色水龙粉、鲜虾粉、肫掌粉、梅血细粉、铺姜粉、杂合粉、珍珠粉、七宝科头粉、撺香螺、酒烧香螺、香螺脍、江瑶[①]清羹、酒烧江瑶、生丝江瑶、撺望潮青虾、蟑蚷[②]、酒炙青虾、酒法青虾、青虾辣羹、酒掇蛎、生烧酒蛎、姜酒决明、五羹决明、三陈羹决明、签决明、四鲜羹、赤鱼分明、姜燥子[③]赤鱼、鱼鳔二色脍、海鲜脍、鲈鱼脍、鲤鱼脍、鲫鱼脍、群鲜脍、燥子沙鱼丝儿、清供沙鱼拂儿、清汁鳗鳔、假团圆燥子、衬肠血筒燥子、麻菇丝笋燥子、潭笋、酿笋、抹肉笋签、酥骨鱼、酿鱼、两熟鲫鱼、酒蒸石首、白鱼、鲥鱼、酒吹鯚鱼、春鱼、油炸春鱼、魴鱼、石首、油炸鲑鯯[④]、油炸假河鲀、石首玉叶羹、石首桐皮、石首鲤鱼、炒鳝、石首鳝生、石首鲤鱼兜子、银鱼炒鳝、撺鲈鱼清羹、鲑鯯假清羹、虾鱼肚儿羹、鲑鯯满盒鳅、江鱼假蝛、酒法白虾、紫苏虾、水荷虾儿、虾包儿、虾玉辣鳝羹、虾蒸假奶、查虾鱼、水龙虾鱼、虾元子、麻饮鸡虾粉、芥辣虾、蹄脍、麻饮小鸡、头汁小鸡、小鸡元鱼羹、小鸡二色莲子羹、小鸡假花红清羹、撺小鸡、拂儿笋、燠小鸡、五味炙小鸡、小鸡假炙鸭、红熬小鸡、脯小鸡、五色假料头肚尖、假炙江瑶肚尖、炸肚山药、鹌子、鸠子、笋焙鹌子、假熬七鸭、清撺鹌子、红熬鸠子、八糙鹌子、蜜炙鹌子、鸠子、黄雀、酿黄雀、煎黄雀、辣熝七野味、清供野味、野味假炙、野味鸭盘兔糊、熬七野味、清撺鹿肉、黄羊、獐肉、炙犯儿、赤蟹、假炙鲞枨、醋赤蟹、白蟹、辣羹、蝤蛑[5]签、蝤蛑辣羹、溪蟹、柰香盒蟹、辣羹蟹、签糊齑蟹、枨醋洗手蟹、枨酿蟹、五味酒酱蟹、酒泼蟹、生蚶子、炸肚燥子蚶、枨醋蚶、五辣醋蚶子、蚶子明芽肚、蚶子脍、酒烧蚶子、蚶子辣羹、酒炰鲜蛤、蛤蜊淡菜、淡菜脍、改汁辣淡菜、米脯鲜蛤、米脯淡菜、米脯风鳗、米脯羊、米脯鸠子、鲜蛤、假熬蛤蜊肉、荤素水龙白鱼、水龙江鱼、水龙肉、水龙腰子、假淳菜腰子、假炒肺羊熬、下饭假牛冻、假驴事件、冻蛤蝤、冻鸡、冻三鲜、冻石首、白鱼、冻魠鯽、假蛤蜊、三色水晶丝、五辣醋羊、生脍十色事件、冻三色炙、润鲜粥、蜜烧膂肉炙、䎬儿江鱼炙、润熬獐肉炙、润江鱼咸豉、十色咸豉、下饭膂肉、假熬七鸭、下饭二色炙、润骨头等食品。更有供未尽名件，随时索唤，应手供造品尝，不致阙典。

注　释

①江瑶：软体动物，肉质鲜美，壳可作装饰。
②蟑蚷（jù）：虫名，即商蚷，又称"马蚿""马陆"。
③燥子：即臊子，细切的肉。亦指烹调好的加在别的食物中的肉末或肉丁。
④魠鯽：即杜父鱼，又叫"大头鱼"。
⑤蝤蛑（yóu móu）：即梭子蟹。

译　文

略。

原　文

又有托盘担架至酒肆中，歌叫买卖者，如炙鸡、八焙鸡、红熬鸡、脯鸡熬鸭、八糙鹅鸭、白炸春鹅、炙鹅、糟羊蹄、糟蟹、熝肉蹄子、糟鹅事件、熬肝事件、酒香螺、海腊、糟脆筋、千里羊、诸色姜豉、波丝姜豉、姜虾、海蛰鲊、膘皮炸子、獐䎬、鹿脯、影戏算条、红羊䎬、槌脯线条、界方条儿、三和花桃骨、鲜鹅鲊、大鱼鲊、鲜鳇鲊、寸金鲊、筋子鲊、鱼头酱等。鲦鱼、虾茸、鳗丝、地青丝、野味腊、白鱼干、金鱼干、梅鱼干、鲚鱼干、银鱼干、鳑鱼干、银鱼脯、紫鱼螟脯丝等脯腊从食。荤素点心包儿、旋炙䎬儿、灌熬七鸡粉羹、科头撺鱼肉、细粉小素羹、灌肺羊、血糊齑、海蛰、螺头、辣菜饼、熟肉饼、鲜虾肉团饼、羊脂韭饼。

四时果子：圆柑、乳柑、福柑、甘蔗、土瓜、地栗、麝香甘蔗、沉香藕、花红[①]、金银水蜜桃、紫李、水晶李、莲子、椁桃、新胡桃、新银杏、紫杨梅、银瓜、福李、台柑、洞庭橘、蜜橘、匾橘、衢橘、金橘、橄榄、红柿、方顶柿、火珠柿、绿柿、巧柿、樱桃、豆角、青梅、黄梅、枇杷、金杏。此果未遇时，则有歌卖。更有干果子，如锦荔、木弹、京枣、枣圈、香莲、串桃、条梨、旋胜番糖、糖霜、番椁桃、松子、巴榄子、人面子、嘉庆子[②]。诸色韵果，十色蜜煎蚫螺、诸般糖煎细酸、四时像生儿时果、春兰、秋菊、石榴子儿、马院醍醐乳酪、韵果、蜜姜豉、皂儿膏、轻饧、玛瑙饧、十色糖、麝香豆沙团子。又有陈州果儿、密云柿、糖丝梅、山塘、乌李、反旋果、莴苣、生菜、笋姜、油多糟琼芝、四色辣菜、四时细色菜蔬、糟藏。秋天有炒栗子、新银杏、香药、木瓜、枨子[③]等类。更有柗床卖熟羊、炙鳅、炙鳗、炙鱼、粉鳅等物。

诸店肆俱有厅院廊庑，排列小小稳便阁儿，吊窗之外，花竹掩映，垂帘下幕，随意命妓歌唱，虽饮宴至达旦，亦无厌怠也。

注　释

①花红：又称“沙果”“林檎”，果实似苹果。

②锦荔：果实似荔枝而稍大。木弹：即龙眼。人面子：果核似人面，故名，味甘酸。嘉庆子：即李子。

③枨（chéng）子：即橙子。

译　文

略。

面食店

原　文

向者汴京开南食面店，川饭分茶，以备江南往来士夫，谓其不便北食故耳。南渡以来，几二百余年，则水土既惯，饮食混淆，无南北之分矣。

大凡面食店，亦谓之“分茶店”。若曰分茶，则有四软羹、石髓羹、杂彩羹、软羊焙腰子、盐酒腰子、双脆、石肚羹、猪羊大骨、杂辣羹、诸色鱼羹、大小鸡羹、撺肉粉羹、三鲜大熬七骨头羹。饭更有面食名件：猪羊盦[①]生面、丝鸡面、三鲜面、鱼桐皮面、盐煎面、笋泼肉面、炒鸡面、大熬面、子料浇虾臊面、熬汁米子诸色造羹、糊羹、三鲜棋子[②]、虾臊棋子、虾鱼棋子、丝鸡棋子、七宝棋子、抹肉、银丝冷淘[③]、笋燥齑淘、丝鸡淘、耍鱼面。又有下饭，则有焙鸡、生熟烧、对烧、烧肉、煎小鸡、煎鹅事件、煎衬肝肠、肉煎鱼、煎梅鱼、鲊鲫杂焰、豉汁鸡、焙鸡、大熬爊鱼等下饭。

注　释

①盦（ān）：古代盛食物的器皿。一说指覆盖。

②棋子：状如棋子的食品。

③冷淘：凉面、凉粉之类食品。

译　文

过去汴京开南食面店，有川饭店和分茶店，以供往来的江南士大夫，因他们吃不惯北方的食物。南渡以来，已近两百多年，士民水土已惯，饮食混淆，不再有南北之分。

……

原　文

更有专卖诸色羹汤、川饭，并诸煎肉鱼下饭。且言食店门首及仪式：其门首，以枋木及花样沓结，缚如山棚[①]，上挂半边猪羊，一带近里门面窗牖，皆朱绿五彩装饰，谓之“欢门”。每店各有厅院，东西廊庑，称呼坐次。客至坐定，则一过卖[②]执箸遍问坐客。杭人侈甚，百端呼索取复，或热，或冷，或温，或绝冷，精浇熬烧，呼客随意索唤。各桌或三样，皆不同名。行菜[③]得之走迎厨局前，从头唱念，报与当局者，谓之“铛头”，又曰“着案”。讫行菜，行菜诣灶头托盘前去，从头散下，尽合诸客呼索，指挥不致错误。或有差错，坐客白之店主，必致叱骂罚工，甚至逐之。

有店舍专卖饦饦[④]面，如爊七大饦饦、大燥子、料浇虾、臊丝鸡、三鲜等饦饦，并卖馄饨。亦有专卖菜面、熟齑笋肉淘面，此不堪尊重，非君子待客之处也。又有专卖素食分茶，不误斋戒，如头羹、双峰、三峰、四峰、到底签、蒸果子、鳖蒸羊、大段果子、鱼油炸、鱼茧儿、三鲜、夺真鸡、元鱼、元羊蹄、梅鱼、两熟鱼炸油河鲀、大片腰子、鼎煮羊麸、乳水龙麸、笋辣羹、杂辣羹、白鱼辣羹饭。又下饭如五味熬麸、糟酱、烧麸、假炙鸭、干签杂鸠、假羊事件、假驴事件、假煎白肠、葱焙油炸、骨头米脯、大片羊、红熬大件肉、煎假乌鱼等。下饭素面如大片铺羊面、三鲜面、炒鳝面、卷鱼面、笋泼面笋辣面、乳齑淘、笋齑淘、笋菜淘面、七宝棋子、百花棋子等面，皆精细乳麸笋粉素食。

又有专卖家常饭食，如撺肉羹、骨头羹、蹄子清羹、鱼辣羹、鸡羹、耍鱼辣羹、猪大骨清羹、杂合羹、南北羹，兼卖蝴蝶面，煎肉、大熬虾臊等蝴蝶面。及有煎肉、煎肝、冻鱼、冻鲞、冻肉、煎鸭子、煎鲚鱼、醋鲞等下饭。更有专卖血脏面、齑肉菜面、笋淘面、素骨头面、麸笋素羹饭。又有卖菜羹饭店，兼卖煎豆腐、煎鱼、煎鲞、烧菜、煎茄子，此等店肆乃下等人求食粗饱，往而市之矣。

注 释

①山棚：为庆祝节日而搭建的彩棚。

②过卖：古时民间对酒馆、饭馆中服务人员的称呼。亦称“跑堂”“堂倌”。

③行菜：端送菜肴。

④饦饳：一种面食，似面疙瘩。

译 文

更有专卖各种羹汤、川饭的食店，兼卖各种煎肉鱼下饭。且说说食店的门首及仪式：其门首用枋木及各种花样图案扎结，绑成彩棚，上面挂着半边猪羊，靠近门面的一边窗户，都用朱绿等五色彩帛装饰，叫作“欢门”。每一家店各有厅堂庭院、东西廊庑，招呼并安排客人的座位。客人到后落座，则有一个伙计手拿筷子，一一询问客人要吃些什么。杭州人非常奢侈，对各种菜肴尽情地点要，有的要热菜，有的要冷菜，有的要加热的菜，有的要整桌的菜，有的要冷冻的菜，各种精浇熬烧的食品，由客人随意索唤。各桌或三样菜，都不同名。传菜的小厮得到菜单，就走到厨房前，把菜单上菜名从头唱念一遍，报给厨房里的厨师，烹饪的厨师叫作“铛头”，又叫作“着案”。报完之后，传菜的小厮又往灶头将做好的菜肴用托盘盛装，按次序分送给客人，必须和每个人点要的菜肴都相符，绝不容许出一点差错。

一旦出现差错，客人告诉店主，店主必定责骂，或罚工钱，严重的会将小厮辞退。

……

荤素从食店诸色点心事件附

原 文

市食点心，四时皆有，任便索唤，不误主顾。且如蒸作面行，卖四色馒头、细馅大包子，卖米薄皮春茧、生馅馒头、馅子、笑靥儿、金银炙焦牡丹饼、杂色煎花馒头、枣箍荷叶饼、芙蓉饼、菊花饼、月饼、梅花饼、开炉饼、寿带龟仙桃、子母春茧、子母龟、子母仙桃、圆欢喜、骆驼蹄、糖蜜果食、果食将军、肉果食、重阳糕、肉丝糕、水晶包儿、笋肉包儿、虾鱼包儿、江鱼包儿、蟹肉包儿、鹅鸭包儿、鹅眉夹儿、十色小从食、细馅夹儿、笋肉夹儿、油炸夹儿、金铤夹儿、江鱼夹儿、甘露饼、肉油饼、菊花饼、糖肉馒头、羊肉馒头、太学馒头、笋肉馒头、鱼肉馒头、蟹肉馒头、肉酸馅、千层儿、炊饼、鹅弹[①]。

更有专卖素点心从食店，如丰糖糕、乳糕、栗糕、镜面糕、重阳糕、枣糕、乳饼、麸笋丝、假肉馒头、笋丝馒头、裹蒸馒头、菠菜果子馒头、七宝酸馅、姜糖辣馅、糖馅馒头、活糖沙馅诸色春茧、仙桃龟儿、包子、点子、诸色油煠素夹儿、油酥饼儿、笋丝麸儿、果子、韵果、七宝包儿等点心。更有馒头店兼卖江鱼兜子、杂合细粉、灌软烂大骨料头、七宝料头。

又有粉食店，专卖山药元子、真珠元子、金橘水团、澄粉水团、乳糖槌拍、花糕、糖蜜糕、裹蒸粽子、栗粽、金铤裹蒸、茭粽、糖蜜韵果、巧粽、豆团、麻团、糍团及四时糖食点心。及沿街巷陌盘卖点心：馒头、炊饼及糖蜜酥皮烧饼、夹子、薄脆、油炸从食、诸般糖食油炸、虾鱼划子、常熟糍糕、馉饳瓦铃儿、春饼、芥饼、元子、汤团、水团、蒸糍、栗粽、裹蒸、米食等点心。及沿门歌叫熟食：熬肉、炙鸭、熬鹅、熟羊、鸡鸭等类，及羊血、灌肺、撺粉、科头，应干市食，就门供卖，可以应仓卒之需。

注 释

①莱菔（lái fú）：即萝卜。馅（yè）子：糕饼。

译 文

略。

米 铺

原 文

杭州人烟稠密，城内外不下数十万户，百十万口，每日街市食米，除府第、官舍、宅舍、富室，及诸司有该俸人外，细民所食，每日城内外不下一二千余石，皆需之铺家。然本州所赖苏、湖、常、秀、淮、广等处客米到来，湖州市米市桥、黑桥，俱是米行，接客出粜。其米有数等，如早米、晚米、新破砻、冬春、上色白米、中色白米、红莲子、黄芒、上秆、粳米[①]、糯米、箭子米、黄籼米、蒸米、红米、黄米、陈米。且言城内外诸铺户，每户专凭行头[②]于米市做价，径发米到各铺出粜。铺家约定日子，支打米钱。其米市小牙子[③]，亲到各铺支打发客。又有新开门外草桥下南街，亦开米市三四十家，接客打发，分俵[④]铺家。及诸山乡客贩卖，与街市铺户，大有径庭。杭城常顾米船纷纷而来，早夜不绝可也。且叉袋自有赁户，肩驼脚夫亦有甲头管领，船只各有受载舟户，虽米市搬运混杂，皆无争差，故铺家不劳余力而米径自到铺矣。

注 释

①粳米：一种黏性较小的米。

②行头：行业的头子。

③小牙子：古时牙行中的伙计。

④分俵（biào）：分给。

译 文

杭州人烟稠密，城内外有不下数十万户，百十万人口，每日街市人口吃饭，除府第、官舍、宅舍、富室及诸司有俸禄的人之外，百姓所吃掉的米，每日城内外不下一二千石，这些米都须向米铺购买。本州所依赖的是苏州、湖州、常州、嘉兴、淮河地区、广州等处输入的客米，湖州市米市桥、黑桥，都是米行，接纳客米出售。米有好几个品种，如早米、晚米、新破砻、冬春、上色白米、中色白米、红莲子、黄芒、上秆、粳米、糯米、箭子米、黄籼米、蒸米、红米、黄米、陈米。且说这城内外的各家米铺，每家都专凭行头在米市制定价格，然后发米到各米铺，按价出售。铺家约定日子，支付米钱。米市的小牙子，亲自将米送往各米铺，收取货款。又有新开门外草桥下南街，也开米市三四十家，接待顾客，将米分送各米铺。而诸山乡客贩卖米，则与街市铺户大有不同。杭城所雇的米船纷纷而来，早晚不绝。而且装米叉袋也自有赁户可租借，扛米的肩驼脚夫也有甲头管领，每只米船也各有负责运载的出船户，即使米市搬运混杂，也都没有差误，所以铺家不劳费力，米就直接到铺中了。

肉 铺

原 文

杭城内外，肉铺不知其几，皆装饰肉案，动器新丽。每日各铺悬挂成边猪，不下十余边。如冬年两节[①]，各铺日卖数十边。案前操刀者五七人，主顾从便索唤封[②]切。且如猪肉名件，或细抹落索儿精、钝刀丁头肉、条撺精、窜燥子肉、烧猪煎肝肉、膂肉、盦蔗肉。骨头亦有数名件，曰双条骨、三层骨、浮肋骨、脊龃骨、球杖骨、苏骨、寸金骨、棒子、蹄子、脑头大骨等。肉市上纷纷，卖者听其分寸，略无错误。至饭前，所挂之肉骨已尽矣。盖人烟稠密，食之者众故也。

更待日午，各铺又市熬爊[③]熟食：头、蹄、肝、肺四件，杂熬蹄爪事件，红白熬肉等。亦有盘街货卖，更有羓鲊铺，兼货生熟肉。且如羓鲊，名件最多，姑言一二。其羓鲊者：算条、影戏、盐豉、皂角、铤松、脯界、方条、线条、糟猪头肉、玛瑙肉、鹅鲊、旋鲊、寸金鲊、鱼头酱、三和鲊、切鲊、桃花鲊、骨鲊、饭鲊、槌脯、红羊羓、大鱼鲊、鲟鳇鱼鲊等类。冬间添卖冻姜豉蹄子、姜豉鸡、冻白鱼、冻波斯姜豉等。坝北修义坊，名曰“肉市”，巷内两街，皆是屠宰之家，每日不下宰数百口，皆成边及头蹄等肉，俱系城内外诸面店、分茶店、酒店、鈀鲊店及盘街卖熬肉等人，自三更开行上市，至晓方罢市。其街坊肉铺，各自作坊，屠宰货卖矣。或遇婚姻日，及府第富家大席，华筵数十处，欲收市腰肚，顷刻并皆办集，从不劳力。盖杭州广阔可见矣。

注释

①冬年两节：冬至和春节。

②刬：古代一种铲、斫工具。此指砍、剁。

③爊：将鱼、肉等切片置热油中快速煎炒，或置沸水中稍微一烫即取出，吃时现蘸佐料。一说指腌制的干肉。

译文

杭城内外，肉铺不知道有多少，肉案都有装饰，动器崭新亮丽。每天各肉铺悬挂成边的猪肉，不下十余边。如冬至、春节两节，各肉铺每天要卖数十边。肉案前有五到七个操刀人，听从主顾索唤，砍切肉骨。猪肉的名目，有细抹落索儿精、钝刀丁头肉、条撺精、窜燥子肉、烧猪煎肝肉、膂肉、盦蔗肉。骨头也有好几种名目，如双条骨、三层骨、浮肋骨、脊龈骨、球杖骨、苏骨、寸金骨、棒子、蹄子、脑头大骨等。肉市上喧闹嘈杂，但卖家听从索唤，全无差错。到午饭前，所挂的肉骨已经卖光了。这是因为杭州人烟稠密，吃肉的人多。

到中午时，各肉铺又有熬爊的熟食出售，如头、蹄、肝、肺四件，杂熬蹄爪事件，红白熬肉等。也有走街窜巷售卖的。还有鈀鲊铺，兼卖生熟肉。就拿这鈀鲊来说，名目最多，姑且言之一二。鈀鲊有算条、影戏、盐豉、皂角、铤松、脯界、方条、线条、糟猪头肉、玛瑙肉、鹅鲊、旋鲊、寸金鲊、鱼头酱、三和鲊、切鲊、桃花鲊、骨鲊、饭鲊、槌脯、红羊鈀、大鱼鲊、鲟鳇鱼鲊等品种。冬季添卖冻姜豉蹄子、姜豉鸡、冻白鱼、冻波斯姜豉等。坝北修义坊，叫作“肉市”，巷内两街铺户，都是屠宰之家，每日宰猪不下数百头，卖的都是成边肉及头蹄等肉。城内外诸面店、分茶店、酒店、鈀鲊店及走街窜巷卖熬肉等人，都从这里买肉。自三更时分开行上市，到天亮时才罢市。街坊肉铺，各自作坊，屠宰售卖。或遇人家婚姻之日，及府第富家大设筵席，数十处华筵要买猪腰猪肚，顷刻间就能买齐，从不多费劳力。杭州之广阔由此可见。

鲞铺

原文

杭州城内外，户口浩繁，州府广阔，遇坊巷桥门及隐僻去处，俱有铺席买卖。盖人家每日不可阙者，柴米油盐酱醋茶。或稍丰厚者，下饭羹汤，尤不可无。虽贫下之人，亦不可免。盖杭城人娇细故也。姑以鱼鲞言之，此物产于温、台、四明①等郡，城南浑水闸，有团招客旅，鲞鱼聚集于此。城内外鲞铺，不下一二百余家，皆就此上行。合摭鱼鲞名件具载于后：

郎君鲞、石首鲞、望春、春皮、片鳓、鳓鲞、鳘鲞、鲓鲞、鳗条、弯鲞、带鲞、短鲞、黄鱼鲞、鲭鱼鲞、鱿鲞、老鸦鱼鲞、海里羊。更有海味，如酒江瑶、酒香螺、酒蛎、酒鲑龟脚、瓦螺头、酒垅子、酒鲰②鲎、酱蝛蛎、锁官蝛、小丁头鱼、紫鱼、鱼膘、蚶子、鲭子、鲘子、海水团、望潮卤虾、蝛鲚鲞、红鱼、明脯鲓干、比目、蛤蜊、酱蜜丁、车螯、江蠘、蚕蠘、鳔肠等类。铺中亦兼卖大鱼鲊、鲟鱼鲊、银鱼鲊、饭鲊、蟹鲊、淮鱼干、蟛蚏、盐鸭子、煎鸭子、煎鲚鱼、冻耍鱼、冻鱼、冻鲞、炙鳗、炙鱼、粉鳅、炙鳗、蒸鱼、炒白虾。又有盘街叫卖，以便小街狭巷主顾，尤为快便耳。

注释

①四明：山名，在今浙江宁波。此处代指宁波，古称明州。

②鲰（yìng）：小鱼。

译文

杭州城内外，户口浩繁，州府广阔，即使是坊巷桥门及隐僻去处，也都有铺席买卖。市井人家每日都不能缺的，是柴米油盐酱醋茶，再稍微丰厚点，还需下饭羹汤，尤其不能缺少。即使是贫穷人家，也不能没有，这是因为杭州人十分娇贵。姑且拿鱼鲞来说，此物产于温州、台州、宁波等地，城南浑水闸，有团行招纳客旅，鲞鱼就聚集于此。城内外的鲞铺，不下一两百家，都在此进货。选取鱼鲞的名目详细记载如下：

……

卷十七

历代人物

原 文

杭城湖光山色之秀，钟[①]为人物，所以清奇杰特，为天下冠。自陶唐至于秦、汉、晋、隋、唐之人物，彬彬最盛，至宋则人物尤盛于唐矣。今以历代杭之人物考之。

曰陶唐：箕公许由，隐寓昌化晚溪，有千顷山故居。

汉：严陵，光武之故人[②]，不屈于朝，隐耕富春山。诸葛琮、孙钟、孙坚、孙策字伯符、孙瑜字仲异、孙皎字叔明、孙贲字伯阳、吴景、徐琨、张俨。

吴：孙奂字季明、孙韶字公礼、孙邻字公达、孙亘字叔武、郭成字元礼、凌统字公绩、全琮字子璜、褚泰、诸葛起字岑任、丁谞。

晋：孙拯字显世、孙惠字德施、孙晷字文度、范平字子安、褚陶字季雅、暨逊字茂言。

宋：卜天与、吴喜、范叔孙。齐：顾欢字景怡、宋广之字处深、褚伯玉字元璩、杜京产字景齐、杜栖字孟山、朱谦之字处光、吕道惠。梁：范元琰字伯珪、范述曾字子元、戚衮字公文、褚修、盛绍远。陈：顾越字允南、杜之伟字子大、钱逵字通甫、杜棱字雄盛、骆文牙一名牙字旗门、全缓字弘立。

隋：陆知命字仲通、顾彪字仲文、鲁世达。

唐：褚亮字希明、褚遂良字登善、南国处士孙疆、褚无量字洪度、许远、何公弁、章成缅、方宗、凌准字宗一、吴降字下己、袁不约字还朴、杜凌字腾云、吴公约字处仁、罗隐字昭谏。

五代：武肃王钱镠字具美、杜建徽字延光、成及字洪济、马绰、鲍君福字庆臣、贾圭、曹仲远、水邱昭券、吴敬忠、孙陟。

宋：忠懿秦国王钱俶字文德、钱亿字延世、钱惟演字希圣、钱暄字载阳、钱昆字裕之、钱易字希白、钱彦远字子高、钱明逸字子飞、钱勰字穆父、钱和字岊甫又字岊仲、钱藻字醇老、薛温字伯顺、顾仁冀字子迁、元德昭字明远、元奉宗字知礼、元绛字厚之、潘阆字逍遥、吴銶、林和靖先生讳逋字君复、胡则字子正、陆滋字元象、孙长者，志不载名与表、唐拱、杨大雅字子正、唐肃字叔元、唐询字彦猷、盛京、盛度字公量、郎简字叔廉、谢涛字济之、谢绛字希深、谢景初字师厚、谢景温字师真、叶杲卿字称之志多不载、徐复字希颜又字复之、俞举善、杨蟠字公济、沈文通亦不载名以字代之、沈辽字睿达、陆诜字介夫、关鲁、关沼字圣渊、沈括字存中、吴天秩字平甫、强至字几圣、王复字无考、韦骧字子骏、周邠字开祖、周邦彦字美成、周邦式字南伯、虞奕字纯臣、吴师仁、吴师礼字安中、八行先生崔贡字廷硕、李鞸字彦渊、滕茂实字颖秀、史徽字洵美、沈晦字元用、张九成字子韶、凌景夏字季文、樊光远字茂实、郎晔、郭知运字次张、施德操字彦执、杨子平志不载名、关注字子东、姚真旧名叔兴、杨由义字宜之、俞烈字若晦、余古、赵巩字子固、俞灏字商卿、洪咨夔字舜俞、赵汝谈字履常、赵汝谠字蹈中、李宗勉字强父。

注　释

①钟：集聚。

②光武之故人：严光少年与光武帝刘秀同学，亦为好友。刘秀称帝后，多次延聘严光，但严光隐姓埋名，不应征召。

译　文

略。

原　文

并历代英杰，文武贤良，进士隐士之秀，兼之博学精华，忠勇孝义之才，或身廉而直道以事，或职显而位居三公，或历谏臣，忠于大朝，或掌军务而好坟典[①]，或隐而不仕，为教导之师，或著诸经子义疏、诗颂笺表数百篇行于世，或建立大功，终事中国，忠节盛名，青史不朽。详见于《临安志书》，考其始末则昭然矣。

注　释

①坟典："三坟""五典"的并称，泛指古书。

以上皆是历代英杰，文武贤良，进士隐士等杰出之士，还有博学多能，忠勇孝义之才，有的居官清廉，奉行正道行事，有的职位高显，位居三公，有的曾任谏臣，忠于朝廷，有的执掌军务，有的雅好典籍，有的隐居不仕，为教导之师，有的著诸经子义疏、诗颂笺表数百篇行于世，有的建立大功，终身事奉朝廷，忠节盛名，青史不朽。他们的事迹详见于《临安志书》，考察他的生平就可详细得知了。

状元表

原 文

科举，盛代皆举求贤之诏。自宋太祖、太宗朝始诏举业。端拱二年，临轩唱名，进士及第，状元文魁陈尧叟。淳化三年，孙何。

真宗朝：咸平元年，孙仅。三年，陈尧咨。景德二年，李迪。大中祥符五年，徐奭。八年，蔡齐。

仁宗朝：天圣八年，王拱辰。景祐元年，张唐卿。宝元元年，吕溱。庆历二年，杨寘。六年，贾黯。皇祐元年，冯京。五年，郑獬。嘉祐二年，张衡。四年，刘辉。六年，王俊民。八年，许将。

英宗朝：治平二年，彭汝砺。四年，许安世。

神宗朝：熙宁三年，叶祖洽。六年，余中。九年，徐铎。元丰二年，时彦。五年，黄裳。八年，焦蹈。

哲宗朝：元祐三年，李常宁。六年，马涓。绍圣元年，毕渐。四年，何昌言。元符三年，李釜。

徽宗朝：崇宁二年，霍端友。五年，蔡嶷。大观三年，贾安宅。政和二年，莫俦杭人。五年，何栗。八年，王昂[1]。宣和三年，何涣。六年，沈晦杭人。钦宗朝，则无科举矣。

高宗朝：中兴建炎二年戊申，李易。绍兴二年壬子，张九成杭人。五年乙卯，汪应辰。八年戊午，黄公度。十二年壬戌，陈诚之。十五年乙丑，刘章。十八年戊辰，王佐。二十一年辛未，赵逵。二十四年甲戌，张孝祥。二十七年丁丑，王十朋。三十年庚辰，梁克家。

孝宗朝：隆兴元年癸未，木待问。乾道二年丙戌，萧国梁。五年己丑，郑侨。八年壬辰，黄定。淳熙二年乙未，詹骙。五年戊戌，姚颖。八年辛丑，黄由。十一年甲辰，卫泾。十四年丁未，王容。

光宗朝：绍熙元年庚戌，余复。四年癸丑，陈亮。

宁宗朝：庆元二年丙辰，邹应龙。五年已未，曾从龙。嘉泰二年壬戌，傅行简。开禧元年乙丑，毛自知。嘉定元年戊辰，郑自诚。四年辛未，赵建大。七年甲戌，袁甫。十年丁丑，吴潜。十三年庚辰，刘渭。十六年癸未，蒋重珍。

理宗朝：宝庆二年丙戌，王会龙。绍定二年已丑，黄朴。五年壬辰，徐元杰。端平二年乙未，吴叔吉。嘉熙二年戊戌，周垣。淳祐元年辛丑，徐俨夫。四年甲辰，留梦炎。七年丁未，张渊徽。十年庚戌，方逢辰。宝祐元年癸丑，姚免。四年丙辰，文天祥。开庆元年己未，周震炎。景定三年壬戌，方山京。

度宗朝：咸淳元年乙丑，阮登炳。四年戊辰，陈文龙。七年辛未，张镇孙。

注　释

①王昂：按，徽宗政和八年殿试，徽宗第三子嘉王赵楷已夺头名为状元，徽宗高兴之余，为避嫌也为激励士子，将原先第二名王昂提为状元。

译　文

略。

武举状元

原　文

高宗朝中兴南渡，志不载武举姓氏，自于孝庙朝以后，俱可考之。淳熙八年，江伯虎。十一年，林嶀。十四年，黄褒然。

光庙朝：绍熙元年，厉仲祥。四年，林管。

宁庙朝：庆元二年，周虎。五年，陈良彪。嘉泰二年，叶漴。开禧元年，郑公侃。嘉定元年，周师锐杭人。四年，林泌浃。七年，刘必万杭人。十年，朱嗣宗。十三年，陈正大。十六年，杜幼节。

理庙朝：宝庆二年，杨必高杭人。嘉熙二年，刘必成。淳祐元年，赵国华。四年，项桂发。七年，章梦飞。十年，陈亿子。宝祐元年，程鸣凤。四年，章宗德。开庆元年，朱应举。景定三年，俞葵。

度庙朝：咸淳元年，王国。四年，俞仲鳌。

注　释

略。

译　文

略。

后妃列女

原　文

宋章懿太后李氏[①]，性庄重寡言，虽以仁宗为己子，而后不曾言，中外罔知。后薨后方追册皇太后，谥章懿，葬永定陵。

汉孙策破虏母吴夫人[②]助治军国，甚有所补益。徐琨母孙氏[③]，定策破张英之谋。孙翊妻徐氏[④]，守节定谋，杀三凶，得报夫之冤。

晋虞潭母定夫人孙氏[⑤]，年少丧偶遗孤，誓不改节，抚养训子，成义节以克战。孙暠妻虞氏，弃华尚素，与暠同志。至孝，奉舅姑起居尝馔，不辞薪水井臼之劳。孝妇严氏，事舅姑不失起居供馔之礼。舅丧未葬，因火沿屋，哭告于天，孝心有感，而火遂灭，无伤其棺。唐孝女冯氏，少孤独，无兄弟共侍母，惟母子相依，誓不嫁以奉母。母病笃，刲股治之，不救。葬母，乃结草庐墓下，以供晨香夕灯，侍奉如生。又刺血书经，报劬劳[⑥]之恩。以宅舍建梵宫荐母，仍不嫁，以死尽孝节。郡臣闻于朝，赐束帛旌之，敕颁寺额曰“报恩”，以表其孝也。节妇何氏，年少丧偶，志不再嫁，奉姑至孝。忽贼掠归巢穴，欲污其节，遂定策解襦自刎，贼惊视而已死，义而葬之。

五代吴越国恭懿太夫人吴氏，讳汉月，性慈惠而节俭，颇尚黄、老学，居常布练而已。每侍王决事，必以忠恕为言。诸吴迁授，皆峻阻，多加训励，无令骄恣。宋吴越忠懿王妃孙氏，讳太真，性端谨而聪慧，延接姻宗，以尽恩礼。好学诗书，严重而尚俭，守忠以事上国。

孝妇盛氏，事舅姑尽孝，躬纺绩烹饪以养姑。姑性太急，妇怡声下气，每侍立无敢怠惰，娣姒[⑦]敬顺和睦，亦皆化之。姑病笃，贫无资医救，乃执簪珥裙襦鬻之，以供其事。又刳胁取肝为常膳，长姒潘氏，亦刲股而进，姑食而病愈。州家长官刘既济上于朝，诏旌表其门闾。

凌大渊妻刘氏，及笄[⑧]许嫁，请期将至，而凌生告卒，刘氏闻之，告于父母曰："儿闻女子以一志为良，死生不易其节，儿已许凌，今既已丧，则吾夫也，儿当易服奔丧，誓咏《柏舟[⑨]》，不更二也。"父母以："女未尝践其庭，何遽若此？"女答以："身许人而背之乎？有死而已，决无易其志！"父母惧其言而从所请，易粗衰[⑩]，临棺举哀，以修妇道，守义节。以兄子养为己子，与之娶妇，至于抱孙，白首不易其志也。

注 释

①宋章懿太后李氏：宋真宗妃，宋仁宗生母。仁宗出生后即被刘皇后收养，至李氏去世，母子都未相认。后仁宗知情，极度哀伤自责，尊李氏为皇太后。

②汉孙策破虏母吴夫人：即吴国太，孙坚妻，孙策、孙权母，辅佐二子奠定江东基业。

③徐琨母孙氏：孙坚妹，徐真妻。194年，孙策欲渡江在当利口征讨张英，但因船只太少，暂时驻军江边。孙氏献计以芦苇做筏子，渡军过江。孙策从之，击破张英。

④孙翊妻徐氏：孙翊是孙权第三子，其部将妫览、戴员收买孙翊家将边鸿，将其刺死。妫览因贪图徐氏美貌，欲强纳之，徐氏假意许之，暗中与孙翊家将孙高、傅婴计议，设下伏兵，乘妫览、戴员无备前来之时刺杀二人，为夫报仇。

⑤虞潭母定夫人孙氏：孙权族孙女，虞忠妻。虞忠早死，孙氏守节教子。西晋末年，杜弢谋反。孙氏勉励虞潭效必死义节，讨伐杜弢，终获胜利。东晋初年苏峻作乱，虞潭奉命征讨。孙氏鼓励虞潭舍生取义，并发动全家家仆，随虞潭征战。最终平定叛乱。

⑥劬（qú）劳：指父母抚养儿女的劳累。

⑦娣姒：古代同夫诸妾互称，年长的为"姒"，年幼的为"娣"。

⑧及笄（jī）：古代女子满十五岁结发，用笄贯之，因称女子十五岁为"及笄"。

⑨柏舟:《诗经·国风·邶风》篇名。此诗主题，一说臣子抒发爱国忧己之情，一说女子自伤遭偶不遇，又苦于无可诉说。

⑩衰：通“缞（cuī）”，粗麻布制成的丧服。

译文

宋章懿太后李氏，性格庄重，沉默寡言，虽然仁宗是他的亲生儿子，但太后未曾言说，朝廷内外都不知实情。太后去世后，才追册为皇太后，谥章懿，葬永定陵。

东汉破虏将军孙坚妻、孙策母吴夫人，襄助儿子治理军国大事，甚有补益。徐琨母孙氏，设计破张英之谋。孙翊妻徐氏，夫死后坚守名节，又设计杀死三个凶手，为丈夫报仇。

晋虞潭母定夫人孙氏，年少丧夫，独自抚养遗孤，发誓不改志节，抚养教导儿子，鼓励儿子与贼作战，成全节义。孙晷妻虞氏，抛弃浮华，崇尚朴素，与孙晷同心同德。她非常孝顺，侍奉公婆起居饮食，不辞辛劳地砍柴挑水、汲水舂米。孝妇严氏，侍奉公婆不失起居供馔之礼。公公去世后还未安葬，大火沿着屋檐烧起，严氏向天哭告，孝心感动上天，火随即熄灭，没有烧到棺材。唐孝女冯氏，小时候就失去了父亲，没有兄弟一同侍奉母亲，只能母女相依，她发誓不嫁，终身侍奉母亲。母亲病重，她割下大腿肉为母治疗，仍未能救活母亲。安葬母亲后，她在墓下结草庐而居，清晨烧香，晚上掌灯，像母亲生前一样侍奉。又刺血写经，以报养育之恩。又以宅舍建寺院祭献亡母，仍不嫁，至死尽孝守节。郡臣将她的事迹报告朝廷，朝廷赐束帛表彰她，敕颁寺额为报恩，以表彰她的孝行。节妇何氏，年少丧偶，立志不再嫁人，侍奉婆婆非常孝顺。不幸被贼人掳到巢穴，想要玷污她的名节，她便设计解开襦裙，自缢而死。贼人发现时非常惊讶，但何氏已死。贼人被她的节义打动，将其安葬。

五代吴越国恭懿太夫人吴氏，名汉月，性格慈惠而崇尚节俭，颇好黄、老之学，日常所用的仅是布练而已。吴越王决策大事时，她在一旁侍候，总是以忠恕劝王。吴氏子弟迁官授职，她总是竭力阻止，并经常训励吴氏子弟，让他们不要骄纵放肆。宋吴越忠懿王妃孙氏，名太真，性格端庄谨慎，且十分聪慧，她接待姻亲宗属，都极尽恩礼。好学诗书，庄严持重而崇尚节俭，忠心事奉上国。

孝妇盛氏，侍奉公婆极尽孝道，亲自纺织烹饪以赡养婆婆。婆婆性子急，她便低声下气，侍立一旁，不敢懈怠。娣姒间也敬顺和睦，都被她感化。婆婆病重，家中贫穷无钱医治，盛氏就拿出簪珥裙襦卖掉，以供开支。又挖开自己的肋骨取出肝作为婆婆的日常饮食，长姒潘氏也割下大腿肉给婆婆吃，婆婆吃后病就痊愈了。州府长官刘既济将此事报告朝廷，朝廷下诏表彰其门闾。

凌大渊妻刘氏，及笄时许下婚约，约定的日子将至，却传来凌生已死的消息。刘氏听说后，对父母说："儿听说女子从一而终才算好女子，不管生死都不能改变志节。儿已经许配凌生，如今凌生已死，就是我失去了丈夫，儿应当改穿素服前去奔丧，誓咏《柏舟》，不改二心。"父母说："你未尝进入他家门，又何必如此呢？"刘氏回答说："身已许人，又怎能背弃？如果你们不答应，我只有一死，绝不改志！"父母害怕她寻死，就答应了她的请求，于是换上粗布丧服，到凌生棺材前致哀，以修妇道，谨守义节。她将兄之子养为己子，并为他娶妻，一直到抱孙子，头发花白都没有改变志向。

历代方士

原　文

历代方士：蔡经、郭文字文举、葛洪字稚川号抱朴子、许迈字叔元、杜子恭、徐灵府号默希子、钱道士、令狐绚、丁飞字翰之、潘尊师、马湘字自然。管归真，赐号元靖崇教法师、正白先生。沈若济，字子舟，号洞元大师。徐立之，旧名炳，一号回峰先生。陆维之，字永仲，又名凝之，又表子才，号石室先生。王衷，字天诱，赐号悟静处士。徐爽，赐号冲晦先生。

俱杭之得道仙士，有超世①之志，修真②之术，或上升，或羽化③，或葬而解化④，或羽化后游于外郡，乃真仙作用，使凡夫俗眼，茫然不知。诸士之详，载于淳祐、咸淳两志，及《感应神仙传》中。考之有著《百论石室小隐集》行于世矣

注　释

①超世：超脱世俗。

②修真：道教中，学道修行，求得真我，去伪存真为修真。

③羽化：道教徒称得道飞升。

④解化：解脱转化。指舍弃肉身，修行成道。

译　文

略。

历代方外僧

原 文

历代高僧，自宋武帝朝为始。僧慧静、慧基、慧集、法匮、净度、僧瑜、僧翼、僧诠、道琳、僧旻、明彻、法开、惠明、昙超。真观，字圣远，号“南天竺岳师”“道钦”“国一”“澄悟禅师”。圆修，“号鸟窠道林禅师”。会通，号“招贤禅师”。齐安，号“悟空禅师”。道标，号“西岭和尚”。慧琳字抱玉，交游前后刺史学士，如杜陟、裴常棣、陆则、杨凭、卢元辅、白居易、李幼、崔鄯、路异，俱造室讲论心要。灵照，名龙华禅师，号“真觉大师”。

行修，生有异相，两耳垂肩，称长耳相禅师，赐号“崇慧大师”。延寿，号“抱一子”，幼在俗诵经，感群羊跪听，后舍业为僧，聚徒讲道。传播高丽，遣使尽弟子礼，奉金线织袈裟、紫水晶数珠、金藻罐为献。宋开宝入灭[①]，号“智觉大师”。崇宁岁，追谥“宗照禅师”。

志逢，号“普觉大师”。遇安，号“善智禅师”。庆祥，九曲禅师。行明，开化禅师，太宗朝赐紫衣师号。善升，天禧年诏注释御制《法音集》，赐号曰“日观大师”，又深于琴律。法照，不妄交游，与和靖先生同时僧智圆为友，宰臣王钦若、王随、王化基深敬之，崇宁岁赐号法照大师。道诚，慧悟大师，余弼《题上方寺》诗曰：“孤峰牢落几何年，台殿于今插半天。已是精蓝夸绝侥，更将宝塔在危巅。烟霞色任阴晴变，钟磬声随上下传。珍重老僧无幻境，一生幽趣只山川。”

契嵩，字仲灵，自号“潜子”，姓李，赐号“明教大师”。熙宁岁季夏入灭，以释氏法荼毗[②]，而五根[③]不坏，名其塔曰“五根不坏之塔”。赞宁，太平兴国奉阿育王舍利朝太宗，赐号“通慧大师”。真宗召对赐坐，以右阶升左阶僧录[④]，赐号“通慧圆明大师”。宝达，号“刹利法师”。智圆，孤山法师，自号“中庸子”。遵式，姓叶字知白，崇宁岁，赐号“慧通大师”，掌天台教观，绍兴间高宗降旨，赐号曰“忏慧禅主大法师”，塔号“瑞光思悟”，每诵咒，身出舍利。

元照，姓唐字湛如，号“安忍子”，赐号“灵芝大智律师”。宗本，字无诘，姓管，号“静慈圆照禅师”，神宗召对，赐茶，入福宁殿说法，诏赐肩舆[5]入内。

注释

①入灭：佛教指僧侣死亡。

②释氏：指佛教徒。荼毗（tú pí）：指僧人死后火葬。

③五根：佛教谓眼、耳、鼻、舌、身五种感觉器官。

④以右阶升左阶僧录：指由右街僧录升为左街僧录。宋代管理僧尼名籍、僧官补任等事宜的机构叫“左右街僧录司”，又叫“两街僧录司”。僧录乃僧职。

⑤肩舆：即轿子。起初只是作为山行的工具，后来走平路也以它为代步工具。

译文

略。

原文

善本，赐“法涌大师”号，哲宗遣中使[1]抚问，降旨宣赐高丽磨衲衣，敕赐“大通禅师”。大观入灭，追谥“圆定”之号，塔号“定光之塔”。元净，字无象，姓徐，赐紫衣、“辨才法师”号。师生时，左肩有肉起如袈裟条，至八十一日方消，师之入灭，实八十一岁矣。延寿兴教小寿禅师修广，字叔徽，自京师至于四方，凡公卿至于学士大夫，知其名，皆乐从之。景祐岁赐紫衣，诏赐“宝月大师”之号。文益，于周显德时谥封“大法眼禅师”，塔名“无相”。

道潜字参寥，尝与苏东坡、秦少游两先生为密友，曾咏《临平绝句》云：“风蒲猎猎弄轻柔，欲立蜻蜓不自由，五月临平山下路，藕花无数满汀洲。”东坡守杭时，因道潜入智果精舍，赋诗云：“云崖有浅井，玉醴常半寻。遂名参寥泉，可濯幽人襟。”又作《参寥泉铭》记之岁月。东坡爱其诗，尝称“无一点蔬笋气味[2]，体制绝似储光羲[3]，非近世诗僧比。”崇宁末老于江湖，既示寂[4]，有诗行于世，句句清绝可爱，法号曰“妙总大师”。

怀显，西湖持净大师，尝撰《钱塘胜迹记》。慧勤，有欧阳文忠公赋诗送之曰：“越俗僭宫室，倾资事雕墙。佛屋尤其侈，耽耽[5]拟侯王。文彩莹丹漆，四壁金焜煌[6]。上垂百宝盖，宴坐以方床。胡为弃不居，栖身居京坊。辛勤营一室，有类燕巢梁。南方精饭食，菌笋鄙羔羊，饭以玉粒羹，调之甘露浆，一馔费千金，百品罗成行。晨兴未饭僧，日昃[7]不敢尝。乃兹随北客，枯粟充饥肠。东南地秀绝，山水澄清光，余杭几万家，日夕焚清香。烟霏四面起，云雾杂芬芳，岂如车马尘，鬓发染成霜。三者孰苦乐，子奚勤四方？乃云慕仁义，奔走不自遑。始知仁义力，可以治膏肓。有志诚可嘉，及时宜自强。人情重怀土，飞鸟思故乡，夜枕闻北雁，归心逐南樯。归方能来否，送子以短章。”同时有惠思师。惠思曾于于潜西普明寺为《浴堂记》，宰臣王安石赋诗赠之曰：“绿净堂前湖水渌，归时正复有荷花。花前若见余杭姥，为道仙人忆酒家。”

惟尚，本姓曹，幼岁为僧，遍参丛林，得法于英普照。尝住寿圣本雪峰结庵，故地有荆榛蛇虺，人莫敢居，师住八年，创立殿庑，为之一新。谢归故庐，后住荐福，以疾还庐入灭。守璋，姓王，天姿介特[8]，凛不可犯，戒行精洁，尤工于诗，号“文慧禅师”，有《柿园集》行于世。高庙于绍兴二年幸圆觉寺，因睹其集，宸翰亲洒《晚春》一绝赐之，见圆觉寺刻石于亭曰：“草深烟景重，林茂夕阳微。不雨花犹落，无风絮自飞。”德明，姓顾字澹堂，入径山讲论禅教。四年，因观竹溜以杵通节有声[9]，豁然开悟，遂号为“竹筒和尚”。绍兴年两尝宣入慈宁殿，升座讲《般若经》法，高庙奇之，赐号及法衣。清润，字怡然。可久，字逸老，所居皆湖山胜景，而清约介静，不妄与人交，无故不入城。士大夫多往见之，就馈米。日以一二合食，虽蔬茹亦未尝有，故人尤重之。同时有思聪师，亦似之，而诗差优[10]。

注 释

①中使：宫中派出的使者。多指宦官。

②蔬笋气味：指僧人在作诗时，由于受到特有生活环境、习惯所限制和影响，过分执着于物相，而缺乏超然自得之气。也指僧人之诗意境过于清寒，题材过于狭窄，语言拘谨而少变化。

③储光羲：唐代山水田园诗派代表诗人。

④示寂：佛教指佛、菩萨或高僧死去。

⑤耽耽：庄严貌。

⑥焜煌：明亮，辉煌。

⑦日昃（zè）：太阳偏西，约下午二时左右。

⑧介特：孤高，不随俗流。

⑨竹溜：解释为竹制的引水道。以杵通节：指以杵贯通竹节，使竹子成为一根管子。

⑩差优：指更好一些。

译文

略。

原文

宗杲，字昙晦，姓奚，主径山，学徒一千七百众，来者犹未已，敞千僧阁以居之。号“临济”，中兴时，与张九成为方外[①]交，后因秦桧谓张九成诽谤朝政，疑宗杲和之，遂编海外。四方衲子[②]，忘躯皆往从之。续蒙宸恩放便，复僧伽梨[③]，往阿育王山[④]，复居旧山。孝庙为普安郡王，遣使入山谒之，以偈[⑤]献之。后建邸，再遣内侍供五百应真[⑥]，请讲法席，亲书“妙喜庵”三字，并制赞宠之。自后退居明月堂而示寂，孝庙闻而叹息，诏以明月堂为妙喜庵，谥号“普觉禅师”，赐塔额曰“宝光”。此僧虽林下人，而义笃君亲，谈及时事，忧形于色而垂涕，其时名公巨卿，皆称其才。有《正法眼藏》等集，淳熙初，诏随《大藏》流行。

盖杭之高僧散圣，弃儒成道，戒行精洁，学问孤高，博习教典，以训诸衲。著文翰修忏仪[⑦]诸经法，注《宗镜》论心要纂法语[⑧]，睹鬼神以礼问，止潮水而击西兴，感群羊而跪听，坠大星以陨灵鹫[⑨]。列朝宣讲，慧号“锡顺”，至于入灭，瑞光显然。盖丛林中素有儒者之风，故与公卿大夫及学士气味相投，皆乐与之交，讲论道要，题词咏诗，靡不起敬。以《大藏经》《高僧传》《钱塘胜迹记》、临安新旧志，皆备其详矣，兹不复赘。

注释

①方外：世俗之外。

②衲子：出家人。

③僧伽梨：佛教徒“三衣”之一。此处代指僧籍。

④阿育王山：在今浙江宁波鄞县。西晋武帝太康二年，有刘萨诃者，于此山得古塔一基以为阿育王八万四千塔之一，尊崇之，此山遂称为阿育王山。

⑤偈：梵语"颂"，即佛经中的唱词。

⑥应真：佛教语，指罗汉。

⑦忏仪：即忏法，佛教徒忏悔罪业的仪则和修习止观的行法。

⑧《宗镜》：即《宗镜录》，五代、宋高僧释延寿的著作。心要：佛教语。指心性上精要的法义。

⑨坠大星以陨灵鹫：宋代高僧遵式法师，临终之时，炷香礼佛，愿生安养，至晚坐脱，人们看见大星在灵鹫峰陨落。

译文

宗杲，字昙晦，俗姓奚，主持径山法席，有学徒1700多人，慕名前来者仍络绎不绝，于是开放千僧阁以供学徒居住。号"临济"，中兴时，与张九成为方外之交，后因秦桧指责张九成诽谤朝政，怀疑宗杲与之相和，于是将宗杲编置海外。四方僧人都舍生忘死，前往追随。后承蒙皇恩放还，恢复僧籍，又奉旨前往阿育王山，一年后复居旧山。孝庙为普安郡王时，派遣使者入山拜谒宗杲，献上偈子。孝宗即位后，又派内侍供五百罗汉，请宗杲开法席宣讲佛法，亲书"妙喜庵"三字，并制赞文以示恩宠。后宗杲退居明月堂而示寂，孝宗听说后叹息不已，下诏以明月堂为妙喜庵，谥号"普觉禅师"，赐塔额曰"宝光"。宗杲虽是出家之人，但大义忠君，每谈及时事，忧形于色，垂涕伤怀，当时的名公巨卿，都称赞他的才华。著有《正法眼藏》等集，淳熙初年，下诏随《大藏经》流行。

杭州的高僧散圣，弃儒成道，戒行精洁，学问孤高，博习教典，以训示诸僧。他们著文翰、修忏仪、习经法，注《宗镜》、论心要、纂法语，见到鬼神以礼相问，止潮水而击西兴，感化群羊跪下听诵，使大星下坠与灵鹫陨落。他们在列朝宣讲，受赐法号慧号，直到圆寂，瑞光还在。因丛林之中向来有儒者之风，所以公卿大夫及学士与高僧们气味相投，都乐于与他们交往，讲论道要，题词咏诗，无不起敬。《大藏经》《高僧传》《钱塘胜迹记》以及新版旧版《临安志》，都详细记载了高僧们的事迹，这里就不赘述了。

行　孝

原　文

陈藏器[1]《本草》谓人肉可疗疾，非谓人肉之果能疗疾也，盖以人子一念孝诚，出于天性，能动天地鬼神，故借此以奏功耳。

今摭杭之外邑行孝，若子若女，载于新志者，考其姓名述之。富阳何氏女子。江阴村盛立旺二子、富阳葛小闰、临安朱应孙。俞廷用子亚佛，其家祖大成、父廷用及其子，凡三世行孝矣。临安锦北乡陈茂祖，其父母俱病，皆疗而愈。临安邑人龚婆儿。盐官邑人周阿二、周小三。昌化邑农家子梅来儿。以上皆因父母疾笃，百药罔功[2]，思劬劳之恩，无以报答，或剖心，或刲[3]股，以常膳而进之，莫不愈焉。于此可见孝为百行之源，天地神明亦为之佑助矣。

注　释

①陈藏器：唐代中药学家，著有《本草拾遗》。

②百药罔功：指用了许多药都不见效果。

③刲（kuī）：割。

译　文

陈藏器《本草拾遗》称人肉可以治疗疾病，并不是说人肉真的能治疗疾病，是因为人子女者的一腔孝心诚心，出于天性，能感动天地鬼神，所以借此能达到治病的效果。

……

卷十八

民　俗

原　文

杭城风俗，凡百货卖饮食之人，多是装饰车盖担儿，盘盒器皿新洁精巧，以炫耀人耳目，盖效学汴京气象。及因高宗南渡后，常宣唤买市，所以不敢苟简[①]，食味亦不敢草率也。

且如士农工商、诸行百户衣巾装着，皆有等差。香铺人顶帽披背子[②]。质库掌事，裹巾着皂衫角带。街市买卖人，各有服色头巾，各可辨认是何名目[③]人。自淳祐年来，衣冠更易，有一等晚年后生，不体旧规，裹奇巾异服，三五为群，斗美夸丽，殊令人厌见，非复旧时淳朴矣。但杭城人皆笃高谊，若见外方人为人所欺，众必为之救解。或有新搬移来居止之人，则邻人争借动事，遗献汤茶，指引买卖之类，则见睦邻之义。又率钱物，安排酒食，以为之贺，谓之“暖房”。朔望茶水往来，至于吉凶等事，不特庆吊之礼不废，甚者出力与之扶持，亦睦邻之道。不可不知。

注　释

①苟简：草率而简略。

②背子：也称“褙子”，一种传统服装。男女都穿，式样有异。始见于隋唐，由袖长半截、衣身较短的半臂发展而来。盛行于宋元时期，至明代发展为披风，形式变化甚多。

③名目：此指人的身份、地位。

译　文

杭城的风俗，凡是售卖百货饮食之人，都要装饰车盖担儿，盘盒器皿务求新洁精巧，以炫耀人眼，引人注目，这是效仿当年汴京的气象。高宗南渡后，常宣唤购买市中饮食百货，所以商贩不敢随便，食味也不敢草率。

士农工商、诸行百户的衣巾穿着，都有所不同。香蒲人顶帽子，披背子。质库的掌事，裹头巾，穿皂衫，佩角带。街市上的买卖人，各有不同颜色的头巾，使人一看就可辨认出是什么身份。自淳祐年来，衣冠更易，有一些晚年后生，不遵循旧规，裹奇巾，穿异服，三五为群，斗美夸丽，实在令人讨厌，已经不像旧日那般淳朴了。但杭州人的德行十分高尚，如果看见外地人被人欺负，众人必定出面解救。或有新搬来居住的人，邻居争相借给他日用器具，赠送汤茶，指引买东西的地方，可见邻里和睦之义。又拿出钱物，安排酒食，作为祝贺，叫作“暖房”。朔日望日茶水往来，至于吉凶等事，不仅不废庆吊之礼，甚至出钱出力帮忙操持各项事宜，这也是邻里和睦之道。这些不可不知。

户　口

原　文

杭城今为都会之地，人烟稠密，户口浩繁，与他州外郡不同，姑以自隋、唐朝考之。隋户一万五千三百八十。唐贞观[①]中户三万五千七十一，口一十五万三千七百二十九。唐开元户八万六千二百五十八。宋朝《太平寰宇记》：钱塘户数，主六万一千六百八，客八千八百五十七。《九域志》：主一十六万四千二百九十三，客三万八千五百二十三。《中兴两朝国史》：该户二十万五千三百六十九。《乾道志》：户二十六万一千六百九十二，口五十五万二千六百七。《淳祐志》：主客户三十八万一千三十五，口七十六万七千七百三十九。《咸淳志》：九县共主客户三十九万一千二百五十九，口一百二十四万七百六十。《钱塘仁和两赤县乾道志》：主客户该十万四千六百六十九，口该一十四万五千八百八。《淳祐志》：户该十一万一千三百三十六，口三十二万四百八十九。《咸淳志》：两赤县城主客户一十八万六千三百三十，口四十三万二千四十六。自今而往，则岁润月长，殆未易以算数也。

注　释

①贞观：唐太宗年号，627年~649年。

译　文

略。

物产

原文

谷之品

粳：早占城、红莲、礌泥乌、雪里盆、赤稻、黄籼米、杜糯、光头糯、蛮糯。

麦：大麦、小麦。

麻：赤、白、乌、黄。

豆：大黑、大紫、大白、大黄、大青、白扁、黑扁、白小、赤小、绿豆、小红、楼子绿、青豌、白眼、羊眼、白缸、白豌、刀豆。

粟：狗尾、金罂。

注释

略。

译文

略。

原文

丝之品

绫：柿蒂、狗蹄。

罗：花素、结罗、熟罗、线住。

锦：内司街坊以绒背为佳。

克丝[①]：花、素二种。

杜缂：又名起线。

鹿胎：次名透背，皆花纹特起，色样织造不一。

纻丝：染丝所织诸颜色者，有织金、闪褐、间道等类。

纱：素纱、天净、三法暗花纱、粟地纱、茸纱。

绢：官机杜村唐绢，幅阔者密，画家多用之。

绵：以临安于潜白而细密者佳。

绸：有绵线织者，土人贵之。

注 释

①克丝：即缂（kè）丝，又称“刻丝”，一种极具欣赏性的丝织品。

译 文

略。

原 文

枲[①]之品

桑、柘、麻、苎。

注 释

①枲（xǐ）：指麻类植物纤维。

译 文

略。

原 文

货之品

茶：宝云茶、香林茶、白云茶。又宝严院垂云亭亦产，东坡以诗戏云：“妙供来香积，珍烹具大官。拣芽分雀舌，赐茗出龙团[①]。”盖南北两山、七邑诸山皆产。径山采谷雨前茗，以小缶贮馈之。

盐：汤镇、仁和村、盐官、浮山、新兴、下管、上管、蜀山、岩门、南路茶槽等场，常产之地。汉置盐官，吴王濞煮海为盐之地。

蜜。蜡。纸：余杭由拳村出藤纸，富阳有小井纸，赤亭山有赤亭纸。

注 释

①“妙供来香积”四句：出自宋苏轼《怡然以垂云新茶见饷，报以大龙团，仍戏作小诗》。雀舌、龙团：皆上等茶名。

译　文

略。

原　文

菜之品

谚云："东菜西水，南柴北米。"杭之日用是也。薹心[①]。矮菜。矮黄。大白头。小白头。夏菘。黄芽，冬至取巨菜，覆以草，即久而去腐叶，以黄白纤莹者，故名之。芥菜。生菜。菠棱菜[②]。莴苣。苦荬。葱。薤。韭。大蒜。小蒜。紫茄。水茄。梢瓜。黄瓜。葫芦，又名蒲芦。冬瓜。瓠子。芋。山药。牛蒡[③]。茭白。蕨菜。萝卜。甘露子。水芹。芦笋。鸡头菜。藕条菜。姜。姜芽。新姜。老姜。菌，多生山谷，名"黄耳蕈"，东坡诗云："老楮忽生黄耳簟，故人兼致白牙姜。"盖大者净白，名"玉簟"，黄者名"茅簟"，赤者名竹菇，若食须姜煮，姜黑勿食。

注　释

①薹（tái）心：油菜的菜心。

②菠棱菜：即菠菜。

③牛蒡（bàng）：又名恶实、东阳参，亦可入药。

译　文

略。

原　文

果之品

橘：富阳王洲者佳。

橙：有脆绵木。

梅：有消硬糖透黄。

桃：有水银、水蜜、红穰、细叶、红饼子。

李：有透红、蜜明、紫色。

杏：金麻。

柿：方顶、牛心、红柿、椑柿、牛奶、水柿、火珠、步檐、曲柿。

梨：雪糜、玉消、陈公莲蓬梨、赏花甘香霄、砂烂。

枣：盐官者最佳。

莲：湖中生者名绣莲，尤佳。

瓜：青白黄等色，有名金皮、沙皮、密瓮、筭筒、银瓜。

藕：西湖下湖、仁和护安村旧名范堰，产扁眼者味佳。

菱：初生嫩者名沙角，硬者名馄饨，湖中有如栗子样，古塘大红菱。

林檎：邬氏园名“花红”。郭府园未熟时以纸剪花样贴上，熟如花木瓜，尝进奉，其味蜜甜。

枇杷：无核者名椒子，东坡诗云：“绿暗初迎夏，红残不及春。魏花非老伴，卢橘是乡人。”

木瓜：青色而小，土人剪片爆熟，入香药货之。或糖煎，名爊木瓜。

樱桃：有数名称之，淡黄者甜。

石榴子：颗大而白，名“玉榴”。红者次之。

杨梅：亦有数种，紫者甜而颇佳。

蒲萄：黄而莹白者名“珠子”，又名“水晶”，最甜；紫而玛瑙色者稍晚。

鸡头：古名“芡”，又名“鸡壅壅平声”，钱塘梁渚窳头、仁和藕湖、临平湖俱产。独西湖生者佳，却产不多，可筛为粉。

银杏。栗子。甘蔗：临平小林产，以土窖藏至春夏，味犹不变，小如芦者，名“荻蔗”，亦甜。

注 释

略。

译 文

略。

原　文

竹之品

竹：碧玉间黄金、笙、淡、紫、斑、金、苦、方竹、鹤膝、猫头。

竹笋有数名，曰“南路”“白象牙”“哺鸡”“猫儿头”“黄莺”“晚篁”，皆即凉笋。和靖有“烟崖早笋肥”之句。又有紫笋、边笋。

注　释

略。

译　文

略。

原　文

木之品

桑：数种，名青桑、白桑、拳桑、大小梅红、鸡爪等类。

梓：木中王。

柘。柏：孤山陈朝最古。

松：惟天目者针短稚健。栝子三针，华山四针。

桐。桧。楠：东坡诗云：“中和堂后古楠树，与君对床听雨声。”

槠。栎。槐。杉。桂。檀。梿。枫。榆。柳：今湖堤最盛。垂者名杨，长条可玩。

棕：名栟榈，笋可蒸煨，味微苦，太冷。青神、凤集，目奇者名之。

注　释

略。

译　文

略。

原　文

花之品

牡丹：有数种色样，又一本冬月开花。诗云："一朵妖红翠欲流，春光回报雪霜羞。"韩文公《咏牡丹诗》："幸自同开俱隐约，何须相倚斗轻盈？凌晨并作新妆面，对客偏含不语情。双燕无机还拂掠，游蜂多思正经营。年长是事都抛尽，今日栏边眼暂明。"石曼卿诗："独步性兼吴苑艳，浑身天与汉宫香。"又李山甫诗："邀勒春风不早开，众芳飘后上楼台。数苞仙艳火中出，一片异香天上来。晓露精神妖欲动，暮烟情态恨成堆。知君已解相轻薄，斜倚栏杆首重回。"又："嫚黄妖紫间轻红，谷雨初晴早景中。静女不言还爱日，彩云无定只随风。炉烟坐觉沉檀薄，妆面行看粉黛空。此别又须经岁月，酒阑把烛绕芳丛。"有一种秋开牡丹，城山诗咏云："白帝工夫镂彩霞，肯将颜色弄韶华。酒粘织女秋衣薄，风动姮娥宝髻斜。霜露莫摧今日蕊，轮蹄多看异时花。阴阳多苦栽培地，不趁春风有几家。"

芍药：有早绯、玉白、缀露、千叶，白者佳。

梅花：有数品，绿萼、千叶、香梅。东坡和秦太虚有云："西湖处士骨应槁，只有此诗君压倒。"又云："江头千树春欲暗，竹外一枝斜更好。"林和靖诗二首："吟怀长恨负芳时，为见梅花辄入诗。雪后园林才半树，水边篱落忽横枝。人怜红艳多应俗，天与清香似有私。堪笑胡雏亦风味，解将声调角中吹。""众芳摇落独暄妍，占断风情向小园。疏影横斜水清浅，暗香浮动月黄昏。霜禽欲下先偷眼，粉蝶如知合断魂。幸有微吟可相狎，不须檀版共金尊。"戴石屏《咏梅》诗曰："萧洒春葩缟寿阳，百花惟有此花强。月中分外精神出，雪里几多风味长。折向书窗疑是玉，吟来齿颊亦生香。年年茅舍江村畔，勾引诗人费品量。"王介甫诗曰："颇怪梅花不肯开，岂知有意待春来。灯前玉面披香出，雪后春容取胜回。触拨清诗成走笔，淋漓红袖趣传杯。望尘俗眼那知此，只买夭桃艳杏栽。"潘紫岩诗曰："柴门尽日少蹄轮，坐对横窗数点春。心向雪中偏暴白，影来月上亦精神。十分洗尽铅华相，百劫修来贞洁身。笑杀唐人风味短，不应唤作弄珠人。"又咏落梅诗曰："一夜风吹恐不禁，晓来零落已骎骎。忍闻病鹤和苔啄，空遣饥蜂绕竹寻。稚子踌躇看不扫，老夫索莫坐微吟。窗前最是关情处，拾片殷勤付掌心。”杨元素落梅诗曰：“夜来经雨学啼妆，今日摧红怨夕阳。已落旋随春水急，强留还怯晚风狂。应将别恨凭莺语，更把归期趁蝶忙。谁谓多情消不得，梦魂犹惜满栏香。”更有诸贤咏梅诗曰：“木落山寒独占春，十分清瘦转精神。雪疏雪密花添伴，溪浅溪深树写真。三弄笛声风过耳，一枝筇影月随身。吟魂欲断相逢处，恐是孤山隐逸人。”韩偓梅花诗云：“北陆候才变，南枝花已开。无人同怅望，把酒独徘徊。冻月雪为伴，寒香风是媒。何因逢越使，肠断谪仙才。”东坡又和杨公济诗：“绿鬓寻春湖畔回，万松岭上一枝开。”学士任希夷《宿直玉堂赋梅边小池》诗云：“眼见梅花照玉堂，只存浓绿覆宫墙。樛枝偃盖云千叠，下荫清池玉一方。”

红梅，有福州红、潭州红、柔枝、千叶、邵武红等种。东坡诗云：“寒心未肯随春态，酒晕无端上玉肌。”周必大《在秘书省馆中次洪迈红梅韵》诗云：“红罗亭深宫漏迟，宫花四面谁得知？南唐内苑中有红罗亭，四面专植红梅，见《杂志》。蓬山移植是何世，国色含酒纷满枝。初疑太真欲起舞，霓裳拂拭天然姿。又如东家窥墙女，施朱映粉尤相宜。不然朝云颊薄怒，自持似对襄王时。须臾胭脂着雨落，整妆府照含风漪。游峰戏蝶日采掇，嗟尔何异氓之蚩。提壶火急就公饮，他日堕马空啼眉。”周必大《在秘书省署庭中咏缃梅诗》云：“茧黄织就费天机，传与园林晓出枝。东观奇章承诏后，南昌故尉欲仙时。芳心向日重重展，清馥因风细细知。诗老品题犹误在，红梅未是独开迟。”

蜡梅，有数本，檀心磬口者佳。东坡诗有“蜜峰采花作黄蜡”之句，又诗云：“万松岭上黄千叶，玉蕊檀心两奇绝。”周必大《咏黄梅在省中次王十朋韵》：“化工未幻荼蘼菊，先放缃梅伴群玉。幽姿着意添铅黄，正色向心轻萼绿。妆成自炫风味深，对此宁辞食无肉。方怜涪翁被渠恼，中气悔屏杯杓醁。”

碧蝉。棠棣。金林檎。郁李。迎春。长春。桃花：有数种，单叶、千叶、饼子、绯桃、白桃。

杏花。玉簪。水仙。蔷薇。宝相。月季。小牡丹。粉团。徘徊：贵官家以花片制作饼儿供筵。

佛见笑。聚八仙。百合。滴滴金。石竹：和靖诗云：“深枝冉冉装溪翠，碎片英英剪海霞。”木香。

荼蘼：二种，有白而心紫者，亦有黄色者，俱香，馥馥然可爱。省中种黄梅在荼蘼侧，黄鲁直《戏答王观复荼蘼诗》云：“谁将陶令黄金菊，幻作荼蘼白玉花。”

樱桃花。萱草。栀子。蜜友。金镫。金沙。山丹。真珠：又名“醮水”，青条白蕊，灿然可玩。

剪红罗。锦带。锦堂春。笑靥。大笑。金钵盂。

菊：品最多，有七十余种。

荷花：红白色千叶者。西湖荷荡边，风送荷香馥然。白乐天有“绕郭荷花三十里”之句。枢属官杨万里《在西府直舍咏盆池种荷》诗二首曰：“飞空天镜堕莓苔，玉井移来盆内栽。坐看一花随手长，挨开半叶出头来。稍添荄荇相萦带，便有龟鱼数往回。剩欲绕池三两匝，数声排马苦相催。”又曰：“西府寒泉汲十寻，深浇浅洒碧森森。高花已照红妆镜，小萏新抽紫玉簪。钿破尚余新雨恨，伞疏还作半池阴。西湖瘦得盆来大，更伴诗人恐不禁。”

瑞香：种颇多，大者名“锦薰笼”。东坡诗云：“幽香结浅紫，来自孤云岑。骨香不自知，色浅意殊深。”

红辛夷。蕙：东坡题杨次公诗：“蕙本兰之族，依然臭味同。曾为水仙佩，相识《楚辞》中。”

兰：东坡诗云：“春兰如美人，不采羞自献。时闻风露香，蓬艾深不见。”

紫薇花：东坡诗曰：“虚白堂前合抱花，秋风落日照横斜。”后省有此花，任希夷咏曰：“清晓开轩俯凤池，小山经雨石增辉。琉璃叶底珊瑚立，轩出池边是紫薇。”

紫杨。紫荆花。鸡冠：有三色。

凤仙。杜鹃。蜀葵：有二种。

黄葵。映山红花。金银莲子花。罂粟。樱桃花：唐时樟亭驿种双树，白乐天诗云：“南馆飞轩两树樱，春条长定夏阴成。素华朱实今虽尽，碧叶风来别有情。”

七里香。橙花。榴花：有数种，单叶、千叶，色有数十样。唐时孤山有此花，白乐天诗云：“山榴花似结红巾，容艳新妍占断春。色相故开行道地，香尘悔触坐禅人。”

木犀：有红黄白色者，甚香且韵。顷天竺山甚多，又长桥庆乐园有数十株，士夫尝往赏此奇香。向东坡《送花赠元素》诗云："月阙霜浓细蕊干，此花元属桂堂仙。鹫峰子落惊前夜，蟾窟枝空记昔年。"高宗在德寿宫赏桂，尝命画工为岩桂扇面，仍制御诗分赐群臣亲王云："秋入幽岩桂影团，香深粟粟照林丹。应随王母瑶池宴，染得朝霞下广寒。"杨诚斋《咏桂花》诗云："尘世何曾识桂林，花仙夜入广寒深。移将天上众香国，寄在梢头一粟金。露下风高月当户，梦回酒醒客闻砧。诗情恼得浑无那，不为龙涎与水沉。"华岳诗曰："西风吹老碧莲房，万壑风流拆麝囊。谩与篱花争晓色，肯教盆蕙压秋芳？月中有女曾分种，世上无花敢斗香。要识仙根迥然别，一枝开傍郄家墙。"咏落英诗："净扫庭阶衬落英，西风吹恨入蓬瀛。人从紫麝囊中过，马在黄金屑上行。眠醉不须铺锦褥，妍香还解作珠缨。宫娥未许填沟壑，收拾流苏浸玉罂。"

山茶。磬口茶。玉茶。千叶多心茶。秋茶：东西马塍色品颇盛。栽接一本，有十色者。有早开，有晚发，大率变物之性，盗天之气，虽时亦可违，他花往往皆然。顷有接花诗云："花单可使十色黄，果夺天之造化忙。"

木芙蓉，苏堤两岸如锦，湖水影而可爱，秋日如霞锦。内庭亦有芙蓉阁，开时最盛。潘紫岩诗云："为惜艳阳妆，新枝不肯长。绿深秋后雨，红拆夜来霜。偏向垂杨畔，多临古岸旁。年年根蒂在，下阙"

注 释

略。

译 文

略。

原 文

药之品

云母、藁本、茵芋、鬼臼、木鳖，以上《本草》载杭州所有。

地黄。牛膝：仁和茧桥白石种。干姜。上各件并岁贡。

蛇床子：白石生。

踯躅花：根名“天门冬”，生钱塘富阳。

白芷。千金草：茧桥生。

威灵仙、茱萸、泽兰、鬼箭、乌药、钩藤、覆盆子、麦门冬、白芨、牵牛、地骨皮、牛蒡子、地肤、百合、香附子、乾葛，并出富阳。

木通、何首乌、刘寄奴，生富阳小井。

藜芦、草乌、秦皮、百部根，生天目山。

菖薄。桑白皮。芍药。荆芥。薄荷。紫苏。天南星，生于潜昌化。

天花粉即瓜蒌根。马兜铃。椿白皮。白鲜皮。石竹子瞿。山蒳。黄精，生于潜余杭山。

枸杞。茯苓。半夏。贯众。地扁蓄。苦楝皮。益母草：生龙井山谷。

山豆根。牡丹皮。车前子。石膏：钱塘县西有山出，如雪莹白，旧县治亥地[1]有狱产此。

寒水石：南高峰塔下生，软者寒水，硬者石膏。

蒲黄。榆白皮。凤眼草。金星草：生南高峰。

黄皮：生于潜及雷峰塔下。

石燕：九邑山洞中皆有之。

枳实。续断。青蒿子。香薷。千年润土人呼为地蜈蚣草。石香菜。

注　释

①亥地：指位于西北偏北方向的地区。

译　文

略。

原　文

禽之品

雀：《宋书》云：“盐官屡有白雀之异。”

鹅。鸡：有数种，山鸡、家鸡、朝鸡。

鸭。鹊。鸽。鹇。雉。鹌鹑。鸥。鹭。鹳。鸠。鹰。鹞。鹘。鸮。燕：韩溉咏云："对语春风翠满衣，碧江迢递往来稀。远空尽日和烟去，深院无人带雨归。珠箔下时犹脉脉，画堂深处正依依。王孙尽计营巢稳，惯听笙歌夜不归。"

莺：元稹咏曰："天上金衣侣，还能觋草莱。风流晋王谢，言语汉邹枚，公等久安在，今从何处来。山禽正嘈杂，慰我日徘徊。"

鸲鹆。鹡鸰又名雪姑。竹鸡。鸡鹊。鹘鸼。绀练。鸬鹚亦名鸬鹚。钻沙。鱼虎。章鸡。白头翁。乌头白颊。蜡嘴。告天子。

杜鹃：沈乐山咏云："到得春深便忆乡，要归归去底须忙？催残陇月情何切，染遍林花恨更长。梦破四山风雨夜，心灰万里利名场。为言蜀道今非昔，纵使归来亦断肠。"

布谷。画眉。百舌：林和靖诗云："百种堪怜巧言语，一般惟欠好毛衣。"

婆饼焦。提壶：和靖《过下湖别墅》诗云："多谢提壶鸟，留人到落晖。"

黄雀。鸂鶒：和靖《春日即事》诗："鸳鸯如绮杜蘅肥，鸂鶒夷犹翠潋微。"

偷仓。家鹅。八哥儿。披绵。鹭鸶：邵棠咏云："如鹇非鹤自精神，天地江湖快尔生。既不鹃吟因甚瘦，何尝食素也能清。随身钓具去无系，到处画图来便成。见说得鱼归较晚，芦花滩上月偏明。"徐灵祐《咏鹭》诗云："一点白如雪，顶粘丝数茎。沙边行有迹，空外过无声。高柳巢方稳，危滩立不惊。每看闲意思，渔父是前生。"

钩辀：和靖诗云："云木叫钩辀。"野凫。

注　释

略。

译　文

略。

原 文

兽之品

马，昔吴越钱王牧马于钱塘门外东西马塍，其马蕃息至盛，号为“马海”。今余杭、临安、于潜三邑，犹有牧马遗迹焉。

豕。牛。鹿。虎。狐。狸。麂：系牛尾玉面，生于昌化，于潜山中有之。

兔。獭。猫：都人畜之捕鼠，有长毛、白黄色者称曰“狮猫”，不能捕鼠，以为美观，多府第贵官诸司人畜之，特见贵爱。

犬：畜以警盗。《太平广记》载灵隐寺造北高峰塔，有寺犬自山下衔砖石至山巅，吻①为流血。人怜之，以草系砖于背，塔成犬毙，寺僧恤衔砖之功，葬于寺门八面松下。又钱塘县界地名狗葬，桥名“良犬”，故老相传云：昔人被火燎几毙，犬入水以濡②其主，得苏省。后犬死，里人葬之，立此名旌其义耳。

注 释

①吻：指嘴。

②濡（rú）：沾湿，润泽。

译 文

略。

原 文

虫鱼之品鲤

鲫：西湖产者，骨软肉松。

鳜：独西湖无此种。

鲩。鳊。鳢。鲻。鳣。鲈。鲚。鳝。鲇。黄颡。白颊。鱼土鱼部。石首：王右军帖云：“此鱼首有石，是野鸭所化。”

莆春鳖。鲨。鳓。白鱼。鲥：六和塔江边生，极鲜腴而肥。江北者味差减。

鲯。鲔。鳍。鳅。鳗。鲩。蚌。龟。鳖：又名神守。

虾，湖河生者壳青，江产者名白虾，大者名青斑虾。

蝤蛑。黄甲。蟛蜞。彭蚏，产盐官。

蟹，《淮南子》云："蚌蟹珠龟，与月盛衰，皆阴属也。"西湖旧多葑田，蟹螯产之。今湖中官司开拆荡地，艰得矣。和靖诗有"草泥行郭索"之句。刘贡父诗云："稻熟水波老，霜螯已上罾。味尤堪荐酒，香美最宜橙。壳薄胭脂染，膏腴琥珀凝。情知烹大鼎，何似莫横行？"

蜃。蚬。蛤。螺：有数种，螺蛳、海螺、田螺、海蛳。

金鱼：有银白玳瑁色者。东坡曾有诗云："我识南屏金鲫鱼。"又曰："金鲫池边不见君。"则此色鱼旧亦有之。今钱塘门外多畜养之，入城货卖，名"鱼儿活"，豪贵府第宅舍沼池畜之。青芝坞玉泉池中盛有大者，且水清泉涌，巨鱼游泳堪爱。

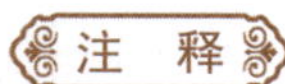

注　释

略。

译　文

略。

免本州岁纳及苗税

原　文

杭州乃吴分野[①]，号古扬州。昔武肃钱王统二浙，地狭民稠，赋敛苛暴，人不堪生。太宗朝纳土后，命考功范旻知两浙诸州事镇抚[②]，除一切苛害之政，蠲损害之赋，民得更生，四野老稚，咸鼓舞于德意[③]之中。绍兴年间，六飞[④]南渡，宽恩大颁，首除岁贡[⑤]御绫百匹。景定间，度宗践祚之初，首遵先朝遗制，蠲免临安府近例岁贡，增添纳进钱一百一十五万八千五百四十贯有奇。更有资政帅臣，申钱塘、仁和两赤县寺观、府第、官舍拨赐田地，免征折帛[⑥]苗粮，及册逃亏赋等苗税。咸淳岁，九县畸零税[⑦]，绢除赦文蠲免一尺以外，尹京潜皋墅更与本州代输一尺以上绢畸零税色，计一十四万六千五百七十一匹有奇，总该界钱十八界会子，计三万四千四百八十贯。又苗米不及一升者，朝家已行蠲放外，其一升以上至一斗以下秋苗米，本州代输宽民力，通计八千八百一石有奇，总该界钱十八界、二十六万九千七百五十贯。更代输咸淳七年本州夏税畸零钱共该十八界、四十六万七千六百四贯。潜尹京首尾三载，代输颇多，诚有德于百姓，深足嘉尚矣。

注 释

①分野：古人依据十二星次的位置划分地面上州、国的位置与之相对应。

②命考功范旻知两浙诸州事镇抚：《乾道临安志》卷三："太平兴国三年己酉，吴越国王钱俶朝于乾德殿，是年，俶乃纳土。吴越丙戌，太宗皇帝始命水部郎中范旻为考功郎中知杭州，左赞善大夫孟贻孙通判事。"

③德意：皇帝、政府布施恩德的心意。

④六飞：古代指皇帝的车驾六马，疾行如飞。此处代指宋高宗。

⑤岁贡：古代地方每年向朝廷进献礼品。

⑥折帛：南宋初，在和买演变为定额税的同时，又将夏税与和买绢帛之类折纳钱币。

⑦畸零税：折帛税之外的一个税种。畸零：整数之外的零数。

译 文

杭州地处吴分野，号古扬州。从前武肃钱王统领两浙，地域狭小，民户稠密，却苛刻暴虐地征收赋税，使人不堪生存。太宗朝钱王纳土归降后，宋廷命考功郎中范旻知两浙诸州事镇抚，去除一切苛刻害民的政策，免去所有损害百姓的赋税，百姓才得以生存，四野里的老少，都开心得意地击鼓跳舞。绍兴年间，高宗南渡，屡次颁布政令，宽赦施恩，首先免除了临安府岁贡中的100匹御绫。景定年间，度宗即位之初，又遵循先朝遗制，免除临安府近例岁贡，又增添纳进钱1158540贯有余。又有资政帅臣，申请拨赐田地给钱塘、仁和两赤县的寺观、府第、官舍，且免征折帛和苗粮，以及记录在册的逃去的不足赋税等苗税。咸淳年间，临安府九县的畸零税，其中绢布除了赦文免除一尺，临安知府潜皋墅更代本州百姓缴纳一尺以上的绢布畸零税，总计146571匹有余，折合十八界会子，总计34480贯。此外，当缴纳苗米不及一升的，朝廷已经下旨免除；其一升以上至一斗以下秋苗米，临安府代百姓缴纳，以宽民力，总计8801有余，折合十八界会子，共计269750贯。又代为缴纳咸淳七年临安府夏税畸零钱，总计十八界会子467604贯。潜皋墅任临安知府前后共三年，多次替本府百姓缴纳赋税，确实有德于百姓，实在值得嘉奖推崇。

免本州商税

原　文

杭州五税场，自赵安抚节斋申请减放外，一岁共收十八界会四十二万贯为定额。景定改元以来，朝家务欲平物价，纾宽[1]民力，累降旨蠲免商税，仍令本州具合收税额申省科还。咸淳二年二月，又降指挥再免商税五日，以便商贾。自后帅府遵承朝旨，接续展放蠲免税额，常以五月为期。朝省每五月一次照本府征额拨一十八界一十七万五千贯文，以补郡费，至今行之。百姓与商贾等人，莫不歌舞，感戴上赐。此历代所罕有也。

注　释

①纾宽：宽舒。

译　文

杭州五个税场，自临安知府赵节斋申请减免外，每年共收十八界会子四十二万贯为定额。景定改元以来，朝廷想平衡物价，宽解民力，多次降旨免除商税，又令本府具合收税额，申请尚书省返还。咸淳二年二月，又降旨再免商税五日，以便商人买卖。此后帅府遵承朝廷旨意，接连返还、减免税额，常以五月为期。朝廷每五月一次，按照本府应征税额，拨十八界会子十七万五千贯，以补贴州府开支，至今推行。百姓与商贾等人，无不歌舞，感谢朝廷恩赐。这是历代所罕有的。

恩霈军民

原　文

宋朝行都于杭，若军若民，生者死者，皆蒙雨露之恩。但霈泽常颁，难以枚举，姑述其一二焉。遇朝省祈晴请雨、祷雪求瑞，或降生及圣节日分，淫雨雪寒，居民不易，或遇庆典大礼明堂，皆颁降黄

榜，给赐军民各关会二十万贯文。盖杭郡乃驻跸之所，故有此恩例耳。兼官私房屋及基地，多是赁居，还僦金或出地钱。但屋地钱俱分大、中、小三等钱，如遇前件祈祷恩典，官司出榜除放房地钱，大者三日至七日，中者五日至十日，小者七日至半月。如房舍未经减者，遇大礼明堂，赦文条划谓一贯为减除三百，止令公私收七百。或年岁荒歉，米价顿穹[①]，官司置立米场，以官米赈济，或量收[②]价钱，务在实惠及民。更因荧惑为灾[③]，延烧民屋，官司差官吏于火场上，具抄被灾之家，各家老小，随口数分大小给散钱米。官置柴场，城内外共设二十一场，许百司官厅及百姓从便收买，价钱官司量收，与市价大有饶润。

民有疾病，州府置施药局于戒子桥西，委官监督，依方修制丸散㕮咀[④]。来者诊视，详其病源，给药医治。朝家拨钱一十万贯下局，令帅府多方措置，行以赏罚，课督医员，月以其数上于州家，备申朝省。或民以病状投局，则畀[⑤]之药，必奏更生之效。局侧有局名慈幼，官给钱典顾乳妇，养在局中。如陋巷贫穷之家，或男女幼而失母，或无力抚养，抛弃于街坊，官收归局养之。月给钱米绢布，使其饱暖，养育成人，听其自便生理，官无所拘。若民间之人，愿收养者听，官仍月给钱一贯、米三斗，以三年住支。更有老疾孤寡，贫乏不能自存，及丐者等人，州县陈请于朝，即委钱塘、仁和县官，以病坊改作养济院，籍家姓名，每名官给钱米赡之。此见朝家恤贫救老如此。

又殿步马三司养军以护行都，及秋防之备，月给钱粮，春冬请衣棉，使之饱暖。遇有差出日，给口券，功成则赏。如三司招军补额之时，每刺一卒，官给关会一二封，衣装七事件。则出军先散处，发关会及衣装。则军妻老幼，月支赡家米粮，随军日支券粮。功成则转资给犒，如阵亡，官给津送，妻儿仍支赡孀幼之粮。

更有两县置漏泽园一十二所，寺庵寄留槥椟[⑥]无主者，或暴露遗骸，俱瘗其中。仍置屋以为春秋祭奠，听其亲属享祀，官府委德行僧二员主管，月给各支常平钱[⑦]五贯、米一石。瘗及二百人，官府察明，申朝家给赐紫衣师号赏之。

注释

①穹：高。此指上涨。

②量收：控制，压低。

③荧惑为灾：指发生火灾。荧惑：火星。

④㕮（fǔ）咀：中医用语。用口将药物咬碎，以便煎服，后用其他工具切片、捣碎或锉末，但仍用此名。

⑤畀（bì）：给予。

⑥槥椟（huì dú）：棺材。

⑦常平钱：官方预储供借贷的银钱。

译文

宋朝以杭州为行都，这里的军人百姓，生人死者，都承蒙雨露之恩。但霈泽经常颁布，难以枚举，这里姑且叙述其一二。遇到朝廷祈晴请雨、祷雪求瑞，或皇子降生及帝后圣节，或阴雨不断、下雪天寒，居民不易，或遇庆典大礼、明堂大祀，都颁降黄榜，赐予军民各关会二十万贯文。因杭州是圣驾驻跸之地，所以有此恩例。加上官私房屋和地基，多是租赁使用的，又返还租金或出地钱。但租金和出地钱都分大、中、小三等，如遇前面所属的祈祷恩典，官府出榜免除租金和出地钱，大者免除三日至七日，中者免除五日至十日，小者免除七日至半月。那些未经减免的房舍，如遇庆典大礼、明堂大祀，赦文计划为每一贯为减除三百，只令公私收七百。遇到荒年粮食歉收，米价暴涨，官府就设立米场以官米赈济，或压低粮价，务必使百姓获得实惠。发生火灾，蔓延烧到居民房屋，官府就派遣官吏到火场上登基受灾的人家，各家老小，按照人口数多少发给钱米。官府还设置柴场，城内外共设二十一场，准许百司官厅及百姓就便购买，官府压低价格，与市场价格相比，有很大优惠。

百姓如果有疾病，州府设置施药局于戒子桥西，委派官吏监督，按照药方配制药丸药散。诊视前来的病人，详细追查病源，给药进行医治。朝廷拨钱十万贯给施药局，令帅府多方措置，并推行赏罚，以督促医务人员。每月将所用数目上报州府，以备向朝廷申请拨钱。或百姓到局里自述病状，也给他药物，必有起死回生之功效。施药局旁有慈幼局，官府给钱雇佣乳妇，养在局中。陋巷贫穷之家，有男孩女孩失去母亲，家中无力抚养，抛弃于街坊，官府便将弃儿收养于局中。每月拨给钱米绢布，使婴儿得以温饱，养育成人后，做什么生计听其自便，官府不作丝毫约束。如果有民间的人愿意收养婴儿，官府不加阻拦，每月官府拨给钱一贯、米三斗，三年后停止拨付。还有老病孤寡之人，贫困不能自存，以及乞丐等人，州县向朝廷上奏请求，即委派钱塘、仁和县官，将病坊改作养济院，登记其家及姓名，官府都给予每个人钱米赡养。由此可见朝廷是非常重视恤贫救老的。

又殿前司、侍卫步军司、侍卫马军司三司养军以护卫行都，以及秋防之备，每月都会拨给钱粮，春冬两季发棉衣，让他们得以饱暖。遇到有差遣时，发给口券，完成了则有赏赐。三司招军补额之时，每登记一卒，官家发给他关会一二封、衣装七件。出军先散处，发给关会和衣装。军人的妻子和家中老幼，每月支给米粮养家，随军时每日支给券粮。取得战功则升迁给予犒赏，如果阵亡，官家给津贴，仍支给米粮赡养他们的妻儿。

钱塘、仁和二县又置漏泽园一十二所，凡寄留在寺庵的无主棺材，或暴露在荒野的遗骸，都收埋园中。又置屋以供春秋两季祭奠，任凭其亲属享祀，官府委派两名有德行的僧人主管，每月各支给常平钱五贯、米一石。埋葬死者达二百人，官府查明，申请朝廷给赐紫衣师号作为犒赏。

恤贫济老

原　文

杭城富室多是外郡寄寓之人，盖此郡凤凰山谓之“客山”，其山高木秀，皆荫及寄寓者。其寄寓人多为江商海贾，穹桅巨舶，安行于烟涛渺莽之中，四方百货，不趾而集，自此成家立业者众矣。数中有好善积德者，多是恤孤念苦，敬老怜贫。每见此等人买卖不利，坐困不乐，观其声色，以钱物周给，助其生理。或死无周身之具者，妻儿罔措[①]，莫能支吾[②]，则给散棺木，助其火葬，以终其事。或遇大雪，路无行径，长幼啼号，口无饮食，身无衣盖，冻饿于道者，富家沿门亲察其孤苦艰难，遇夜以碎金银或钱会插于门缝，以周其苦。俾侵晨展户得之，如自天降。或散以绵被絮袄与贫丐者，使暖其体。如此则饥寒得济，合家感戴无穷矣。俗谚云：“作善者降百祥，天神佑之；作恶者降千灾，鬼神祸之。”天之报善罚恶，捷于影响，世人当以此为鉴也。

注　释

①罔措：不知所措。

②支吾：应付，对付。

译文

杭城的富户大多是外郡寄寓之人，因此杭州的凤凰山又叫作“客山”，这座山山高木秀，都荫及寄寓之人。寄寓之人多为江商海贾，他们驾驶高大的船舶，安然行进于烟涛渺莽之中，使四方百货，不用脚运就能集聚杭州，以此成家立业的人有很多。其中有喜欢行善积德的人，多抚恤孤苦，敬念老贫。每当看见买卖不顺利，坐困不乐之人，富家就观察他们的脸色，周济给予钱物，帮助他们的生计。或看到死后一无所有的人，妻儿不知所措，无钱安葬，富家就发给棺木，助其火葬，以办成丧事。或遇到大雪天气，无路可走，长幼啼号，口无饮食，身无衣盖，在路边挨饿受冻者，富家就挨家挨户亲自察看其孤苦艰难，夜里将碎金银或钱会插在穷人家的门缝中，周济其困苦。使清晨开门时的穷人能得到钱，仿佛是从天而降。或发给贫穷的乞丐棉被絮袄，使其温暖。如此饥饿之人和寒冷之人都得到救济，合家感恩戴德不尽。俗谚云：“作善者降百祥，天神佑之；作恶者降千灾，鬼神祸之。”上天赏善罚恶，报应快捷，世人应该以此为鉴。

卷十九

园囿

原 文

杭州苑囿，俯瞰西湖，高挹两峰[①]，亭馆台榭，藏歌贮舞，四时之景不同，而乐亦无穷矣。然历年既多，间有废兴，今详述之，以为好事者之鉴。在城万松岭内贵王氏富览园、三茅观东山梅亭、庆寿庵褚家塘东琼花园、清湖北慈明殿园、杨府秀芳园、张氏北园、杨府风云庆会阁。望仙桥下牛羊司侧，内侍蒋苑使住宅侧筑一圃，亭台花木，最为富盛。每岁春月，放人游玩，堂宇内顿放[②]买卖关扑，并体[③]内庭规式，如龙船、闹竿、花篮、花工，用七宝珠翠，奇巧装结，花朵冠梳，并皆时样。官窑碗碟，历古玩具，铺列堂右，俨如[④]关扑、歌叫之声，清婉可听。汤茶巧细车儿，排设进呈之器，桃村杏馆酒肆，装成乡落之景。数亩之地，观者如市。

城东新门外东御园，即富景园，顷孝庙奉宪圣皇太后尝游幸。五柳园，即西园。张府七位曹园。南山长桥庆乐园，旧名南园，隶赐福邸。园内有十样亭榭，工巧无二，俗云："鲁班造者。"射圃、走马廊、流杯池、山洞，堂宇宏丽，野店村庄，装点时景，观者不倦。内有关门，名凌风，关下香山巍然立于关前，非古沉即枯枿木耳[⑤]。盖考之志，与《闻见录》所载者误矣。净慈寺南翠芳园，旧名屏山园，内有八面亭堂，一片湖山，俱在目前。雪峰塔寺前有张府真珠园，内有高寒堂，极其华丽。塔后谢府新园，即旧甘内侍湖曲园。罗家园、白莲寺园、霍家园、方家坞刘氏园、北山集芳园。

四圣延祥观御园，此湖山胜景独为冠，顷有侍臣周紫芝从驾幸后山亭曾赋诗云："附山结真祠，朱门照湖水。湖流入中池，秀色归净几。风帘邃旌幢，神卫森剑履。清芳宿华殿，瑞雾蒙玉扆[⑥]。仿佛怀神京，想象轮奂美。祈年开新宫，祝厘[⑦]奉天子。良辰后难会，岁暮得斯喜。况乃清樾中，飞楼见千里。云车倘可乘，吾事兹已矣。便当赋远游，未可回屐齿。"园有凉台，巍然在于山巅，后改为西太乙宫黄庭殿，向朝臣高似孙曾赋诗曰："水明一色抱神洲，雨压轻尘不敢浮。山北山南人唤酒，春前春后客凭楼。射熊馆暗花扶扆，下鹄池深柳拂舟。白首都人能道旧，君王曾奉上皇游。”

注　释

①挹两峰：指收取两峰胜景。两峰：南高峰、北高峰。

②顿放：安置。

③体：效法。

④俨如：宛如，好像。

⑤沉：即沉香木。枯枿（niè）木：枯萎的树枝。

⑥扆（yǐ）：古代庙堂户牖之间绣有斧形的屏风。

⑦祝厘（lí）：祈求福佑，祝福。

译　文

略。

原　文

下竺寺园、钱塘门外九曲墙下择胜园、钱塘正库侧新园、城北隐秀园、菩提寺后谢府玉壶园、四井亭园、昭庆寺后古柳林杨府云洞园、西园、杨府具美园、饮绿亭、裴府山涛园、葛岭水仙庙西秀野园。集芳园，为贾秋壑赐第耳。赵秀王府水月园、张府凝碧园、孤山路张内侍总宜园、西林桥西水竹院落。里湖内诸内侍园囿，楼台森然，亭馆花木，艳色夺锦。白公竹阁[①]，潇洒清爽。沿堤先贤堂、三贤堂、湖山堂，园林茂盛，妆点湖山。

九里松嬉游园、涌金门外堤北一清堂园。显应观西斋堂观南聚景园，孝、光、宁三帝尝幸此，岁久芜圮[②]，迨今仅存一堂两亭耳，堂匾曰“鉴远”，亭曰“花光”，一亭无匾，植红梅。有两桥曰“柳浪”，曰“学士”，皆粗见大概，惟夹径老松益婆娑，每盛夏秋首，芙蕖绕堤如锦，游人舣舫赏之。顷有侍从陆游舟过作诗咏曰：“圣主忧民罢露台，春风侧苑画常开。尽除曼衍鱼龙戏，不禁刍荛[③]雉兔来。水鸟避人横翠霭，宫花经雨委苍苔。残年自喜身强健，又作清都梦一回。”“水殿西头起砌台，绿杨闹处杏花开。箫韶本与人同乐，羽卫才闻岁一来。鹢首波先涵藻荇，金铺雨后上莓苔。远臣侍宴应无日，日望尧云到晚回。”高似孙《游园咏》曰：“翠华不同苑中来，可是年年惜露台。水际春风寒漠漠，官梅却作野梅开。”

张府泳泽环碧园，旧名清晖园，大小渔庄，其余贵府内官沿堤大小园囿，水阁凉亭，不计其数。御前宫观，俱在内苑，以备车驾幸临憩足之处。内东太乙宫有内苑，后一小山，名曰“武林山”，即杭城之主山也。宰臣楼钥曾赋长篇咏云：“易君求赋武林山，身困尘劳无暂闲。我求挂冠欲归去，念此诗债须当还。武林山出武林水，灵隐后山无乃是。此山亦复用此名，细考其来真有以。天目两乳到钱塘，一山环湖万龙翔。扶舆磅礴拥王气，皇居壮丽环宫墙。湖阴一峰如怒猊，势临城北尤瑰奇。吴越大作缁黄庐，为穿百井以厌之。从来有龙必有珠，此虽培塿[4]千山余。中兴南渡为行都，崇列原庙太乙庐。曾因祠事来登眺，阛阓尘中有员峤[5]，熏风时来洗溽暑，绿树荫荫隐残照。我得暂来犹醒心，羡君清福往年深。长安信美非吾土，倦翼惟思归故林。”

注释

①白公竹阁：在孤山广化寺柏堂之后，白居易担任杭州刺史时所建。

②芜圮：荒芜坍塌。

③刍荛（chú ráo）：割草打柴。也指割草打柴的人。

④培塿（lǒu）：指小土丘。

⑤阛阓（huán huì）：街市，街道。员峤：传说中海外五仙山之一，后沉没。

译文

略。

原文

城南则有玉津园，在嘉会门外南四里，绍兴四年金使来贺高宗天申圣节[1]，遂宴射其中。孝庙尝临幸游玩，曾命皇太子、宰执、亲王、侍从、五品以上官及管军官讲宴射礼，孝庙御制诗赐皇太子以下官曰：“一天秋色破寒烟，别籞[2]连堤压巨川。欣见岁功成万宝，因行射礼命群贤。腾腾喜气随飞羽，袅袅凄风入控弦。文武从来资并用，酒余端有侍臣篇。”时光庙在东宫侍驾，恭和曰：“秋深欲晓敛寒烟，翠木森围万里川。阊阖[3]启关传法驾，玉津按武会英贤。皇皇圣父明如日，挺挺良臣直似弦。蹈舞欢呼称万岁，未饶天保报恩篇。”宰臣曾怀恭和曰："名园佳气霭非烟，冠佩朝宗似百川。五品并令陪宴射，四镞[4]端欲序宾贤；恩涵春意鱼翻藻，威入秋声雁落弦。竣事更容窥典雅，宸章应陋柏梁篇。""江山秋日冠轻烟，别院风光胜辋川[5]。位设虎侯恢盛典，技精杨叶[6]拔名贤。礼均湛露宣飞斝[7]，乐奏钧天看发弦。圣主经文兼纬武，全胜巡幸射蛟篇。"其余群臣俱有恭和诗，不得罄竹而载。史魏王弥远出判宁国府[8]，理庙命宰执侍从于此园设燕饯行，有朝官胡铨赋诗曰："饯行朱邸帝城春，随例颠忙宴玉津。报国独劳千一虑，钧天同听十三人。金卮宣劝君王重，花露湔愁醉梦真。却忆故人猿鹤在，便思投老乞闲身。"按玉津园乃东都旧名，东坡尝赋诗，有"紫坛南峙表连冈"之句，盖亦密迩园坛也。

嘉会门外有山，名包家山，内侍张侯壮观园、王保生园。山上有关，名桃花关，旧匾"蒸霞"，两带皆植桃花，都人春时游者无数，为城南之胜境也。城北城西门外赵郭园。又有钱塘门外溜水桥东西马塍诸圃，皆植怪松异桧，四时奇花，精巧窠儿，多为龙蟠凤舞、飞禽走兽之状。每日市于都城，好事者多买之，以备观赏也。

注释

①天申圣节：南宋以宋高宗生辰为天申节。
②别籞（yù）：谓别苑。籞：禁苑。
③阊阖（chāng hé）：宫门的正门。
④鍭（hóu）：鍭矢，用于近射、田射或礼射。
⑤辋川：唐代诗人王维的别墅，在今陕西蓝田县中部偏南。
⑥技精杨叶：指射技胜过百步穿杨的古代神射手养由基。
⑦斝（jiǎ）：古代青铜制的酒器，三足，一耳朵，两柱，圆口呈喇叭形。
⑧史魏王弥远：史弥远，字同叔，南宋中期权相。宁国府：治今安徽宣城。

译文

略。

瓦　舍

原　文

瓦舍[1]者，谓其“来时瓦合，去时瓦解”之义，易聚易散也。不知起于何时，顷者京师甚，为士庶放荡不羁之所，亦为子弟流连破坏之门。杭城绍兴间驻跸于此，殿岩杨和王因军士多西北人，是以城内外创立瓦舍，招集妓乐，以为军卒暇日娱戏之地。今贵家子弟郎君，因此荡游，破坏尤甚于汴都也。

其杭之瓦舍，城内外合计有十七处，如清泠桥西熙春楼下，谓之“南瓦子”；市南坊北三元楼前谓之“中瓦子”；市西坊内三桥巷名“大瓦子”，旧呼“上瓦子”；众安桥南羊棚楼前名“下瓦子”，旧呼“北瓦子”；盐桥下蒲桥东谓之“蒲桥瓦子”，又名“东瓦子”，今废为民居；东青门外菜市桥侧名“菜市瓦子”；崇新门外章家桥南名“荐桥门瓦子”；新开门外南名“新门瓦子”，旧呼“四通馆”；保安门外名“小堰门瓦子”；候潮门外北首名“候潮门瓦子”，便门外北谓之“便门瓦子”；钱湖门外南首省马院前名“钱湖门瓦子”；亦废为民居；后军寨前谓之“赤山瓦子”；灵隐天竺路行春桥侧曰“行春瓦子”；北郭税务曰“北郭瓦子”，又名“大通店”；米市桥下“米市桥瓦子”；石碑头北麻线巷内则曰“旧瓦子”。

注　释

①瓦舍：宋元时期对商业性娱乐场所的称呼，其中有妓院、赌场，也有各种技艺表演。

译　文

所谓瓦舍，取其“来时瓦合，去时瓦解”之义，是说它易聚也易散。瓦舍不知起源于何时，过去在汴京颇为流行，是士庶放荡不羁的场所，也是后生子弟流连破坏的地方。绍兴年间，圣驾驻跸杭城，殿帅杨和王因军士多是西北人，因此在城内外创立瓦舍，招集妓乐，作为军卒闲暇时的娱乐之地。如今贵家子弟郎君，也到此荡游，其破坏力比汴京更甚。

……

塌房

原文

柳永《咏钱塘》[①]词曰："参差十万人家。"此元丰前语也。自高庙车驾由建康幸杭，驻跸几近二百余年，户口蕃息，近百万余家。杭城之外城，南西东北各数十里，人烟生聚，民物阜蕃，市井坊陌，铺席骈盛，数日经行不尽，各可比外路一州郡，足见杭城繁盛矣。

且城郭内北关水门里，有水路周回数里。自梅家桥至白洋湖、方家桥，直到法物库市舶前，有慈元殿及富豪内侍诸司等人家于水次起造塌房[②]数十所，为屋数千间，专以假赁与市郭间铺席宅舍及客旅寄藏物货，并动具等物。四面皆水，不惟可避风烛，亦可免偷盗，极为利便。盖置塌房家，月月取索假赁者管巡廊钱会，顾养人力，遇夜巡警，不致疏虞。其他州郡，如荆南沙市、太平州黄池[③]，皆客商所聚，虽云浩繁，亦恐无此等稳当房屋矣。

注释

①《咏钱塘》：即宋柳永《望海潮·东南形胜》。

②塌房：古代在水边建造的仓库，为寄存商旅货物的场所。

③荆南：五代十国有荆南政权，又称南平国，据有今湖北江陵、公安一带。宋太祖建隆四年(963)，荆南纳地归降。沙市：地名。南平国置沙头镇，属荆州江陵县所管。宋代设监镇，筑沙市城，名为沙市镇，隶属荆湖北路荆南府江陵县。今为湖北荆州沙市区。太平州：五代南唐保大末年置新和州，寻改雄远军，宋改曰平南军，升为太平州。州治今安徽当涂，辖区大致相当于今安徽马鞍山及芜湖。黄池：今安徽当涂黄池镇。

译文

柳永词《望海潮》咏杭州云："参差十万人家。"这是神宗元丰以前的评价。自从高宗车驾由建康临幸杭州，驻跸已近两百多年。户口繁衍生息，已有近百万余户人家。杭城的外城，南西东北各数十里，人烟生聚，民物阜蕃，市井坊陌，铺席骈盛，数日经行都不能看尽，各可比外路的一个小州郡，足见杭州的繁盛。

而城郭内北关水门里，有一条周回数里的水路。从梅家桥到白洋湖、方家桥，直到法物库市舶前，有慈元殿及富豪内侍诸司等人家，在水边起造塌房数十所，盖房屋数千间，专门租赁给市郭间铺席宅舍以及客旅寄藏物货，还有动具等物。塌房四面环水，不仅能防避风烛引起火灾，还能防止盗贼窃取，极为利便。建置塌房的人家，每月向租赁者索取看管巡视的钱会，雇佣人力，夜间巡警，不致疏虞。其他州郡，像荆南的沙市、太平州的黄池也是客商所聚集的地方，虽也人烟浩繁，但恐怕也没有这样的稳当房屋。

社　会

原　文

文士有西湖诗社，此乃行都缙绅之士及四方流寓[①]儒人，寄兴适情赋咏，脍炙人口，流传四方，非其他社集之比。武士有射弓踏弩社，皆能攀弓射弩，武艺精熟，射放娴习，方可入此社耳。更有蹴鞠、打球、射水弩社，则非仕宦者为之，盖一等富室郎君、风流子弟与闲人所习也。

奉道者有灵宝会，每月富室当供持诵《正一经》卷。如正月初九日玉皇上帝诞日，杭城行香诸富室，就承天观阁上建会。北极佑圣真君圣降及诞辰，士庶与羽流建会于宫观或于舍庭。诞辰日，佑圣观奉上旨建醮，士庶炷香纷然。诸寨建立圣殿者，俱有社会，诸行亦有献供之社。遇三元[②]日，诸琳宫建普度会，广度幽冥。二月初三日梓潼帝君诞辰，川蜀仕宦之人就观建会。三月二十八日，东岳诞辰。四月初六日，城隍诞辰。二月初八日，霍山张真君圣诞。四月初八日，诸社朝五显王[③]庆佛会。九月二十九日，五王诞辰。

每遇神圣诞日，诸行市户，俱有社会迎献不一。如府第内官，以马为社。七宝行献七宝玩具为社。又有锦体社、台阁社、穷富赌钱社、遏云社、女童清音社、苏家巷傀儡社、青果行献时果社、东西马塍献异松怪桧奇花社、鱼儿活行以异样龟鱼呈献，豪富子弟绯绿清音社、十闲等社。有内官府第，以精巧雕镂笯笼[④]，养畜奇异飞禽迎献者，谓为可观。遇东岳诞日，更有钱燔社、重囚枷锁社也。

注 释

①流寓：流落他乡居住。

②三元：即农历正月十五上元节、七月十五中元节、十月十五下元节。

③五显王：即五显大帝，又称“五圣大帝”“华光菩萨”，民间俗称“马王爷”。

④筠笼：鸟笼。

译 文

文士有西湖诗社，这是杭州的士大夫以及四方流落他乡居住的儒生，寄兴适情，吟诗作赋，脍炙人口，流传四方，非其他社集可比。武士有射弓踏弩社，社员都能攀弓射弩，武艺精熟，必须射放娴熟，才能加入此社。更有蹴鞠、打球、射水弩社，则并非仕宦者所建之社，都是一等富家郎君、风流子弟与闲人所习。

……

原 文

奉佛者有上天竺寺光明会，俱是富豪之家，及大街铺席施以大烛巨香，助以斋资供米，广设胜会，斋僧礼忏[①]三日，作大福田[②]。又有善女人，皆府室宅舍、内司之府第娘子夫人等，建庚申会，诵《圆觉经》，俱带珠翠珍宝首饰赴会，人呼曰“斗宝会”。更有城东城北善友道者，建茶汤会，遇诸山寺院建会设斋，及神圣诞日，助缘设茶汤供众。

四月初八日，六和塔寺集童男童女善信人建朝塔会。九月初一日，湖州市遇土神崇善王诞日，亦有童男童女迎献茶果，以还心愫[③]。每月遇庚申或八日，诸寺庵舍，集善信人诵经设斋，或建西归会。宝叔塔[④]寺每岁春季，建受生寄库大斋会。诸寺院清明建供天会。七月十五日，建盂兰盆会。二月十五日，长明寺及诸教院建涅槃会。四月八日，西湖放生池建放生会，顷者此会所集数万人。太平兴国传法寺向者建净业会，每月十七日集善男信人，十八日集善女信人，入寺诵经，设斋听法，年终以所收赀金，建药师道场七昼夜，以终其会，今废之久矣。其余白莲、行法、三坛等会，各有所分也。

注 释

①礼忏：礼拜与忏悔的略称，又作“拜忏”。即礼拜诸佛、菩萨，忏悔所造诸恶业。

②福田：谓可生福德之田。凡敬侍佛、僧、父母、悲苦者，即可得福德、功德，犹如农人耕田，能有收获，故以田为喻。

③还心愫：指还愿。

④宝叔塔：即今保俶塔。

译 文

奉佛者有上天竺寺光明会，成员都是富豪之家，大街铺席也施舍大烛巨香，襄助斋钱和米粮，广设胜会，斋僧礼忏三日，作大福田。又有善女人，都是府室宅舍、内司之府第的娘子夫人等，建庚申会，诵《圆觉经》，因她们都戴着珠翠珍宝首饰赴会，所以人们又称“斗宝会”。更有城东城北喜欢交友之人，建茶汤会，遇到诸山寺院建会设斋，以及神人圣人的诞辰，就助缘设茶汤供众人饮用。

……

闲 人

原 文

闲人本食客人。孟尝君门下有三千人，皆客矣。姑以今时府第宅舍言之。食客者，有训导蒙童[①]子弟者，谓之“馆客”。又有讲古论今、吟诗和曲、围棋抚琴、投壶打马[②]、撇竹写兰，名曰“食客”，此之谓闲人也。更有一等不着业艺，食于人家者，此是无成子弟，能文、知书、写字、善音乐，今则百艺不通，专精陪侍涉富豪子弟郎君，游宴执役，甘为下流，及相伴外方官员财主，到都营干。又有猥下之徒，与妓馆家书写柬贴取送之类。

更专以参随服役资生[③]，旧有百业皆通者，如纽元子[④]，学像生叫声，教虫蚁，动音乐，杂手艺，唱词白话，打令商谜[⑤]，弄水使拳，及善能取复供过[⑥]，传言送语。又有专为棚头[⑦]，斗黄头，养百虫蚁、促织儿，又谓之“闲汉”，凡擎鹰、架鹞、调鹁鸽、斗鹌鹑、斗鸡、赌扑落生之类。又有一等手作人，专攻刀镊，出入宅院，趋奉郎君子弟，专为干当杂事，插花挂画，说合交易，帮涉妄作，谓之“涉儿”，盖取过水之意。更有一等不本色业艺，专为探听妓家宾客，赶趁[8]唱喏，买物供过，及游湖酒楼饮宴所在，以献香送欢为由，乞觅赡家财，谓之“斯波”。大抵此辈，若顾之则贪婪不已，不顾之则强颜取奉，必满其意而后已。但看赏花宴饮君子，出着发放何如耳。

注释

①蒙童：知识未开的儿童。

②投壶：古代士大夫宴饮时做的一种投掷游戏，也是一种礼仪。打马：古代博戏名。

③参随：跟随，随从。资生：赖以为生。

④纽元子：宋杂剧的散段。由杂扮艺人扮演，内容多为未进过城、未见过世面的乡下人闹的笑话。

⑤打令：行酒令。商谜：猜谜语。

⑥取复：禀告，请求答复。供过：侍奉。

⑦棚头：专事斗鸡、逐兔、赌博等并以此为业的人。

⑧赶趁：为牟利而奔走活动。多指商贩做生意、歌女卖唱及演戏杂耍等。

译文

闲人起源于食客。战国时期孟尝君的门下有三千人，都是食客。姑且以今日府第宅舍来说。食客中有训导蒙童子弟的，叫作“馆客”。又有讲古论今、吟诗和曲、围棋抚琴、投壶打马、撇竹写兰的，叫作“食客”，又叫作“闲人”。更有一种不务生计，只寄食于他人的，都是一事无成的原世家子弟，他们能文知书，会写字，善音乐，如今则各种技艺都不精通，专门陪侍富贵家子弟郎君，游宴时供差使，甘为下流，以及相伴外地官员财主，到京城办事。又有猥下之徒，为妓馆书写柬贴、取送物件。

又有专以随从服侍为生的人。过去有百事都会的人，如表演纽元子，学像生叫声，教虫蚁，演奏音乐，表演杂手艺，唱词白话，打令商谜，弄水使拳，又善于取复供过，传言送语。又有专门做棚头的人，终日斗黄头，养百虫蚁、促织儿，又叫作“闲汉”，所干行当有擎鹰、架鹞、调鹁鸽、斗鹌鹑、斗鸡、赌扑落生之类。又有一种手作人，专攻刀镊，出入宅院，争相侍奉郎君子弟，专门干当杂事，如插花挂画，说合交易，帮忙胡作非为，叫作“涉儿”，取助人过河之意。更有一种不本分的人，专门探听妓家宾客，赶趁唱喏，替买物件，供奉差遣，或找到游湖酒楼饮宴所在，以献香送欢为由头，讨要钱财以养家，叫作“斯波”。大抵这类人，如果招徕，他们就贪婪无度；如果不招徕，他们就强颜欢笑，迎合奉承，必定得到满意的赏钱才罢休。这就要看赏花宴饮的君子如何出手打发了。

顾觅人力

原　文

凡顾倩人力及干当人[①]，如解库掌事、贴窗铺席、主管酒肆、食店博士、铛头、行菜、过买、外出鬙儿、酒家人师公大伯等人[②]。又有府第宅舍、内诸司都知、太尉直殿御药御带、内监寺厅分，顾觅大夫书表司厅子、虞候押番门子、直头轿番小厮儿、厨子火头、直香灯道人、园丁等人[③]。更有六房院府判提点、五房院承旨、太尉诸内司殿管判司幕士、六部朝奉，顾倩私身轿番安童[④]等人。或药铺要当铺郎中、前后作、药生作，下及门面铺席要当铺里主管后作，上门下番[⑤]当直安童。

俱各有行老引领，如有逃闪，将带东西，有元地脚[⑥]保识人前去跟寻。如府宅官员，豪富人家，欲买宠妾、歌童、舞女、厨娘、针线供过、粗细婢妮，亦有官私牙嫂[⑦]，及引置等人，但指挥便行踏逐下来。或官员士夫等人，欲出路、还乡、上官、赴任、游学，亦有出陆行老，顾倩脚夫脚从，承揽在途服役，无有失节。

注　释

①干当人：在官衙或大户人家府中被雇佣的杂役人员，一般以计件、计量或计时论工价。

②食店博士：与下文“铛头”“酒家人师公”皆指厨师。博士：古代对具有某种技艺或专门从事某种职业的人的尊称。外出鬙（sēng）儿：食店外兜售的小厮。大伯：此指店中招呼客人的小厮。

③厅子：差役。押番：宋代禁军中比兵高一级的军士。轿番：轿夫。

④安童：童仆。

⑤上门下番：上班下班。

⑥元地脚：指当地。

⑦牙嫂：即牙婆，古代民间以介绍人口买卖为业而从中牟利的妇女。

译　文

凡是要雇请人力及干当人，如当铺掌事、贴窗铺席、酒肆主管、食店博士、铛头、行菜、过买、外出鬙儿、酒家人师公大伯等人。又有府第宅舍、内诸司都知、太尉直殿御药御带、诸监诸寺厅分，雇佣大夫书表司厅子、虞候押番门子、当值轿夫小厮儿、厨子火头、值香灯道人、园丁等人。更有六房院府判提点、五房院承旨、太尉诸内司殿管判司幕士、六部朝奉，雇用私人轿夫童仆等人。药铺则要雇佣铺郎中以及前后作、药生作的管理人员，其他门面铺席也都要雇佣人员主管后作，以及轮流当值的童仆。

这些受雇佣的人员各有行老引领，如有逃闪，夹带东西，则有当地担保的相识的人前去找寻。如府宅官员，豪富人家，想要购买宠妾、歌童、舞女、厨娘、针线供过、粗细婢女，也有官私牙嫂，及引置等人，指挥行内人员依次供富家买雇。或官员士大夫等人想出门、还乡、上官、赴任、游学，也有出陆行老，雇请脚夫脚从，承担途中的服役，不会有差池。

四司六局筵会假赁

原　文

凡官府春宴，或乡会，或遇鹿鸣宴[①]，文武官试中设同年宴，及圣节满散祝寿公筵，如遇宴席，官府各将人吏，差拨四司六局人员督责，各有所掌，无致苟简。或府第斋舍，亦于官司差错执役，如富豪士庶吉筵凶席，合用椅桌、陈设书画、器皿盘合动事之类，则顾唤局分人员，俱可完备，凡事毋苟。

且谓四司六局所掌何职役，开列于后，如帐设司，专掌仰尘、录压、桌帏、搭席、帘幕、缴额、罘罳、屏风、书画、簇子、画帐等[②]。

如茶酒司，官府所用名“宾客司”，专掌客过茶汤、斟酒、上食、喝揖而已。民庶家俱用茶酒司掌管筵席，合用金银器具及直茶汤、暖烫、请坐、谘席、开话、斟酒、上食、喝揖、喝坐席[③]，迎送亲姻，吉筵庆寿，邀宾筵会，丧葬斋筵，修设僧道斋供，传语取复，上书请客，送聘礼合，成姻礼仪，先次迎请等事。

厨司，掌筵席生熟看食、妆饤[④]合食，前后筵九盏食品、坐歇坐泛劝品件，放料批切，调和精细美味羹汤，精巧簇花龙凤劝盘等事。

台盘司，掌把盘、打送、赍擎、劝盘、出食、碗碟等[⑤]。

果子局，掌装簇饤[⑥]盘看果、时新水果、南北京果、海腊肥脯、脔切、像生花果、劝酒品件。

蜜煎局，掌簇饤看盘、果套山子、蜜煎像生窠儿。

菜蔬局，掌筵上簇饤看盘菜蔬，供筵泛供异品菜蔬、时新品味、糟藏像生件段等。

油烛局，掌灯火照耀、上烛、修烛、点照、压灯、办席、立台、手把、豆台、竹笼、灯台、装火、簇炭。

香药局，掌管龙涎、沉脑、清和、清福异香，香垒、香炉、香球、装香簇尽细灰。效事听候换香，酒后索唤异品醒酒汤、药饼儿。

排办局，掌椅桌、交椅、桌凳、书桌，及洒扫、打渲⑦、拭抹、供过之职。

盖四司六局等人，祇直惯熟，不致失节，省主者之劳也。欲就名园异馆、寺观亭台，或湖舫会宾，但指挥局分，立可办集，皆能如仪。俗谚云："烧香点茶，挂画插花，四般闲事，不宜累家。"若有失节者，是祇役人不精故耳。且如筵会，不拘大小，或众官筵上喝犒⑧，亦有次第，先茶酒，次厨司，三伎乐，四局分，五本主人从。此虽末事，因笔述之耳。

注　释

①鹿鸣宴：科举时代乡试后，州县长官宴请得中举子，或于放榜次日，宴主考、执事人员及新举人。

②仰尘：天棚，在户外用竹木席幔等搭起的棚，用以遮蔽风雨日光。缴：缠绕。罘罳（fú sī）：指室内的屏风。

③暖烫：当指烫酒。谄席：安排坐席。一说席间与客人聊天。

④妆饤（dìng）：同"看食"，指仅供陈设的食品。

⑤打送：即送。赍擎：捧持，持送。劝盘：劝酒时用来放酒杯的盘子。

⑥簇饤：堆叠在食具中供陈设的食品。

⑦打渲：用水洗涤。

⑧喝犒：此指筵席结束后主家的犒赏。

译　文

凡是官府春宴，或同乡集会，或鹿鸣宴，或考中的文武官设同年宴，以及圣节满散祝寿公筵，如果要置办宴席，官府各派人吏，差拨四司六局人员督责，各有所执掌的事务，使其不致草率。有些府第斋舍，也像官府一样差派服务人员，如富贵士庶家的吉筵凶席，使用椅桌、陈设书画、器皿盘盒等器具之类，则雇请局分人员操持，一切皆可完备，任何细节都不会马虎。

且说这四司六局分别执掌什么事务，如今开列于后，如帐设司，专门负责搭天棚、压棚边、摆桌帏、搭座席，以及置办帘幕、缴额、罗网、屏风、书画、簇子、画帐之类。

如茶酒司，官府叫作“宾客司”，专门负责给客人呈送茶汤、斟酒、上食、喝揖的事情。普通百姓家都用茶酒司掌管筵席，使用金银器具及负责呈送茶汤、烫酒、请客入座、安排席位、陪客聊天、斟酒、上食、喝揖、喝坐席，以及迎送姻亲，吉筵上庆寿，邀请宾朋赴宴，操办丧葬斋筵，修设僧道的斋供，传话回复，上书请客，婚礼时送聘礼盒，促成婚姻礼仪，以及先前的迎请等事。

厨司，负责筵席上生熟看食、妆饤盒食、前后筵九盏食品、坐歇坐乏时的劝酒食物，以及处理食材，批切骨肉，调合精细美味的羹汤，摆放精巧的簇花龙凤劝盘等事。

台盘司，负责盘碟使用，打送酒食，捧持酒食，供应劝盘，呈上食物，接应碗碟等事。

果子局，负责摆放簇饤盘中的看果、时新水果、南北京果、海腊肥脯、脔切、像生花果、劝酒食物等。

蜜煎局，负责摆放簇饤盘、果套山子、蜜煎像生窠儿。

菜蔬局，负责筵席上簇饤看盘里的菜蔬，供应筵席上的各种异品菜蔬、时新品味、糟藏像生食物等。

油烛局，负责灯火照耀、点蜡烛、剪烛花、点火照明、压灯、办席、立烛台、提蜡烛、立豆台、设竹笼、立灯台，以及装火、簇炭之类事务。

香药局，负责龙涎香、沉脑香、清和香、清福异香，使用香垒、香炉、香球，以及装香、簇尽细灰。随时听候换香，并准备异品醒酒汤、药饼儿，供宾客酒后索唤。

排办局，负责椅桌、交椅、桌凳、书桌，及洒扫、洗涤、拭抹、侍奉的事务。

四司六局的人员，供奉熟练，不会有差错，省去主人家的劳累。如果要去名园异馆、寺观亭台，或湖船画舫中会集宾客，也只要指挥四司六局人员，立刻就能操办妥当，都能符合仪规。俗谚说：“烧香点茶，挂画插花，四般闲事，不宜累家。”如果出现差池，就是供奉之人干活不精的缘故。拿宴会来说，不论大小，有时众官在结席时犒赏，也要遵循一定的次序，先是茶酒司，其次是厨司，第三是伎乐人，第四是其他局分人员，第五是主人家的随从。这些虽是末节小事，顺便记述下来。

卷二十

嫁娶

原 文

婚娶之礼，先凭媒氏，以草帖子[①]通于男家。男家以草帖问卜或祷签，得吉无克，方回草帖。亦卜吉媒氏通音，然后过细贴，又谓“定帖”。帖中序男家三代官品职位名讳，议亲第几位男，及官职年甲月日吉时生，父母或在堂[②]、或不在堂，或书主婚何位尊长。或入赘，明开将带金银、田土、财产、宅舍、房廊、山园，俱列帖子内。女家回定帖，亦如前开写，及议亲第几位娘子，年甲月日吉时生，具列房奁、首饰、金银、珠翠、宝器、动用、帐幔等物，及随嫁田土、屋业、山园等。其伐柯人[③]两家通报，择日过帖，各以色彩衬盘安定帖送过，方为定论。

然后男家择日备酒礼诣女家，或借园圃，或湖舫内，两亲相见，谓之“相亲”。男以酒四杯，女则添备双杯，此礼取男强女弱之意。如新人中意，即以金钗插于冠髻中，名曰“插钗”。若不如意，则送彩缎二匹，谓之“压惊”，则姻事不谐矣。既已插钗，则伐柯人通好，议定礼，往女家报定。

若丰富之家，以珠翠、首饰、金器、销金裙褙，及缎匹、茶饼，加以双羊牵送。以金瓶酒四樽或八樽，装以大花银方胜[④]，红绿销金酒衣簇盖酒上，或以罗帛贴套花为酒衣，酒担以红彩缴之。男家用销金色纸四幅为三启，一礼物状共两封，名为“双缄”，仍以红绿销金书袋盛之，或以罗帛贴套、五男二女绿盝[⑤]，盛礼书为头合，共辏十合或八合，用彩袱盖上送往。女家接定礼合，于宅堂中备香烛酒果，告盟三界[⑥]，然后请女亲家夫妇双全者开合。其女氏即于当日备回定礼物，以紫罗及颜色缎匹、珠翠须掠、皂罗巾缎、金玉帕环、七宝巾环、篋帕鞋袜女工答之[⑦]。更以元送茶饼果物，以四方回送，羊酒亦以一半回之。更以空酒樽一双，投入清水，盛四金鱼，以箸一双、葱两株，安于樽内，谓之“回鱼箸”。若富家官户，多用金银打造鱼箸各一双，并以彩帛造像生葱双株，挂于鱼水樽外答之。

自送定之后，全凭媒氏往来，朔望传语。遇节序，亦以冠花彩缎合物酒果遗送，谓之“追节”。女家以巧作女工金宝帕环答之。次后择日则送聘，预令媒氏以鹅酒，重则羊酒，导日方行送聘之礼。且论聘礼，富贵之家当备三金送之，则金钏、金镯、金帔坠[8]者是也。若铺席宅舍，或无金器，以银镀代之。否则贫富不同，亦从其便，此无定法耳。更言士宦，亦送销金大袖、黄罗销金裙、缎红长裙，或红素罗大袖缎亦得，珠翠特髻、珠翠团冠、四时冠花、珠翠排环等首饰，及上细杂色彩缎匹帛，加以花茶果物、团圆饼、羊酒等物。又送官会[9]银铤，谓之“下财礼”，亦用双缄聘启礼状。或下等人家，所送一二匹，官会一二封，加以鹅酒茶饼而已。若下财礼，则女氏得以助其虚费耳。又有一等贫穷，父母兄嫂所倚者，惟色可取，而奁具茫然，在议亲者以首饰衣帛，加以楮物[10]送往，谓之“兜裹”。今富家女氏既受聘送，亦以礼物答回，以绿紫罗双匹、彩色缎匹、金玉文房玩具、珠翠须掠女工等，如前礼物。更有媒氏媒箱、缎匹、盘盏、官楮、花红礼合惠之。

注　释

①草帖子：简略的庚帖，即写有出生年月日的帖子。

②在堂：指父母健在。

③伐柯人：古代对媒人的称呼。

④方胜：古代妇女的首饰，由两个菱形部分相迭而成。后也指这种形状的图案或花样。后这种形状被赋予了“同心双合，彼此相通”的吉祥含义。

⑤盝（lù）：古代小型妆具。常多重套装，顶盖与盝体相连，呈方形，盖顶四周下斜，多用作藏香器或盛放玺、印、珠宝。

⑥三界：此处当指人、鬼、神三界。

⑦须掠：胡梳。环：泛指圆圈形物。箧（qiè）：箱子一类的东西。

⑧帔（pèi）坠：系在霞帔上的坠子。

⑨官会：宋代发行的纸币。

⑩楮物：即纸币，多用楮皮纸制成，故称。

译　文

凡婚姻嫁娶的礼节，先要请媒人作主，女家先起草一份草帖子给男家。男家根据草帖子上所写女方的情况，问卜或祷签，得到吉利不相克的结果后，才回复草帖子。同时占卜一个吉利的媒人来通音信，然后起草细帖子，又叫“作定帖”。帖中按次序写上男家曾祖、祖父、父辈三代的官阶、职位和名字，议亲的男子排行第几，及官职、年龄、某月某日某时生，父母是否健在，或写上主婚人是哪位尊长。有的是男方入赘，就明确开列将要带到女家的金银、田土、财产、宅舍、房廊、山园，全部写到帖子内。女家回定帖，也像男家定帖那样开写己方家族情况，及议亲的女子排行第几，年方几何，某月某日某时生，详细开列房奁、首饰、金银、珠翠、宝器、动用、帐幔等物，以及随嫁的田土、屋业、山园等。媒人两家通报，择日过帖，各以彩色衬盘装着定帖送到对方家，才算定论。

然后男家择日准备酒礼前往女家，或租借园圃，或在湖舫内，两亲相见，叫作“相亲”。男子以酒四杯，女子则添备双杯，此礼取男强女弱之意。如果新人中意，就将金钗插在冠髻中，叫作“插钗”。如果不如意，则送彩缎二匹，叫作“压惊”，那婚姻就不能成了。既已插钗，媒人通好，商议定礼，往女家报定。

如果是丰实富贵之家，以珠翠、首饰、金器、销金裙褙、缎匹、茶饼等物，加以双羊牵送。又以金瓶酒四樽或八樽，用大花和银方胜装饰，红绿销金酒衣簇盖酒上，或以罗帛贴套花为酒衣，酒担以红彩线缠绕。男家用销金色纸四幅为三启，其中礼物状的启有两封，叫作“双缄”，又以红绿销金书袋盛放。或以罗帛贴套、绘有五男二女图案的绿盏，盛放礼书为头盒，共凑十盒或八盒，用彩袱盖上，送往女家。女家接到定礼礼盒后，在宅堂中备香烛酒果，告盟三界，然后请亲属中一位夫妇双全的人打开礼盒。女家随即于当日备办回定礼的物件，以紫罗及彩色缎匹、珠翠须掠、皂罗巾缎、金玉帕环、七宝巾环、箧帕鞋袜女工回赠男家。更以男家定礼中的茶饼果物回送，羊酒也以一半回送。又以一双空酒樽，投入清水，盛四条金鱼，以箸一双、葱两株，放到樽内，叫作“回鱼箸”。如果是富贵官宦人家，多用金银打造鱼箸各一双，并以彩帛制造两株像生葱，挂在鱼水樽外回赠。

自从双方送定礼后，全凭媒人往来，朔日往日传话。遇到节日，男家以冠花、彩缎、盒装礼物、酒果赠送，叫作“追节”。女家以制作精巧的女工、金宝帕环回赠。此后择日送聘礼，预令媒人以鹅酒，更好一点的用羊酒，安排好日期后方行送聘之礼。且说这聘礼，富贵之家当准备三金相送，即金钏、金镯、金帔坠。如果是铺席宅舍寻常人家，家中没有金器，就以银上镀金代替。否则贫富不同，也听从其便，没有固定的规矩。更有仕宦人家，也送销金大袖、黄罗销金裙、缎红长裙、红素罗大袖缎，以及珠翠特髻、珠翠团冠，四时冠花、珠翠排环等首饰，还有精细各色彩缎匹帛，加以花茶果物、团圆饼、羊酒等物。又送官会银铤，叫作“下财礼”，也用双启盛装，为双缄，作为聘礼。有的下等人家，所送聘礼仅一二匹帛缎，一二封官会，加以鹅酒茶饼而已。像这些聘礼，尽为女家所得，不过虚增耗费而已。又有一种贫穷人家的女子，是父母兄嫂所依靠的，唯有姿色可取，而嫁妆匮乏，与她议亲的男家就送去首饰衣帛和纸币，叫作“兜裹”。如今富家女子接受聘礼后，也以礼物回赠男家，以双匹绿紫罗、彩色缎匹、金玉文房玩具、珠翠须掠女工等，还有如前面叙及的礼物。更有媒人的媒箱、缎匹、盘盏、官会、花红礼盒馈赠。

原　文

自聘送之后，节序不送，择礼成吉日。再行导日，礼报女氏。亲迎日分，先三日，男家送催妆花髻、销金盖头、五男二女花扇、花粉盝、洗项、画彩钱果之类。女家答以金银双胜御、罗花幞头、绿袍、靴笏等物。前一日，女家先往男家铺房，挂帐幔，铺设房奁器具、珠宝首饰动用等物，以至亲压铺房，备礼前来暖房。又以亲信妇人，与从嫁女使，看守房中，不令外人入房，须待新人，方敢纵步往来。

至迎亲日，男家刻定时辰，预令行郎，各以执色如花瓶、花烛、香球、沙罗洗漱、妆合、照台、裙箱、衣匣、百结、青凉伞、交椅，授事街司等人，及顾借官私妓女、乘马，及和倩[①]乐官、鼓吹，引迎花檐子或粽檐子藤轿，前往女家，迎取新人。其女家以酒礼款待行郎[②]，散花红、银碟、利市钱会讫[③]，然后乐官作乐催妆，克择官[④]报时辰，催促登车，茶酒司互念诗词，催请新人出阁登车。既已登车，擎檐从人未肯起步，仍念诗词，求利市钱酒毕，方行起檐作乐。迎至男家门首，时辰将正，乐官、妓女及茶酒等人互念诗词，拦门求利市钱红。克择官执花斗，盛五谷豆钱彩果，望门而撒，小儿争拾之，谓之“撒谷豆”，以压青阳[⑤]煞耳。方请新人下车，一妓女倒朝车行捧镜，又以数妓女执莲炬花烛，导前迎引。遂以二亲信女使，左右扶侍而行，踏青锦褥或青毡花席上行。先跨马鞍，蓦背平秤过[⑥]，入中门，至一室中少歇，当中悬帐，谓之“坐虚帐”。或径迎入房室内，坐于床上，谓之“坐床富贵”。其家委亲戚接待女氏亲家，及亲送客。会汤次拂，备酒四盏款待。若论浙东，以亲送客急三杯或五盏而回，名曰“走送”。

注释

①和倩：和雇，雇请。

②行郎：男家派遣到女家迎亲的青年男子。

③花红：相当于今日的红包。利市：吉利，好运气。

④克择官：选定时辰的人员。

⑤青阳：即青羊，神话中的木精、煞神。

⑥蓦背平秤过：未知何义。《东京梦华录·娶妇》："引新人跨鞍、蓦草及秤上过。"蓦：跳跃。

译文

自送过聘礼后，节日时不再送礼，选择吉日办成婚礼。媒人再行安排日期，礼报女家。迎亲日前三天，男家送催妆花髻、销金盖头、绘有五男二女图案的花扇、花粉盝、洗项、画彩钱果之类到女家。女家以金银双胜御、罗花幞头、绿袍、靴笏等物回赠。迎亲日前一天，女家先到男家铺房，挂帐幔，铺设房奁器具、珠宝首饰等日用器物，以及亲自压铺房，备办礼品前来暖房。又派亲信妇人和陪嫁的女仆看守房中，不让外人入房，必须等新人进入，才让他人纵步往来。

到迎亲当日，男家刻定时辰，预先让行郎将花瓶、花烛、香球、沙罗洗漱、妆合、照台、裙箱、衣匣、百结、青凉伞、交椅等仪仗器物交给街司等人擎拿，以及雇佣妓女、乘马及乐官、鼓吹，引迎花檐子或粽檐子藤轿，前往女家，迎娶新人。女家以酒礼款待行郎，发过花红、银碟、利市钱会后，乐官奏乐催促新娘装扮，克择官报时辰，催促新娘登车，茶酒司互念诗词，催请新娘出阁登车。新娘登车后，抬檐的人不肯出发，仍念诗词，是在讨要利市钱酒，给了之后，才起檐奏乐。将新娘迎至男家门首，吉时将至，乐官、妓女及茶酒司等人互念诗词，拦门讨要利市钱红。克择官执花斗，盛五谷豆钱彩果，朝门口撒去，小孩子们争相拾取，叫作"撒谷豆"，世俗认为这样可以镇住青羊等煞神。一系列仪式后，才请新娘下车，一个妓女捧着镜子面朝车倒行，又有数名妓女手执莲炬花烛，在前面导引新娘前行。之后又以两名亲信女仆，左右扶持新娘，脚踏青锦褥或青毡花席上行走。新娘先要跨过马鞍，再从草和秤上跳过，进入中门，到一室中稍作歇息，屋中悬帐，叫作"坐虚帐"。或者径直迎入房中，坐在床上，叫作"坐床富贵"。男家委托亲戚接待女方亲家，以及送亲的宾客。简单地准备茶汤，备四盏酒款待。若论浙东风俗，送亲宾客快速饮酒三杯或五盏后就告辞了，叫作"走送"。

原 文

向者迎新郎礼，其婿服绿裳、花幞头，于中堂升一高座，先以媒氏或亲戚互斟酒，请下高座归房。至外姑致请，方下座回房坐富贵。今此礼久不用矣，止用妓乐花烛，迎引入房。房门前先以彩帛一段横挂于楣上，碎裂其下，婿入门，众手争扯而去，谓之“利市缴门”，争求利市也。婿登床右首坐，新妇坐左首，正坐富贵礼也。其礼官请两新人出房，诣中堂参堂，男执槐简，挂红绿彩绾双同心结倒行，女挂于手，面相向而行，谓之“牵巾”。并立堂前，遂请男家双全女亲，以秤或用机杼挑盖头，方露花容，参拜堂次诸家神及家庙。行参诸亲之礼毕，女复倒行，执同心结，牵新郎回房，讲交拜礼，再坐床。礼官以金银盘盛金银钱、彩钱、杂果撒帐次，命妓女执双杯，以红绿同心结绾盏底，行交卺礼[①]毕，以盏一仰一覆，安于床下，取大吉利意。次男左女右结发，名曰“合髻”。又男以手摘女之花，女以手解郎绿抛纽，次掷花髻于床下，然后请掩帐。

新人换妆毕，礼官迎请两新人诣中堂，行参谢之礼。次亲朋讲庆贺，及参谒外舅姑已毕，则两亲家行新亲之好，然后入礼筵。行前筵五盏礼毕，别室歇坐，数杯劝色，以叙亲义，仍行上贺赏花节次。仍复再入公筵，饮后筵四盏，以终其仪。

三日，女家送冠花、彩缎、鹅蛋，以金银缸儿盛油蜜，顿于盘中，四围撒贴套丁胶[②]于上，并以茶饼鹅羊果物等合送去婿家，谓之“送三朝礼”也。其两新人于三日或七朝九日，往女家行拜门礼。女亲家广设华筵，款待新婿，名曰“会郎”，亦以上贺礼物与其婿。礼毕，女家备鼓吹迎送婿回宅第。女家或于九朝内，移厨往婿家致酒，谓之“暖女会”。自后迎女回家，以冠花、缎匹、合食之类，送归婿家，谓之“洗头”。至一月，女家送弥月礼合，婿家开筵，延款亲家及亲眷，谓之“贺满月会亲”。自此礼仪可简。遇节序，两亲互送节仪。若士庶百姓之家，贫富不等，亦宜随家丰俭，却不拘此礼。若果无所措，则已之。

注 释

①交卺（jǐn）礼：即喝交杯酒。卺：古代结婚时用作酒器的一种瓢。

②套丁胶：当是取生男丁的寓意。

译　文

从前迎新郎的礼节，新郎身穿绿衣裳，戴花幞头，登上中堂上的一个高座，先让媒人或亲戚互相斟酒，请新郎下高座回房。直到岳母来请，新郎才下座回房坐富贵。如今此礼已经好久不用了，只用妓乐花烛，迎引入房。房门前先用一段彩帛横挂于楣上，将其下部撕裂成条，新郎入房，众人争相撕扯彩帛而去，叫作“利市缴门”，争求吉利的意思。新郎坐在床右首，新娘坐在床左首，行富贵礼时才坐正中。礼官请两位新人出房，前往中堂参见长辈，新郎手执槐木简，简上挂红绿彩绾双同心结，倒着行走，新娘把同心结挂在手上，面对着新郎行走，叫作“牵巾”。两位新人并立堂前，于是请出男家一位夫妇双全的女性亲属，用秤竿或用机杼挑盖头，新娘这才露出花容，参拜长辈，其次参拜诸家神及家庙。参拜诸亲之礼行毕，新娘倒行，手执同心结，牵新郎回房，讲交拜礼，再坐床。礼官用金银盘盛金银钱、彩钱、杂果抛洒在帐边，又命妓女执双杯，以红绿同心结绾结盏底，让新郎新娘行交卺礼。礼毕，酒盏一仰一覆，放在床下，取大吉利意。随后男左女右将头发结在一起，叫作“合髻”。此外，新郎用手摘下新娘所戴之花，新娘用手解开新郎的绿抛纽，又将花髻掷到床下，然后请人将床帐掩上。

两位新人换妆后，礼官迎请他们前往中堂，行参谢之礼。其次是亲朋庆贺，参拜完岳父岳母后，则两亲家行新亲之好，然后一起入礼筵。前筵五盏礼行毕，到别室歇坐，劝酒数杯，以叙亲情，又一起赏花。再次进入公筵，饮后筵四盏，礼仪结束。

婚礼后三日，女家送冠花、彩缎、鹅蛋，有用金银缸儿盛油蜜，置于盘中，四围撒贴套丁胶在上面，并以茶饼鹅羊果物等礼盒送往女婿家，叫作“送三朝礼”。两位新人于婚礼后三日或七朝九日，前往女家行拜门礼。女亲家大摆筵席，款待新婿，叫作“会郎”，又用以上贺礼物赠送新婿。礼毕，女家备办鼓吹迎送新婿回宅第。女家或于婚礼后九朝内，前往新婿家喝酒聚会，叫作“暖女会”。此后娘家人迎接女儿回家，以冠花、缎匹、盒食之类送到新婿家，叫作“洗头”。婚礼满一月，女家送弥月礼盒，婿家摆筵席，款待亲家和亲眷，叫作“贺满月会亲”。自此之后，礼仪可简。遇到节日，两家互送节礼。如果是士庶百姓之家，贫富不等，也根据家庭丰俭情况操办，不必拘于此礼。如果是真的没有能力置办，那就作罢。

育 子

原 文

杭城人家育子，如孕妇入月，于月初，外舅姑家以银盆或彩盆，盛粟秆一束，上以锦或纸盖之，上簇花朵、通草，贴套五男二女意思，及眠羊卧鹿，并以彩画鸭蛋一百二十枚，膳食羊、生枣、栗果，及孩儿绣彩衣，送至婿家，名“催生礼”。足月，既坐蓐分娩，亲朋争送细米炭醋。三朝与儿落脐炙囟[①]。七日名“一腊”，十四日谓之“二腊”，二十一日名曰“三腊”。女家与亲朋俱送膳食，如猪腰肚蹄脚之物。至满月，则外家以彩画钱，或金银钱、杂果，及以彩缎、珠翠、角儿食物等，送往其家，大展“洗儿会”，亲朋俱集。煎香汤于银盆内，下洗儿果、彩钱等，仍用色彩绕盆，谓之“围盆红”。尊长以金银钗搅水，名曰“搅盆钗”。亲宾亦以金钱、银钗撒于盆中，谓之“添盆”。盆内有立枣儿，少年妇争取而食之，以为生男之征。浴儿落胎发毕，以发入金银小合盛，以色线结绦络之。抱儿遍谢诸亲坐客，及抱入姆婶房中，谓之“移窠”。若富室宦家，则用此礼。贫下之家，则随其俭，法则不如式也。

生子百时，即一百日，亦开筵作庆。至来岁得周，名曰“周晬[②]”。其家罗列锦席于中堂，烧香炳烛，顿果儿饮食，及父祖诰敕[③]、金银七宝玩具、文房书籍、道释经卷、秤尺刀翦、升斗等子[④]、彩缎花朵、官楮钱陌、女工针线、应用物件，并儿戏物，却置得周小儿于中座，观其先拈者何物，以为佳谶[⑤]，谓之“拈周试晬”。其日诸亲馈送，开筵以待亲朋。

注 释

①囟（xìn）：婴儿头顶骨未合缝的地方。亦称“囟脑门儿”“顶门儿”。
②晬（zuì）：古时称婴儿满一百天或一周岁。所谓“三月能行，晬而能言”。
③诰敕：朝廷封官授爵的敕书。
④等子：即戥（děng）子。称小量东西的衡器。
⑤佳谶（chèn）：吉祥的谶语。谶：指事后应验的话。

译 文

杭城人家育子，如果孕妇到了要分娩的月份，于此月月初，女家要用银盆或彩画装饰的盆，盛放粟秆一束，盆上用锦绣或纸盖着，上面又装饰花朵、通草，粘贴着五男二女以示多子多福的花样，以及眠羊卧鹿造型的糕点，并以120枚彩画鸭蛋，膳食羊、生枣、栗果，及孩儿穿的绣彩衣，送到女婿家，叫作“催生礼”。孕妇足月分娩，亲戚朋友争相赠送细米炭醋。婴儿出生后三日，剪掉脐带，用灸法灸一次囟门。出生后七日，叫作“一腊”，十四日叫作“二腊”，二十一日叫作“三腊”。女家与亲戚朋友都送膳食，如猪腰肚蹄脚等物。到婴儿满月时，女家以彩画钱，或金银钱、杂果，又以彩缎、珠翠、角儿食物等，送往女婿家，大办“洗儿会”，亲朋好友俱集。煎香汤倒入银盆内，又向盆中放入洗儿果、彩钱等，又用彩带缠绕银盆，叫作“围盆红”。家中的尊长用金银钗搅水，叫作“搅盆钗”。亲朋宾客也将金钱、银钗撒入盆中，叫作“添盆”。盆中的枣子有直立的，年轻的少妇争相取食，认为这是生男孩的兆头。婴儿沐浴完毕，剃去胎发，将其装入金银小盒，用彩色丝线结绦缠绕。抱着婴儿依次向在座的亲朋宾客致谢，随后抱入姆婶房中，叫作“移窠”。富贵官宦之家，则用此礼，如果是贫下之家，则根据实际情况从简，仪式不像这样。

婴儿出生后一百天，也摆筵席庆贺。到来年后周岁，叫作“周晬”。其家在中堂罗列锦席，烧香点烛，置放果儿饮食，及父祖诰敕、金银七宝玩具、文房书籍、佛道经卷、秤尺刀翦、升斗等子、彩缎花朵、官会钱陌、女工针线、应用物件，还有儿童戏物，将周岁小儿置于中间，看他先抓取何物，作为他将来从事行业的预兆，叫作“拈周试晬”。次日亲朋馈送礼物，主家摆筵席招待亲朋宾客。

妓 乐

原 文

散乐，传学教坊十三部，惟以杂剧为正色[①]。旧教坊有筚篥部、大鼓部、拍板部。色有歌板色、琵琶色、筝色、方响色、笙色、龙笛色、头管色、舞旋色、杂剧色、参军等色。但色有色长，部有部头，上有教坊使、副钤辖、都管、掌仪、掌范，皆是杂流命官。其诸部诸色，分服紫、绯、绿三色宽衫，两下各垂黄义襕。

杂剧部皆诨裹，余皆幞头、帽子。更有小儿队、女童采莲队，其外别有钧容班人，四孟乘马从驾后动乐者是也。御马院使臣，凡有宣唤或御教，入内承应奏乐。绍兴年间，废教坊职名，如遇大朝会、圣节，御前排当及驾前导引奏乐，并拨临安府衙前乐人，属修内司教乐所集定姓名，以奉御前供应。向者汴京教坊大使孟角球曾做杂剧本子，葛守诚撰四十大曲，丁仙现捷才知音。南渡以后，教坊有丁汉弼、杨国祥等。景定年间至咸淳岁，衙前乐拨充教乐所都管、部头、色长等人员，如陆恩显、时和、王见喜、何雁喜、王吉、赵和、金宝、范宗茂、傅昌祖、张文贵、侯端、朱尧卿、周国保、王荣显等。

且谓杂剧中末泥[②]为长，每一场四人或五人。先做寻常熟事[③]一段，名曰"艳段"。次做正杂剧，通名"两段"。末泥色主张，引戏色分付，副净色发乔[④]，副末色打诨[⑤]。或添一人，名曰"装孤[⑥]"。先吹曲破断送[⑦]，谓之"把色"。大抵全以故事，务在滑稽唱念，应对通遍。此本是鉴戒，又隐于谏诤，故从便跳露，谓之"无过虫"耳。若欲驾前承应，亦无责罚，一时取圣颜笑。凡有谏诤，或谏官陈事，上不从，则此辈妆做故事，隐其情而谏之，于上颜亦无怒也。

又有杂扮，或曰"杂班"，又名"纽元子"，又谓之"拔和"，即杂剧之后散段也。顷在汴京时，村落野夫罕得入城，遂撰此端，多是借装为山东、河北村叟，以资笑端。今士庶多以从省，筵会或社会皆用。

注　释

①杂剧：古代有多种以杂剧为名的表演形式，其特点各有不同。宋代是各种滑稽表演、歌舞、杂戏的统称。色：与下文"部"同为古代教坊所属部门的名称。

②末泥：宋杂剧中的男主角。

③熟事：指大众熟悉的故事。

④发乔：假装憨愚之态。

⑤打诨：指即兴说笑逗乐。

⑦装孤：剧中属于官员一类的人物。

⑥曲破：大曲的第三段称"破"，单演唱此段称"曲破"。节奏紧促，有歌有舞。宋代甚为流行。宋元南戏也有用曲破的，似仅有吹奏乐曲而无舞蹈。断送：宋、元间戏曲名词。《宋元南戏百一录·总说二》："杂剧之后均有断送……求诸现代江浙方言，当即'饶头'之意。"

散乐，相传学教坊十三部，唯独以杂剧为正色。旧教坊有筚篥部、大鼓部、拍板部。色有歌板色、琵琶色、筝色、方响色、笙色、龙笛色、头管色、舞旋色、杂剧色、参军色。每色有色长，各部有部头，更上有教坊使、副钤辖、都管、掌仪、掌范等官，都是杂流官员。各部所穿的衣服，分紫色、绯色、绿色三种宽衫，两边下摆各垂着黄义襕。

杂剧部演员都戴诨裹，其余都戴幞头、帽子。又有小儿队、女童采莲队，另外别有钧容班，就是皇帝四季孟享时随驾在后，乘着马演奏音乐的人。御马院使臣，凡是有宣唤或御教，入宫内听候差遣，演奏音乐。绍兴年间，朝廷废除教坊职名，如遇大朝会、圣节，需要人员在御前排当及驾前导引奏乐，都调派临安府衙前乐人，属修内司教乐所集定姓名，以奉御前供应。从前汴京教坊大使孟角球曾撰写杂剧本子，葛守诚撰写四十大曲，又有丁仙现，才思敏捷，通晓音律。宋室南渡以后，教坊有丁汉弼、杨国祥等。景定年间至咸淳年间，临安衙前乐拨充教乐所都管、部头、色长等人员，如陆恩显、时和、王见喜、何雁喜、王吉、赵和、金宝、范宗茂、傅昌祖、张文贵、侯端、朱尧卿、周国保、王荣显等。

且说这杂剧之中，末泥为长，每四人或五人为一场。首先表演寻常熟事一段，叫作“艳段”。其次表演正杂剧，通称为“两段”。表演过程中，末泥色担任主角，引戏色吩咐剧情，副净色假装憨愚，副末色插科打诨。或再添一人，叫作“装孤”。吹曲破、断送的人，叫作“把色”。大抵杂剧所表演的都是故事，力求滑稽唱念，应对通达。本意是供今人鉴戒，或隐含谏诤之意，所以从中揭露世态，称之为“无过虫”。如果是在圣驾前表演，也不会有责任，不过是一时博取圣颜欢笑而已。凡有谏诤，或谏官陈事不为皇上采纳，杂剧演员就表演故事，隐其情而含劝谏之意，皇上也不会动怒。

又有杂扮，或叫作“杂班”，又称为“纽元子”，又叫作“拔和”，即杂剧的后散段。过去在汴京时，村落野夫难得入城，于是编撰此端，多是假扮成为山东、河北的村夫，以供取笑逗乐。如今士庶多以从省，在筵会或社会时皆命人表演。

原　文

融和坊、新街及下瓦子等处，散乐家女童装末，加以弦索、赚曲，祗应而已。大凡动细乐[①]，比之大乐，则不用大鼓、杖鼓、羯鼓、头管、琵琶等，每只以箫、笙、筚篥、嵇琴、方响，其音韵清且美也。若合动小乐器，只三二人合动尤佳，如双韵合阮咸[2]，嵇琴合箫管，琴合葫芦琴，或弹拨十四弦，独打方响，吹赚动鼓《渤海乐》一拍子至十拍子。又有拍番鼓儿，敲水盏，打锣板，和鼓儿，皆是也。街市有乐人三五为队，擎一二女童舞旋，唱小词，专沿街赶趁。元夕放灯，三春园馆赏玩，及游湖看潮之时，或于酒楼，或花衢柳巷妓馆家祗应，但犒钱亦不多，谓之“荒鼓板”。若论动清音，比马后乐加方响、笙与龙笛，用小提鼓，其声音亦清细轻雅，殊可人听。

更有小唱、唱叫、执板、慢曲、曲破，大率轻起重杀，正谓之“浅斟低唱”。若舞四十六大曲，皆为一体。但唱令曲、小词，须是声音软美，与叫果子、唱耍令不犯腔一同也[3]。

朝廷御宴，是歌板色承应。如府第富户，多于邪街等处，择其能讴妓女，顾倩祗应。或官府公筵，及三学斋会、缙绅同年会、乡会，皆官差诸库角妓祗直。自景定以来，诸酒库设法卖酒，官妓及私名妓女数内，拣择上中甲者，委有娉婷秀媚，桃脸樱唇，玉指纤纤，秋波滴溜，歌喉宛转，道得字真韵正，令人侧耳听之不厌。

官妓如金赛兰、范都宜、唐安安、倪都惜、潘称心、梅丑儿、钱保奴、吕作娘、康三娘、桃师姑、沈三如等，及私名妓女如苏州钱三姐、七姐、文字季惜惜、鼓板朱一姐、媳妇朱三姐、吕双双、十般大胡怜怜、婺州张七姐、蛮王二姐、搭罗邱三姐、一丈白杨三妈、旧司马二娘、裱背陈三妈、屐片张三娘、半把伞朱七姐、轿番王四姐、大臂吴三妈、浴堂徐六妈、沈盼盼、普安安、徐双双、彭新等。后辈虽有歌唱者，比之前辈，终不如也。

注　释

①细乐：指管弦之乐。与锣鼓等音响大的音乐相对而言。

②双韵：此指一种乐器。阮咸：又称“阮”，一种乐器，相传西晋阮咸善弹此乐器，因而得名。四弦有柱，形似月琴。

③叫果子：宋代说唱艺术，模仿市井小贩的叫卖声，拖长声音进行延长并配有音乐。也叫“吟叫”。耍令：一种说唱或兼伴舞的民间伎艺。

译　文

融和坊、新街及下瓦子等处，有散乐家女童装扮末泥，加以弦索、赚曲，席间表演助兴而已。大凡演奏细乐，与教坊大乐比起来，则不用大鼓、杖鼓、羯鼓、头管、琵琶等乐器，只演奏箫、笙、筚篥、嵇琴、方响等，其音韵清越动听。如果合奏小乐器，只需两三个人演奏更好，如双韵与阮咸合奏，嵇琴与箫管合奏，琴与葫芦琴合奏，或弹拨下四弦，或独打方响，吹赚动鼓板《渤海乐》一拍子，至于十拍子。又有拍番鼓儿，敲水盏，打锣板，和鼓儿，都属细乐。如今街市有乐人三五人为一队，托举着一两个女童跳舞，唱小词，专门沿街赶趁。元夕放灯，三春园馆赏玩，以及游湖看潮之时，或于酒楼，或在花衢柳巷妓馆家表演，但得到的赏钱也不多，叫作“荒鼓板”。如果要说演奏清音，比起马后乐，增加了方响、笙与龙笛等乐器，用小提鼓，其声音也很清细轻雅，确实值得一听。

更有小唱、唱叫、执板、慢曲、曲破，大抵轻起重杀，正叫作“浅斟低唱”。与四十六大曲舞旋皆为一体。但唱令曲、小词，必须声音柔美，与叫果子、唱耍令不能是同一唱腔。

朝廷御宴，是歌板色供奉表演。府第富户，多于街曲等处，挑选善歌的妓女，雇请来表演。官府公筵，及三学斋会、士大夫同年会、同乡集会，都以官府命令召唤诸酒库的名角妓女前来表演助兴。自景定年间以来，诸酒库设法卖酒，在官妓和私家妓女中，挑选姿色中上者，实在是身姿娉婷，秀丽妩媚，面如桃花，口如樱桃，玉指纤纤，秋波滴溜，歌喉宛转，唱得字正腔圆，令人侧耳倾听而不厌。

……

原　文

说唱诸宫调，昨汴京有孔三传编成传奇灵怪，入曲说唱；今杭城有女流熊保保及后辈女童皆效此，说唱亦精，于上鼓板[①]无二也。盖嘌唱[②]为引子，四句就入者，谓之“下影带”。无影带，名为“散呼”。若不上鼓面，止敲盏儿，谓之“打拍”。

唱赚在京时，只有缠令、缠达。有引子、尾声为“缠令”。引子后只有两腔迎互循环，间有“缠达”。绍兴年间，有张五牛大夫，因听动鼓板中有《太平令》或赚鼓板，即今拍板大节抑扬处是也，遂撰为“赚”。赚者，误赚[③]之之义也，正堪美听中，不觉已至尾声，是不宜为片序[④]也。又有“覆赚”，其中变花前月下之情及铁骑之类。今杭城老成能唱赚者，如窦四官人、离七官人、周竹窗、东西两陈九郎、包都事、香沈二郎、雕花杨一郎、招六郎、沈妈妈等。凡唱赚最难，兼慢曲、曲破、大曲、嘌唱、耍令、番曲、叫声，接诸家腔谱也。若唱嘌耍令，今者如路岐人、王双莲、吕大夫唱得音律端正耳。今街市与宅院，往往效京师叫声，以市井诸色歌叫卖物之声，采合宫商成其词也。

注 释

①上鼓板：指边击鼓敲板边说唱的表演形式。

②嘌唱：宋代伎艺，属小曲一类。击鼓、盏掌握节拍。《都城纪胜·瓦舍众伎》："嘌唱，谓上鼓面唱令曲小词，驱驾虚声，纵弄宫调，与叫果子、唱耍曲儿为一体，本只街市，今宅院往往有之。"

③误赚：诓骗，欺骗。

④不宜为片序：片序的音节一般缓慢，而唱赚综合了诸家腔谱写，音节繁富，音律多变，故不宜为片序。

译 文

说唱诸宫调，从前汴京有位叫孔三传的艺人，编撰传奇灵怪故事，谱曲说唱。如今杭城有女流熊保保及后辈女童都效仿，说唱也精，与上鼓板没有两样。若以嘌唱为引子，再用四句就入，叫作"下影带"。无影带，则叫作散呼。如果不击鼓，只敲盏儿，叫作"打拍"。

唱赚在旧京师时，只有缠令和缠达。有引子和尾声的小型套曲，叫作"缠令"。只在引子，后有两个曲牌交替演唱的，叫作"缠达"。南宋中兴后，有张五牛大夫，因听演奏的鼓板中有四片的《太平令》或赚鼓板，即今拍板大节抑扬顿挫处，于是发展缠令、缠达的形式，创造出一种叫"赚"的说唱形式。赚者，误赚的意思，令人正美美地欣赏音乐，不觉已到尾声。其不宜为片序。如今又有"覆赚"，其中变花前月下之情及铁骑豪情之类。如今杭城老成能唱赚的人，如窦四官人、离七官人、周竹窗、东西两陈九郎、包都事、香沈二郎、雕花杨一郎、招六郎、沈妈妈等。凡唱赚最难，因为它兼慢曲、曲破、大曲、嘌唱、耍令、番曲、叫声诸家腔谱。如果是唱嘌耍令，当今的像路岐人、王双莲、吕大夫唱得音律端正。如今街市与宅院，往往效仿京师叫声，是以市井各行歌吟叫卖货物的吆喝声，采合宫商而编成的词谱。

百戏伎艺

原 文

百戏踢弄家[①]，每于明堂郊祀年分，丽正门宣赦时，用此等人，立金鸡竿，承应上竿抢金鸡。兼之百戏，能打筋斗、踢拳、踏跷、上索、打交辊、脱索、索上担水、索上走、装神鬼、舞判官、斫刀蛮牌、过刀门、过圈子等[②]。理庙时，有路岐人[③]，名十将宋喜、常旺两家。有踢弄人，如谢恩、张旺、宋宝哥、沈家强、自来强、宋达、杨家会、宋赛歌、宋国昌、沈喜、张宝哥、常家喜、小娘儿、李显、沈喜、汤家会、汤铁柱、庄德、刘家会、小来强、鲍老儿、宋定哥、李成、庄宝、潘贵、宋庆哥、汤家俊等。遇朝家大朝会、圣节，宣押殿庭承应。则官府公筵，府第筵会，点唤供筵，俱有大犒。

又有村落百戏之人，拖儿带女，就街坊桥巷，呈百戏使艺，求觅铺席宅舍钱酒之资。且杂手艺，即使艺也，如踢瓶、弄碗、踢磬、踢缸、踢钟、弄花钱、花鼓槌、踢笔墨、壁上睡、虚空挂香炉、弄花球儿、拶筑球、弄斗、打硬、教虫蚁、弄熊、藏人、烧火、藏剑、吃针、射弩端、亲背、攒壶瓶等[④]，绵包儿、撮米酒、撮放生等艺。淳祐以后，艺术高者有包喜、陆寿、施半仙、金宝、金时好、宋德、徐彦、沈兴、赵安、陆胜、包寿、范春、吴顺、金胜等。此艺施呈，委是奇特，藏去之术，则手法疾而已。

凡傀儡，敷演烟粉、灵怪、铁骑、公案[⑤]，史书历代君臣将相故事话本，或讲史，或作杂剧，或如崖词[⑥]。如悬线傀儡[⑦]者，起于陈平六奇解围[⑧]故事也。今有金线卢大夫、陈中喜等，弄得如真无二，兼之走线者尤佳。更有杖头傀儡[⑨]，最是刘小仆射家数[⑩]果奇。大抵弄此多虚少实，如巨灵神、姬大仙等也。其水傀儡[⑪]者，有姚遇仙、赛宝哥、王吉、金时好等，弄得百怜百悼。兼之水百戏，往来出入之势，规模舞走鱼龙，变化夺真，功艺如神。更有弄影戏者，元汴京初以素纸雕簇，自后人巧工精，以羊皮雕形，用以彩色妆饰，不致损坏。杭城有贾四郎、王升、王闰卿等，熟于摆布，立讲无差。其话本与讲史书者颇同，大抵真假相半，公忠者雕以正貌，奸邪者刻以丑形，盖亦寓褒贬于其间耳。

注 释

①百戏：古代对乐舞杂技的总称。踢弄：是古代百戏中以手足为主的杂技。

②踏跷：即踩高跷。舞判官：指扮作判官或钟馗舞蹈。蛮牌：粗藤做的盾牌。

③路岐人：宋元时流动卖艺的民间艺人的俗称。

④捞筑球：指以杖击球。捞：此指击打。教虫蚁：指调教虫蚁或其他动物进行表演。攒壶瓶：即投壶。

⑤敷演：陈述并加以发挥。指把简单的梗概编成精彩的篇幅较长的故事。烟粉：当指男女爱情故事。铁骑、公案：《都城纪胜·瓦舍众伎》："说公案，皆是搏刀赶捧，乃发迹变泰之事。说铁骑儿，谓士马金鼓之事。"

⑥崖词：又作"涯词"，宋代诗赞形式的一种说唱文学，以七字句韵文为主。

⑦悬丝傀儡：又称"悬丝木偶""扯线木偶""扯线傀儡"，是一种以绳或线操作的傀儡。

⑧陈平六奇解围：典出《史记·陈丞相世家》，指西汉陈平为汉高祖刘邦六出奇谋，并为之解白登之围。

⑨杖头傀儡：以木杖来操纵的傀儡。

⑩家数：技巧，方法。

⑪水傀儡：指在水上表演的傀儡戏。

译 文

百戏踢弄者，每当明堂大祀和郊祀年分，丽正门宣赦时，命这些人表演。竖立金鸡竿，踢弄者奉命上竿抢金鸡。其他百戏表演还有打筋斗、踢拳、踏跷、上索、打交辊、脱索、索上担水、索上走、装神鬼、舞判官、斫刀蛮牌、过刀门、过圈子等。理宗时，有流动卖艺的民间艺人，名叫十将宋喜、常旺两家。有专门表演踢弄的人，如谢恩、张旺、宋宝哥、沈家强、自来强、宋达、杨家会、宋赛歌、宋国昌、沈喜、张宝哥、常家喜、小娘儿、李显、沈喜、汤家会、汤铁柱、庄德、刘家会、小来强、鲍老儿、宋定哥、李成、庄宝、潘贵、宋庆哥、汤家俊等。每遇朝廷大朝会、帝后圣节，宣召艺人到殿庭供奉表演。官府公筵和府第筵会，也点唤艺人在席间表演助兴，都有丰厚的赏赐。

又有在村落表演百戏的艺人，他们拖儿带女，就在街坊桥巷，呈献百戏技艺，不过是赚点铺席宅舍钱酒之资。他们表演的技艺都是杂手艺，如踢瓶、弄碗、踢磬、踢缸、踢钟、弄花钱、花鼓槌、踢笔墨、壁上睡、虚空挂香炉、弄花球儿、捞筑球、弄斗、打硬、教虫蚁、弄熊、藏人、烧火、藏剑、吃针、射弩端、亲背、攒壶瓶等，还有绵包儿、撮米酒、撮放生等技艺。淳祐以后，技艺高超的有包喜、陆寿、施半仙、金宝、金时好、宋德、徐彦、沈兴、赵安、陆胜、包寿、范春、吴顺、金胜等。这些技艺的表演，确实非常奇特，像藏东西的技术，靠的就是手法快捷而已。

凡傀儡，表演烟粉、灵怪、铁骑、公案，其话本都是史书上记载的历代君臣将相的故事，或讲史事，或演杂剧，或如崖词。如悬线傀儡，起源于陈平六奇解围故事。如今有金线卢大夫、陈中喜等，表演得跟真的没有两样，加上他们走线技术也特别好。还有杖头傀儡，要数刘小仆射的技术最让人称奇。傀儡表演大抵虚多实少，如巨灵神、朱姬大仙等。还有水傀儡，姚遇仙、赛宝哥、王吉、金时好等艺人的表演，令人哀怜，令人悲伤。还有水百戏，艺人在水上往来出入，大规模地舞鱼舞龙，千变万化，场面夺真，其功力技艺真如神仙一般。还有表演影戏的，汴京起初以白纸雕镞人物，此后人巧工精，换以羊皮雕形，再用以彩色妆饰，使其不致损坏。杭城有贾四郎、王升、王闰卿等艺人，善于表演影戏，讲说话本，毫无差错。其话本与讲史书者大致相同，大抵真假相半，公忠者雕以正直之貌，奸邪者刻以丑恶之貌，其中也蕴涵着褒贬之意。

角　抵

原　文

角抵[①]者，相扑之异名也，又谓之“争交”。且朝廷大朝会、圣节、御宴第九盏，例用左右军相扑，非市井之徒，名曰“内等子”，隶御前忠佐军头引见司所管。元于殿步诸军选膂力[②]者充应名额，即虎贲郎将耳。每遇郊拜、明堂大礼、四孟车驾亲飨，驾前有顶帽，鬓发蓬松，握拳左右行者是也。遇圣节、御宴大朝会，用左右军相扑，即此内等子承应。但内等子设额一百二十名，内有管押人员十将各二名，上、中等各五对，下等八对，剑棒手五对，余皆额里额外，准备祗应。三年一次，就本司争拣上名下次入额。其管押以下，至额内等子，亦三年一次，当殿呈试相扑，谢恩赏赐银绢外，出职管押人员，本司牒发诸州道郡军府，充管营军头也。前辈朝官，曾赴御宴，有诗咏曰：“虎贲三百总威狞，急飐旗催叠鼓声。疑是啸风吟雨处，怒龙彪虎角亏盈。”盖为渠[③]发也。

瓦市相扑者，乃路岐人聚集一等伴侣，以图摽手之资[④]。先以女飐数对打套子[⑤]，令人观睹，然后以膂力者争交。若论护国寺南高峰露台争交，须择诸道州郡膂力高强、天下无对者，方可夺其赏。如头赏者，旗帐、银杯、彩缎、锦袄、官会、马匹而已。顷于景定年间，贾秋壑秉政时，曾有温州子韩福者，胜得头赏，曾补军佐之职。杭城有周急快、董急快、王急快、赛关索、赤毛朱超、周忙憧、郑伯大、铁稍工韩通住、杨长脚等，及女占赛关索、嚣三娘、黑四姐女众，俱瓦市诸郡争胜，以为雄伟耳。

注　释

①角抵：类似现在摔跤、相扑一类的两两角力的竞技活动。

②膂（lǚ）力：体力，力气。民间泛指腰力。

③渠：方言，指他。此处代指表演相扑的军士。

④摽手之资：指随手开支的微薄钱财。

⑤女飐（zhǎn）：女相扑艺人。打套子：指暖场表演。

译　文

角抵，是相扑的异名，又叫作“争交”。朝廷大朝会、帝后圣节、御宴第九盏时，按惯例命左右军表演相扑，这些人都不是市井之徒，叫作“内等子”，隶属御前忠佐军头引见司所管。原从殿前司、侍卫步军司诸军中选出膂力者充应名额，即虎贲郎将。每逢郊祀、明堂大礼、四孟车驾亲飨，圣驾前顶着帽子，鬓发蓬松，紧握拳头于左右行走护卫的军士，就是这些人。遇到帝后圣节、御宴大朝会，命左右军相扑，就是这些内等子供奉表演。但内等子只设额120名，其中有管押人员十将各二名，上、中等各五对，下等八对，剑棒手五对，其余都在额里额外，随时准备奉命表演。每三年一次，诸军于本司中挑选优异者依次入额。管押以下至内等子，也是三年一次，在殿庭表演相扑，结束后谢恩，除赏赐银绢外，还会派管押人员出外任职，以本司牒派往诸州道郡军府，充任管营军头。前辈朝官，曾参加过御宴，有诗咏曰：“虎贲三百总威狞，急飐旗催叠鼓声。疑是啸风吟雨处，怒龙彪虎角亏盈。”说的就是军士表演相扑的场景。

瓦舍闹市中表演相扑的，乃是流动艺人聚集伴侣，以赚取摽手之资。先以数对女相扑手打套子，吸引人来围观，然后以膂力者争交。像护国寺南高峰露台争交，必须是诸道州郡膂力高强、天下无双者，才能夺得头赏。头赏包括旗帐、银杯、彩缎、锦袄、官会、马匹等。过去景定年间，贾秋壑执政时，曾有温州人韩福，获胜夺得头赏，补军佐之职。杭州相扑高手有周急快、董急快、王急快、赛关索、赤毛朱超、周忙憧、郑伯大、铁稍工韩通住、杨长脚等，以女占赛关索、嚣三娘、黑四姐等一众女流，他们在瓦舍闹市中与诸郡高手争胜，有雄伟之称。

小说讲经史

原　文

说话者，谓之“舌辩”，虽有四家数，各有门庭。且小说名“银字儿”，如烟粉、灵怪、传奇、公案、朴刀杆棒发发踪参之事①。有谭淡子、翁三郎、雍燕、王保义、陈良甫、陈郎妇枣儿、余二郎等，谈论古今，如水之流。谈经者，谓演说佛书。说参请者，谓宾主参禅悟道等事，有宝庵、管庵、喜然和尚等。又有说诨经②者，戴忻庵。讲史书者，谓讲说《通鉴》、汉唐历代书史文传、兴废争战之事，有戴书生、周进士、张小娘子、宋小娘子、邱机山、徐宣教。又有王六大夫，元系御前供话为幕士，请给讲诸史俱通。于咸淳年间，敷演《复华篇》及中兴名将传，听者纷纷，盖讲得字真不俗，记问渊源甚广耳。但最畏小说人，盖小说者，能讲一朝一代故事，顷刻间捏合，与起令、随令相似，各占一事也③。

商谜者，先用鼓儿贺之④，然后聚人猜诗谜、字谜、戾谜、社谜⑤，本是隐语。有道谜，来客念思司语讥谜⑥，又名“打谜”。走智，改物类以困猜者。正猜，来客索猜。下套，商者以物类相似者讥之，又名“对智”。贴套，贴智⑦思索。横下，许旁人猜。问因，商者喝问句头。调爽，假作难猜，以走其智。杭之猜谜者，且言之一二，如有归和尚及马定斋，记问博洽，厥名传久矣。

注　释

①朴刀、杆棒：古代兵器。《醉翁谈录》中把所记宋代话本分类有朴刀类和杆棒类，皆记草莽豪杰、侠盗悍匪故事。发发踪参：未知何义，当指“发迹变泰”。

②说诨经：讲说佛教故事。

③“但最畏小说人”数句：《都城纪胜·瓦舍众伎》：“最畏小说人，盖小说者能以一朝一代故事，顷刻间提破。合生与起令、随令相似，各占一事。”合生

亦作“合笙”，是宋代说书的一个流派。艺人当场指物赋诗，也称唱题目。其内容滑稽并含讽劝意味的，叫乔合生。起令、随令：指行酒令时，当场指物赋诗、即兴捏合故事。

④先用鼓儿贺之：《都城纪胜·瓦舍众伎》作“旧用鼓板吹《贺圣朝》”。

⑤戾谜、社谜：皆为灯谜。

⑥思司语：当指隐语。讥：说。

⑦贴智：动用智慧，绞尽脑汁。

译文

说话伎艺，又叫作“舌辩”，虽有四个流派，却都各有门庭。其中小说叫作“银字儿”，讲的烟粉、灵怪、传奇、公案，以及乱世中的人物手提朴刀、杆棒，冒险闯荡，而后发迹变泰的故事。著名艺人有谭淡子、翁三郎、雍燕、王保义、陈良甫、陈郎妇枣儿、余二郎等，他们谈论古今，口若悬河。谈经，指演说佛教经典。说参请，指宾主参禅悟道等事，有宝庵、管庵、喜然和尚等。又有说诨经的，著名艺人如戴忻庵。讲史书，指讲说《资治通鉴》、汉唐历代书史文传、兴废争战之事，著名艺人有戴书生、周进士、张小娘子、宋小娘子、邱机山、徐宣教。又有一位王六大夫，原先在御前供话，作为幕客为皇上讲说，诸史俱通。咸淳年间，他敷演《复华篇》及中兴名将传，听讲者纷纷，因其讲得字正腔圆，内容不俗，加之学识广泛而渊博。小说人最可畏，因他们能将一朝一代故事，顷刻间捏合，与起令、随令相似，各叙一事。

商谜，先用鼓儿贺之，然后聚人猜诗谜、字谜、戾谜、社谜，都是隐语。有道谜，来客念隐语说谜，又称“打谜”。走智，商者改物类以为难猜者。正猜，来客索谜猜。下套，商者以相似的物类来误导猜者，又叫“对智”。贴套，猜者贴智思索。横下，允许旁人猜。问因，商者喝问谜底。调爽，猜者装作难猜的表情，以迷惑商者。杭之猜谜者，且言之一二，如有归和尚及马定斋，都记问博洽，其名传扬已久。